VELIKOVSKY · DIE SEEVÖLKER

ZEITALTER IM CHAOS

IMMANUEL VELIKOVSKY

DIE SEEVÖLKER

AUS DEM AMERIKANISCHEN

VON WOLFRAM WAGMUTH UND CHRISTOPH MARX

UMSCHAU VERLAG

Die Originalausgabe erschien 1977 unter dem Titel
»Peoples of the Sea« bei Doubleday & Company, Inc.,
Garden City, New York

Satzarbeiten: Otto Gutfreund & Sohn, Darmstadt
Druck und Bindearbeiten: Salzer-Ueberreuter, Wien

ISBN 3-524-69006-8 · Printed in Austria

INHALT

ANHANG

ASTRONOMIE UND CHRONOLOGIE

Dieser Band ist, wie die gesamte Serie »Zeitalter im Chaos«, der Erinnerung meines verstorbenen Vaters Simon gewidmet, einem Pionier der Hebräischen Renaissance.

DANKSAGUNG

Aus den früheren Phasen meines Werkes stehe ich in der Schuld des verstorbenen Ägyptologen Dr. Walter Federn für die hauptsächlich bibliographischen Informationen, die er mir im Geiste wissenschaftlicher Zusammenarbeit hat zukommen lassen. Nach vielen Jahren des Meinungs- und Erfahrungsaustausches hat er gegen Ende seines Lebens meine Rekonstruktion der Chronologie zusehends unterstützt.

Die Korrekturbogen des Buches wurden von Dr. N. B. Millet gelesen, Kustos der Ägyptischen Abteilung am Royal Ontario Museum in Toronto, der eine Reihe wertvoller Anregungen vorgeschlagen hat. Dr. Martin Dickinson, Professor der Orientalistik an der Princeton University, dessen Spezialgebiet die Persische Geschichte ist, und Professor R. J. Schork, damals Leiter der Abteilung für Klassische Studien am Brooklyn College, haben die Bogen ebenfalls gelesen und diese höchst revolutionäre Rekonstruktion der im vorliegenden Band behandelten Geschichtsperiode kräftig gefördert; beide brachten weitere Nachweise aus ihren besonderen Fachgebieten. Eddi Schorr, Doktorand in Klassischer Archäologie, widmete dem Korrekturlesen viel Zeit, überprüfte manche Quellen und schlug eine Reihe von Änderungen vor. Lynn E. Rose, Professor der Philosophie an der State University of New York in Buffalo, opferte mit ungewöhnlicher Hingabe und sehr freizügig von seiner Zeit für die abschließende Fassung der Korrekturbogen, bevor sie an den Verlag zurückgingen. Und diese Liste ist noch immer nicht vollständig. Ihnen allen gegenüber bringe ich meine Schuld zum Ausdruck, aber ich alleine übernehme die Verantwortung für mein Werk in allen seinen Einzelheiten.

Weder ich noch die hier Genannten haben es für wichtig gehalten, jüngste Studien zu berücksichtigen, es sei denn, in ihnen würde ein Bruch mit etablierten Meinungen begründet. Es scheint, daß die meisten der neueren Veröffentlichungen der eine Generation früher ausgetretenen Fährte folgen.

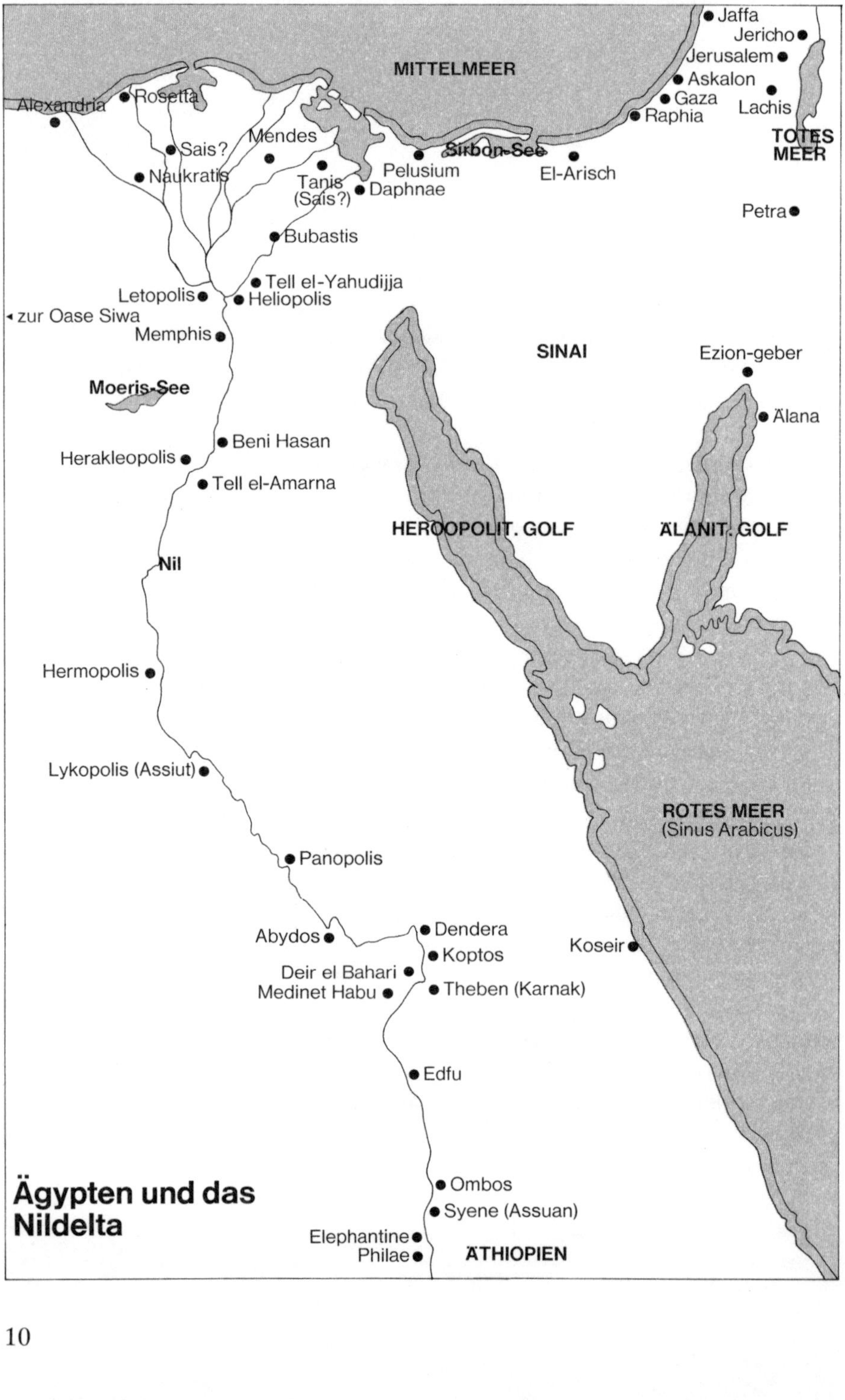

Ägypten und das Nildelta

EINLEITUNG

Dieser Band ist Teil der Reihe »Zeitalter im Chaos«, die sich mit der Rekonstruktion der Alten Geschichte befaßt und er kann unabhängig von den anderen Bänden in dieser Serie gelesen werden. Die gesamte Periode der Rekonstruktion umfaßt eine Spanne von zwölf Jahrhunderten, und zwar den Zeitraum vom Untergang des Mittleren Reiches in Ägypten, der, wie ich behaupte, mit dem Exodus der Israeliten aus Ägypten zusammenfällt – bis hin zum Auftritt Alexanders des Großen von Makedonien und sogar darüber hinaus, nämlich bis zu den frühen Ptolemäern, den hellenistischen Herrschern Ägyptens. Der vorliegende Band behandelt die mehr als 200 Jahre am Ende dieser Zeitspanne.

»Zeitalter im Chaos« Band 1, *Vom Exodus zu König Echnaton,* 1952 veröffentlicht, führte die Rekonstruktion durch die sechs Jahrhunderte, an deren Ende die Könige Josaphat in Jerusalem und Ahab in Samaria sowie die El-Amarna-Periode in Ägypten stehen, also kurz vor dem Ende der 18. Dynastie, die ich in das neunte Jahrhundert einordne. Das Versprechen, dem Leser den noch verbleibenden Teil der Rekonstruktion innerhalb kurzer Zeit vorzulegen, war in gutem Glauben abgegeben worden – der zweite und abschließende Band von »Zeitalter im Chaos« stand bereits kurz vor dem Druck. Aber die darauf folgende Entscheidung, den zweiten Teil in drei oder sogar vier Bände aufzuteilen, verzögerte zwangsläufig die Ausführung des Planes. (Die abschließenden Ereignisse der 18. Dynastie wurden das Thema meines 1960 veröffentlichten Buches *Ödipus und Echnaton*.)

Der Band *Die Seevölker,* wie eben gesagt, umfaßt die fast zwei Jahrhunderte der persischen Herrschaft in Ägypten und dann die Eroberung Äyptens durch Alexander bis in die Zeit der frühen Ptolemäer. Innerhalb dieser Zeitspanne siedle ich sowohl die 20. Dynastie (die Dynastie von Ramses III.) als auch die 21. Dynastie an, die nach herkömmlicher Auffassung bis zu acht Jahrhunderte früher angesetzt werden; in keinem anderen Teil der Rekonstruktion ist ein so großer Graben zur allgemein angenommenen Struktur der Ereignisabfolge entstanden.

Mit der Verschiebung der 18. Dynastie auf der Zeitskala um mehr als fünf Jahrhunderte entfernte der erste Band von »Zeitalter im Chaos« eine Stütze der orthodoxen Geschichtsschreibung und errichtete statt dessen einen Pfeiler für die Rekonstruktion. Mit der Verlegung der 20. und 21. Dynastie in das Zeitalter der persischen Herrschaft in Ägypten, wo sie um Jahrhunderte entfernt von ihrem gewöhnlichen Platz verankert werden, errichtet der vorliegende Band einen zweiten solchen Pfeiler. Auf diesen zwei Pfeilern ruht nun die Alte Geschichte in ihrer ganzen Spannweite. Die konventionelle Alte Geschichte, an beiden Enden falsch festgelegt und verzerrt, kann nicht mehr auf Rettung des mittleren Teiles plädieren.

Die dazwischenliegenden Bände der »Zeitalter im Chaos«-*Reihe* (wie *Ramses II. und seine Zeit*) beschäftigen sich mit diesem mittleren Teil, dem neunten bis sechsten Jahrhundert.

Die Erweiterung des ursprünglich geplanten zweiten Bandes von »Zeitalter im Chaos« auf vier Bände: *Das Dunkle Zeitalter Griechenlands, Die Assyrische Eroberung, Ramses II. und seine Zeit* und *Die Seevölker* könnte erklären, weshalb zwischen 1961 und 1977 kein Buch von mir erschienen ist. Als Entschuldigung könnte ich auf die neue Fassung der *Cambridge Ancient History* verweisen, deren Herausgabe viele Jahre dauerte und eine große Anzahl von Gelehrten beschäftigte, die einzeln getrennte Kapitel schrieben: ein wohlfundiertes Unternehmen mit Redakteuren und Sekretariat; während ich alleine tätig war und die Mittel für meine Schreib- und Forschungsarbeit aufzubringen hatte – und die mit dem Neuschreiben der *Cambridge Ancient History* beschäftigte Gelehrten-Armada hatte weder eine Neugestaltung noch radikale Änderungen in der Geschichte einzuführen, während gerade dies mir als Aufgabe zufiel. Solch ein Vergleich könnte meine Verspätung rechtfertigen. Aber wenn dies ein Teil der Entschuldigung ist, so liegt es in Wirklichkeit auch daran, daß das Raumzeitalter – im Oktober 1957 mit dem ersten Sputnik eingeleitet – und die darauf folgenden Jahre mit Mariner- und Apolloflügen mein Interesse auf astronomische Probleme lenkte. In der Kosmologie gewannen Auffassungen an Bedeutung, wonach die Glieder des Sonnensystems sich nicht auf urzeitlichen Bahnen bewegen, in immer friedlicher Wiederholung seit dem Anfang aller Zeiten; oder wonach die Erdachse ihre Lage oder der Tag seine Dauer verändert hatten; in der Himmelsmechanik folgte unausweichlich die Anschauung, daß außer Gravitation und Trägheit auch elektromagnetische Felder und Kräfte eine kalkulierbare Rolle spielen. Dieser Wechsel im Verständnis von Naturphänomenen verlieh meinen Gedanken – die in vorangegangenen Jahrzehnten verspottet worden waren – beträchtliche Unterstützung und erfüllte mich mit einiger Genugtuung. Es ist nicht schwer zu verstehen, daß die Entdeckung des fast glühend heißen Zustandes der Venus, ihrer dichten Wolkenhülle und der am Boden von ihrer Atmosphäre bewirkte Druck von 90 atü; oder die Reisen zum Mond und die Exkursionen dort, mit der Entdeckung des starken Restmagnetismus in seinem Gestein, starker Radioaktivität in bestimmten Gebieten – wie im Aristarchos-Krater –, des steilen Temperaturgefälles unter der Oberfläche, Spuren von Kohlenwasserstoffen und im Gestein angereicherte Neon- und Argonvorkommen; oder der Gehalt an radioaktiven Elementen im Mars- und Mondboden – alles in meinen Werken und Memoranden geltend gemachte Phänomene – mich über einen langen Zeitraum von den Pharaonen und den assyrischen und persischen Königen trennte.

Möglicherweise gab es auch einige psychologische Motive für mein langes Zögern. Sollten nicht mehr und mehr Archäologen die Gelegenheit haben, vor dem Erscheinen der Fortsetzungen den ersten Band von »Zeitalter im Chaos« zu lesen? Sollten nicht jene, welche die geistige Anstrengung verweigerten, sich in mehr und mehr Widersprüche verwickeln und in mehr und mehr Sackgassen geraten und mehr und mehr Bücher produzieren, die sie widerrufen müßten? Oder fand ich nach einigen bitteren Erfahrungen gar Gefallen daran, als einziger – in späteren Jahren nur zusammen mit einigen wenigen vertrauten Begleitern – Besitzer des Wissens zu sein, welchen Gang die Geschichte genommen hatte?

Sollte sich diese Selbstbeschuldigung nicht bestätigen, so hielt mich mein Interesse am Problem der Reaktion der menschlichen Gemeinschaft auf die traumatischen Erfahrungen in der Vergangenheit aber gewiß wachsam während der Zeit, als meine Leser geltend machten, ich hätte mein Versprechen nicht gehalten, den zweiten Band von »Zeitalter im Chaos« zu veröffentlichen.

Aber eines wünschte ich mir gewiß, bevor der noch ausstehende Teil von »Zeitalter im Chaos« veröffentlicht wurde – Bestätigung durch die Radiokarbonforschung. Das C 14-Problem und seine Anwendbarkeit auf die Chronologie der Alten Geschichte ist überaus kompliziert wegen des Umstandes, daß, falls sich kosmische kataklystische Ereignisse zugetragen haben, in Hydro- und Biosphäre das C 14/C 12-Verhältnis gestört worden sein muß. Dieses Problem wird (für die deutsche Augabe) im Anhang unter dem Titel »Klippen der C 14-Datierung« diskutiert. Aber ich kann hier enthüllen, daß ich mich im Lauf von zwölf Jahren nach der Veröffentlichung von Libbys *Radiocarbon Dating* – das im gleichen Jahr (1952) erschien wie der erste Band von »Zeitalter im Chaos« – vergeblich auf jede mögliche Art und Weise darum bemüht habe, das Neue Reich in Ägypten, vor allem die 18. Dynastie, auf Grund geeigneter Probestücke einer C 14-Analyse unterziehen zu lassen.[1] Erst 1963 gelang es mir, vom Kairo Museum die Freigabe von drei kleinen Holzstückchen aus der Begräbnisausstattung Tutanchamuns zu erreichen, um sie im Laboratorium

---

[2] Siehe die Briefsammlung unter dem Titel »ASH«, *Pensée*, IVR VI, Winter 1973/4, S. 5ff.

des Museums der University of Pennsylvania untersuchen zu lassen. Während nach der akzeptierten Chronologie der junge König –1350 starb[2] – und in meiner Rekonstruktion ungefähr –835 – wies die C14-Analyse auf –1030 (oder, nach Libby, auf –1120); dann (am 2. März 1964) erkundigte ich mich bei Dr. Elizabeth K. Ralph vom University Museum in Philadelphia, ob das C14-Alter von Holz die Zeit der Ringausbildung wiederspiegele, und, falls dies zuträfe, ob das größte der drei gemeinsam geprüften Stücke (30 Gramm werden für einen Test gebraucht), das von der langlebigen Libanonzeder stammte, die Abweichung habe verursachen können; und ob das Resultat auf ca. –840 gewiesen hätte, wenn nur kurzlebiges Material wie Ried, Samen oder Papyrus verwendet worden wäre. Dr. Ralph bestätigte, daß C14-Alter die Zeit der Ringbildung reflektierten und nicht den Zeitpunkt, zu dem der Baum gefällt wurde.

Aber es vergingen sieben weitere Jahre. Im Frühjahr 1971 prüfte das Laboratorium am British Museum Ried und Samen aus dem Grab von Tutanchamun – nämlich den Halm einer Matte und Palmkerne. Die letzteren wiesen ein Alter entsprechend –899 auf, der erstere –846. Ich erfuhr diese Zahlen durch einen Brief, den Dr. Edwards, Kustos für Ägyptologie am British Museum, an Dr. Michael vom University of Pennsylvania Museum am 6. April 1971 geschrieben hatte.[3] Das British Museum veröffentlichte, wie ursprünglich zugesichert, die erzielten Resultate nicht, wohl wegen eines späteren Verdachts, daß angesichts eines derartigen Unterschiedes zu akzeptierten Daten die Kerne und Halme verseucht gewesen sein müßten. Dabei war die kurz nach seinem Begräbnis verschlossene Grabkammer bis zu ihrer Entdeckung durch Howard Carter 1922 versiegelt geblieben und die Objekte waren seither im Kairo Museum eingelagert; auch war kein Wasser in die Grabkammer eingesickert.

Angesichts derartiger Ergebnisse, die ich seit langem vorausgesagt hatte, wäre es nicht mehr als selbstverständlich gewesen, die Versuche an einigen anderen Objekten aus Tutanchamuns Begräbnisausstattung zu wiederholen; aber falls solche Versuche angestellt wurden, sind ihre Ergebnisse nicht veröffentlicht worden.

Es wäre wichtig gewesen, das Karbonalter von Elfenbein aus Tutanchamuns Grab mit dem Alter von Elfenbein aus dem Arsenal von Salmanassar III. bei Nimrud zu vergleichen. Wenn kataklystische Ereignisse im achten und zu Be-

---

[2] Nach den Angaben von W. Christopher Hayes vom Metropolitan Museum of Art in New York.

[3] Als Mr. Bruce A. Mainwaring aus Collegetown, Pennsylvania, einmal nach London reiste, übergab ihm dort Dr. Edwards eine Kopie dieses Briefes, um mit seiner Hilfe das British Museum zu bewegen, weitere Tests zur Überprüfung meiner Arbeiten zur Rekonstruktion der Weltgeschichte vorzunehmen.

ginn des siebten Jahrhunderts die Ergebnisse von C 14-Datierungen beeinflussen konnten, so müssen die beiden Elfenbeinhorte – von mir (innerhalb von zwei oder drei Jahrzehnten) als nahezu zeitgleich angesehen – ähnliche Ergebnisse erbringen. Es wird mich nicht überraschen, wenn am Boden des riesigen Hortes von Kunstobjekten aus Elfenbein im Arsenal von Salmanassar ein oder mehrere Originale der Amarna-Briefe gefunden werden könnten.

Nicht daß das Werk der Rekonstruktion eine Bestätigung durch die C 14-Methode erfordert; ich denke, es ist stark genug, um als Kontrollinstrument für diese Methode zu dienen, und nicht umgekehrt; aber für viele, die für die Bereiche Geschichte und Archäologie zuständig sind, wären wiederholte Bekräftigungen dieser Art ein Anreiz, als erstes meine Rekonstruktion in »Zeitalter im Chaos« zu untersuchen; und möglicherweise könnte dies den Anstoß zur Freigabe vieler C 14-Daten geben, die nie veröffentlicht worden sind, weil sie um ein halbes Jahrtausend oder mehr von den akzeptierten Daten abweichen.

Im Zuge der Zeit mögen andere Methoden der Altersbestimmung (wie die Thermolumineszenz anorganischer Materialien – Ziegel, Glas, Keramik) als Zeugen im Wettstreit zwischen der rekonstruierten und der im Schrein verwahrten Geschichte dienen. So könnten die Kacheln aus dem Palast von Ramses III. (in Kapitel 1 diskutiert) exzellentes Material für die Altersbestimmung nach der Thermolumineszenz-Methode liefern.

Die Leser dieses Bandes müssen auf einige Überraschungen gefaßt sein. Die »Seevölker«, die in Ägypten kämpften, waren nicht Wanderer des 12., sondern Söldner des 4. Jahrhunderts, zumeist aus Kleinasien und Griechenland, in den Tagen Platons. Alexander der Große besuchte das Heiligtum des Ammon-Orakels in der Libyschen Wüste, und Historiker sagen, daß wir nie wissen werden, was dort vor sich ging, da Alexander es nie berichtete. Und doch wird der Leser dieses Bandes erfahren, was sich dort zugetragen hat, weil der ägyptische Bericht darüber, niedergeschrieben vom Priester des Orakels, in diesem Buch präsentiert wird. Und von einem anderen Priesterfürsten, Siamun, der gewöhnlich ins zehnte Jahrhundert gesetzt wird, und der zuweilen als Schwiegervater König Salomons genannt wird, erweist es sich, daß er unter Ptolemäus II. im dritten Jahrhundert gelebt hat.

TEIL I

Abb. 1: Standbild Ramses' III., Kairo, Ägyptisches Museum.
Aus dem Statuenversteck von Karnak.

Kapitel I
Zwölftes oder viertes Jahrhundert?

Das Schema der Lehre

Das Schema der Lehre, so wie es uns in jedem Buch über die Geschichte der Antike präsentiert wird, schildert den Beginn des 12. Jahrhunderts vor der neuen Zeitrechnung als eine Zeitspanne großer Erschütterungen im Leben der Völker rings um das östliche Mittelmeer – einer Region, die man in der Regel als den »Alten Orient« bezeichnet. Dieses Schema besagt, daß aus der Düsternis des Nordens kommende Völkerhorden über die frühen Zivilisationen hinwegfegten und alles, was bis dahin prachtvoll und glorreich war, in Ruinen versinken ließen; aus Ordnung wurde Chaos, aus Überfluß Bedürftigkeit, und verarmte Bevölkerungen folgten, den Stolz ihrer eigenen Vergangenheit zurücklassend, einer Woge von Wanderungen über die Grenzen fremder Nationen. Die mykenische Kultur, die rings um Mykene in Griechenland und auf den ägäischen Inseln blühte, fand ein Ende; der Trojanische Krieg wird von vielen Gelehrten als eine der abschließenden Folgen dieser unermeßlichen Verschiebung betrachtet, hervorgerufen durch die Wanderungswellen, die die Bevölkerung ganzer Landstriche entwurzelt hatten.

Dieses Schema besagt außerdem, daß bald nach dem Trojanischen Krieg bewaffnete Horden, hinreichend organisiert, um als Heere bezeichnet zu werden, Ägypten erreichten, in dem damals Ramses III. regierte.

Ramses III. wird allgemein als der letzte große Pharao des imperialen Zeitalters in Ägypten angesehen. Die drei großen Dynastien des Neuen Reiches, die 18., die 19. und die 20., erlebten ihre Höhepunkte und ihren Verfall; und wie Thutmosis III. der bedeutendste Eroberer und Amenophis III. der verschwenderischste König auf dem Thron der 18. Dynastie und Sethos I. sowie Ramses II. die großen Kriegsherren der 19. Dynastie gewesen sind, so war Ramses III. – und nur er allein – der heroische König der 20. Dynastie. Mit dem Ende dieser Dynastie beginnt jene Epoche, die man als Spätzeit bezeichnet, um sie gegenüber dem Neuen Reich abzugrenzen. Im anerkannten Schema umfaßt diese Spätzeit den Zeitraum vom Ende der 20. Dynastie in den letzten Jahren des 12. Jahrhunderts bis zum Erlöschen der letzten Dynastie einheimischer Könige – der 30. Dynastie –, zehn Jahre vor der Eroberung Ägyptens durch Alexander von Makedonien.

Nach Berechnung der heutigen Historiker begann die Regierungszeit Ramses' III. im Jahr –1200 oder nur kurze Zeit später.[1] Das bedeutendste Ereignis während seiner Regierungszeit war der erfolgreiche Widerstand gegen die von Norden kommenden Heere. Auf ihren Eroberungszügen drangen die aus dem Norden anstürmenden Horden bis unmittelbar vor die Tore Ägyptens vor – des größten und ruhmreichsten aller Königreiche. Zu allen Zeiten ist Ägypten das Ziel der Eroberer gewesen – der Assyrer Asarhaddon und Assurbanipal, des Persers Kambyses, des Griechen Alexander von Makedonien, des Römers Pompejus, des Arabers Omar, des Türken Selim und des Korsen Napoleon; und schon vor ihnen führte ein unbekannter Führer oder eine Gruppe von Anführern bewaffnete Gruppen zu den Wassern des Nils. Aber Ramses III. zeigte sich diesem Ansturm gewachsen. Er bekämpfte die Invasoren zu Lande und zur See und hielt die Flut auf, die Ägypten zu verschlingen drohte.

Dieser Krieg ist bekannt als der Krieg gegen die Seevölker und gegen die Inselvölker, wie Ramses III. sie nannte.[2] Historische Texte und in Stein gehauene umfassende Darstellungen, welche diesen Krieg und den entscheidenden Sieg des Pharao erklären, sind in Ägypten erhalten. Doch auf welchem Weg durch den Mittleren Osten die vordringenden Truppen vor ihrem Eintreffen an der ägyptischen Grenze dahinstürmten, ist aus historischen Quellen – literarischen wie auch archäologischen – nicht bekannt. Es lassen sich nur bestimmte Schlußfolgerungen ziehen. Das Griechenland der mykenischen Zeit, das hethitische Reich und viele kleinere Königreiche wurden durch die wandernden und erobernden Seevölker hinweggefegt. Dies wird aufgrund der Tatsache unterstellt, daß alle diese Königreiche und Imperien um das Jahr –1200 ausgelöscht wurden. Für die nachfolgenden vier bis fünf Jahrhunderte gibt es weder Berichte noch Relikte von ihrer Existenz und kaum irgendwelche Spuren von der überlebenden Bevölkerung dieser Länder.

Was können Griechenland und die ägäischen Inseln – einschließlich Kreta – in der Zeitspanne von –1200 bis –750 oder gar –700 vorweisen? Nach dem Ende der mykenischen Epoche und dem Fall von Troja verhüllt Finsternis die Geschichte dieser Gegenden, und die ersten Lichtstrahlen durchdringen dieses Gebiet erst wieder zu Beginn des griechischen bzw. ionischen Zeitalters, also um –700. Wie aus dem Nichts taucht vor uns plötzlich die Dichtung Homers auf, und die Vertrautheit dieses Dichters auch mit den geringsten Details des

---

[1] Ed. Meyer datiert den Beginn der Regierungszeit Ramses' III. in das Jahr –1200, Alan H. Gardiner (*Egypt of the Pharaos* 1961) in das Jahr –1182 und Rowton (*Journal of Egyptian Archaeology,* Bd. XXXIV) in das Jahr –1170.

[2] Wenn Ramses III. von den »Seevölkern« spricht, nennt er speziell die Tjeker, die Schekelesch, die Teresch, die Weschesch und die Scherden (bzw. Sardan); die Denien bezeichnet er als »Inselvölker«.

Lebens in dem fünf bis zehn Jahrhunderte zurückliegenden mykenischen Zeitalter löst unter den Gelehrten immer wieder Verwunderung und endlose Debatten aus.

Die Jahrhunderte von –1200 bis –750 bezeichnet man als die Dunklen Zeitalter. Sie waren nicht dunkel im Sinne des Begriffs, wie er auf die Periode der europäischen Geschichte zwischen dem Ende des Römischen Reiches +475 und dem Ende der Kreuzzüge in den Vorderen Orient angewandt wird. Diese Jahrhunderte vom Ende des fünften bis zur Mitte des 13. Jahrhunderts neuer Zeitrechnung stellen einen Rückschritt in den Bereichen der Gelehrsamkeit, des Handels, der Verwaltung und des Rechts dar, wenn man sie mit der Zeit des Römischen Reiches vergleicht, aber sie sind reich dokumentiert durch zahlreiche historische Relikte und literarische Zeugnisse; dagegen bezeichnet man die Dunklen Zeitalter zwischen –1200 und –750 als dunkel, weil uns weder in Griechenland, noch in Kreta, noch in der ägäischen Inselwelt, noch in Kleinasien irgendein Dokument aus jener Zeit erhalten geblieben ist.

Dieses Schema der Lehre wird nie in Frage gestellt; indessen ergeben sich aus seiner Annahme eine ganze Reihe schwieriger Probleme, die entweder nicht aufzulösen sind oder die auf Kosten der Erzeugung wieder zusätzlicher schwieriger Probleme gelöst werden. Mit einer Anzahl davon werden wir uns im vorliegenden Werk beschäftigen.

Die Gelehrten, die sich mit diesem Problem abmühen, gehen von der Annahme aus, die Seevölker seien aus dem ägäischen Raum gekommen, und da sich diese Ereignisse zu Beginn des 12. Jahrhunderts abspielen, müsse es sich bei ihnen um mykenische Griechen und ihre Verbündeten handeln, die aus ihrer angestammten Heimat vertrieben wurden. Ramses III. zählt die einzelnen Stämme auf, aus denen sich die Seevölker zusammensetzten, und man hat sich bemüht, sie mit verschiedenen achäischen Volksstämmen der Frühzeit zu identifizieren.

Nach dem Fall Trojas kam es zu großen Wanderungsbewegungen, die in den Irrfahrten des Odysseus auf achäischer Seite und auf seiten der überlebenden Trojaner in den Unternehmungen des Äneas widerhallen. Obwohl Ägypten zur Zeit des Aufenthalts von Odysseus durch keinen Krieg erschüttert wurde, wird vermutet, daß eine große Wanderungsbewegung die Achäer zu Lande und zur See bis zum Königreich am Nil gebracht hat.

Neben den Seevölkern waren die anderen wichtigen Teilnehmer am Krieg gegen Ägypten reich gekleidete Kriegsherren, genannt Pereset. Auf sie wird mit diesem Namen hingewiesen, und sie werden aufgrund ihrer Kleidung erkennbar. Offenbar handelt es sich bei ihnen um die Anführer der Expedition, während die Seevölker die Söldner stellten.

Es wird angenommen, daß die Philister, die bei der Belagerung Trojas nicht als Teilnehmer erwähnt werden, an den darauffolgenden Wanderungsbewegungen und Kriegszügen teilgenommen haben. Gründe für eine solche Annahme finden sich in der phonetischen Ähnlichkeit der Namen Philister und Pereset; ihre kriegerischen Auseinandersetzungen mit den Ägyptern unter Ramses III. datiert man in die Zeit ihres Eintreffens an der palästinischen Küste, und man glaubt, daß dieses Ereignis – das nur kurze Zeit vor der Eroberung des hügeligen Hinterlands durch die Israeliten stattfand – sich auf die gleichen Vorkommnisse bezieht. Diese Auffassung erfordert es, den Einzug der Israeliten in Kanaan auf einen Zeitpunkt nach –1200 herabzusetzen – eine Auffassung, die durchaus ihre Anhänger gefunden hat; in diesem Schema wird die Zeit der Richter auf wenig mehr als einhundert statt der traditionellen vierhundert Jahre reduziert.

Um den wahren Zusammenhang zwischen dem Ablauf des Geschehens im mykenischen, im biblischen und im ägyptischen Bereich zu ergründen, ist es erforderlich, das von Ramses III. hinterlassene historische Material neu zu überprüfen. Wir werden uns zunächst mit seinem Palast in Tell el-Jehudijeh – im Norden des Landes, nahe der Spitze des Nildeltas – und danach mit seinem Totentempel in Medinet Habu auf dem jenseitigen Nilufer gegenüber von Luxor und Karnak befassen.

Griechische Buchstaben auf Kacheln von Ramses III.

Tell el-Jehudijeh – eigentlich »Der Hügel des Juden« – ist ein arabisches Dorf östlich vom Nildelta und liegt etwa 32 km nordöstlich von Kairo an der Straße nach Ismailia. Vor über 90 Jahren hat dort der Schweizer Ägyptologe Edouard Naville die Ruinen eines Palastes von Ramses III. ausgegraben. Einst haben farbige und glasierte Keramikkacheln die Wände dieses Palastes geschmückt. Reisende Gelehrte, und auch der im Dienst des ägyptischen Antikendienstes stehende Emil Brugsch, haben solche Platten an dieser Stelle in großer Zahl gefunden, bevor Naville unter Mitarbeit von F. L. Griffith dort seine Grabungen aufnahm. Die Kacheln zeigen eine reiche Ausschmückung – meist Blumen –, und einige von ihnen tragen in Hieroglyphenschrift den Namen Ramses' III. Auf der Rückseite dieser Kacheln finden sich eingeritzte Zeichen: hier handelt es sich offensichtlich um die vor dem Brennen eingeritzten Initialen der Handwerker, die sie herstellten.

Es gab keinen Zweifel daran, daß es sich bei den Zeichen auf vielen dieser Kacheln im Palast Ramses' III. in Tell el-Jehudijeh um griechische Buchstaben handelte. Der Orientalist und Kunstexperte T. H. Lewis, dem man die Kacheln zur Begutachtung vorlegte, schrieb: »Am bemerkenswertesten ist die Tatsache, daß bei mehreren Platten auf der Rückseite griechische Buchstaben zu finden sind, die offensichtlich dort im Verlauf des Herstellungsprozesses angebracht wurden.«[1]

Aber wie konnten in der Zeit von Ramses III., also zu Beginn des 12. Jahrhunderts vor unserer Zeit, griechische Buchstaben verwendet werden? Das griechische Alphabet wurde erst viel später vom phönizischen oder hebräischen Alphabet abgeleitet; in Griechenland selbst, auf den Inseln und in Kleinasien hat man keine Spuren davon aus der Zeit vor –750 finden können. Das Problem der griechischen Buchstaben auf den Kacheln aus dem Palast Ramses' III. kann nicht einmal dadurch gelöst werden, daß man von der Annahme ausgeht, das aus dem Phönizischen abgeleitete griechische Alphabet stamme nicht aus dem 7., 8. oder 9. Jahrhundert, sondern es sei einige Jahrhunderte älter. Worauf es wirklich ankommt, ist die Tatsache, daß die griechischen Buchstaben auf den ägyptischen Kacheln nicht wie die frühen griechischen Buchstaben aus dem 7. Jahrhundert aussehen, sondern wie die klassischen Buchstaben aus der Zeit Platons.

Urteilt man nach diesen Buchstaben, dann müßten die Kacheln in einem der späteren Jahrhunderte vor unserer Zeitrechnung hergestellt worden sein. Die spezielle Form des *alpha* wurde nämlich erst zu dieser Zeit eingeführt.[2] Auch die Form einiger anderer Buchstaben deutet auf ihre Entstehung in einem späteren Jahrhundert hin. So erscheint das *sigma* als *C* und nicht als Σ. Aufgrund dieser ins Auge fallenden Tatsachen waren die Gelehrten zunächst sicher, daß die Kacheln im letzten Jahrhundert der Spätzeit (also im 4. Jahrhundert) entstanden sind, möglicherweise sogar erst während der nach Alexander dem Großen einsetzenden Periode der griechischen Herrschaft unter den Ptolemäern.

»Die griechischen Buchstaben, die man auf den Fragmenten und Scheiben vorfindet, vor allem das *alpha,* erlauben keinen Zweifel [*ne laissent aucun doute*] daran, daß diese Arbeiten während der letzten Jahrhunderte des Ägyptischen Reiches ausgeführt worden sind, wahrscheinlich zur Zeit der Ptolemäer; die Sache wird allerdings schwieriger, wenn wir uns die Frage stellen, wer dieses Werk geschaffen hat.«[3] So schrieb Emil Brugsch.

Wer *hat* nun dieses Werk geschaffen? Hier ergab sich ein innerer Widerspruch: Urteilt man nach den Titeln und nach den Entwürfen auf ihrer Vorderseite, dann wurden diese Kacheln zur Zeit Ramses' III. hergestellt; urteilt man

---

1 T. H. Lewis: »Tel-el-Yahoudeh«, *Transactions of the Society of Biblical Archaeology*, VII, 1881 (1882), 182.

2 a. a. O., S. 189.

3 E. Brugsch: »On et Onion«, *Recueil de travaux relatifs à la philologie et à l'archéologie égyptiennes et assyriennes*, VIII (1886), 5.

E
Epsilon

A
Alpha

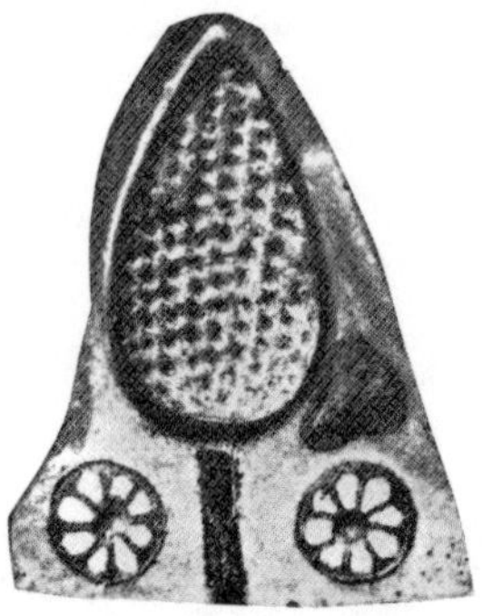

X
Chi

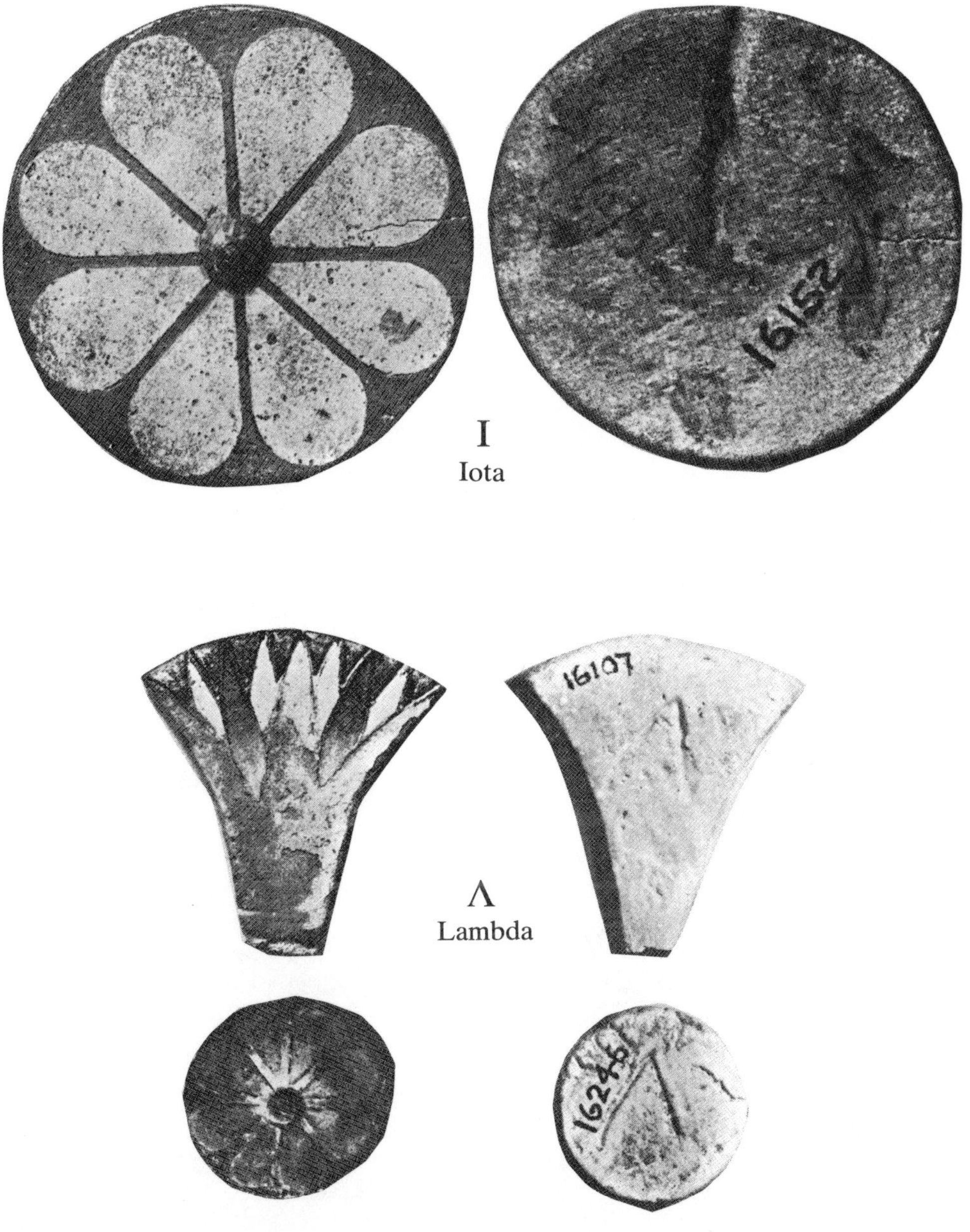

Abb. 2: Kacheln aus den Ruinen des Palastes Ramses' III. bei Tell el-Jahudija im Delta. Die persischen Motive der Reliefmuster auf blauem Feld weisen auf die gleiche Epoche des frühen 4. Jahrhunderts vor unserer Zeitrechnung wie die griechischen Buchstaben, die ebenfalls vor dem Brennen auf der Rückseite der Kacheln von den ausländischen Künstlern angebracht worden sind.

aber nach den griechischen Buchstaben auf ihrer Rückseite, dann können sie frühestens im vierten Jahrhundert entstanden sein.

»Etwas erscheint seltsam an diesen Scheiben, die in so großer Anzahl gefunden wurden; einige von ihnen haben auf der Rückseite griechische Buchstaben, andere ägyptische Zeichen. Die griechischen Buchstaben zeigen, daß gelegentlich auch Ausländer bei diesen Arbeiten beschäftigt wurden... Es ist kaum anzunehmen, daß spätere Könige, wie beispielsweise die Saiten oder die Ptolemäer, sich die Mühe gemacht haben könnten, für ihren Vorgänger Ramses III. einen so prachtvollen Palast zu bauen, dessen Saalwände nicht nur mit Darstellungen von Pflanzen und Tieren geschmückt waren, sondern auch mit Darstellungen der kriegerischen Heldentaten von Ramses III.«[4] So schrieb Edouard Naville.

Das Dilemma war sehr deutlich, aber es gab dafür keine Erklärung; die griechischen Buchstaben konnten unmöglich zur Zeit Ramses' III. zu Beginn des 12. Jahrhunderts vor unserer Zeitrechnung geschrieben worden sein; sie konnten aus den letzten Jahrzehnten des Ägyptischen Reiches oder der darauffolgenden Zeit der Ptolemäer stammen. Aber die Kacheln mußten von Arbeitern Ramses' III. hergestellt worden sein, und der Königsname des Pharaos schmückte die Vorderseite der Kacheln. Wäre es möglich, die Kacheln in zwei Gruppen aufzuteilen und einen Teil Ramses III. zuzuschreiben und den anderen einer späteren Epoche?

»Die Frage wirft eine große Schwierigkeit auf. Zu den von den Handwerkern eingeritzten Zeichen gehören – außer einigen weniger deutlich erkennbaren – mehrere Hieroglyphen und folgende Zeichen, die man als griechische [Groß-] Buchstaben interpretieren kann: *A E I Λ M O C T X*... Ich habe ein *T* auf dem Kopf eines Gefangenen entdeckt, und auf einem aus einer ähnlichen Reihe ist auf dem Gürtel eine Marke mit dem Namen Ramses' III. angebracht... Ich sehe nicht, wie die Arten nach Datum zu unterscheiden wären. *Die mit Hieroglyphen und die mit bildlichen Darstellungen geschmückten Kacheln beziehen sich auf Ramses III., aber diejenigen mit bildlichen Darstellungen tragen auf ihrer Rückseite griechische Buchstaben.*«[5] So schrieb F. L. Griffith, Mitarbeiter Navilles bei den Ausgrabungen.

Ähnliche Zeichen wie diejenigen in Tell el-Jehudijeh fand man auch in Brennformen bei Qantir, einer der königlichen Residenzen der Ramessiden im Deltagebiet. Diese Brennformen könnten nach Schätzung von Archäologen

---

[4] E. Naville: *The Mound of the Jew and the City of Onias,* Egyptian Exploration Fund, 1887 (1890), S. 6-7.

[5] F. L. Griffith: »The Antiquities of Tell-el-Yahudiyeh«, in Naville: *The Mound of the Jew*, S. 41. Kursive von mir.

50 bis 100 Jahre älter sein als die Kacheln aus dem Palast Ramses' III. in Tell el-Jehudijeh. Die Möglichkeit einer Restauration in ptolemäischer Zeit muß hier ausgeschlossen werden. »Die Frage der Herkunft der Fayence-Scheiben von Tell el-Jehudijeh ist nun gelöst... Sie gehören zweifellos in die Epoche Ramses' III., und es fehlen alle Anzeichen für eine Restauration in ptolemäischer Zeit.«[6] So schrieb Mahmud Hamza, ein arabischer Ägyptologe. Aber diese eindeutige Aussage verändert nicht die Form der griechischen Buchstaben, die charakteristisch sind für das 4. Jahrhundert vor unserer Zeit.

Man hat zwei Erklärungen vorgeschlagen, warum spätgriechische Buchstaben auf der Rückseite von Keramikplatten aus dem 12. Jahrhundert im Verlauf des Herstellungsprozesses angebracht worden sein sollen.

»Ein besonders schwieriges Thema in den früheren Berichten über diese Stücke«, so schrieb Sir Flinders Petrie, »war das Anbringen ›griechischer Buchstaben‹ auf der Rückseite vieler Kacheln.«[7] Nach einer von ihm selbst vorgebrachten Erklärung existierten in Ägypten bereits früher griechische Buchstaben.[8] Das setzt voraus, daß die Ägypter, die ja selbst die Hieroglyphenschrift verwendeten, zugleich auch ein alphabetisches System besessen hätten, das sie jedoch nur bei seltenen Gelegenheiten benutzten, um einzelne Buchstaben auf Tonkrügen, Kacheln oder Ziegeln einzuritzen. Diese Schrift war in Ägypten angeblich seit tausend Jahren, wenn nicht gar seit mehreren tausend Jahren bekannt; sie wurde niemals zur Niederschrift eines ägyptischen Textes benutzt. Später empfingen dann die Phönizier und die Griechen diese Schrift von den Ägyptern.

Diese Theorie ist längst in Vergessenheit geraten. Es fand sich weder im archäologischen noch im epigraphischen Forschungsbereich irgend etwas, das sie hätte stützen können – alles sprach gegen sie. Die Entwicklung der hebräisch-phönizischen Schrift, ihre Verpflanzung nach Griechenland, die weitere Entwicklung bis hin zur Bildung der lateinischen Buchstaben, die sich nicht mehr sehr von den heute benutzten Schrifttypen unterscheiden, all das ist in einem solchen Ausmaß erforscht worden, daß Petries Idee auch nicht mal mehr den Anschein von Wahrheit für sich in Anspruch nehmen kann.

Einen Ausweg aus der schwierigen Situation konnte man offenbar nur dann finden, wenn es gelang, die Echtheit der Buchstaben als griechische Buchstaben in Zweifel zu ziehen. Nachdem eine Reihe berühmter Wissenschaftler 50

---

[6] Mahmud Hamza: »Excavations of the Department of Antiquities at Qantir, 1928«, in: *Annales du Service des Antiquités de l'Egypte,* XXX (Kairo 1930), S. 58.

[7] W. M. Flinders Petrie: *A History of Egypt from the XIXth to the XXXth Dynasties* (1905), S. 160. Vgl. G. A. Wainwright in F. Petrie, Hrsg., *Ancient Egypt* (1917), S. iii.

[8] Petrie: *The Formation of the Alphabet* (London 1912).

Jahre lang die Buchstaben auf den Kacheln als griechisch identifiziert hatte, wurde eine neue Idee geboren: Man versuchte, sie als hieratische Zeichen zu interpretieren.[9] Hieratische Schrift wurde als vereinfachte fließende Schreibweise von den Priestern verwendet, wobei die ornamentalen Formen und Ausschmückungen der Hieroglyphen weggelassen wurden. Von etwa zehntausend Zeichen in der hieratischen Paläographie[10] – die die mannigfachen divergierenden Formen umfaßt, wie sie in einer Vielzahl von Handschriften in zahlreichen Generationen von Schreibern benutzt worden waren – konnten vielleicht einige wenige eine zufällige Ähnlichkeit mit griechischen Buchstaben aufweisen. Obwohl man die 10000 hieratischen Zeichen nach allen Richtungen hin- und hergewendet hat, um einen Vergleich zu ermöglichen, sehen sie aber trotzdem nicht wie griechische Buchstaben aus.

Um dies zu verdeutlichen, zeige ich hier Mahmud Hamzas »Äquivalente«. Das umgekehrte und nach oben geöffnete *alpha* wurde als ein neues hieroglyphisches Zeichen in Form einer geöffneten Lotosblüte interpretiert, obschon man ihm niemals vorher auf einem Papyrus oder auf einem Stein begegnet war, und es natürlich auch nicht in dem vollständigen Katalog der hieratischen Zeichen enthalten ist. Man muß sich auch vor Augen halten, daß sich auf der Rückseite der Kacheln nur entsprechend viele verschiedene Buchstaben und Zeichen befinden, und daß es sich bei fast allen um wohlgeformte griechische Buchstaben handelt. Wie konnte es dann dazu kommen, daß alle die vielfältigen hieratischen Zeichen weggelassen und geradezu ausgiebig nur diejenigen benutzt wurden, die ausgerechnet griechischen Buchstaben ähnlich zu sein schienen?

Griechische Buchstaben auf ägyptischen Gegenständen, die einer Zeit vier oder fünf Jahrhunderte vor Homer zugeschrieben wurden und die angeblich dem Zeitalter angehörten, das der legendären Belagerung von Troja vorausging oder mit ihm zeitgleich war, stifteten auch weiterhin Verwirrung. Haben Achilleus und Odysseus bereits das griechische Alphabet in der uns bekannten

[9] M. Hamza: *Annales du Service des Antiquités de l'Egypte,* XXX (Kairo 1930), S. 58.

[10] G. Moller. *Hieratische Paläographie* (2. Auflage 1927–36) enthält 2145 Hieroglyphen-Zeichen und etwa 10000 mit ihnen korrespondierende hieratische Formen.

Form benutzt und mit ihnen zugleich auch die Handwerker und Arbeiter? Warum hat man denn aus dem 13. und 12. Jahrhundert keine griechischen Inschriften, die auf diesem von den Phöniziern abgeleiteten Alphabet beruhen, in Griechenland selbst oder in Kleinasien finden können? Und vor allem, wie konnten griechische Handwerker in Ägypten im 12. Jahrhundert Buchstaben in einer Form verwenden, wie sie sich erst 800 oder 900 Jahre später herausgebildet hat?

Das Problem der klassischen griechischen Buchstaben auf den Kacheln Ramses' III. aus dem 12. Jahrhundert und älterer griechischer Buchstaben, die ein Jahrhundert früher zu datieren sind, ist niemals gelöst worden, und wird heute weitgehend so behandelt, als handle es sich dabei um ein parapsychologisches Phänomen. »Irgendwann wird diese Frage greifbar werden«, schrieb einer der oben erwähnten Gelehrten resigniert, als er das Problem in vollem Umfang erkannte und sich der Sackgasse, in die man geraten war, bewußt wurde.[11] Aber seit drei Generationen haben sich die Gelehrten von diesem Problem abgewandt, ohne Aussicht auf eine Lösung.

Wir haben uns bisher vorwiegend mit der Rückseite der Kacheln befaßt. Auf ihrer Vorderseite sehen wir ein Reliefmuster auf blauem Feld mit einer Glasierung, die in zarter und einheitlicher Weise das Relief und die Fläche bedeckt.

Naville schreibt: »Diese Arbeit erinnert uns auffallend stark an die persische Kunst, und zwar sowohl an die moderne als auch an die antike. Sie scheint in Persien in weit größerem Maße verbreitet gewesen zu sein als in Ägypten.«[12] Diese Beobachtung türmt auf das »griechische Problem« noch ein »persisches Problem«, wenn die Kacheln mehr als sechshundert Jahre vor der Unterwerfung Ägyptens durch Kambyses hergestellt worden sind. Die Griechen kamen erstmals nach Ägypten und ließen sich dort im 7. Jahrhundert während der Regierungszeit von Psammetich nieder – so berichtet uns Herodot, der im fünften Jahrhundert selbst Ägypten besuchte. Die Perser kamen in der zweiten Hälfte des 6. Jahrhunderts nach Ägypten und blieben dort – mit kurzen Unterbrechungen – bis zum Jahr –332, in welchem sie von Alexander vertrieben wurden.

Wenn Sie bei Grabungen auf dem Lande einige Rüstungsstücke mit den heraldischen Emblemen eines Königs finden würden, der vor achthundert Jahren das Zeitliche gesegnet hat, aber auf der Rückseite dieser Rüstung deutlich das Warenzeichen einer Sheffielder Firma aus Viktorianischer Zeit entdecken

---

[11] Griffith in Naville: *The Mound of the Jew*, S. 41.

[12] Naville: *The Mound of the Jew*, S. 6. Sein Gewährsmann ist dabei T. H. Lewis: *Transactions of the Society of Biblical Archaelogy*, VII, 1881 (1882), S. 188. Lewis erwähnte hier die von Emil Brugsch gefundene »seltsame Mörtel-Dekoration«, die eine gewisse Ähnlichkeit mit den »Liliendarstellungen, wie z.B. in Persepolis« besitzt.

würden, wenn Sie sicher sein könnten, nicht das Opfer eines üblen Scherzes zu sein, wenn Ihnen anerkannte Experten versichern würden, es handle sich hier um eine für Richard Löwenherz angefertigte Rüstung, und wenn andere nicht minder fachkundige Experten Ihnen bestätigen würden, das Warenzeichen der Sheffielder Firma sei durchaus echt, und die betreffende Sheffielder Firma, die es benutzte, sei erst zum Zeitpunkt der Herrschaft des Hauses Hannover in England gegründet worden, dann würden wohl auch Sie das gleiche wie Griffith sagen, der sich später in der Ägyptologie einen großen Namen gemacht hat und dessen Ausspruch bereits oben zitiert worden ist, nämlich: »Die Frage wirft eine große Schwierigkeit auf!« Aber vermutlich würden Sie doch dazu neigen, sich der Auffassung jener Experten anzuschließen, die Sie über das Warenzeichen der Sheffielder Firma aufgeklärt haben.

Die Nekropolis: Zwölftes oder viertes Jahrhundert?

Etwa eineinhalb Kilometer von Tell el-Jehudijeh entfernt fanden Naville und Griffith die Nekropolis, die alte Totenstadt dieser Grabungsstätte – mit mehreren kleinen künstlichen Grabhügeln *(Tumuli),* aus Basaltblöcken und Sand; fast alle diese Tumuli waren in der Vergangenheit bereits von Grabräubern geplündert worden, die dort Geräte, Skarabäen, Handsiegel und Edelsteine gestohlen hatten. In allen Fällen bestand das Grab aus einem äußeren Gehäuse aus großen Rohziegeln; darüber befand sich ein gewölbtes Dach aus sich wechselseitig abstützenden Ziegeln; im Inneren stand ein aus einem Stück gefertigter Terrakotta-Sarg in Form einer mit Bändern umwickelten Mumie mit einer Öffnung auf der Kopfseite, durch die die offenbar nicht mumifizierte Leiche eingeführt wurde. »Danach wurde der Kopf mit einer Maske abgedeckt, auf der die Gesichtszüge, das Haar und gelegentlich auch die Hände nachmodelliert waren. Die Züge waren nur in sehr grober Form ausgeführt, und zwar in jenem Stil, wie man ihm an zahlreichen Särgen begegnet, die in den Friedhöfen der Spätzeit in Erment oder Alexandrien gefunden wurden.«[1] Einige dieser Gräber waren nicht »gründlich genug geplündert« worden, denn die Ausgräber fanden darin bronzene Untersätze, kleine Gefäße mit oben angebrachten Doppelhenkeln sowie »einige gute Exemplare der sogenannten zypriotischen Pilgerflaschen«. Ein Grab – ein Kindergrab – war intakt; in ihm fand man eine Halskette aus Porzellan und Glasperlen sowie einen Ring mit einem kleinen Skarabäus. Auf dem Brustbein des Kindes befand sich eine kleine zypriotische Vase, die bei der Beerdigung über dem Herzen des Kindes aufgestellt wurde.

---

[1] E. Naville: *The Mound of the Jew*, S. 16.

Die meisten Särge waren bemalt. »Die Farben waren gelegentlich sehr lebhaft«, schrieb Naville, »aber sie verschwanden schon bald, wenn man sie der frischen Luft aussetzte. Die Malerei war in der Ausführung ziemlich grob, so wie wir sie von Mumien der griechischen und der römischen Zeit her kennen.« Sie stellt Mumien in Kartonnage dar (die Toten wurden nicht mumifiziert, sondern man malte die Mumien auf die Särge auf); es gab aufgemalte Streifen mit Hieroglyphenzeichen und krokodilköpfige Totengeister. Die auf den Särgen angebrachten Hieroglyphen waren »sehr fehlerhaft«, und es »fiel auf, daß sie aus einer sehr späten Epoche stammten«. In mehreren Fällen nahmen sich die Hieroglyphen wie »reine Ornamente« aus, die nicht zum Lesen bestimmt waren oder einen bestimmten Sinn ergeben sollten.

»Diese Inschriften weisen eindeutig auf die Entstehung der Särge in einer späten Epoche hin, was noch dadurch bestätigt wird, daß keine Anzeichen für eine Mumifizierung vorhanden sind.« Ein teilweise noch lesbarer hieroglyphischer Name auf einem Sarg hatte die griechische Endung *os*. »Die auf diesen Särgen niedergeschriebenen Hieroglyphen sind so unsorgfältig gemalt, daß es schwer fällt, die Gräber endgültig zu datieren, obschon der Stil ganz allgemein auf die griechische oder römische Epoche hindeutet.« Naville fährt dann in seinem Bericht fort: »Ich könnte ohne weiteres geneigt sein, sie zeitgleich mit einigen jüdischen Gräbern einzustufen, die nach ihrem Schriftstil auf den Täfelchen entweder in die späte Ptolemäerzeit oder in die frühe Römerzeit datiert werden müssen.« Diese Bemerkung bezieht sich auf einen anderen, etwas näher bei Tell el-Jehudijeh gelegenen Friedhof, wo Gräber mit Beisetzungsnischen in den Fels gehauen worden waren; man fand einige Täfelchen, in griechisch beschrieben, mit den Namen der Verstorbenen wie Glaukias, Agathokles, Aristoboulos, Onesimos, Tryphaina und Eiras – rein griechische Namen also, »denen man in jedem Land begegnen kann, in dem Griechisch gesprochen wurde«; daneben kamen aber auch Namen in »gräzisiertem Hebräisch und in reinem Hebräisch« vor. Naville hielt es für durchaus möglich, daß beide Friedhöfe zeitgleich angelegt worden waren; zumindest stammten beide frühestens aus der Zeit der Griechenherrschaft in Ägypten; der jüdische Friedhof entstand frühestens in der späten Ptolemäerzeit.

In dem kurzen Vorwort zu dem Band, in dem er gemeinsam mit Griffith den Grabungsbericht veröffentlichte, schrieb Naville:

»Dem Leser wird auffallen, daß unsere Auffassungen hinsichtlich des Alters einiger der in der Nekropolis von Tell el-Jehudijeh ausgegrabenen Stücke voneinander abweichen. Jeder von uns beiden zeichnet allein für die von ihm vertretene Auffassung verantwortlich, und wir überlassen das Urteil darüber dem Leser.« Damit schließt das Vorwort.

Die Auffassungen der beiden Autoren wichen in der Tat erheblich voneinander ab! Nur 20 Seiten nach den oben zitierten Passagen von Naville schildert Griffith die gleiche Nekropolis in der Wüste folgendermaßen:

»Hier wurden die in Särgen aus bemaltem Ton befindlichen Leichen auf einen natürlichen oder auf einen künstlichen Hügel von Basaltblöcken gelegt oder auch einfach nur auf den Sandboden der Wüste. Rings um jeden Sarg, der durch einen einfachen Bogen [aus Ziegeln] geschützt wurde, legte man eine Anzahl von Geräten aus Ton oder Bronze etc., und dann bedeckte man die Begräbnisstätte etwa einen halben Meter hoch mit Steinen und Sand.« Diese lose aufgeschichteten Basaltblöcke bildeten die kleinen Tumuli.

»Es gab zahlreiche Särge, die parallel zueinander in Reihen lagen. Wir stellten fest, daß antike Grabräuber hier eine rege Tätigkeit entfaltet hatten; alle Erwachsenensärge waren aufgebrochen und ausgeraubt worden. Dagegen waren die Kindersärge noch intakt – die Diebe wußten sehr wohl, daß sie keine Wertgegenstände enthielten. In einem von ihnen wurden zwei Keramik-Skarabäen gefunden, *die den Namen Ramses' III. tragen*, und so einen äußerst befriedigenden Beweis für die genaue zeitliche Einordnung der Grabhügel geben.«

In einem der Gräber fand man zwei »in Silber und Gold gefaßte« Skarabäen. »Auf einem dieser Skarabäen ist in grober Form der Name von König Sethnacht [dem Vater Ramses' III.] eingeritzt.« Der andere Skarabäus war von Ramses VI., einem der bald nach Ramses III. regierenden Nachfolger. Griffith beschreibt den Inhalt der einzelnen Gräber sowie die verschiedenen Gefäße, Krüge, Flaschen und Bronzeschalen, die man in ihnen fand; die Kindergräber enthielten außer den Skarabäen auch Halsketten aus Glas und glasierte Keramik. In den zwei zuletzt beschriebenen Gräbern wurden auf Tonwaren bzw. Keramik einige »buchstabenähnliche« Zeichen wie M und C entdeckt; sie waren auf einem Gefäß angebracht worden, bevor es gebrannt wurde; für Griffith ergaben sich jedoch daraus keinerlei Implikationen, denn er schrieb: »Die Funde in den beiden Gräbern müssen zwangsläufig aus der gleichen Zeit stammen wie der Rest, d.h. aus der Zeit der 20. Dynastie.« Er schloß seinen Bericht:

»Ganz allgemein ergibt sich aus den Ausgrabungen in den Grabhügeln, daß sie in die Zeit der 20. Dynastie zu datieren sind«, genauer gesagt, in die mittlere Phase dieser Dynastie. »Aus den ersten sieben Grabhügeln ist mit Sicherheit nichts aus späterer oder früherer Zeit, während die Entdeckung von Skarabäen mit den Namen Ramses' III. und Ramses' VI. – in Übereinstimmung mit der Tatsache, daß der auffallendste Keramiktypus, die sogenannte ›falsche Amphora‹, sich auf den Malereien im Grab Ramses' III. wiederfindet – das exakte Datum festlegt.«

In dem fast 500 Kilometer entfernten Grab Ramses' III. in Theben, im »Tal der Könige«, finden sich auf den Wandmalereien ganz ähnliche »Amphoren« (Gefäße mit zwei Henkeln und schmalem Hals). Naville dagegen behauptete, die in den Grabhügeln der Wüsten-Nekropolis gefundenen »zypriotischen Flaschen« seien gerade ein Anzeichen für die späte Entstehung dieser Gräber, und er konnte zu seiner Unterstützung die Tatsache anführen, daß Flinders Petrie »bereits ähnliche Exemplare bei Nebeschesch gefunden hatte«, der griechischen Militärsiedlung im Nildelta, die eine Tagesreise westlich von Deffeneh (Daphnae) entfernt war; die Griechen hatten sich erstmals im 7. Jahrhundert in Ägypten niedergelassen.

Griffith schrieb ferner: »In der gleichen Periode, in der der Königssaal [Ramses' III.] in der Stadt [auf der Grabungsstätte Tell el-Jehudijeh] gebaut wurde..., müssen viele wohlhabende Leute in der Stadt gewohnt haben, die sich eine so ansehnliche Bestattung in derartigen Grabhügeln leisten konnten.« Der oben beschriebene Saal mit den Fayence-Scheiben entstand zur gleichen Zeit wie der Friedhof.

Wir stehen hier also wieder vor dem gleichen Problem – und zwar beim Friedhof wie auch beim Königssaal. Stammen diese Gräber aus der Zeit Ramses' III., d.h. aus dem 12. Jahrhundert vor der Zeitwende, wie Griffith nachdrücklich behauptet? Oder entstanden sie in griechischer oder gar in römischer Zeit, wie Naville nicht weniger überzeugend argumentiert?

Zwischen der Zeit Ramses' III. und der Zeit der ersten griechischen Siedlung in Ägypten vergingen mehr als fünf Jahrhunderte; aber als Naville die Malereien in den Särgen der Tumuli mit denjenigen aus griechischer und römischer Zeit verglich, hatte er jenen Zeitraum vor Augen, in dem der griechische Einfluß in Ägypten bereits stark angewachsen war, also das vierte Jahrhundert vor unserer Zeit, wenn nicht gar die Zeit der Ptolemäerherrschaft, die nach dem Tod Alexanders –323 begann und dann bis ins erste vorchristliche Jahrhundert hinein anhielt, in welchem sie zur Zeit von Pompejus und Kleopatra von der römischen Herrschaft und dem sich daraus ergebenden Einfluß ersetzt wurde.

Ganz gewiß werden wir hier nochmals mit dem gleichen Problem konfrontiert. Die Toten in den Gräbern hatten entweder unter Ramses III. in der ersten Hälfte des 12. Jahrhunderts gelebt, wie das die Skarabäen dieses Pharaos und die seines Vaters und die Amphoren gleichermaßen bezeugen, oder aber, sie haben im 4. Jahrhundert gelebt, wenn nicht gar noch später – die Zeitspanne beträgt mindestens acht Jahrhunderte.

Seltsam, aber hier sahen sich die Archäologen in der selben Umgebung zum zweitenmal mit dem gleichen Dilemma konfrontiert. Das waren keine Amateure, keine ungeschulten Archäologen, sorglos oder streitsüchtig. In der Geschichte der Archäologie hat der Name des Welschschweizers Edouard Naville einen guten Klang. Der Name von Francis Llewellyn Griffith zählte später zu denen der bedeutendsten britischen Ägyptologen. Sie haben das Problem, wie alt die Hügelgräber in Wirklichkeit sind, vor ihren Lesern ausgebreitet, aber auf welcher Grundlage soll ein Leser darüber entscheiden, wenn alles vorhandene Beweismaterial den beiden ausgrabenden Archäologen bereits vorlag, die es an Ort und Stelle studiert und ihre Erkenntnisse darüber schriftlich niedergelegt haben? Eines war klar: Es gab eindeutiges Beweismaterial für die Datierung in die Regierungszeit Ramses' III., aber ebensogut gab es auch eindeutiges Beweismaterial für eine Datierung in die griechische Zeit.[2]

Das Problem ist nicht gelöst. Statt in der Nekropolis eine Lösung für die griechischen Buchstaben auf den Kacheln von Ramses III. gefunden zu haben, sind wir dort einem sehr ähnlichen Rätsel begegnet, wobei zwei Facharchäologen im gleichen Buch ihre gegenteiligen Auffassungen vor den Lesern ausgebreitet haben.

Ägyptische Tribute an Arsa, den Fremdling

Angesichts zweier ähnlicher und verblüffender Divergenzen in den Schätzungen von Wissenschaftlern, von denen die erste sich auf das Alter der Kacheln aus dem Palast Ramses' III. in Tell el-Jehudijeh bezieht und die zweite auf das Alter der Tumuli im nahegelegenen Friedhof, empfiehlt sich als nächster Schritt das Studium der Texte, die uns aus der Regierungszeit dieses Pharaos erhalten geblieben sind. Er hinterließ umfassende in Stein gehauene, von Reliefs begleitete Inschriften an den Wänden seines Totentempels in Medinet Habu im westlichen Theben; sie befassen sich hauptsächlich mit seinen militärischen Heldentaten. Auch Papyrus-Texte hat er hinterlassen. Der größte von ihnen ist der sogenannte Große Papyrus Harris, der sich heute im British Museum in London befindet – der längste überhaupt existierende Papyrus. Er ist ein prachtvolles Dokument, keine Schreiberkopie: mehr als 40 Meter lang und etwa 42 cm breit; er umfaßt 117 hieratische, d.h. in der meist für religiöse Texte verwendeten kursiven Hieroglyphenschrift geschriebene Spalten.[1]

Dieses Dokument hat den Charakter eines Testaments des Königs, und man hat auch vermutet, es sei im Namen Ramses' III. von seinem – wenn auch nicht erstgeborenen – Sohn und Nachfolger abgefaßt worden, der den heutigen Historikern unter dem Namen Ramses IV. bekannt ist.[2]

---

[2] W. F. Albright hat sich entschieden für die Auffassung von Griffith ausgesprochen – in: »An Anthropoid Clay Coffin from Sahab in Transjordan«, *American Journal of Archaeology,* (1932), S. 302–04.

Der König spricht zwar in der ersten Person, er wird aber auch »Gott« genannt, eine Bezeichnung, die in der Regel verstorbenen Königen vorbehalten bleibt; allerdings sind uns auch Fälle bekannt, in denen ein noch regierender Monarch als »Gott« bezeichnet wurde. Der Papyrus führt die Zuwendungen auf, die Ramses III. für den Tempel von Amun-Re, Mut und Chons – die Triade von Theben – gemacht hat, ferner für die Tempel von Thoth in Hermopolis, von Osiris in Abydos, von Sutech in der Residenz, von Ptah in Memphis, von Horus in Athribis, von Re in Heliopolis und für viele andere Heiligtümer, von denen einige auch auf sein Geheiß erbaut worden waren; über seine Großzügigkeit wird im Detail ausführlich berichtet; damit sicherte er sich das Wohlwollen der Götter und der mächtigen Priesterkaste. Der Text ist von verschiedener Hand geschrieben, und er schließt mit einem Überblick über die vergangene Zeit, die Ramses III. und Sethnacht vorausging, der seinen Sohn Ramses III. als Nachfolger bestimmt hatte; betont wird die Sicherheit, die der König für sein Land erreicht hatte – die Infanterie, die Streitwagenkräfte und die Söldner, sie alle sind jetzt ohne Beschäftigung, da der König seine Feinde allesamt besiegt und dem Lande den Frieden beschert hatte; er hatte im gesamten Niltal Bäume gepflanzt, Myrrhe »vom großen Meer des umgekehrten Wassers« (das wir an anderer Stelle als das Tote Meer identifizieren werden) importiert, Kupfer aus »Atika« auf den Schiffen jenes Landes (dessen ungefähre Lage wir später auch noch diskutieren werden) herbeigeschafft und Ägypten zu einem wahren Paradies gemacht. »Ich bewirkte, daß Ägyptens Frauen frei umhergehen konnten, wo immer sie wollten, und von niemandem auf der Straße belästigt wurden.« Die Papyrusrolle endet mit einem Befehl und einem Appell an alle Staatsbeamten und Offiziere des Landes, sich loyal hinter seinen Sohn und Thronfolger Ramses IV. zu stellen.

Aus historischer Sicht ist der wichtigste Teil des Papyrus derjenige, in dem ein Überblick über jene Zeit gegeben wird, die der Regierungszeit Ramses' III. und der seines Vaters und Vorgängers Sethnacht *vorausging*.

»Das Land Ägypten war von außen her unterjocht, und jeder war aus seinem Recht geworfen; sie hatten keinen obersten Mund viele Jahre lang, früher vor anderer Zeit. Das Land Ägypten war in den Händen von kleinen Machthabern und Stadtherrschern, und einer schlug den anderen, groß und klein.«

Das Land stand unter der Oberherrschaft einer fremden Macht (es wurde »von außen her unterjocht«), und die Bevölkerung wurde moralisch verderbt. Die Worte »sie hatten keinen obersten Mund viele Jahre lang« bedeuteten,

---

1 Das Faksimile des Textes wurde 1876 von S. Birch herausgegeben. Es wurde von J. Breasted ins Englische übersetzt, und zwar in: *Ancient Records of Egypt* (1906–07), IV, Sekt. 182–412.

2 W. Struve in *Aegyptus*, VII (1926), S. 3ff.

daß es weder einen König noch eine zentrale Regierungsgewalt gab; örtliche Machthaber, Stadtfürsten und andere Mächtige handelten ohne Gesetz.

»Andere Zeiten kamen danach mit leeren Jahren. Arsa, ein gewisser Syrer (H-rw)[3], war in ihnen Oberhaupt. Er ließ sich vom gesamten Land Tribut zahlen; er versammelte seine Gefährten und plünderte ihre Besitztümer (der Ägypter). Die Götter behandelte er wie Menschen, und keine Opfer wurden in den Tempeln mehr dargebracht.«

Nach diesen elenden Zeiten gab Userchaure-meriamun–setpenre Sethnacht-merrere-meriamun »dem gesamten Land, in dem der Aufruhr entbrannt war, die Ordnung wieder; er schlug die Rebellen, die im Lande Ägypten waren; den erhabenen Thron Ägyptens reinigte er«. Die Macht des Königs wurde wieder fest etabliert, und nach den vielen Jahren der Unterjochung und der Ausbeutung war der Staat wieder in Ordnung. Ramses III. (Usermaatre-meriamun Ramesse-hekaon, Leben, Heil, Gesundheit!) gelang es, Ordnung, Wohlstand und Verteidigung des Landes noch weiterhin zu verbessern.

Der Anspruch auf die ruhmreichen Heldentaten, die Ramses III. und seinem Vorgänger Sethnacht nachgesagt werden, überraschte die Gelehrten, die dieses Dokument studierten, keineswegs. Überraschung löste bei ihnen die rätselhafte Anspielung auf eine Unterjochung des Landes »von außen her« aus, denn nach der akzeptierten Version der Geschichte ist nichts darüber bekannt, daß Ägypten in den Jahren unmittelbar vor der 20. Dynastie, derjenigen Ramses' III., von einer fremden Macht bezwungen worden war. Es wird behauptet, es existiere kein anderes schriftliches Dokument, ägyptisch oder ausländisch, das diese Feststellung von Ramses III. stützen würde. »Es gibt nicht den leisesten Hinweis darauf«, der mit Ramses' Aussage über eine ausländische Beherrschung Ägyptens unter Arsa übereinstimmen würde.[4] Außerdem vergingen nach der akzeptierten Version der Geschichte nur wenige Jahre zwischen dem Ende der 19. und dem Beginn der 20. Dynastie; im Papyrustext ist aber die Rede von einer längeren königslosen Periode, die in der Herrschaft von Arsa gipfelt, der das Land sich selbst und seinen Gefährten tributpflichtig machte. Weder glaubt man, in der historischen Abfolge der Ereignisse für die geschilderten Vorgänge Raum zu finden, noch lassen sich die Vor-

---

[3] Wegen der Ungewißheit über die Vokale bei der Hieroglyphenschrift kann man den Namen Arsa, Irsu oder so ähnlich lesen. J. Breasted sprach sich für Jarsu, Arizu oder Arzu aus. W. Hayes und J. Wilson gaben Irsu den Vorzug, A. Gardiner Arsu. H-rw ist die Bezeichnung für einen Palästiner, Syrer (Aramäer) oder Hurri(ter). Vergl. A. H. Gardiner: *Ancient Egyptian Onomastica*, Bd. I (1947).

[4] H. Junker: »Die Aegypter«, in: Junker und Delaporte: *Die Völker des antiken Orients*, Freiburg 1933, S. 153.

gänge mit dieser Periode in Einklang bringen. Die Person des Arsa ist verwirrend, und doch heißt es, die »Herrschaft eines sonst unbekannten« fremden Usurpators »ist sicher verbürgt«[5], und das aufgrund der ausdrücklichen Feststellung im Papyrus.

Diese Stelle wird daher als »seltsame Passage« angesehen und hat die Aufmerksamkeit der Historiker ausgiebig beansprucht. Um die Identität von Arsa festzulegen und um seine Herkunft und Bedeutung zu erklären, wurden mehrere forcierte Thesen vorgebracht. »Es ist durchaus möglich«, schrieb ein Wissenschaftler, »daß Irsu entweder das Epitheton (›der aus eigener Kraft Emporgekommene‹?) für einen der letzten Herrscher der 19. Dynastie gewesen ist, der möglicherweise eine syrische Mutter hatte, oder daß es sich bei ihm um einen von mehreren syrischen Würdenträgern handelte, die zur Zeit der Ramessiden Macht und Bedeutung erlangten«.[6]

Jedoch, es wird von Zeiten ohne einen legitimen Herrscher im Lande gesprochen; außerdem folgt dem Namen Arsa ein Zeichen, mit dem Ausländer gekennzeichnet wurden, und das nicht hinter dem Namen eines ägyptischen Pharaos stehen würde, selbst wenn dieser tatsächlich von einer syrischen Mutter abstammte.

War es eine Wiedererinnerung an eine viel frühere Zeit, nämlich diejenige der Hyksosherrschaft – vor der 18. und 19. Dynastie? fragte A. H. Gardiner und lieferte einen verzweifelten Erklärungsversuch:

»In diesem seltsamen Abschnitt werden die ruhmreichen Leistungen der 18. und 19. Dynastie völlig übergangen, wir finden uns in die Zustände vor dem Hyksos-Einbruch zurückversetzt. Als einzige historische Tatsache wird das Auftreten eines syrischen Usurpators erwähnt, der die Gewalt über das ganze Land erlangte. Wer dieser Ausländer gewesen sei, war der Gegenstand heftigen Streites.«[7]

Es ist verblüffend, daß Ramses III. eine Unterjochung Ägyptens »von außen her« (bzw. »durch eine fremde Macht«) bekundet, und zwar in dem Zeitraum, der der Regierungszeit seines Vaters vorausgeht, aber über eine derart wesentliche Tatsache in der Geschichte Ägyptens nichts bekannt ist; es ist erstaunlich, daß Ägypten einem ausländischen Herrscher untertan gewesen sein soll, und daß sich nach der akzeptierten Chronologie keine Quelle und kein bekannter

---

[5] J. Wilson in J. B. Pritchard Hrsg.: *Ancient Near Eastern Texts* (Princeton 1950), S. 260, Anm. 6.

[6] W. C. Hayes: *The Scepter of Egypt* (1953-59), I, S. 363.

[7] A. H. Gardiner: *Egypt of the Pharaohs,* S. 281–2. J. Černý machte einen anderen Vorschlag: Arsa könnte identisch sein mit einem Mann namens Bey, einem »Königsmacher« unter Sethos II. In dem Band, der sich mit der Eroberung Ägyptens durch die Assyrer befaßt, wird jedoch nachgewiesen werden, daß Sethos II. und Bey ganz an den Beginn jener Periode gehören, die als 19. Dynastie bekannt ist – d. h., nach dieser Rekonstruktion ins erste Viertel des siebten Jahrhunderts.

Vorgang mit einem Zustand der Abhängigkeit Ägyptens von einem fremden Herrscher – noch dazu einem Syrer – in Einklang bringen läßt. Wie sollen wir also diese rätselhafte und höchst wichtige Information verstehen, die Ramses III. in seinem Testament der Nachwelt hinterlassen hat?

Arsames

Die persischen Motive auf den Kacheln Ramses' III. lenken unsere Nachforschungen auf die persische Periode der ägyptischen Geschichte.

Die Zeit der Perser im Nahen Osten begann mit dem Sieg von Kyros über Kroisos von Lydien (–546), der Eroberung Babylons (–539) und der Übernahme des babylonischen Reiches. Im Jahre –525 unterwarf Kyros' Sohn Kambyses (–530 bis –521) Ägypten. Der Nachfolger von Kambyses, Dareios (–521 bis –486), machte Thrakien und Makedonien zu persischen Provinzen und drang zweimal in Griechenland ein. Beim zweiten Feldzug wurde sein Heer bei Marathon besiegt (–490). Er organisierte den Handel zur See und schuf den Kanal vom Nil bis zum Golf von Suez am Roten Meer.

Sein Sohn Xerxes (–486 bis –465) fiel ein weiteres Mal in Griechenland ein; zwar siegte er in der Schlacht bei den Thermopylen, aber in der Seeschlacht bei Salamis (–480) schlugen die Griechen die Perser. Nach einer erneuten Niederlage in der Landschlacht bei Platäa (–479) ließ Xerxes von weiteren Angriffen auf Griechenland ab. Er herrschte »von Indien bis ans Mohrenland über hundertundsiebenundzwanzig Länder« – nach dem Buch »Esther«, die vermutlich eine seiner Königinnen war. Er besuchte Ägypten nie. Nach seiner Ermordung folgte ihm sein Sohn Artaxerxes auf dem Thron (–465 bis –425). Einige Jahre später kam es in Ägypten zu einer von einem Lokalregenten namens Inaros angezettelten Revolte. Die athenische Flotte segelte mit 200 Trieren den Nil flußaufwärts, um Ägypten in seinem Kampf gegen den Perserkönig zu unterstützen. Zunächst wurde die persische Garnison geschlagen und suchte in der Zitadelle von Memphis Zuflucht; aber einige Jahre später befreite eine neu herbeigeführte persische Armee die eingeschlossene Garnison und besiegte die Flotte der Athener – sie geriet aufs Trockene, nachdem die Perser das Wasser eines Zuflußkanals abgelassen hatten. Die Athener verbrannten ihre Flotte und zogen sich nach Kyrene zurück. Ägypten verblieb unter persischer Oberhoheit.

In Athen folgte das künstlerisch hochbedeutende und wirtschaftlich blühende Zeitalter des Perikles. In Palästina baute Nehemia mit Genehmigung von Artaxerxes I. die Mauer Jerusalems wieder auf, die seit der Einnahme und Zerstörung der Stadt durch die Babylonier vor mehr als einundeinhalb Jahrhunderten immer noch ein Trümmerhaufen war.

Bald nach der Unterdrückung der von Inaros angeführten Revolte bestellte Artaxerxes I. ein Mitglied des Königshauses namens Arsames zum Satrapen von Ägypten. Über ihn und sein Wirken sind Berichte in Keilschrift auf Tontafeln, in aramäischer Sprache auf Papyri und Schriftrollen (hier wird er Arsham genannt), sowie bei den griechischen Autoren Ktesias und Polyainos (bei ihnen heißt er Arsames) erhalten geblieben. Die früheste Tontafel, die sich auf ihn bezieht, datiert noch aus der Zeit vor der Rebellion des Inaros, genauer aus den ersten Regierungsjahren von Artaxerxes I. (–463 oder –462).[1] Vor seiner Ernennung zum Satrapen von Ägypten – und wohl auch der gesamten Region zwischen dem Euphrat und Ägypten – hatte Arsames im weitausgreifenden persischen Reich bereits einige andere Spitzenpositionen eingenommen.

Nach dem Tod von Artaxerxes I. bemächtigte sich ein Sohn von ihm unter dem angenommenen Namen Xerxes (II.) des Thrones. Ihn ließ ein Halbbruder ermorden, der selbst den Thron übernahm und dann seinerseits ermordet wurde. Arsames trug wesentlich dazu bei, daß Ochus auf den Thron kam, der sich Dareios (II.) nannte; die Chronisten nannten ihn Nothus, einen Bastard, da er ein unehelicher Sohn des toten Königs war. Er war grausam und eitel. Die Unterstützung durch Arsames war entscheidend dafür, daß Ochus diese höchste Machtposition erlangte; daher überhäufte er als Dareios II. Arsames mit Ehren und Reichtümern – letztere in Form von umfangreichen Ländereien in Babylonien und Ägypten.

Die Zeit vom frühesten Dokument, das sich auf Arsames bezieht (unter Artaxerxes I.) bis zum letzten (unter Dareios II.) umfaßt eine Spanne von 53 Jahren; seine Macht während dieses gesamten Zeitraums war ungehemmt, und er drückte auf die gesamte Region »jenseits des Flusses«, d.h. westlich und südlich des Euphrats. Den Bauern und Hirten, die in diesen riesigen, ihm übereigneten Ländereien lebten und sich für ihn abplackten, bürdete er schwere Lasten auf; die Verwalter (Gouverneure) und Schatzmeister der Satrapien handelten zugleich auch als seine Privatangestellten; sie kassierten die Nutzungserträge in erster Linie für ihn selbst, aber auch für einige andere privilegierte Mitglieder des Königshauses, die in Babylon, Susa und Persepolis residierten.

Zusätzlich zu dieser Ausbeutung durch seinen Satrapen mußte Ägypten noch eine jährliche Tributzahlung an die persische Krone entrichten, die von dem Verwalter (Gouverneur) erhoben wurde, der zugleich als oberster Schatzmeister fungierte, und die von ihm persönlich zu Arsames nach Babylon überbracht wurde.

Seit der Regierungszeit Dareios' I. war jede Satrapie zu einer regelmäßigen

---

[1] G. R. Driver: *Aramaic Documents of the Fifth Century B. C.* (Oxford 1954).

Tributzahlung verpflichtet; Ägypten gehörte, wie Herodot berichtet und ein heutiger Wissenschaftler bestätigt, »zu den größten Einkommensproduzenten für den Thron; es mußte 700 Talente aufbringen, das ist doppelt soviel, wie ganz Syrien und Palästina gemeinsam zu leisten hatten«.[2] Außerdem mußte Ägypten noch die persische Garnison und die mit ihr verbündeten Besatzungstruppen – hauptsächlich aus der anatolischen Region – mit 120000 Rationen versorgen.[3] Unter der Regierung von Dareios II. wurden derartige Tributzahlungen sogar noch drückender.

Für moderne Historiker war Arsames eine wohlbekannte Persönlichkeit, noch bevor die Schriftrollen, die wir gleich erörtern werden, den Wissenschaftlern zugänglich wurden. Der Umfang seiner geschäftlichen Tätigkeiten in Babylonien, wo er große Güter mit Weideland besaß, läßt sich aus Keilschrifttafeln abschätzen: Im 11. Jahr der Regierungszeit Dareios' II. (d.h. –413/12) führte er an einem Tag eine Transaktion mit 1809 Stück Vieh in Nippur in Babylonien durch, und an den folgenden beiden Tagen Transaktionen mit 582 weiteren Stück Vieh. In der Regel wurde das Vieh verpachtet, und der Pächter war für den Zusammenhalt und die Pflege der jeweiligen Herde verantwortlich.[4]

L. Borchardt, dessen Hauptinteresse im Bereich der Ägyptologie dem Studium der antiken Kalender galt, erhielt im Jahr 1932 in Kairo von einem Antiquitätenhändler das Angebot, einen großen Lederbeutel voll von Schriftrollen in aramäischer Sprache anzukaufen. Der Händler wollte oder konnte den Fundort dieser Schriftrollen nicht nennen, aber aus ihrem Inhalt konnte man darauf schließen, daß sie aus der Kanzlei des Satrapen Arsames in Babylon stammten, wo dieser seine Hauptresidenz hatte, von der aus er nur gelegentlich nach Ägypten kam, um seine Besitzungen zu überprüfen und Anordnungen zu erteilen. Sein Bevollmächtigter für die Verwaltung der Provinz Ägypten oder Gouverneur und oberster Schatzmeister war zunächst ein gewisser Psamschek und danach ein gewisser Necht-hor, beide Ägypter. Wir sollten uns diese Männer und ihre Namen merken, denn wir werden uns später an geeigneter Stelle noch gesondert mit ihnen befassen.

In dem Lederbeutel befanden sich außer einer Anzahl von Fragmenten vierzehn Schriftrollen; eine ging bei dem Versuch, sie zu öffnen, praktisch verloren. Die Information des Griechen Ktesias – der zu Beginn des vierten Jahr-

---

[2] E. G. Kraeling: *The Brooklyn Museum Aramaic Papyri* (New Haven 1953), S. 32.

[3] Herodot, III, 91. Aus den 120000 Rationen »läßt sich auf ein Heer in Stärke von 10000–12000 Mann schließen«. (Krealing, a.a.O., S. 32).

[4] Driver: *Aramaic Documents*, S. 44.

hunderts persischer Hofarzt und zugleich Autor des Werks *Persica* war –, daß wichtige offizielle Mitteilungen im persischen Reich auf sogenannte Königsrollen geschrieben wurden, bestätigte sich durch diesen Fund.

Überraschend war die Feststellung, daß die Amtssprache in der Korrespondenz zwischen dem persischen Satrapen und seinen Untergebenen Aramäisch war. Der Gelehrte E. Mittwoch, Spezialist für hebräisch-aramäische Sprachen, las die Schriftrollen. In der hebräischen Sprache bedeutet *Aram* Syrien, und Aramäisch war ein syrisches Idiom. Vereinzelte Zeugnisse scheinen darauf hinzudeuten, daß diese Sprache im 9. Jahrhundert vor der Zeitwende entstanden ist; zur Zeit der babylonischen Gefangenschaft der Juden war sie eine von mehreren am babylonischen Hof benutzter Sprachen (Daniel 2:4); im 5. Jahrhundert wurde sie unter den Persern zur offiziellen Amtssprache, und sie trat, wie aus den königlichen Schriftrollen hervorging, nunmehr an die Stelle der akkadischen (assyro-babylonischen) Sprache.[5] Wie bestimmte Ausdrücke der in griechischer Sprache abgefaßten Evangelien bezeugen, war Aramäisch bis zum ersten nachchristlichen Jahrhundert zur Umgangssprache der Bevölkerung in Palästina geworden. Sowohl der Talmud von Jerusalem als auch der babylonische Talmud – Schöpfungen des 1. bis 5. Jahrhunderts der neuen Zeitrechnung – sind in aramäischer Sprache abgefaßt.

Die hier erörterten Schriftrollen, die meist in der Kanzlei von Arsames in Babylon geschrieben worden sind und die in der Kanzlei seines Bevollmächtigten in Ägypten aufbewahrt wurden, richteten sich an verschiedene Adressaten: auf der Außenseite einer Schriftrolle stand in der Regel der Name des Adressaten zusammen mit einer Anmerkung über das in dem betreffenden Brief erörterte Thema. Die in dieser Sammlung enthaltenen Briefe sind undatiert, aber aus ihrem Inhalt kann man schließen, daß sie während der Regierungszeit Dareios' II. Nothus in der Zeit von etwa –424 bis –410 geschrieben worden sind.

Zehn der Sendschreiben stammen von Arsames (sie sind in den meisten Fällen von seinem Schreiber in seinem Namen unterzeichnet), und vier von diesen sind an Necht-hor gerichtet; die drei übrigen Briefe richten sich auch an Necht-hor, stammen aber von verschiedenen Absendern, doch wird in ihnen ausnahmslos Arsames erwähnt. Sein Name kommt also in allen erhalten gebliebenen Briefen dieser Sammlung vor. Die früheren Briefe deuten darauf hin, daß Psamschek auf seinem Posten der Vorgänger von Necht-hor gewesen ist; außerdem enthält eine dieser Botschaften einen strengen Verweis für einen Garnisonskommandeur, und zwar wegen seiner Insubordination gegenüber

[5] A. T. Olmstead: *History of the Persian Empire* (Chicago 1948), S. 116/17 ff. Vgl. a.: Esra 4:7; Briefe an und von Artaxerxes wurden in aramäischer (altsyrischer) Sprache geschrieben.

Psamschek. Arsames' Briefe an Necht-hor enthalten keine einleitende Grußfloskel, und das zeigt die hochmütige Haltung des persischen Satrapen gegenüber seinem ägyptischen Bevollmächtigten.

Die Briefe befassen sich hauptsächlich mit der Einziehung der Tributzahlungen aus dem Land Ägypten und in noch größerem Ausmaß mit den Fragen des persönlichen Besitztums an Ländereien und Sklaven von Arsames und zwei oder drei Männern aus seiner engeren Umgebung, die – genau wie er selbst – mit dem persischen Königshaus verbunden waren.

Ein typischer Brief sei hier zitiert:

»Von Arsames an Necht-hor (Nechtichur): Wenn im übrigen in früheren Fällen die Ägypter rebellierten, dann trug Psamschek, der vorhergehende pekidia [Gouverneur] streng Sorge um unser Personal und um unser Eigentum in Ägypten, so daß mir keine Verluste entstanden sind; er hat außerdem in ausreichendem Maße Handwerker verschiedener Rassen und andere Ländereien ausgesucht und meinem Besitztum zugeführt...«

Im gleichen Brief tadelt Arsames den gegenwärtigen Gouverneur Necht-hor und seine Mitarbeiter wegen ihrer Laxheit und ordnet folgendes an: »Zeigt euch tätig, und kümmert euch um unser Personal und um unsere Ländereien, damit für mich keine Verluste entstehen; sucht auch genügend Handwerker verschiedener Rassen anderswo aus, bringt sie zu mir, kennzeichnet sie mit meinem Brandmal und überführt sie in mein Besitztum, genauso wie das die vorhergehenden pekidia (Gouverneur) getan haben.

»Laßt es euch gesagt sein: Wenn in meinem Personal [von Sklaven] oder bei meinem übrigen Besitztum irgendwelche Verluste eintreten und ihr [Plural] sucht dafür anderswo keinen Ersatz und führt ihn nicht meinem Besitztum zu, dann werdet ihr dafür zur Rechenschaft gezogen werden und einen strengen Verweis erhalten.« Arsames hielt Necht-hor ein Beispiel vor Augen: einige seiner Beauftragten in Unterägypten zeigten »sich aktiv und kümmern sich intensiv um das Personal und um das übrige Besitztum ihres Herrn, und sie suchen anderswo Leute heraus und überführen sie in den Besitz ihres Herrn, während ihr das nicht tut« – und dann erging an ihn der Befehl, es ihnen gleichzutun.

Aus einem solchen Brief des Satrapen an den Gouverneur erfährt man, daß in Unter- und Oberägypten gleichermaßen Landbesitz inoffiziell konfisziert und dem Privatbesitz des Satrapen zugeschlagen wurde; außerdem wurden Leute überall (nach Arsames' Worten »anderswo«) zu Leibeigenen gemacht und mit dem Besitzzeichen des Satrapen gekennzeichnet und gingen so in seinen Besitz über.

Selbst kleinere Höfe oder solche, die heruntergekommen waren, hatten kaum eine Chance, sich der Einverleibung durch den Satrapen zu entziehen.

So informierte beispielsweise die Kanzlei des Arsames den Gouverneur, ein Mann namens Petosiri habe an den Satrapen geschrieben und ihn um die Erlaubnis ersucht, den Hof seines Vaters zu übernehmen; sein Vater Pamun war zusammen mit den Frauen dieses Haushalts umgekommen, als es in Ägypten zu »Wirren« kam. Der verlassene Hof, so teilte der Schreiber im Namen von Arsames mit, »wurde nicht meinem Besitztum zugeschlagen«. Der Gouverneur erhielt den Befehl, dem Sohn zwar das Anwesen zu übergeben, aber dieser sollte »Pachtzins und Grundsteuer an mich entrichten...« Ein Schreiber unterzeichnete diesen Brief.

In seiner Raffgier dachte Arsames gar nicht daran, die Zustände zu verbessern, die die »Wirren« ausgelöst hatten, sondern ihm kam es nur auf die Vergrößerung seiner Einnahmen an, und er fügte deswegen ein baufälliges, möglicherweise sogar halb niedergebranntes Anwesen seinem Lehngut hinzu.

Aus diesen, in einem syrischen Idiom geschriebenen, »königlichen Häuten« erfährt man sehr viel über die Ausbeutung Ägyptens durch Arsames und seine Kumpane.

Von Arsames kann man mit Recht behaupten, was Ramses III. über den Fremdling Arsa gesagt hatte, der viele Jahre nach der Unterjochung Ägyptens »von außen her«, nach welcher es im Lande keinen einheimischen König gab, »bei ihnen Oberhaupt« war. Alles weist darauf hin, daß es sich bei Arsames, dem Satrapen und dem Autor der in aramäischer Sprache geschriebenen Briefe, der Ägypten ausbeutete und seine Führungsposition mißbrauchte, um den im großen Papyrus Harris zitierten Arsa handelte, der sich »das ganze Land tributpflichtig machte« und »ihre Besitztümer plünderte«.

Den Namen Arsames (auf Aramäisch bzw. Syrisch Arsham) könnte man in Ägyptisch leicht mit »Arsa« wiedergeben, nicht nur weil die Ägypter private Namen (auch die der Könige[6]) in der Regel abzukürzen pflegten, sondern im vorliegenden Fall um so mehr, weil die Endung *-mes* in vielen ägyptischen Namen vorkommt und soviel wie »Sohn« bedeutet – so beispielsweise in Thutmes (Thutmosis) – und man sie daher als entbehrlich betrachten kann.

Da er seine Briefe auf Aramäisch abfaßte, könnte Arsames als Syrer angesehen werden. Außerdem machte man, wie wir von Herodot erfahren, zu jener Zeit keinen großen Unterschied zwischen den Begriffen syrisch und assyrisch (mesopotamisch), und häufig wurde auf beide derselbe Begriff angewendet.[7]

Der Privatname von Artaxerxes II., unter dem er vor seiner Thronbestei-

---

[6] Siehe »Zeitalter im Chaos«. I, S. 160, Anm. 2.

[7] Herodot: VII, 63. Ebenfalls Strabo. II, 1, 31 und XVII, 1, 1-3.

gung nach dem Tod von Dareios II. (–404) bekannt war, lautete Arsatis, und er wurde in persisch-aramäischen Texten »Arshu« geschrieben (nach Olmstead). Auch er käme für die Rolle des Arsa (oder Arsu) als Ausbeuter Ägyptens in Frage. Im fünften Jahr seiner Regierungszeit (–399) verlor er tatsächlich Ägypten, als die Rebellion des Nepherites das Land von der persischen Oberherrschaft befreite und die Ägypter im Jahr –374 gegen ihn in den Krieg zogen.

In einem aus dem 18. Jahr seiner Regierungszeit (–387) stammenden astronomischen Text aus Babylon wird er immer noch als »Arshu« bezeichnet: »Arshu, der unter dem Namen König Artakschatsu [Artaxerxes II.] bekannt ist...« (Kugler). Das war nur kurze Zeit vor den hier geschilderten Ereignissen. Die Karriere Artaxerxes' II. stand in engem Zusammenhang mit Babylon: als Kronprinz wuchs er in Babylon auf, und er hatte später dort – im damaligen Zentrum der aramäischen Kultur – auch seine zweite Residenz. Das könnte eine Erklärung dafür sein, daß Arsu (Arsa) im großen Papyrus Harris als Syrer (Aramäer) bezeichnet wird. Möglicherweise hatte er eine syrische Mutter.

Auf wen von beiden auch immer der Papyrus sich bezog, Arsham (Arsames) oder Arschu (Arsaces) – beide verdienen zweifellos die Bezeichnung als Gewaltherrscher über die Bevölkerung Ägyptens in der Periode unmittelbar vor jenen Ereignissen, die wir jetzt schildern wollen. Jedoch, Arsames, der vor der Thronbesteigung des Artaxerxes starb, beherrschte tatsächlich Ägypten. Dagegen war Artaxerxes II. niemals in diesem Land, und daher scheint mir weit mehr dafür zu sprechen, Arsames (Arsham) mit Arsa zu identifizieren.[8]

Mit dieser Identifikation hat sich der Kreis fast geschlossen: Es hat ganz den Anschein, als würden sich alle von uns oben erörterten Probleme wie von selbst lösen, wenn Ramses III. – und mit ihm die gesamte 20. Dynastie – zeitlich in das vierte Jahrhundert verlegt wird. Wie aber ist es dann um seine Kriege und seine Annalen darüber bestellt?

---

[8] Zu Beginn meiner Forschungen hatte ich, bevor ich zu diesem Dilemma kam, den Schreiber Esra für einen möglichen Kandidaten zur Identifizierung mit dem im Großen Papyrus Harris genannten Arsa bzw. Erzu gehalten. Er erhielt vom persischen König den Auftrag, Tributzahlungen von den Schatzmeistern der Satrapien »jenseits [auf dieser Seite] des Euphrats« für den Tempel in Jerusalem einzutreiben – Ägypten gehörte auch zu jenen Satrapien, die verpflichtet waren, derartige Tributzahlungen bzw. Steuern zu entrichten. Seine Jurisdiktion schloß auch das Vorrecht ein, gegen Missetäter die Todesstrafe zu verhängen. Er traf in Jerusalem entweder im siebten Jahr der Regierungszeit Dareios' II. (–417) ein oder aber im siebten Jahr der Regierungszeit Artaxerxes' II. (–397). (Siehe auch die Erörterung in einem späteren Kapitel.)

Kapitel II

Perser und Griechen dringen in Ägypten ein

Pereset: Philister oder Perser?

Im westlichen Theben – fast 500 Kilometer nilaufwärts – hat Ramses III. sich selbst einen prachtvollen Totentempel errichtet. Auf den Tempelmauern hat er für die Nachwelt die Geschichte seiner militärischen Siege aufgezeichnet und sie geradezu verschwenderisch mit Reliefs illustriert.* Der Ort, Medinet Habu genannt, liegt auf dem jenseitigen Nilufer gegenüber von Luxor, und zwar unterhalb der Felshänge, hinter denen sich das Tal der Könige mit seinen Königsgräbern verbirgt. Usermaatre-meriamun Ramesse-hekaon (Ramses III.) verteidigte und rettete Ägypten, als es in Gefahr war, von großen Heeren und Flotten erobert zu werden.

Gegen Ramses III. trat in Kanaan-Palästina eine riesige militärische Streitmacht an – eine Armee, die sich unter Führung einer Nation, deren Name Pereset gelesen wird, aus vielen Völkern zusammensetzte, sowie eine Flotte für die Invasion Ägyptens. Im Einklang mit dem Zeitplan der konventionellen Chronologie liegt diese Periode kurz nach –1200, also einige Jahre nach der Thronbesteigung Ramses' III., und in Übereinstimmung mit dieser Zeitrechnung wird angenommen, daß es sich bei den Pereset um die Philister handelt. In der ägyptischen Schrift gibt es kein Zeichen für den Buchstaben *L*, und der Buchstabe *R* kann daher auch wie *L* ausgesprochen werden. Aber in nahezu allen Fällen, in denen dieser Buchstabe vorkommt, wird er in der Regel wie *R* ausgesprochen, und daher sagen wir Ramses und nicht Lamses.

Abgesehen von der angenommenen Erwähnung der Philister in den Kriegsberichten Ramses' III. ist unsere einzige literarische Quelle für unsere Kenntnisse über die Philister das Alte Testament. Nach den Berichten im fünften Buch Mose (2:23), im Buch des Propheten Amos (9:7) und in dem des Propheten Jeremia (47:4) kamen die Philister von der Insel Kaphthor nach Kanaan. Jeremia spricht von den »Philistern, die das übrige sind aus der Insel Kaphtor«. In der Regel nimmt man an, es handele sich bei Kaphtor um Kreta; wahrscheinlicher ist jedoch, daß es sich hier um Zypern handelt.[1] Die Philister er-

---

* Der Einfachheit halber verwende ich hier den Begriff Relief statt der wissenschaftlich exakteren Begriffe für die einzelnen Relieftechniken.

1 Vergl. »Zeitalter im Chaos«, I, Abschnitt »Höhlenbewohner oder Karier«, S. 215.

reichten die Küste Kanaans in großer Zahl erst kurze Zeit (einige Jahrzehnte oder gar nur wenige Jahre), bevor die israelitischen Stämme, die von jenseits des Jordanflusses kamen, das Hügelland von Kanaan erreichten.[2]

Ramses III. hat in seinen detaillierten Kriegsberichten weder die Israeliten noch irgendeinen der Zwölf Stämme erwähnt, und umgekehrt findet sich sowohl im Buch Josua als auch im Buch der Richter kein Hinweis auf einen von den Ägyptern in Kanaan geführten Krieg. Man argumentierte, da es sich bei den Pereset um die eindringenden Philister handele, hätten offensichtlich die Israeliten Kanaan noch nicht erreicht gehabt. Das wäre eine Erklärung für die eigenartige Tatsache, daß Ramses III. teilweise auf palästinischem Territorium einen großen und siegreichen Krieg gegen die Philister und ihre Verbündeten geführt haben könnte, ohne daß die israelitischen Stämme auf der einen oder

[2] »Keinesfalls handelt es sich bei ihnen um die Nachfahren jener Philister, die einen Vertrag mit Isaak geschlossen hatten [vgl. Genesis 21 und 26.]; sie sind von Zypern zu einem viel späteren Zeitpunkt eingewandert«. L. Ginzberg, *The Legends of the Jews* IV (1913), 94.

Abb. 3: Eines der Reliefs von Medinet Habu zeigt Ramses III. im Kampf gegen die »Inselvölker« (Athener) und die fünf Stämme der »Seevölker« (aus der gleichnamigen Satrapie) unter Führung der »Pereset« (Perser).

anderen Seite in ihn hineingezogen worden wären. In der Regel wird die Situation auf diese Weise interpretiert: Ein derartig spätes Eintreffen der Israeliten würde erklären, daß sie in den ägyptischen Kriegsberichten über Kanaan nicht erwähnt wurden, und es würde gleichzeitig auch die Tatsache rechtfertigen, daß in den Schriften von diesen Ereignissen überhaupt nicht die Rede ist.

Die Eroberung Kanaans unter Josua nach –1180 zu datieren, bringt eine sehr ernste Komplikation mit sich: Statt der traditionellen 400 Jahre, welche die Periode der Wanderung in der Wüste, der Eroberung Kanaans und die Zeit der Richter umfaßt, bleibt dann ein Zeitraum von nur wenig mehr als einhundert Jahren übrig. Um –1000 war bereits ein Teil der vierzigjährigen Regierungszeit von König David verstrichen, und Saul, der erste König von Israel, hatte vor David mehrere Jahrzehnte lang regiert. Ein Zeitraum von nur einhundert Jahren ist für die Periode der Richter entschieden viel zu wenig.

Datiert man die Eroberung unter Josua in eine Zeit nach dem Krieg von Ramses III. in Palästina, dann widerspricht das auch den bevorzugten Theorien, nach denen sich die Landnahme bereits während der 18. Dynastie (während der Tell el-Amarna-Periode) oder während der 19. Dynastie abgespielt haben soll. Wer »Zeitalter im Chaos I« *Vom Exodus zu König Echnaton* gelesen hat, weiß allerdings, daß der Auszug der Israeliten aus Ägypten am Ende des Mittleren Reiches erfolgte, lange Zeit vor Ramses III. aus der 20. Dynastie, vor Merenptah aus der 19. Dynastie sowie vor Amenophis III. oder Amenophis IV. (Echnaton) aus der 18. Dynastie. Ungelöst bleibt folgendes Rätsel: Wie kommt es, daß Ramses III. während des Krieges, den er gegen die in Ägypten und Palästina eindringenden Seevölker führte, nicht auf die israelitischen Stämme traf, und wie kommt es, daß auch in den hebräischen Annalen keine Erinnerung an diesen Feldzug erhalten ist?

Man ging davon aus, daß es sich hier um eine riesige Völkerwanderung handelte, wie es sie nur in wenigen anderen Epochen der Geschichte gegeben hatte. »Das Jahr 1200 v. Chr. bezeichnet etwa den Gipfelpunkt des politischen Lebens im alten Orient..., eine Veränderung, die in ihren weitreichenden Auswirkungen nur noch mit der Eroberung durch Alexander zu vergleichen ist«, schrieb ein Mitglied der mehrere Grabungskampagnen umfassenden archäologischen Forschungsexpedition in Medinet Habu.[3]

Da kurz nach –1200 kein Volk besser paßte, identifizierte man die Pereset mit den Philistern, und in den Schulbüchern findet man Porträts von den Philistern, dem Volk Goliaths, einem Volk, das in den Tagen der Richter weithin berühmt war: diese Porträts sind nach Kopien von den Reliefs des Totentempels Ramses' III. angefertigt.

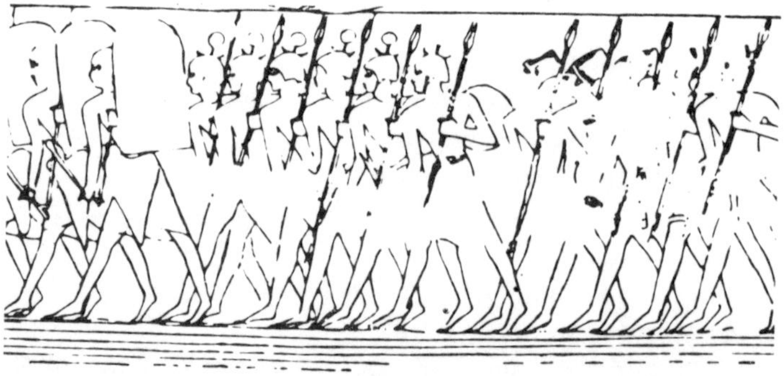

Abb. 4: Seevölkersoldaten in der ägyptischen Siegesparade. Aus einem Relief in Medinet Habu.

[3] H. H. Nelson: *Medinet Habu, The Epigraphic Survey of the Oriental Institute* (University of Chicago 1929), S. 1.

Auf den Mauern dieses Tempels in Medinet Habu lassen sich die Pereset und ihre Verbündeten, die Seevölker, leicht aufgrund ihrer Kleidung erkennen. Die Pereset tragen kronenförmige Helme auf dem Kopf und kostbare Gewänder am Körper. Die Soldaten der Seevölker tragen Helme mit Hörnern, wobei sich gelegentlich zwischen den beiden Hörnern eine Kugel bzw. eine Scheibe befindet.

Die Pereset waren – so läßt sich aus ihrer kunstvollen und farbenprächtigen Kleidung schließen – ein wohlhabendes und kultiviertes Volk. Die vorzüglich ausgerüsteten und bewaffneten Truppen erweckten jedenfalls nicht den Eindruck von planlos umherziehenden wandernden Horden, als die sie manchmal in den Theorien über die Wanderungsbewegungen jener heimatlos gewordenen Völker hingestellt werden, die nach Ägypten vordrangen. Eine moderne Wissenschaftlerin hat diese Auffassung gleichzeitig mit ihrer Überzeugung vertreten, daß es sich bei diesen Armeen um die Streitkräfte wohlorganisierter Staaten gehandelt habe, nicht aber um dahinziehende, aus ihrer Heimat vertriebene Horden.[4] Das gleiche gilt auch für die Seevölker, bei denen es sich um disziplinierte und gut organisierte Truppen handelt.

Wir haben keine anderen Vergleichsmöglichkeiten für das äußere Erscheinungsbild der Philister; betrachten wir jedoch eingehend die Grabungsberichte aus verschiedenen Ländern und die Photographien von antiker Kunst, dann begegnen wir erneut jenen kronenförmigen Helmen, die uns bereits von den Reliefs Ramses' III. her als Kopfbedeckung der Pereset bekannt sind. Wir finden sie auf den Köpfen persischer Soldaten.

In Persepolis, der ehemaligen Hauptstadt, etwa 50 Kilometer nordöstlich von Schiras, stehen die Ruinen von den Palästen der einstigen Perserkönige, bei denen großartige Monumentaltreppen erhalten geblieben sind; an den Seitenwänden dieser Monumentaltreppen finden sich, in Relief gehauen, die Figuren zahlreicher persischer Soldaten. Auf dem Kopf tragen sie kronenförmige Helme: Diese Kopfbedeckung besteht aus einer Anzahl von kleinen Flächen bzw. Blättern auf einem Band, das – mit Ornamenten verziert – um den Kopf geschlungen ist, sowie aus einem kleinen Schutzschild für den rückwärtigen Kopfteil. Die kronenförmige Kopfbedeckung der Pereset in den ägyptischen Tempelreliefs besteht gleichfalls aus einer Anzahl von kleinen Flächen bzw. Blättern auf einem Band, das – mit Ornamenten verziert – um den Kopf geschlungen ist, sowie einem kleinen Schutzschild für den rückwärtigen Kopfteil.

---

[4] L. A. Stella: *Rivista di Antropologia*, 39 (1951-52), 3-17.

Abb. 5: Monumentaltreppe (Osttreppe) in Persepolis, der Hauptstadt des Perserreiches zur Zeit Ramses' III.

In der Nähe von Persepolis, in Naqsch-i-Rustam, befinden sich die Gräber der Großkönige Persiens, Grabkammern, die hoch über dem Erdboden in eine mächtige Felswand gehauen sind. Das Grab des Dareios enthält Reliefs auf Felsgestein, in denen die Garde des persischen Monarchen dargestellt ist. Wieder ist die Kopfbedeckung der Pereset leicht auszumachen.[5]

Außer den königlichen Garden mit ihrer vielblättrig zusammengesetzten Kopfbedeckung sieht man auf den Reliefs in Persepolis und in Naqsch-i-Rustam Satrapen und den König selbst, die mit einfachen Tiaren gekrönt sind. Auf den ägyptischen Wandreliefs Ramses' III. tragen Gefangene ebenfalls derartige einfache Tiaren. Sie sind allerdings nicht während des Schlachtver-

[5] Diese Arten von Kopfbedeckungen sind in ihrer Art einzigartig; sie waren auch jahrhundertelang für das persische Volk charakteristisch. In dem von den assyrischen Königen der Spätzeit errichteten Palast von Kujunjuk fand man Reliefs, in denen einige Figuren eine ähnliche Kopfbedeckung wie die Pereset trugen. Siehe A. H. Layard: *Niniveh and Babylon* (London 1882), S. 76/77. De Clerq spricht in seinem *Catalogue des antiquités assyriennes* (Paris 1883), S. 139 *(Palais de Koyaundjok)* von *»einer Federkrone«*. Die blattförmigen Einzelteile sind hier mit einem Federmuster verziert; die Figuren tragen lange Tuniken. Diese Figuren wurden entweder von den spätassyrischen Königen angebracht, die – wie aus ihren eigenen Annalen bekannt – Krieg in Elam und im persischen Hochland führten und von dort auch Gefangene mitbrachten, oder aber von den persischen Eroberern Assyriens, das gemeinsam mit Babylonien in der zweiten Hälfte des 6. Jahrhunderts vor der Zeitwende ihrem Herrschaftsbereich einverleibt wurde. Eine Ritterfigur auf einem Relief in Naqsch-i-Rustam, das aus der Zeit der Sassanidendynastie zwischen dem dritten und siebten nachchristlichen Jahrhundert stammt, trägt eine Kopfbedeckung, die derjenigen auf dem Kopf der Isis ähnelt, die Ramses III. säugt.

laufs abgebildet, jedoch sind einige der Gefangenen mit schmucklosen Tiaren in einem Triumphzug des Pharaos dargestellt. Diese Gefangenen besaßen offenkundig einen höheren Rang.

Diese typische und einzigartige Kopfbedeckung, die bei persischen Garden und Rittern ebenso zu sehen ist wie bei den Soldaten der Pereset, und die Tiaren des Großkönigs und seiner Satrapen, die man auch bei den Offizieren der Pereset findet, sind ein starkes Argument dafür, die Pereset mit den Persern zu identifizieren. Aber der persische Kontakt mit Ägypten und die persischen Kriege mit Ägypten beschränkten sich auf den Zeitraum von –525, als Kambyses Ägypten eroberte, bis zum Jahr –332, in dem Alexander Ägypten erreichte und die persische Herrschaft beendete.

Urteilen wir aufgrund der Tatsache, daß die Soldaten der Pereset in den ägyptischen Reliefs bartlos dargestellt sind und nur die Offiziere Bärte tragen, während auf den Reliefs von Dareios kurz vor –500 sowohl die Offiziere als auch die Soldaten der königlichen Garde Bärte tragen, dann wird unsere Aufmerksamkeit auf das 4. Jahrhundert gelenkt: Einhundert Jahre trennen Dareios vom 4. Jahrhundert. In der Zwischenzeit war eine Reform durchgeführt worden, nach der die Soldaten ihre Bärte abrasieren mußten, um dem Feind keinen leichten Anfaßpunkt zu bieten.[6] Die höherrangigen Offiziere durften jedoch ihre Bärte behalten. Auf den ägyptischen Reliefs erscheinen die Gesichter der höheren Offiziere der Pereset durchwegs bartgeschmückt.

Handelt es sich bei der reichgeschmückten Kleidung der Pereset, die heutige Gelehrte so sehr beeindruckte,[7] nicht gerade um die Kleidung der Perser, die die zeitgenössischen Griechen so beeindruckt hat?

In den Tagen Herodots – um die Mitte des fünften Jahrhunderts – trugen die Perser »auf dem Kopf die sogenannte Tiara, einen weichen Hut, am Körper einen farbigen, mit Ärmeln versehenen Panzerrock aus fischartigen Eisenschuppen, um die Schenkel Hosen«. In der Armee des Xerxes trugen die Syrer »auf dem Kopf eherne Helme, die auf eine fremdländische Art geflochten sind, die sich nicht gut beschreiben läßt«.[8] Ammianus Marcellinus, der zu einem viel späteren Zeitpunkt die Rüstung der Perser beschrieben hat, berichtet uns, sie seien von Kopf bis Fuß mit kleinen Eisenschuppen bekleidet gewesen, die *federartig* angeordnet waren.[9]

---

[6] Plutarch berichtet in seinen *Lebensbeschreibungen* (*Theseus*, 5), Alexander habe diese Sitte eingeführt, daß die Soldaten sich ihre Bärte abrasieren mußten; er folgte darin einer im Orient beim Militär allgemein üblichen Sitte.

[7] G. Maspero (*The Struggle of the Nations* 1896, S. 463) spricht den Pereset »einen Sinn für eine gewisse Kultiviertheit und ein gewisses Maß an Luxus« zu.

[8] Herodot, VII, 61, 63.

[9] Ammianus, XXIV, iv, 15.

Abb. 6

In einigen Fällen sind die Schuppengebilde auf dem kronenförmigen Helm der Pereset mit einem Federmuster verziert; dies veranlaßte einige Historiker dazu, von »Federkronen« der Philister nach Art der amerikanischen Indianer zu sprechen. Von Ammianus erfahren wir, daß die eisernen Schuppenteile bei den Persern so geformt waren, daß sie Federn ähnlich sahen.

Das ägyptische Klima verbietet während des größten Teils des Jahres das Tragen von Rüstungen. Die Soldaten der Pereset waren mit leichten Tuniken bekleidet, zusätzlich mit einigen gepanzerten Gewandstreifen und mit aus Schuppen gefertigten Helmen. Bei den Ausgrabungen in Daphnae (dem Tah-

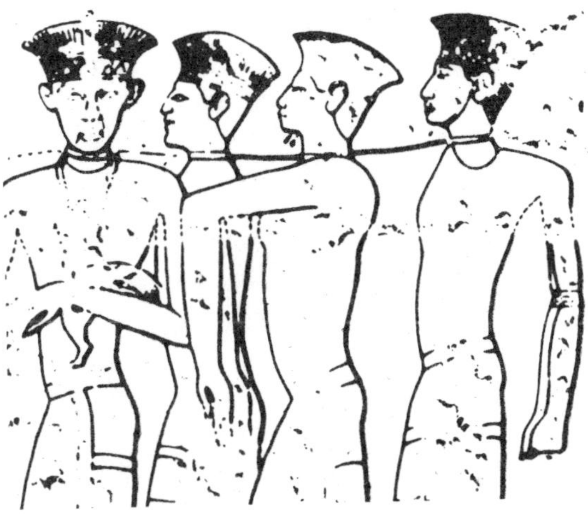

Abb. 7

Abb. 8

Abb. 6 bis 8: Die gefangenen Pereset auf den Reliefs von Ramses III. (Abb. 7 und 8) tragen dieselbe typische Kopfbedeckung wie die persische Garde auf einem Relief des Palastes von Dareios.

penes in den Schriften), dem griechischen Militärstützpunkt in Ägypten, fand man Eisenschuppen. »Die schuppenartigen Rüstungsteile sind der ungewöhnlichste von allen Funden.«[10] Aber identische Rüstungsteile, eigentlich » eine Art Schuppenharnisch ist im Grab von Ramessu (Ramses) III. abgebildet«, stellte Flinders Petrie einigermaßen verwundert fest.[11]

Die Tatsache, daß Eisenschuppen von Petrie in Daphnae ausgegraben wurden, das für griechische Söldner, die in Ägypten dienten, im siebten Jahrhundert gegründet wurde, und daß ein ähnlicher Schuppen-Harnisch auch im Grab Ramses' III. auftaucht, gehört zu der ständig zunehmenden Anzahl von Anachronismen, die mit der Zeit dieses Pharaos in Verbindung zu stehen scheinen.

Bei den Pereset handelte es sich ganz offensichtlich nicht um Philister, sondern um Perser. Diese Interpretation des Namens muß überprüft werden. Fast zwei Jahrhunderte lang stand Ägypten unter persischer Oberhoheit – oder es befand sich im Kriegszustand mit Persien –, und es sollte daher nicht schwerfallen herauszufinden, mit welchem Namen Persien und die Perser in den ägyptischen Texten der persischen und der ptolemäischen Periode bezeichnet wurden.

---

[10] Petrie: *Tanis*, Teil II, »Nebesheh and Defenneh (Tahpanhes)«, S. 78.

[11] a.a.O.

In den Hieroglyphentexten der persischen Epoche zwischen –525 und ca. –390, als Ägypten vorübergehend unabhängig wurde, gibt es eine Anzahl von Hinweisen auf Persien – es wird stets P-r-s genannt (im Hebräischen wird Persien ebenfalls als P-r-s bzw. Paras bezeichnet); diesem Namen wird dann noch, wie in der ägyptischen Schrift üblich, das Zeichen für »Fremdland« beigefügt.

Unter dem dritten Ptolemäer, im Jahr –238, fand ein priesterliches Konklave statt, das einen Beschluß faßte, den es in Stein hauen ließ – er ist wegen des Ortes in Ägypten, in dem dieses Konklave stattfand, als Kanopusdekret bekannt. Es handelt sich dabei um eine Kalenderreform: mit dem Text werden wir uns noch zu einem späteren Zeitpunkt in diesem Buch befassen. In diesem Dekret findet sich ein Hinweis auf die Pereset als Nation, und, was für unsere These wichtig ist: Die Schreibweise dafür lautet: P-r-s-tt.[12]

Das Kanopusdekret bezieht sich auf jene Zeit, in der die heiligen Statuen von den Pereset fortgeschleppt wurden. Es ist auf einer steinernen Tafel in drei verschiedenen Schriften wiedergegeben – in Griechisch, in demotischem Ägyptisch (Kursive) und in hieroglyphischer Schrift. »Was die Götterbilder angeht, die die Elenden von Pers [P - r - s - tt] (griechischer Text: Perser) aus Bahet *(Ägypten)* weggeführt hatten, so ist seine Majestät nach den Ländern von Setet *(Asien)* gezogen, und er hat sich ihrer bemächtigt. Er hat sie an ihre Stelle in dem Tempel gesetzt, von der sie früher weggeholt waren.«[13]

Wenn noch irgendein Zweifel über die Bedeutung des Namens Pereset bestanden haben sollte, dann wird er durch den griechischen Text des Kanopusdekrets ausgeräumt. Und daher sollte es nicht länger mehr ein Problem sein, die Pereset auf den Inschriften des Medinet-Habu-Tempels von Ramses III. als Perser zu identifizieren.

---

[12] Dr. N. B. Millet vom Royal Ontario Museum hat auf meine Bitte hin freundlicherweise aus ägyptischen Texten einige Hinweise auf Persien und die Perser zusammengestellt. Seiner Meinung nach verwendete man das Doppel-t in Peresett aus rein ästhetischen Gründen, wie das bei der Hieroglyphenschrift gelegentlich vorkommt. Eddie Schorr weist darauf hin, daß im Kanopusdekret bei anderen geographischen Bezeichnungen ebenfalls ein zusätzliches t hinzugefügt wird. So schreibt man beispielsweise Keftíu (Zypern) als Keftet und Retenu (Palästina) als Retenutet.

[13] E. A. Wallis Budge: *The Rosetta Stone in the British Museum* (London 1929), Appendix: »The Decree of Canopus«, S. 256 u. S. 283. Vergleiche D. Lorton »The supposed expedition of Ptolemy III to Persia«, *Journal of Egyptian Archaeology*, 57 (1971), S. 160ff.

Ein gewaltiges Problem

Bevor wir fortfahren, wollen wir kurz innehalten und uns vor Augen führen, wie gewaltig das Problem ist. Bereits mehrere Male sind wir von der Sachlage auf die persische Periode hingelenkt worden: zuerst, als wir die Kacheln Ramses' III. mit den griechischen Buchstaben und Motiven aus dem Bereich der persischen Kunst erörterten; dann als wir sahen, daß sich an den während der Regierungszeit Ramses' III. erbauten Gräbern deutliche Merkmale für das vierte oder ein späteres Jahrhundert ablesen lassen; zum Dritten, als wir beobachteten, daß die Unterjochung Ägyptens durch einen Fremdling namens Arsa im 13. oder im 12. Jahrhundert unvorstellbar war, daß sich aber etwas sehr Ähnliches in der zweiten Hälfte des fünften Jahrhunderts abgespielt hat; und schließlich, als wir zu der Erkenntnis gelangten, daß Ramses III. seinen Krieg gegen die Perser geführt hat; die Perser haben jedoch erstmals im Jahr –525 und dann nochmals im 4. Jahrhundert Krieg gegen die Ägypter geführt, als diese unter einheimischen Königen ihre Unabhängigkeit erklärten.

Wir können jetzt haltmachen, bestürzt über den offensichtlich unzulässigen Gedanken, daß es sich hier um einen Irrtum von 800 Jahren Zeitunterschied handeln könnte – oder auch erschrocken angesichts der Verwirrung, die diese Untersuchung heraufbeschwören könnte. Aber sollten wir uns nicht doch dazu entschließen, diese Untersuchung noch ein wenig weiterzuführen, und könnten wir uns dann möglicherweise nicht erleichtert fühlen, falls irgendwelches neues Beweismaterial auftauchen sollte, durch das die jahrhundertealte Konzeption von der Geschichte der Antike bestätigt werden könnte? Denn eines muß klar sein: Wir können nicht Ramses III. mit den Persern kämpfen lassen, ohne dabei die bisherige Konzeption der Weltgeschichte aus den Angeln zu heben. Welch ein Erdrutsch, welch eine Lawine müßte eine solche Erkenntnis zur Folge haben: Königreiche müssen in sich zusammenstürzen, Imperien müssen sich zeitlich über Jahrhunderte hinweg verschieben, Nachkommen und Vorfahren vertauschen ihre Rollen. Und weiter: Wieviele Bücher müßten zusätzlich als überholt und veraltet gelten, wieviele gelehrte Forschungen müssen neu angesetzt werden, und wieviel Beharrungsvermögen muß überwunden werden? Es handelt sich hier nicht nur um eine Lawine, sondern um einen totalen Umsturz angeblich für ewig unverrückbarer Gebirgsmassive.

Da der Leser jetzt die Folgen abschätzen kann, die sich aus der Identifizierung der Pereset mit den Persern ergeben, laden wir ihn ein, das vor ihm auszubreitende Beweismaterial sorgfältig zu überprüfen, damit er sich nicht durch unbewiesene Behauptungen beirren läßt und nicht zu einem trügerischen Bild von der Vergangenheit gelangt.

Schildern wir das zwölfte oder das vierte Jahrhundert?

Da es sich zu Beginn des 4. Jahrhunderts nicht um Vorgänge aus grauer Vorzeit handelt, und da die Kriege, an denen die Griechen – wenn auch nur als Söldner – teilgenommen haben, mit Sicherheit von einigen griechischen Autoren geschildert wurden, unterziehen wir unser Schema von der Geschichte einem schonungslosen Test: alle Einzelheiten der Geschichte müssen in einer griechischen Quelle erwähnt und erklärt werden. Ist dies nicht der Fall, dann haben wir vielleicht unhaltbare Behauptungen aufgestellt; wenn aber die vom Pharao abgebildeten und erläuterten Begebenheiten – Ereignis für Ereignis – bei einem griechischen Autor wiedergefunden werden, wobei alle agierenden Personen genau jene Rollen spielen, wie sie sich auch in den ägyptischen Wandreliefs und in den dazugehörigen Begleittexten widerspiegeln, dann ist das von uns hier angebotene Schema von jedem Verdacht der Willkür und der Einseitigkeit befreit –

»Ach, Liebe, könnten du und ich, wie Gott,
Dies jammervolle Schema ganz begreifen!
Würden wir's nicht in Stücke reißen und
Nach unsern Herzenswünschen neu gestalten?«[1]

Sollte dieses revidierte Schema der Geschichte die Herausforderung bestehen, dann müßte anerkannt werden, daß wir auf dem Weg zur Erkenntnis des wirklichen Ablaufs der wahren Geschichte einen wesentlichen Fortschritt erzielt haben.

Bei der Revision dieses Abschnitts der Geschichte können wir aus einleuchtenden Gründen keine Hilfe aus den Schriften oder assyrisch-babylonischen Quellen erwarten: zu Beginn des vierten Jahrhunderts vor der Zeitwende war das Alte Testament bereits abgeschlossen oder dem Abschluß nahe, und seine zeitlich spätesten Abschnitte – die Bücher Esther, Nehemia und Esra – befassen sich mit der Periode vor Ramses III.; Assyro-Babylonien aber existierte damals als Staatsgebilde nicht mehr. Dagegen könnten wir das erforderliche Vergleichsmaterial in den Schriften der griechischen Autoren finden.

Es war das vierte Jahrhundert, und es war bereits ein Jahrhundert weniger sechs Jahre vergangen, seit Äschylus zum erstenmal im Wettstreit mit Sophokles gelegen hatte; Perikles, nach dem das Goldene Zeitalter Athens benannt worden war, war seit etwa fünfzig Jahren tot. Auch Sokrates war schon gestorben. *Die Frösche* des Aristophanes waren bereits seit einigen Jahrzehnten gelesen und aufgeführt worden.

---

[1] Nach E. Fitzgeralds Übersetzung des *Rubaijat von Omar Chajjam.*

Wir werden uns nicht dem Historiker Thukydides zuwenden, um etwas über Ramses III. zu erfahren; der Historiker starb kurz nach –400. Wir können uns auch nicht mit den Werken Herodots befassen: als er Ägypten bereiste, war Ramses III. noch gar nicht geboren.

Wenn die biblischen Quellen keine Informationen mehr vermitteln, stehen uns die zeitgenössischen Berichte der griechischen Autoren zur Verfügung. In diesen Annalen und Chroniken, die von Historikern einer späteren Generation als der von Herodot und Thukydides geschrieben worden sind, kommen die ägyptischen Könige Nepherites, Hakoris, Nektanebos I., Teos und Nektanebos II. häufig vor. Die Ägyptologen rechnen diese späteren Pharaonen zur sogenannten 29. und zur 30. Dynastie (den beiden letzten einheimischen Dynastien vor der Wiedereroberung Ägyptens durch die Perser, ein Jahrzehnt vor der Eroberung Ägyptens durch Alexander). Nektanebos I., der von –379 bis –361 regierte, ist unter diesen letzten einheimischen Pharaonen die überragende Figur. Wenn aber, wie hier behauptet wird, Ramses III. nicht im zwölften, sondern im frühen vierten Jahrhundert gelebt hat, wer ist dann Nektanebos, der zur selben Zeit lebte?

Wir werden beweisen, daß es sich bei dem Pharao, von dessen diversen Namen die modernen Historiker den Namen Ramses III. ausgewählt haben, um Nektanebos I. griechischer Autoren handelt. Da sie zur gleichen Zeit lebten und nicht durch acht Jahrhunderte voneinander getrennt waren und da sie beide Pharao in Ägypten waren, gibt es nur die einzige Alternative, beide als ein- und dieselbe Person zu identifizieren. Und, wenn wir die Berichte von Ramses III. und die griechischen Schilderungen von Nektanebos I. miteinander vergleichen, dann wird uns klar werden, daß die Details ihrer Persönlichkeit, ihres Lebenslaufs, ihrer Regierungszeit und ihrer Kriege einander in so starkem Maße ähneln, daß Willkür oder Zufall bei ihrer Identifizierung ausgeschlossen sind. Außerdem werden wir feststellen, daß auf gewissen Inschriften Ramses III. den Namen Necht-a-neb als einen seiner königlichen, sogenannten Horus-Namen benutzte.

Ramses III. hat uns Annalen über seinen Krieg mit den Pereset und mit den Seevölkern hinterlassen. Der in griechischer Sprache schreibende Historiker Diodor Siculus hat im letzten Jahrhundert vor unserer Zeitrechnung detailliert über den Krieg berichtet, den Nektanebos I. gegen die Perser und die griechischen Söldner geführt hat. Diodor, der die Jahre von –60 bis –57 in Ägypten verbrachte, standen offensichtlich viele Dokumente und Quellen zur Verfügung, als er die Geschichte der letzten einheimischen Pharaonen-Dynastien in Ägypten verfaßte. Wir werden die beiden Darstellungen einem ganz rigorosen Vergleichstest unterziehen. Wenn wir bei unserem Versuch, den wirklichen Verlauf der Geschichte zu rekonstruieren, nicht vom rechten Weg abgekommen sind, dann müssen diese beiden Annalen die Geschichte ein- und desselben Krieges wiedergeben.

»Die Inseln waren voller Unruhe«

Nach dem Tod von Dareios II. (Nothus) bestieg sein Sohn Arsaces unter dem Namen Artaxerxes II. den Thron. Wegen seines exzellenten Gedächtnisses erhielt er den Beinamen Mnemon; er regierte von –404 bis –358, einer Periode bedeutender geschichtlicher Ereignisse. Kurz nach der Thronbesteigung zettelte sein als Satrap von Anatolien wirkender Bruder Kyros der Jüngere einen Aufstand gegen den König an. An seinem berühmt gewordenen Marsch gegen Artaxerxes nahm eine griechische Söldnerarmee in Stärke von 10000 bis 12000 Mann teil; einer ihrer Führer, der Athener Xenophon, hat diesen Marsch und den darauf folgenden Rückzug in seiner *Anabasis* (*Der Weg zurück*) beschrieben. Kyros d. J. kam bis Babylon und fiel dort im Kampf (–401), die griechische Söldnertruppe zog sich zurück und erreichte nach vielen Bedrängnissen das Schwarze Meer.

Während der folgenden Jahre kam es in den persischen Satrapien in Kleinasien zu Unruhen durch Rebellionen von Satrapen und durch die Versuche Spartas, die Ionier an der kleinasiatischen Küste vom Perserjoch zu befreien. Diese Bemühungen nahmen einen sehr aggressiven Verlauf, als der spartanische König Agesilaos in den Jahren –396/95 in mehreren Gefechten im Westen und im Zentrum Kleinasiens siegreich blieb.[1]

Die Heldentaten von Agesilaos waren bereits ein Vorspiel zu denjenigen von Alexander. In seiner Kurzbiographie über Agesilaos schrieb Cornelius Nepos:

»Agesilaos... hatte bereits viele Städte erobert und große Beute gemacht... Aber während er erwog, nach Persien aufzubrechen und gegen den Großkönig zu marschieren, kam ein Bote von den Ephoren aus Sparta, Athener und Boioten hätten den Krieg erklärt; er möge daher sofort nach Hause zurückkehren... Obwohl er an der Spitze eines siegreichen Heeres dabei war, sich das Perserreich zu unterwerfen, blieb er, obwohl in weiter Ferne, den Befehlen seiner Staatsbehörden gehorsam... Agesilaos also zog der Herrschaft über ein blühendes Königreich seinen Ruf als guter Bürger vor und hielt es für ruhmvol-

---

[1] Er kam wiederholt in militärischen, aber auch in diplomatischen Kontakt zum persischen Erbsatrapen Pharnabazos, dessen Provinz in Persien als »Tjaij Drajahja«, d. h. »Die [bzw. Die Völker] von der See« = Die Seevölker, bekannt war. Von diesem Mann ist hier deswegen die Rede, weil wir ihm eine Reihe von Jahren später erneut begegnen werden; wir werden uns dann auch daran erinnern, unter welchem Namen seine Satrapie in Kleinasien bekannt war.

ler, den Gesetzen seines Vaterlandes zu gehorchen als ganz Asien zu überwinden.«[2]

Der acht Jahre dauernde Korinthische Krieg begann. Der persische König unterstützte die Athener, ja, er hatte beim Ausbruch der Feindseligkeiten eine wesentliche Rolle gespielt; es handelte sich um eine Kriegslist, Agesilaos zur Rückkehr nach Griechenland zu zwingen und die griechischen Staaten untereinander in längere Zeit andauernde Feindseligkeiten zu verwickeln. Im Jahr –394 gewannen die Spartaner die Schlachten bei Nemea und Koronea, aber im gleichen Jahr wurde ihre Flotte von der persischen Flotte unter dem athenischen Admiral Konon bei Knidos entscheidend geschlagen, und sie konnte danach ihre beherrschende Rolle zur See niemals wieder zurückgewinnen. Die Ionier an der anatolischen Küste revoltierten und erklärten ihre Unabhängigkeit von Sparta. Athen gewann die Inseln Delos, Skyros, Imbros und Lemnos zurück und verbündete sich mit den Inseln Chios, Mitylene, Rhodos, Kos und Knidos.

Viele berühmte Ereignisse fanden während des Korinthischen Krieges (–395 bis –387) statt, und viele Inseln nahmen an ihm teil. Euagoras, der König von Salamis auf Zypern, kam den Athenern zu Hilfe und erwies sich dadurch dem persischen König als nützlich. Aber wenige Jahre später rebellierte Euagoras gegen Artaxerxes (–390), nachdem er sich dazu vom Großkönig selbst hatte provozieren lassen, der ihm seinen Mut und seinen Unabhängigkeitsdrang verübelte. Außerdem brauchte Artaxerxes einen untertänigen König auf der Insel, weil er sich auf einen Krieg gegen Ägypten vorbereitete. Aber der Krieg gegen Euagoras dauerte zehn Jahre und kam Persien sehr teuer zu stehen; für einen gewissen Zeitraum setzte Euagoras nach Kleinasien über, überredete dort die Kilikier zu einer Revolte und besetzte mehrere Städte in Phönikien.

Am anderen Ende des östlichen Mittelmeers, in Sizilien und in Süditalien, war ebenfalls ein Krieg im Gange. Die Karthager waren in Italien eingedrungen. Dionysios, der Tyrann von Syrakus in Sizilien, war in eine kriegerische Auseinandersetzung mit der griechischen Siedlung Kroton in Süditalien verwickelt; die athenische Flotte beteiligte sich auch an diesem Krieg, und die westgriechischen Inseln mischten sich zusätzlich in diesen Konflikt ein.

Im Korinthischen Krieg waren die Spartaner zu Lande absolut überlegen; aber eine der Sensationen dieses Krieges war der Sieg des athenischen Generals Iphikrates, der –391 eine Division schwerbewaffneter und langsam manövrierender spartanischer Truppen vernichtete, und zwar mit leicht bekleide-

[2] Cornelius Nepos: *Agesilaus* (3, 4), übersetzt von J. A. Wirth (München). Die *Ephoren* waren die fünf jährlich gewählten höchsten Beamten Spartas, die auch den König kontrollierten.

ten und flexibleren athenischen Regimentern, deren Defensivwaffen und Offensivwaffen er so reformiert hatte, daß daraus im Kampf eine größere Beweglichkeit und zugleich eine stärkere Stoßkraft resultierten.

Die persische Unterdrückung vor dem Tode Dareios' II. veranlaßte Amyrtheos, seine Herrschaft über ein Teilgebiet Ägyptens wiederherzustellen. Er ist der einzige Repräsentant der sehr kurzen 28. Dynastie. Nach ihm rebellierte ein anderer weltlicher Führer: Nepherites. Er erlangte ein gewisses Maß an Unabhängigkeit, wie es Ägypten seit mehr als 130 Jahren nicht mehr gekannt hatte. Als er nach einigen Jahren relativer Unabhängigkeit starb, folgte ihm auf dem Thron nicht einer seiner Söhne; statt dessen usurpierte den Thron ein gewisser Hakoris. Möglicherweise stand hinter diesen Vorgängen eine persische Intrige; zu Beginn anerkannte Hakoris die persische Oberhoheit, aber nach einer Weile rebellierte auch er: Als Euagoras mit Unterstützung der Athener gegen den Perserkönig revoltierte, entschloß sich Hakoris ebenfalls zum Aufstand. Im Jahre –381 wurde Euagoras' Flotte von den Persern besiegt. Hakoris starb –379 oder –378, und seinen Thron übernahm nun Nektanebos I., der zwar behauptete, von Nepherites abzustammen, der jedoch – so wird versichert – Sohn eines Militärführers und selbst Offizier gewesen ist. Allem Anschein nach hatte er an der libyschen Front gedient, und er hatte dort einige Erfolge zu verzeichnen, bevor er sich zum König erklärte.

Die Niederlage des Königs von Zypern, Euagoras, die Verbesserung der Beziehungen zwischen Athen und Persien, sowie die Unterstützung, die Persien Athen in seinem Kampf gegen Sparta zuteil werden ließ – das alles beeinflußte die Lage in Ägypten. Auch Nektanebos anerkannte zunächst die persische Oberhoheit, aber bald rüstete er sein Landheer und seine Flotte auf, um dem Ansturm der persischen Armee und Flotte widerstehen zu können. Nur kurze Zeit versuchte er den Eindruck zu erwecken, er sei loyal.

Diodor schrieb: »In diesem Jahr [–375/74] glaubte der Perser-König Artaxerxes, der die Ägypter bekriegen wollte und ein bedeutendes Heer von Söldnern aufzustellen wünschte, die Streitigkeiten in Griechenland beilegen zu müssen« (XV, 38). Durch die Befriedung der Westfront (Griechenland) hoffte er, sich ganz auf die Südfront (Ägypten) konzentrieren zu können; außerdem hoffte er »würden die Griechen, wenn sie der einheimischen Kriege ledig wären, um so bereitwilliger sich anwerben lassen«. Aber dieser sogenannte Königsfrieden, der jeder einzelnen griechischen Stadt die Autonomie bringen sollte, brachte nur neue Streitigkeiten, denn die Thebaner unter Führung von Epaminondas, waren mit den verschiedenen Verfahrensfragen nicht einverstanden; zwar erzielten die Städte die Autonomie, aber es »entstanden bedeutende Unruhen und Spaltungen in den Städten, insbesondere im Peloponnes«.[3]

Der Versuch ein allgemeines Abkommen zu erreichen, resultierte in neuen Feindseligkeiten zwischen Sparta und Athen; Sparta trieb durch seine Blokkade des Hellesponts Athen zu einem Friedensschluß mit den Persern; Sparta besetzte die Zitadelle von Kadmeia in Theben, der Hauptstadt von Böotien; die im Exil lebenden Thebaner eroberten Kadmeia im Handstreich zurück. Die Athener gingen ein Bündnis mit den Thebanern ein. Im Jahr –376 vernichtete der athenische Admiral Chabrias in einer Entscheidungsschlacht die spartanische Flotte bei der Insel Naxos.

Im folgenden Jahr »zog der König Artaxerxes gegen die Ägypter zu Felde, die sich gegen die Perser empört hatten«.[4] Diodor gibt eine Schilderung von dieser Expedition und von ihrem unheilvollen Ende – die einige Seiten später in diesem Buch wiedergegeben werden soll – und kehrte dann wieder zu den politischen Zuständen in den griechischen Einzelstaaten zurück; er schrieb: »In Griechenland gab es Volksbewegungen wegen der ungewohnten Verfassung in den Städten und bei der allgemeinen Anarchie entstanden manche Empörungen...«[5]

Diese Lage zeigt Griechenland im Aufruhr. Der Korinthische Krieg war kaum beendet, da begann sich bereits ein neuer Krieg zwischen den griechischen Stadt- und den Inselstaaten zu entwickeln.

Auf dem zweiten Pylon seines Totentempels in Medinet Habu schrieb Ramses III., daß »die Inseln« voller Unruhe und unter sich völlig zerstritten waren:

> »Die Fremdländer (Nordvölker) verschworen sich untereinander. So waren plötzlich die Staaten verschwunden und zerstreut. Kein Land konnte vor ihren Waffen bestehen: Hatti, Kolj [die »Einbuchtung« der syrischen Küste im Golf von Iskanderun], Karkemisch, Arjuwa [im Norden Syriens], Alasia [Zypern], auf einmal abgeschnitten. Sie schlugen ihr Lager an einer Stelle in Amurru [Syrien] auf...«[6]

Diese Worte klingen in der Tat wie die Schilderung der Lage vor der Invasion der Perser in Ägypten: Seit den Tagen, als die Spartaner unter Agesilaos Kleinasien erobert hatten, befanden sich die griechischen Inseln in einem verwirrenden wechselseitigen Kriegszustand, und Sizilien und Zypern waren in Kriege und Aufstände verwickelt.

Von dem »an einer Stelle in Syrien errichteten Feldlager« werden wir bei Diodor eine detailliertere Beschreibung finden. Aber bevor wir fortfahren, werden wir einige Fragen stellen und Antworten finden.

---

[3] Diodor's von Sicilien historische Bibliothek, Übers. v. Julius Friedrich Wurm, Stuttgart 1827-1859, XV, 38 und 40.

[4] a.a.O., XV, 41. [5] a.a.O., XV, 45.

[6] J. B. Pritchart, *Ancient Near Eastern Text* 262β, übersetzt von W. Helck. Der Autor verwendet in der englischen Originalausgabe *Breasted, Ancient Records of Egypt*, IV, Abschnitt 64: »The countries... the Northeners in their isles were disturbed, taken away in the fray – at one time...«

Abb. 9: Die Ägypter, unterstützt durch die Pereset und die Seevölker, greifen die Libyer an. Man beachte die Kopfbedeckung und die kleinen Schilde der Seevölker.

(Ausschnitt)

Quid pro quo?

Das Studium der Reliefs von Ramses III. enthüllt, daß unter den streitenden Parteien, die an diesen Kriegen beteiligt waren, komplizierte Bündnisverhältnisse bestanden. Während des Zeitraums, den Ramses III. in seinen Inschriften und Reliefs schildert, nahmen die Beziehungen zwischen den Ägyptern, den Pereset und den Seevölkern verschiedenartige Formen an, wobei die Seevölker die Bündnispartner wechselten; aber auch die Pereset wechselten ihre Fronten, denn zeitweilig unterstützten sie Ramses, zu anderen Zeiten waren sie seine Feinde.

Es war recht seltsam um die Beziehungen dieser Völker bestellt: der Ägypter, der Pereset und der Seevölker. Als der Pharao zu Beginn seiner Regierungszeit einen Krieg gegen die in sein Reich eindringenden Libyer führte, halfen ihm dabei die Seevölker mit ihren Horn-Helmen und die Pereset mit ihren Tiaren, und man kann sehen, wie sie die Libyer töteten (Abb. 9). Bei ihrem ersten Auftauchen treten sie also nicht als Feinde, sondern als Bündnispartner Ägyptens in Erscheinung.

Später, im zweiten Akt, waren die Pereset die Hauptgegner der Ägypter; im Krieg gegen die Pereset unterstützten die Seevölker den Pharao und schlugen sich heldenhaft; Abb. 10 zeigt, wie einige in kleinen Gruppen gegen eine ganze Schar von Feinden ankämpfen. Auf den Reliefs sieht man auch, wie sie bei der Siegesparade gleichzeitig mit den Streitkräften des Pharao auftreten; ihre Kleidung und ihre Rüstung – Helme, Schilde, Speere und Schwerter – sind sorgfältig in den Szenen wiedergegeben, in denen sie nach dem Klang einer ägyptischen Trompete marschieren oder sich in militärischer Formation rasch vorwärtsbewegen (Abb. 4).

Aber in der großen Schlacht an der Mündung des Nils erscheinen die Seevölker mit ihren Horn-Helmen – jetzt ohne Scheiben (Abb. 11) zwischen den Hörnern – auf den Kriegsschiffen der Gegner, und die ägyptische Flotte schlägt sowohl die Schiffe der Pereset als auch diejenigen der Seevölker in die Flucht. Eine Anzahl von Kriegern der Pereset und der Seevölker befindet sich auf den ägyptischen Schiffen, aber es handelt sich bei ihnen um in Fesseln gelegte Gefangene.

Nach der Schlacht erkennen wir, wie die Gefangenen mit gefesselten Armen und Hälsen und durch Seile aneinandergebunden abtransportiert werden; unter ihnen befinden sich sowohl Pereset als auch Soldaten der Seevölker (Abb. 12, 13).

Was bedeutet dieser Rollentausch? Zunächst unterstützten die Pereset und die Seevölker den Pharao. Dann verbünden sich die Armeen der Seevölker mit den Ägyptern, und die Pereset treten als Feinde auf. Schließlich treten sowohl

Abb. 10: Die Ägypter kämpfen, unterstützt von den Seevölkern, gegen die Soldaten der Pereset. Dies reflektiert die Situation, als Chabrias in ägyptischem Dienst stand und die Perser aus dem Land vertrieben wurden.

die Seevölker als auch die Pereset als Feinde in Erscheinung, die eine Invasion beabsichtigen.

Bei den Pereset handelt es sich um Kriegsherren. Sie unterstützten den Pharao, wurden aber bald seine Hauptfeinde. Warum?

Bei den Seevölkern handelt es sich um Söldner – um tapfere Krieger. Sie wechselten ihre Bündnispartner. Warum?

Die Texte, die diese Wandreliefs begleiten, erklären nicht den Grund für diesen seltsamen und wiederholten Rollentausch von Bündnispartnern zu Feinden in diesen Schlachten.

Um die Zeit Ramses' III. als dem vierten Jahrhundert zugehörig und ihn selbst als das alter ego eines der letzten einheimischen Pharaonen auf dem ägyptischen Thron zu identifizieren, unterwerfen wir unser Schema einem sehr interessanten Test. Zu Beginn des vierten Jahrhunderts, und zwar kurz nach der Zeit, in der Arsames die Macht besaß, von Ägypten Tributleistungen zu verlangen und dort auch die Gerichtsbarkeit auszuüben, kam es in Ägypten zu

Abb. 11: Die ägyptische Flotte Ramses' III. zerstört die Flotte der Pereset. Nun sind die Seevölker Verbündete der Pereset. Die Helme der Seevölkersoldaten haben die Hörner, aber keine Scheiben dazwischen.

(Ausschnitt)

Abb. 12: Die Peresct als Gefangene des ägyptischen Königs.

politischen und militärischen Entwicklungen, an denen sowohl die Perser als auch die Griechen beteiligt waren. Wenn wir auf der richtigen Spur sind, dann muß die Abfolge der Ereignisse so aussehen, daß zuerst die Perser und die Griechen den Pharao in seinen Bemühungen unterstützen, die Ordnung an seiner Westfront aufrechtzuerhalten; dann würden ihn die Griechen unterstüt-

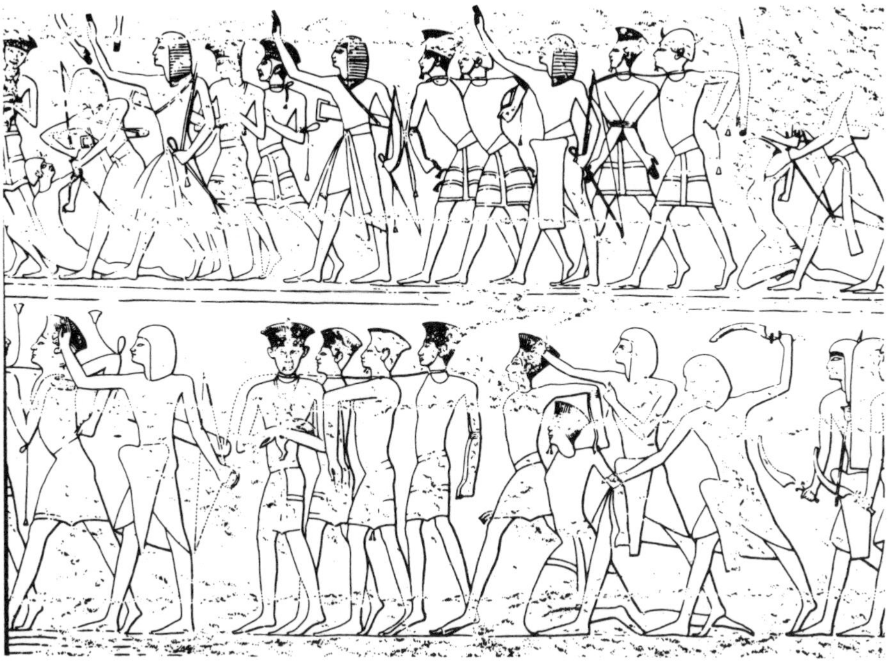

Abb. 13: Die Ägypter führen Gefangene der Seevölker und der Pereset ab.

zen, die Perser aber seine Feinde werden; in der dritten Phase würden dann sowohl die Griechen als auch die Perser zu Feinden des Pharao werden und es käme zu einer Seeschlacht an einer der Nilmündungen, bei der die Ägypter allein gegen die Perser und Griechen kämpfen.

Griechische Söldner wechseln die Fronten

Zur Zeit seiner Thronbesteigung pflegte Nektanebos I. freundliche Beziehungen zu den Persern. Es ist sogar vorstellbar, daß er den Thron als Marionette der Perser innehatte, denn er war nicht der Sohn von Hakoris, der gegen den persischen Großkönig eine unfreundliche Politik entwickelt hatte. Zu Beginn seiner Regierungszeit mußte Nektanebos I. die Westfront seines Reiches verteidigen; die Cyrenaica und Libyen befanden sich im Aufruhr, und auch Persien war seit der Regierungszeit von Dareios daran interessiert, daß die westlichen Zugänge zu Ägypten geschützt wären, damit die ständig zunehmende Macht Karthagos nicht ermutigt wurde, sich in dieser Richtung hin auszudehnen. So wie die Politik der persischen Könige darauf abzielte, die Athener in ihren Kriegen gegen die Spartaner zu unterstützen, obwohl die Athener durch ihre Kriege gegen Persien eine relative Freiheit bewahrt hatten, so halfen die Perser auch dem ägyptischen König, der inzwischen ein gewisses Maß von Unabhängigkeit erlangt hatte, in seinen Grenzkonflikten mit den Libyern.

Aber wenige Jahre später begann der Pharao einen Krieg mit den Persern. Nach der Schilderung des Diodor begann dieser Konflikt unter Hakoris, aber andere Fachleute stimmen damit nicht überein – sie verlegen das Geschehen in die Regierungszeit von Nektanebos, den Nachfolger von Hakoris.[1] Nach den Worten von Diodor begannen diese Ereignisse in Ägypten zur gleichen Zeit wie die Bildung des zweiten attischen Seebunds unter Führung Athens, der die Abschaffung der Oberhoheit der Spartaner in Griechenland zum Ziel hatte – und das geschah in den Jahren –377/76. Ein oder zwei Jahre vor diesem Zeitpunkt war Nektanebos Hakoris auf dem Thron gefolgt.

Diodor berichtet folgendes:

»Während das geschah, brachte der König Akoris von Ägypten, der feindselig gegen den Perserkönig gesinnt war, ein bedeutendes Heer von Miettruppen zusammen. Da er nämlich denen, die sich anwerben ließen, einen hohen Sold versprach und manche noch beschenkte, so fanden sich bald Griechen genug, die seinem Aufruf zu dem Feldzug folgten. Weil sie aber keinen tüchtigen Anführer hatten, so berief er den Athener Chabrias, einen Mann, der vorzügliche Einsichten im Kriegswesen besaß und sich auch durch seine Tapferkeit großen Ruhm erworben hatte. Dieser nahm ohne Genehmigung des Volks die Stelle eines Befehlshabers der Truppen in Ägypten an und rüstete sich sehr eifrig zum Krieg gegen die Perser.«[2]

Bei den Gefechten, die die Armee des Nektanebos mit den Streitkräften der Perser austrug, spielten Chabrias und seine Söldnertruppe eine führende Rolle. Die Perser wurden aus Ägypten vertrieben:

»Auch Pharnabazos, der zum Anführer der persischen Kriegsmacht von dem König ernannt war, schaffte große Vorräte von Kriegsbedürfnissen herbei. Zugleich schickte er Gesandte nach Athen, um sich zu beschweren, daß sich Chabrias an die Spitze der Ägypter stelle, wodurch er dem Volk das Wohlwollen des Königs entziehe,[3] und zu begehren, daß man ihm selbst den Feldherrn Iphikrates sende. Den Athenern war daran gelegen, sich den Perserkönig geneigt zu machen und den Pharnabazos für sich zu gewinnen. Sie beriefen daher sogleich den Chabrias aus Ägypten zurück und sandten den Feldherrn Iphikrates, um den Persern beizustehen.«[4]

Hier sehen wir, daß es für die verwirrenden Wechsel des Bündnispartners, die auf den Mauern des Medinet Habu-Tempels von Ramses III. beschrieben werden, eine perfekte Erklärung gibt. Zunächst unterstützen die Perser und die Griechen den Pharao. Unter Chabrias kämpften die griechischen Söldner im Krieg des Pharaos gegen die Perser. Dann wurde Chabrias nach Athen zurückberufen, und Iphikrates tauchte mit den griechischen Söldnertruppen auf, um den Persern zu helfen, und gemeinsam bekämpften sie die Ägypter.

Diodor berichtete auch, daß zu einem Zeitpunkt, als Sokratides in Athen als Archon fungierte und als Quintus Crassus (Servilius), Servius Cornelius und Spurius Papirius Militär-Tribunen in Rom waren, »der König von Persien gegen die Ägypter in den Krieg zog, die kurze Zeit vorher revoltiert hatten«. Das Jahr läßt sich klar auf –374/73 festlegen.

> »Die Armee stand unter dem Oberkommando von Pharnabazos und dem Athener Iphikrates. Die einheimischen Truppen befehligte Pharnabazos, die Söldner aber, die aus 20000 Mann bestanden, der Athener Iphikrates. Dieser Mann war wegen seiner Feldherrnkunst ausdrücklich von dem König zum Heerführer berufen worden. Pharnabazos hatte viele Jahre mit den Zurüstungen zugebracht.«[5]

Der ungestüme und phantasievolle Iphikrates, der sich stark von Pharnabazos unterschied, drängte auf sofortiges Vorrücken. Da er die Zungenfertigkeit von Pharnabazos kannte, sprach Iphikrates ihn eines Tages an und sagte ihm, er wundere sich darüber, daß »er mit dem Wort so schnell und mit der Tat so langsam sei«. Pharnabazos antwortete ihm, das Wort habe er selber in seiner Gewalt, die Tat aber der König.

Der persische Satrap und der griechische Stratege benutzten als Bereitstellungsraum für ihre Armeen den Ort Akko im nördlichen Palästina. Diodor schrieb:

> »Als das persische Heer in der Stadt Aces (Akko) beisammen war, zählte man zweimalhunderttausend Mann einheimische Truppen, die Pharnabazos befehligte; griechische Söldner unter der Anführung des Iphikrates waren es 20000 Mann.«[6]

Es hat den Anschein, als habe Ramses III. sich auf diesen Bereitstellungsraum bezogen, als er schrieb: »Sie schlugen ein Lager an einer Stelle in Amurru [Syrien] auf...«

---

1 H. R. Hall: »Egypt to the coming of Alexander«, *Cambridge Ancient History*, 1. Auflage (1927), VI, 148.

2 Diodor, XV, 29.

3 Hall (in: *Cambridge Ancient History*, VI, 148) datiert dieses Abenteuer von Chabrias in das Jahr –377; das steht im Widerspruch zu seiner sonstigen Datierung der Ereignisse (a. a. O., S. 146). Siehe auch die Anmerkungen von Charles L. Sherman, dem Übersetzer von Diodor (Loeb Classical Library, 1952), Band VII, S. 24/25.

4 Diodor, XV, 29.

5 a. a. O., XV, 41.

6 a. a. O., XV, 41.

Die Seeinvasion des Deltas

In diesem Krieg war nicht die riesige Armee, die in Akko bereitgestellt und ausgerüstet wurde, sondern ein Expeditionskorps der Seestreitkräfte dazu ausersehen, mit Hilfe einer Kriegslist die Hauptrolle zu spielen – wenn auch erfolglos.

»Mit Anfang des Sommers brachen die Feldherrn des Königs mit dem ganzen Heer auf und rückten gegen Ägypten vor, während die Flotte nebenher fuhr. Als sie in die Nähe des Nils kamen, fanden sie die Ägypter trefflich zum Krieg gerüstet.«[1]

Während der Jahre, in denen der persische Satrap seine sorgfältigen Vorbereitungen für den Angriff auf Ägypten traf, hatte der Pharao Zeit, sich auf seine Verteidigung vorzubereiten. Der Plan der Angreifer bestand darin, mit Hilfe der Flotte die Einfahrt in eine der Nilmündungen zu erzwingen.

Es ist möglich, das, was Ramses III. über seine Vorbereitungen und über den Verlauf des Krieges schrieb, mit dem zu vergleichen, was Diodor über die Vorbereitungen und den Verlauf des von Pharao Nektanebos I. geführten Krieges berichtete.

Diodor schrieb:

»Der König der Ägypter, Nektanebis, erfuhr zwar, wie stark die persische Kriegsmacht war, blieb aber unbesorgt, hauptsächlich, weil es schon vermöge der Lage des Landes äußerst schwer ist, in Ägypten einzudringen, und weil alle Zugänge vom Land und von der See wohl verwahrt waren. Denn bei jeder von den sieben Mündungen, durch die der Nil seinen Ausfluß in das ägyptische Meer nimmt, war eine Stadt erbaut mit hohen Türmen auf beiden Seiten des Wassers und mit einer hölzernen Brücke, welche die Einfahrt beherrschte.
Vorzüglich aber verwahrte er die pelusische Mündung, weil sie auf dem Weg von Syrien her am nächsten lag und weil man glaubte, daß gerade dort die Feinde eindringen würden. Diese Mündung nämlich dämmte er ein und legte Bollwerke an bei den geschicktesten Stellen zur Einfahrt; die Zugänge von der Landseite setzte er unter Wasser, und die von der Seeseite sperrte er mit Dämmen. Es war daher ebenso schwer, mit Schiffen einzulaufen, als mit der Reiterei beizukommen oder mit Fußvolk anzurücken.«[2]

Ramses III. schrieb:

»Sie marschierten vorwärts nach Ägypten, während das Feuer für sie vorbereitet wurde.
Ihr Bündnis war das der Peleset, der Theker, der Schekelesch, der Denjen und der Weschesch – ihre Länder vereinigt. Sie legten ihre Hand auf die Länder bis an den

[1] Diodor, XV, 42.
[2] a. a. O., XV, 42.

Rand des Erdkreises, ihre Herzen waren zuversichtlich: ›Unsere Pläne werden gelingen!‹
Ich organisierte meine Front in Zahi... Ich veranlaßte, daß die Nilmündung vorbereitet wurde wie [durch?] eine starke Mauer aus Kriegsschiffen, Galeeren und Küstenboote, ausgerüstet.«[3]

Die Errichtung von Befestigungsanlagen an der Einfahrt zu den einzelnen Nilmündungen beschreiben sowohl Ramses III. als auch Diodor; beide berichten, wie zur Verhinderung einer erzwungenen Einfahrt in eine der Nilmündungen der Pharao in ihnen Sperren errichten ließ – eine einzigartige Errungenschaft der Ingenieurkunst, wie sie aus der früheren ägyptischen Geschichte ebensowenig bekannt geworden ist wie aus der späteren.

Diodor berichtete, wie die Angreifer, als sie die Unüberwindlichkeit der Pelusischen Nilmündung erkannten, sich einer anderen, der Mendesischen Nilmündung zuwandten. Dort erzwangen die Schiffe die Einfahrt, und nach hartem Kampf mit den dort stationierten ägyptischen Truppen gelang ihnen die Landung und die Einnahme der Festung an der Nilmündung. Diodor fuhr fort:

»Sie segelten der Mündung zu, welche die mendesische heißt, und an der sich eine beträchtliche Strecke weit ein flaches Ufer hinzieht. Hier landeten Pharnabazos und Iphikrates mit dreitausend Mann und rückten gegen das befestigte Städtchen am Ausfluß an. Die Ägypter zogen ihnen mit Reiterei und mit dreitausend Mann Fußvolk entgegen. Es kam zu einem hitzigen Treffen.«[4]

Auf einem der Reliefs von Ramses III. erkennen wir eine Seeschlacht an der Nilmündung (Abb. 11). Fünf Schiffe der Invasionsflotte sind hier in einen Kampf mit vier ägyptischen Schiffen verwickelt. Diesmal handelt es sich bei den Feinden der Ägypter um Krieger mit Horn-Helmen und mit kronenförmigen Tiaren. Der ägyptische Text zu dieser Szene lautet:

»Jetzt drangen die nördlichen Länder... in die Arme der Nilmündungen ein... Seine Majestät stürmte wie ein Wirbelwind gegen sie...«

Wie Diodor, so schrieb auch Ramses III., daß es dem Gegner gelang, in die Nilmündungen einzudringen. Dieses gewaltsame Vordringen in die Mendesische Nilmündung und die Einnahme der Festung unmittelbar am Ufer der Mündung war kaum ein Erfolg. Ramses schrieb:

»Wer an Land kam, wurde überwältigt und niedergemacht... Sie, die in die Nilmündung eingedrungen waren, waren wie Vögel, die im Netz abgefangen werden.«[5]

---

[3] Edgerton und Wilson, Hrsg., *Historical Records of Ramses III* (1936), S. 5.

[4] Diodor, XV, 42.

[5] Edgerton und Wilson, Hrsg., *Historical Records of Ramses III*, S. 53.

Diodor erklärt, warum die Besetzung des jetzt halb zerstörten Forts für die Invasoren zu einer Falle wurde. Der griechische Heerführer Iphikrates und der persische Heerführer Pharnabazos waren unterschiedlicher Ansicht über die Kampfführung, und sie stritten sich um die einzuschlagende Taktik. Iphikrates wollte in der Nilmündung stromaufwärts bis nach Memphis vordringen und diese Stadt besetzen, bevor die Ägypter in der Lage sein würden, dort eine angemessene Streitmacht zusammenzuziehen. Dieser athenische General war einer der begabtesten Strategen, die Griechenland jemals besessen hat:

»Er (Iphikrates) riet daher, sogleich nach Memphis hinauf zu schiffen, ehe die Truppen der Ägypter dort ankämen. Allein Pharnabazos und die übrigen meinten, die gesamte persische Kriegsmacht vorher erwarten zu müssen; dann könne man den Zug nach Memphis sicherer unternehmen. Iphikrates begehrte nun, daß man ihm nur die Söldner, die da waren, gäbe, und versprach, mit diesen die Stadt einzunehmen. Man besorgte aber, der entschlossene und tapfere Mann könnte Ägypten für sich erobern wollen. Daher gestattete es Pharnabazos nicht. Iphikrates erklärte entschieden, wenn sie den günstigen Augenblick vorüberlassen, so sei der Zweck des ganzen Feldzugs verfehlt. Doch die persischen Befehlshaber gaben ihm kein Gehör. Sie beneideten ihn und brachten falsche Beschuldigungen gegen ihn vor.«[6]

Der alte persische Satrap vertrat die Auffassung, sie müßten das Eintreffen der Hauptstreitmacht abwarten.

Auf die Ablehnung des Plans des Strategen aus Athen, der gebeten worden war, den Persern bei der Kriegführung gegen die Ägypter behilflich zu sein, scheint Ramses III. einzugehen, wenn er schrieb:

»Sie fragten einen Heerführer mit dem Mund, aber nicht mit ihrem Herzen.«

Die Ägypter, so berichtete Diodor, hatten nun genügend Zeit,

»... um in Memphis eine starke Besatzung aufzustellen, und sie marschierten mit allen ihren Kräften zu der kleinen Stadt, bevor sie zerstört werden konnte.
Und sie siegten in vielen einzelnen Gefechten über die Perser; sie ließen ihnen keine Ruhe, sondern mit zunehmender eigener Stärke richteten sie ein großes Gemetzel unter ihnen an und wurden mit jedem Tag hartnäckiger.«

Ramses III. schrieb:

»... Als sie nach Ägypten kamen, sich ihre Herzen auf ihre Hände verließen, wurde ein Netz für sie vorbereitet, um sie darin abzufangen.
Sie, die in die Nilmündungen eindrangen, wurden in diesem Netz abgefangen, sie wurden an Ort und Stelle gefesselt und abgeschlachtet, und ihre Leiber wurden in Stücke gehackt.«[7]

---

[6] Diodor, XV, 45.

[7] Edgerton und Wilson, Hrsg., *Historical Records of Ramses III*, S. 42.

Mit fast identischen Worten schildern sowohl Ramses III. als auch Diodor das Gemetzel unter den Invasionsstreitkräften – den Pereset und den Inselvölkern, d.h. den Persern und den Griechen.

In dem Relief mit dieser Inschrift sieht man Ramses III. auf einer Rednerbühne vor einer Festung stehen, die an einer Nilmündung erbaut ist. Seine Beamten führen ihm Gefangene vor. Dazu sagt Ramses:

»Das, was ich befahl, ist geschehen, und meine Ratschläge und meine Pläne sind durchgeführt worden.«

Über der Festung steht das Wort »Migdal«. Migdal bedeutet im Hebräischen soviel wie »Turm« oder »Bastion«. Es muß sich hier um jenes Fort handeln, das nach dem Bericht von Diodor an der Nilmündung erbaut und von den Invasoren eingenommen wurde, wo diese dann belagert wurden; im Text des Diodor steht tatsächlich das Wort *pyrgos,* und das bedeutet genau das, was auch Ramses III. gesagt hat, nämlich »Turm«. So ist das Wort auch in einer modernen Übersetzungsversion von Diodor tatsächlich übersetzt worden.[8] Bemerkenswert ist auch die Tatsache, daß Ramses III. ein hebräisches Wort für den Begriff »Turm« verwendet hat: Von der Durchdringung der ägyptischen Sprache mit hebräischen Begriffen während der Regierungszeit dieses Pharao wird ein wenig später noch die Rede sein.

Das Unternehmen wurde ein Mißerfolg. Die persische Armee hielt zwar die Festung einige Monate lang besetzt, aber als am Nil die Überschwemmung einzusetzen begann, »da entschlossen sich die Anführer der Perser, Ägypten wieder zu verlassen« (Diodor).

Ramses schrieb:

»Ihre Füße haben aufgehört, die Grenzen Ägyptens zu übertreten.«

Entsprechend berichtete auch Diodor:

»Der Feldzug der Perser also, zu dem so große Zurüstungen gemacht waren, führte wider Vermuten zu keinem Erfolg.«

Es gab noch ein dramatisches Nachspiel zu dem überhasteten Rückzug. Ramses III. schrieb:

»Ihre Anführer – flohen niedergeschlagen und zitternd.«

Diodor bestätigte, daß Iphikrates heimlich dem persischen Satrapen entfloh; er fürchtete, er könnte für die unglückliche Wendung in diesem Feldzug verantwortlich gemacht werden:

[8] Diodor, XV, 42.

»Sie kehrten also nach Asien zurück. Weil aber Iphikrates mit Pharnabazos in Streit geraten war, so besorgte er, gefangen gesetzt und zur Strafe gezogen zu werden, wie es dem Athener Konon ergangen war. Daher wollte er lieber heimlich das Heer verlassen. Er rüstete also ein Fahrzeug und entfloh bei Nacht unbemerkt und segelte nach Athen. Pharnabazos schickte Abgesandte nach und verklagte den Iphikrates, er sei schuld, daß Ägypten nicht erobert worden sei. Die Athener gaben den Persern zur Antwort, wenn sie ihn schuldig finden, so werden sie ihn nach Verdienst bestrafen. Aber nach kurzer Zeit ernannten sie ihn zum Befehlshaber der Seemacht.«[9]

Ramses III. war auf seinen Sieg sehr stolz – nicht nur weil er ihn gegen einen starken Feind errungen hatte, sondern auch gegen berühmte Heerführer, die erfolgreich und vielgerühmt waren. Er kannte den Geist Griechenlands, und er wußte, daß es niemals mit ganzem Herzen auf seiten des persischen Königs stand; es würde seinen Sieg begrüßen:

»Ihre Menschen preisen mich.«

Ramses' III. Krieg zur See und zu Lande gegen die aus Syrien vordringenden Invasoren, der mit deren Vertreibung aus Ägypten endete, wurde von ihm selbst geschildert. Die griechischen Historiker erzählten die Geschichte von Ramses III. als diejenige von Nektanebos I.

»Aus den ägyptischen Inschriften können wir über die Geschichte Ägyptens während der Regierungszeit von Nektanebos I. nichts lernen; wir müssen uns an die klassischen Autoren, vor allem an Diodor wenden, wenn wir Informationen über den Verlauf des Krieges zwischen den Griechen und Persern und über die Rolle erhalten wollen, die die Ägypter dabei gespielt haben.«[10]

Über »Nektanebos' Krieg« existieren keine ägyptischen Berichte, denn die Informationen darüber sind bereits in den Schilderungen jenes Pharaos enthalten, für den die modernen Historiker den Namen Ramses III. ausgewählt haben. Vom Krieg Ramses' III. existieren hingegen keine historischen Berichte in griechischer oder hebräischer Sprache, denn darüber wird in der Geschichte von Nektanebos I. berichtet.

Die »Denien« bzw. »Thenien« werden von Ramses III. unter seinen geschlagenen Feinden zuerst genannt. Hier scheint es sich um die Athener zu handeln (und nicht, wie gelegentlich vermutet, um die Danaer).

---

[9] Diodor, XV, 43.

[10] E. A. Wallis Budge: *A History of Egypt* (New York, 1902), VII, 101.

Kapitel III
Die Kunst der Kriegsführung

Krieger der Seevölker

Die Soldaten der Seevölker, die Tjeker, die Schekelesch, die Teresch, die Weschesch und die Scherden (Sardan) stammten aus dem kleinasiatischen Raum. Die Denien bezeichnet Ramses III. jedoch als »Inselvölker«. Zu dem Schluß, daß es sich bei diesen Soldaten um Griechen der archaischen Zeit handelte, sind bereits mehrere Gelehrte gekommen, die in den von Ramses III. geschilderten und illustrierten Ereignissen eine griechische Invasion in Ägypten sehen wollen, die kurz nach dem Fall Trojas stattgefunden habe: präziser müßte man diese Krieger eigentlich als mykenische Griechen und ihre Verbündeten bezeichnen, oder, falls man dieser Klassifizierung den Vorzug gibt, auch als Homerische Griechen, denn der Trojanische Krieg ist von der letzten Generation jener Hellenen geführt worden, deren Anführer Agamemnon, der Sohn des Atreus, König von Mykene gewesen ist.

Um die These von der Identifizierung der Denien mit den mykenischen Griechen zu stützen, hat man argumentiert, der Begriff »Denien« (Dnn) stünde für Danaer (ein homerischer Begriff für die Griechen aus archaischer Zeit). Einige Texte bringen sie jedoch mit der syrischen Küste in Verbindung, andere mit Zypern. Ich neige allerdings dazu, die »Inselvölker«, die Denien, mit den Athenern zu identifizieren, denn *d* und *t* ist in der ägyptischen Sprache ein und derselbe Buchstabe.

Der Ausdruck »Inselvölker« weist ebenfalls auf den ägäischen Raum hin, zu dem in einem umfassenderen Sinne auch Zypern, Kreta, Sizilien und auch der Peloponnes gehören, denn seit der Antike hat man den südlichen Teil Griechenlands – unterhalb des Isthmos von Korinth –, also den Peloponnes, als eine Insel bezeichnet; die Ebene von Argos (die Argolis), sowie Sparta, Arkadien und Achaia (die Küstenlandschaft im nördlichen Peloponnes) wurden als Teile einer Insel angesehen; und in der Tat handelt es sich bei dem schmalen Isthmos von Korinth nur um eine Art Brücke zwischen dem kontinentalen Griechenland und dem Peloponnes (der Insel des Pelops).

Die hebräischen Propheten Jesaja, Jeremia und Hesekiel haben in der Regel das ägäische Archipel und die hellenische Welt ganz allgemein als die »Inseln« bezeichnet. »Höret mir zu, ihr Inseln, und ihr Völker in der Ferne, merket auf!« (Jesaja, 49:1).[1] »Allen Königen zu Tyrus, allen Königen zu Sidon, den Königen auf den Inseln jenseits des Meeres.« (Jeremia, 25:22).[2]

Der Begriff »Die Seevölker« ist eine allgemeine Bezeichnung für ein Konglomerat von Stämmen oder für ein Bündnis mehrerer Völker; Ramses III. führt die Namen der verschiedenen Völker an, die unter der oben genannten allgemeinen Bezeichnung zusammengefaßt werden: Tjkr, Skls, Trs, Wss und Srdn. Es ist verschiedentlich versucht worden, diese Volksstämme zu identifizieren. Bei den Tjekern kann es sich um die Teukrier bzw. Griechen handeln, die sich im fünften Jahrhundert in Dor, einer Stadt der Tjeker, niedergelassen haben. Die Schekelesch kommen möglicherweise aus Sagalassos in Kleinasien. Die Teresch kommen vermutlich aus Tarsos oder Tyros. Die Weschesch stammen möglicherweise aus Assos, Iasos oder Issos in Kleinasien. Die Sardan kennen wir bereits als Söldner der Pharaonen aus der 19. Dynastie, Sethos und Ramses II. Aufgrund der phonetischen Gegebenheiten des Namens (Sardan) schlossen einige Gelehrte auf eine Herkunft aus Sardinien, andere auf eine Herkunft aus Sardis, der Hauptstadt von Lydien im Westen Kleinasiens. Das lydische Königreich datiert allerdings aus dem 8. und späteren Jahrhunderten.[3]

Bei der Erörterung der Sardan, die unter den Pharaonen der 19. Dynastie als Söldner dienten, kann ich aufgrund von unabhängigen Quellen zeigen, daß dieses Volk mit dem Volk von Sardis zu identifizieren ist.

Wichtig ist die Feststellung, daß die Provinz, die Pharnabazos unterstellt war, »Tjaij Drajahja« genannt wurde oder »Diejenigen [oder die Leute] von der See« = »Die Seevölker«. Diese Satrapie befand sich in Kleinasien, und sie umfaßte offensichtlich genau das gleiche Gebiet wie das Land der »Seevölker« bei Ramses III.

Eine Inschrift gleich nach einem der Reliefs von Medinet Habu, auf dem eine Gruppe von Gefangenen in der Kleidung der Pereset dargestellt ist, identifiziert diese als Tjeker (Tjkr); eine andere derartige Gruppe wird durch die sie begleitenden Hieroglyphen als Denien identifiziert. Eine dritte Gruppe – die größte von ihnen – in gleicher Kopf- und Körperbekleidung wird als Pereset bezeichnet.[4] Daraus können wir erkennen, daß Soldaten und Matrosen aus

[1] Siehe auch Jesaja 59:18; 60:9; 66:19.

[2] Siehe auch Jeremia 31:10, Hesekiel 27:35 und Zephania 2:11.

[3] Hanfmann, der Ausgrabungen in Sardis vornahm, entdeckte dort eine Mauer, die den Mauern von Troja VI ähnelte, und er argumentierte, daß der Ursprung von Sardis bis ins 13. Jahrhundert zurückreicht. Sollte das Argument nicht umgekehrt und Troja VI ins 8. Jahrhundert plaziert werden?

[4] Trude Dothan: *The Philistines and Their Material Culture* (in hebräischer Sprache), Jerusalem 1967.

den persischen Satrapien in der kaiserlichen Armee von Artaxerxes II. auf die gleiche Weise gekleidet waren wie die persischen Krieger. Bei ihnen handelte es sich um ausgehobene Soldaten, bei den Soldaten mit den Horn-Helmen jedoch um Söldner.

Es hat ganz den Anschein, als sei seit der Reise Herodots nach Ägypten um die Mitte des fünften Jahrhunderts die Bezeichnung »Teukrier« damals für die Bevölkerung der Westküste in Kleinasien ganz allgemein oder doch möglicherweise für eine bestimmte Gruppe davon üblich gewesen. Die Tjeker tauchen auch als Seesoldaten in der Geschichte von Wenamun auf – einem Thema, das weiter unten in diesem Buch noch erörtert wird.

Der Gesichtstyp der Soldaten mit den Hornhelmen auf den Reliefs von Ramses III. erinnert sehr stark an denjenigen der Griechen zur Zeit des Perikles, und auch das ist festgestellt worden. »Der europäische, genauer gesagt, griechische Typ ist sehr sichtbar: das Gesicht ähnelt stark demjenigen eines wohlbekannten Kopfes eines jungen Mannes aus dem 6. bis 5. vorchristlichen Jahrhundert im Akropolis-Museum in Athen.«[5] Der Kunstexperte, der auf diese Weise einen Krieger aus einem Relief in Medinet Habu beschrieb, das um –1190 datiert wird, hatte nicht die Absicht, daraus irgendwelche Schlußfolgerungen hinsichtlich der Regierungszeit Ramses' III. zu ziehen; er akzeptierte die etablierte Chronologie, nach der zwischen der Entstehung von zwei ähnlichen Modellen rund siebenhundert Jahre vergangen sein müssen.

Es gibt jedoch einen Unterschied in der Gesichtsdarstellung zwischen den griechischen Modellen des fünften oder irgendeines anderen ihm vorausgegangenen Jahrhunderts und den Seevölkern. Die Seevölker sind, wie die Pereset, bartlos dargestellt. Die erhalten gebliebene griechische Kunst beweist, daß seit grauer Vorzeit die griechischen Männer Bärte getragen haben, und daß sie erst seit dem späten fünften oder seit dem vierten Jahrhundert ihr Gesicht zu rasieren begannen. Die aus mykenischer Zeit stammenden Vasen sind häufig mit menschlichen Figuren aus gemaltem Ton geschmückt; hier sind die männlichen Figuren immer mit Bart dargestellt. Von den griechischen Künstlern des siebenten und späterer Jahrhunderte wurden die homerischen Helden – mit der Ausnahme von Achilleus – stets bärtig dargestellt: es war schließlich gerade Achilleus, der sich, um der Teilnahme am Trojanischen Krieg zu entgehen, als Mädchen ausgegeben hatte und unter den Jungfrauen am Hof des Lykomedes, des Königs von Skyros, leben konnte, bis er von Odysseus entdeckt wurde, der ihm Waffen zeigte, wobei sich Achilleus durch das Gefallen, das er an ihnen fand, selbst verriet. Unter Perikles trugen die Griechen Bärte. Das gilt für die erwachsenen Männer; die Epheben, Jünglinge zur Zeit ihres ersten

[5] *Cambridge Ancient History*, Bildband, C. T. Seltman, Hrsg. (1927), S. 152.

Bartflaums, wie diejenigen, die auf dem Parthenonfries abgebildet sind, wurden natürlich bartlos dargestellt. Bei den Kriegern der Seevölker handelt es sich aber nicht um junge Epheben, die gerade in die Armee eingetreten waren, sondern um ausgewachsene Männer, die sich rasieren zur Gewohnheit gemacht hatten.

Wie bereits erwähnt, hat Alexander die orientalische militärische Gewohnheit des Rasierens übernommen, als die Makedonier durch Kleinasien marschierten. Daher darf man erwarten, daß die verschiedenen ethnischen Gruppen in Kleinasien und die sich dort aufhaltenden Griechen bereits an das bartlose Gesicht gewohnt waren. Das Auftauchen von bartlosen griechischen Soldaten auf den Reliefs von Medinet Habu, die in das frühe 12. Jahrhundert datiert werden, also in die Spätzeit des mykenischen Zeitalters – vermutlicherweise in die Zeit der Irrfahrten des Odysseus –, muß daher als ein Anachronismus angesehen werden. Allein diese Tatsache genügt, um ernsthafte Zweifel an der akzeptierten Auffassung aufkommen zu lassen, es habe sich bei den Seevölkern um Griechen aus mykenischer Zeit gehandelt.

Auch die Rüstung der Seevölker ist ein gutes Merkmal. Die Helme, die Tuniken, die Harnische, die Schwerter, die runden Schilde und die Speere sind die griechischer Söldner in persischen Diensten im vierten Jahrhundert. Ein griechischer Krieger in einem Helm mit zwei Hörnern ist auf einer Vase abgebildet, die auf der Akropolis in Athen gefunden wurde.[6] Aber ein Helm mit zwei Hörnern und mit einem Helmbusch war ursprünglich die kriegerische Kopfbedeckung der lydischen Heereskontingente in der Armee des Xerxes.[7] Einhundert Jahre nach der Thronbesteigung des Xerxes wurden die Helme mit Hörnern, aber ohne ohrförmigen Teil, offensichtlich zum Bestandteil der militärischen Uniform der Griechen in der persischen Armee und ganz allgemein beim überseeischen Militärdienst.[8]

---

[6] W. Reichel: *Homerische Waffen* (2. Auflage, 1901), Abb. 47. Die Darstellungen der Soldaten der Seevölker auf den Reliefs des Tempels von Medinet Habu müssen Reichel dazu veranlaßt haben, das griechische Porträt auf der Akropolisvase dem homerischen Zeitalter zuzuschreiben.

[7] Nach einer detaillierten Schilderung der Ausrüstung der in Asien stationierten Thraker bzw. Bithynier, schrieb Herodot über das nächste griechische Truppenkontingent, dessen Name in den vorhandenen Herodot-Exemplaren allerdings nicht erhalten geblieben ist (VII, 76): »Sie trugen Bronzehelme mit ohrförmigen Teilen und Ochsenhörnern aus Bronze und obendrein mit Helmbüschen.« Bei diesem Truppenkontingent handelt es sich vermutlich um die Soldaten aus Sardis, die logischerweise auf diejenigen aus Bithynien folgen mußten.

[8] Ein Hörner- und Scheibenhelm wurde gelegentlich in späteren Zeiten in Persien benutzt: König Chusraw I. aus der Sassaniden-Dynastie in Persien (zeitgleich mit dem Römischen Imperium) wurde mit einem solchen Helm bei der Steinbockjagd abgebildet. A. U. Pope: *Survey of Persian Art,* Band IV (1939), Bildtafel 213.

Helme mit Hörnern wurden von den athenischen Soldaten im vierten Jahrhundert im Söldnerdienst getragen, zuerst in dem für die Ägypter und danach in dem für die Perser. Es besteht allerdings ein Unterschied zwischen dem athenischen Helm, der von den Soldaten getragen wurde, die unter Chabrias dienten (eine Scheibe zwischen den Hörnern) und dem Helm, der von den Truppen getragen wurde, die unter dem Befehl von Iphikrates standen (keine Scheibe zwischen den Hörnern). Diese Veränderung in der Helmform deutet darauf hin, daß das Verschwinden der Seevölker aus den Reihen der ägyptischen Verbündeten und ihr späteres Wiederauftreten bei den Truppen, die im Bündnis mit den Persern kämpften, nicht bedeutet, daß die gleichen Truppen von der einen Seite zur anderen Seite übergingen. Die athenischen Soldaten gingen nicht einfach von den Ägyptern zu den Persern über; die unter dem Befehl von Chabrias stehenden Soldaten wurden aus Ägypten zurückgerufen, und danach wurden andere Truppenteile unter dem Befehl von Iphikrates zur Unterstützung der Perser abkommandiert.

Vierzig Jahre später trug Alexander den Helm mit zwei Hörnern auf seinem Feldzug in Asien und Ägypten. In arabischer Sprache trägt Alexander den Beinamen »Dhul-Karnein« dh. »Zwei Hörner«. Alexanders Hörner sahen jedoch mehr wie zwei Widderhörner aus.

Ein noch präziseres Hilfsmittel für die richtige zeitliche Einordnung der Seevölker sind ihre Offensiv- und ihre Defensivwaffen – die Schwerter und die Schilde.

Wir sehen zunächst Schwerter von normaler Größe, aber dann bemerken wir, daß die Seevölker ihre kurzen Schwerter gegen sehr lange eintauschen.

Die Seevölker gingen auch daran, die Länge ihrer Speere zu ändern: wir erkennen sowohl kurze als auch lange Speere; auch bei den Schilden gibt es zwei verschiedene Arten – die eine von ihnen ist mehr rechteckig und bedeckt den größten Teil des Körpers, während die andere Art der kleinere Rundschild ist.

Als nächstes werden wir sehen, daß eine derartige Veränderung in der Rüstung der athenischen Soldaten tatsächlich zu Beginn des vierten Jahrhunderts stattgefunden hat.

Die Reform des Iphikrates, dargestellt von Ramses III.

Wie bereits erwähnt, ist Iphikrates dadurch berühmt geworden, daß er im Jahr –390 (oder –391) mit einem Regiment athenischer Soldaten in der Nähe der Stadtmauer von Korinth einen Sieg über eine spartanische *mora* von *Hopliten* (Schwerbewaffneten) errungen hatte. Es war seine Idee, die Offensivkraft seiner Truppen auf Kosten ihrer defensiven Ausrüstung zu stärken. Anstelle von schweren Rüstungen trugen sie leichtere Tuniken; die Form der Schilde wurde verändert; die Speere wurden um die Hälfte ihrer bisherigen Länge verlängert, und die Schwerter wurden ebenfalls länger, und zwar bis auf mehr als das Doppelte, ja bis fast bis zum Dreifachen der bisherigen Länge. Beim ersten Gefecht wurde die *mora* der *Hopliten* von den *Peltasten* (den Leichtbewaffneten) durchbrochen, und die schwerfälligen Spartaner wurden von den Athenern in die Flucht geschlagen. Iphikrates hat auch noch eine Anzahl anderer strategischer Neuerungen im Bereiche der Kriegsführung erfunden.

In den Bildern von Medinet Habu können wir die Veränderungen erkennen, die sich in der Bewaffnung der griechischen Armee vollzogen. Die Soldaten der Seevölker tragen Tuniken, teilweise auch leichte Harnische, aber keiner eine schwere Rüstung. Die Entwicklung in der Gestaltung des Schwertes, des Speeres, des Wurfspießes und des Schildes läßt sich beobachten. Wir erkennen ziemlich kurze Schwerter, aber auch sehr lange Schwerter, wie sie von Iphikrates eingeführt worden waren; außerdem kurze Speere und lange, sowie zwei unterschiedliche Arten von Schilden – einen rechteckigen, der den größten Teil des Körpers bedeckt und einen kleineren Rundschild. Die neuen athenischen Waffen wurden vermutlich von Chabrias in Ägypten eingeführt, der dem Pharao in seinen ersten Feldzügen geholfen hat.

Im Zeitraum zwischen dem Jahr –390, als die *Peltasten* erstmals in Aktion traten, bis –375, als Ägypten unter Nektanebos I. mit Persien zusammenstieß, übernahmen auch andere griechische Generale die Reformen des Iphikrates, aber in einigen Truppenteilen überlebten die inzwischen altmodischen Waffentypen. In der Söldnertruppe wurden – wie auf den Reliefs von Ramses III. zu erkennen ist – keine schweren Rüstungen getragen; aber neben Bataillonen mit den gerade neu eingeführten Waffen – sehr lange Schwerter und Rundschilde – sind dort auch noch Soldaten zu sehen mit den veralteten Kurzschwertern und den schweren Schilden, die am unteren Ende gerade und am oberen rund waren. Wie man hier sieht, hat die Reform gerade begonnen, und sie findet neue Anhänger.

Die Seevölker, so schreibt Lorimer, »die in den Kämpfen zu Lande und zu Wasser unter Ramses III. beteiligt waren, haben riesige Schwerter«,[1] und das müssen wir auch von den griechischen Söldnertruppen jener Tage erwarten, in denen die Reform des Iphikrates eingeleitet wurde, und bei denjenigen Truppenteilen, die von diesem Strategen befehligt wurden.

Ramses III. selbst schildert die ungewöhnlich langen Schwerter, die beim Feldzug gegen Libyen verwendet wurden, als *fünf Ellen lang* (fast 2,30 m).[2]

---

[1] H. L. Lorimer: *Homer and the Monuments* (1950), S. 267.

[2] F. W. von Bissing, Studi Etruschi (1932), IV, 75; bei Breasted heißt es »fünf Fuß«.

Auch zu dem Zeitpunkt, als Iphikrates –374 mit 20000 Mann griechischer Truppen zu Pharnabazos stieß – diesmal zum Kampf gegen Ägypten –, können wir wieder vergleichen und erfahren, welches seine neuesten militärischen Innovationen gewesen sind. Diodor Siculus hat ein paar Passagen über die Reformen des Iphikrates exakt in den Bericht eingeschoben, der sich mit dem Krieg zwischen Nektanebos und den Persern befaßt, an dem dieser athenische General teilgenommen hat: »Die vielfältige Erfahrung im Kriegswesen, die er im Persischen Krieg gesammelt, soll ihn... besonders auf manche nützliche Verbesserung der Bewaffnung geleitet haben... Die Griechen hatten nämlich große Schilde, mit denen sie sich schwer bewegen konnten. Nun verkleinerte er dieselben und ließ Schilde von mäßiger Größe machen...

»Bei dem Spieß und dem Schwert nahm er die entgegengesetzte Änderung vor. Er verlängerte die Spieße um die Hälfte und die Schwerter machte er fast noch einmal so lang. Durch Erfahrung bewährte sich die Verbesserung, und die gelungenen Versuche erwarben dem Scharfsinn des Feldherrn das verdiente Lob. Ferner gab er den Kriegsleuten leichte Schuhe, die sich schnell losbinden ließen; man nennt sie noch heutzutage nach seinem Namen Iphikratische Schuhe. Außerdem traf er noch viele nützliche Einrichtungen im Kriegswesen, deren Beschreibung zu weit führen würde. Der Feldzug der Perser gegen Ägypten also, zu dem so große Zurüstungen gemacht waren, führte wider Vermuten zu keinem Erfolg.«[3] Die Abbildungen auf den Reliefs des Tempels von Ramses III. in Medinet Habu illustrieren die Schilderung von Diodor.

Oder wurden etwa die Reformen des Iphikrates acht Jahrhunderte vor seiner Geburt vorweggenommen und durchgeführt?

Reisewagen mit »ihren Kebsweibern«

Auf ihren militärischen Feldzügen gegen Ägypten wurden die Pereset von Wagen begleitet, in denen sich Frauen befanden. In der oberen Reihe einer Kriegsszene zeigt ein Relief in Medinet Habu mehrere Karren mit Mädchen, die inmitten des Spektakels in Bedrängnis gerieten. Drei Frauen heben abwehrend oder bittend ihre Hände, und man erkennt, wie ein junges Mädchen vom Wagen herunterfällt bzw. entkommt (siehe Abb. 10).

Herodot, der uns über das Verhalten der Perser im Krieg berichtet, sagt, wenn sie militärische Feldzüge unternahmen, dann folgten den Soldaten Reisewagen, »in denen sich ihre Kebsweiber befanden«.[1]

---

[3] Diodor: XV, 44.

[1] Herodot: VII, 83.

Diese Wagen, in denen sich die Frauen befanden, haben eine kubische Form und wurden von Ochsen gezogen.

Auf Münzen, die in Sidon geprägt wurden, und zwar gerade während der Zeit, in der Pharnabazos seinen Feldzug gegen Ägypten unternahm, ist ein königlicher Streitwagen zu erkennen.[2] Sidon stand unter persischer Oberhoheit. Das dargestellte Gefährt wurde von Pferden gezogen; interessanterweise hat der Wagenkörper aber ebenfalls kubische Form – ganz im Gegensatz zu den Streitwagen der Assyrer, der »Hethiter«, der Ägypter, der mykenischen bzw. der ionischen Griechen, sowie der Etrusker und der Minoer.

In der auf den Mauern des Tempels von Medinet Habu dargestellten Seeschlacht handelt es sich bei den von den Pereset benutzten Waffen hauptsächlich um Schwerter, eine für diesen Kampf nicht geeignete Waffenart; die Seevölker, die eigene Boote benutzen, die aber mit den Pereset verbündet waren, benutzen dagegen Speere; aber die Ägypter benutzen Bogen und sehr lange Speere, die sich ganz besonders für den Nahkampf in der Seeschlacht eigneten. Man kann erkennen, wie ein Ägypter mit seinem langen Speer von seinem Schiff aus einen Gegner auf einem anderen Schiff durchbohrt.

Herodot berichtet uns (VII, 89), daß die Ägypter in der Armee des Xerxes »Schiffsspeere und große Äxte trugen«.

Die Brander

Eine neue Interpretation kann einer besonders seltsamen Formulierung in einem Text von Ramses III. gegeben werden. Von den sich der Küste nähernden Schiffen des Feindes heißt es dort: »Sie zogen mit der Feuerflamme vor sich«[1]; und nochmals heißt es bei der Schilderung der kriegerischen Begegnung an der Nilmündung: »Und was diejenigen betrifft, die von der See her kamen, so hatten sie die voll entfachte Flamme vor sich an den Nilmündungen.«[2] Im zwölften Jahrhundert waren Flammenwerfer als Angriffs- oder Verteidigungswaffen bei der Erstürmung von Festungen unbekannt. Man hat daher diese Sätze als Redewendungen gedeutet, die soviel bedeuten sollten wie wutentbrannt. »Wenn im Text von ›vollentfachter Flamme‹ die Rede ist, wer könnte sich dabei vorstellen, daß damit tatsächlich die ägyptische Flotte gemeint ist; oder wenn von einer ›Mauer von Metall‹ die Rede ist, wer könnte dann daraus schließen, daß hier die ägyptische Armee damit gemeint ist?«[3] Es muß zugegeben werden, daß angesichts der blumigen Redeweise, derer sich Ramses III.

---

2 Sir George F. Hill: *Catalogue of the Greek Coins of Phoenicia* (London 1910), Bildtafeln XIX, 5 und andere.

des öfteren befleißigt, eine solche Erklärung durchaus plausibel erscheinen könnte. Trotzdem müssen wir uns angesichts des erzählenden Charakters der Passagen über das »vorbereitete Feuer« vor der Flotte und über die zum Kampf benutzte »voll entfachte Flamme« doch fragen, ob es sich hier wirklich nur um Allegorien handelte.

Wie die Reliefs der Assyrer zeigen, haben sie die Kriegführung mit »Feuer« eingeführt, indem sie bei Belagerungen brennendes Pech und Feuertöpfe benutzten. Herodot berichtet,[4] daß die Perser im Jahr –480 bei der Eroberung von Athen durch Xerxes Pfeile benutzten, die mit brennendem Werg umwickelt waren. Im Peloponnesischen Krieg (–413 bis –404) haben nach Thukydides[5] auch Brander teilgenommen, und es wurde mit brennenden Harzfackeln auf den Gegner geworfen.

»Aineias (ca. 360 v. Chr.) schildert das Entfachen einer großen Feuersbrunst mit Hilfe von Töpfen, die mit einer Mischung aus Schwefel, Pech, Kieferspänen, sowie Räucherwerk oder Harz gefüllt waren; diese Brandmischung, sagt er, konnte auch an großen hölzernen Stößeln befestigt werden, die an beiden Enden mit eisernen Haken versehen waren, und die auf die hölzernen Schiffsdecks geworfen wurden, auf denen sie dann haften blieben, oder aber auf die hölzernen Schutzvorrichtungen von Belagerungstruppen.«[6]

Als im Jahr –332 Alexander der Große Tyrus an einem Felshang vor der phönizischen Küste stürmte, verwendeten die Einwohner von Tyrus einen Brander. Sie errichteten außerdem Türme an der Mauer und griffen von dort aus die herannahenden Schiffe mit Flammenstößen an.[7]

Das korrekte Datum für die Auseinandersetzung Ramses' III. mit der gegnerischen Flotte in der mendesischen Nilmündung ist das Jahr –374; die Verwendung von Brandern und Flammenwerfern – 39 Jahre nach der Belagerung von Syrakus, im Verlauf des Peloponnesischen Krieges, und 42 Jahre vor der Belagerung von Tyrus durch Alexander – muß nicht unbedingt eine allegorische Erfindung sein.

---

[1] Edgerton und Wilson, Hrsg.: *Historical Records of Ramses III*, S. 55.

[2] a. a. O.

[3] Breasted: *Ancient Records*, Band IV, Abschnitt 21.

[4] Herodot: VIII, 52.

[5] Thukydides: VII, 53; siehe auch IV, 100.

[6] J. R. Partington: *A History of Greek Fire and Gunpowder* (1960), S. 1.

[7] Arrian: *Anabasis of Alexander*, übersetzt von E. I. Robson (Loeb Classical Library, 1929), II, 21. Vgl. *Cambridge Ancient History*, VI (1927), S. 374-75.

Die Mariannu

Es bleibt aber noch ein Bündnispartner im Krieg von Ramses-Nektanebos gegen die Perser und Griechen übrig, dessen Identität recht umstritten ist. Ramses III. schrieb, daß er bei dem Ausbau der Verteidigung an den Landesgrenzen auch einen Ort an der Grenze Ägypten–Sinai befestigte, der sich Zahi nannte, und dies stimmt mit dem Bericht überein, den uns Diodor über die von Nektanebos I. verstärkten Verteidigungsanlagen an der östlichen Landesgrenze gibt. Ramses III. erwähnte die Organisation der Garnisonsstreitkräfte:

> »Ich organisierte meine Grenze in Zahi und rüstete die Fürsten, die Garnisonskommandeure und die Mariannu.«[1]

Wer waren diese Mariannu, die einzigen vertrauenswürdigen Verbündeten der Ägypter? Zunächst vermutete man, bei dem Begriff Mariannu handle es sich um das aramäische Wort *Mareinu,* das soviel wie »Adlige« bedeutet. Aber um wen konnte es sich dann bei den ausländischen Kriegern im zwölften Jahrhundert in Ägypten handeln, die mit einem aramäischen Namen bezeichnet wurden? Aramäisch ist eine semitische Sprache, die nach dem Exil in Babylonien in Palästina an die Stelle des Hebräischen trat, und in der Teile der Bücher der Propheten Esra und Daniel und später die Talmuds geschrieben worden sind; zu Beginn der gegenwärtigen Ära war Aramäisch die Alltagssprache der Juden in Palästina. Die ältesten aramäischen Inschriften datieren aus dem 9. und dem 8. Jahrhundert.

Es wurde eingeräumt, daß die Anwesenheit von semitischen Adligen mit einem aramäischen Namen im Ägypten des zwölften Jahrhunderts ein Phänomen war, das einer näheren Erklärung bedurfte. Diese Vorstellung wurde schließlich als völlig unangemessen für jene Zeit und jene Region angesehen, und es wurden Theorien vorgebracht, nach denen das Wort *Mariannu* seinen Ursprung in Mitanni oder im Sanskrit hatte.[2] Nach einer Verlagerung der historischen Szenerie können wir erneut die Frage stellen: Handelt es sich bei

---

[1] Edgerton und Wilson, Hrsg.: *Historical Records of Ramses III.* Wilson bezeichnet Zahi als einen Grenzort. Einige andere Experten betrachten Zahi als die Bezeichnung für einen großen Teil von Palästina.

[2] A. Gustavs: *Zeitschrift für Assyriologie,* XXXVI, Neue Folge II, (1925) 297 ff. Gustavs ist der Auffassung, die Sprache der (Hurri) *marjannu* sei nicht arisch (Sanskrit) gewesen, wie Winckler vermutet hatte (*Orientalische Literaturzeitung,* XIII, [1910], S. 291), sondern subaräisch (Mitanni). Siehe die Literatur in W. F. Albright: *From the Stone Age to Christianity* (Baltimore 1940), S. 153; vgl. Sidney Smith: *Early History of Assyria* (London 1928), S. 237–38; und R. T. O'Callaghan: »New Light on the Mariannu as ›Chariot Warrior‹«, in: *Jahrbuch für Kleinasiatische Forschung,* I (1950–51), S. 309–324.

dem von Ramses III. angeführten Begriff Mariannu nicht um das aramäische Wort für »Adlige«?

Im Jahre 1906 wurden in den Trümmern alter Bauten im südlichen Teil der Insel Elephantine im Nil, gegenüber von Assuan, Papyri gefunden, die in aramäischer Sprache geschrieben waren. Sie wurden nur einen halben Meter unter der Oberfläche ungeschützt in Sand und Trümmern entdeckt. Es stellte sich heraus, daß diese Dokumente im fünften Jahrhundert vor unserer Zeit entstanden waren, und zwar während der persischen Oberhoheit über Ägypten; das älteste von ihnen datiert aus dem Jahr –494 (oder auch –483), das zeitlich jüngste aus dem Jahr –407. In vielen Dokumenten werden die Namen persischer Könige erwähnt, zusammen mit dem Regierungsjahr des Königs, in dem das betreffende Dokument geschrieben wurde, und daher war eine exakte Datierung dieser Papyri möglich.

Diese Dokumente erschließen, daß in Heb auf der Insel Elephantine eine jüdische Militärkolonie existierte. Der Ort lag an der Südgrenze von Ägypten, und die ständige Aufgabe dieses Militärstützpunkts bestand darin, das Land vor einer Invasion aus Nubien zu schützen. In dieser Kolonie befand sich ein Tempel, in dem Jahu (Jahwe) verehrt wurde, und zwar in einem Kult, der sich mit dem der Anath-Venus vermengte. Der Tempel und die Kolonie existierten bereits, als Kambyses in Ägypten einmarschierte; als er die ägyptischen Tempel zerstörte, hat er den Tempel auf der Insel Elephantine nicht beschädigt – das steht in einem der Papyri.

Die Mitglieder dieser Militärkolonie besaßen einen privilegierten gesellschaftlichen Status; sie hatten Sklaven, und sie wurden in der Regel mit Achtung und Rücksichtnahme behandelt – als Berufssoldaten, die in dieser Garnison im Lande ständig stationiert waren.

Aber im Jahre –410 nutzten die Priester der benachbarten Chnum-Tempel die zeitweilige Abwesenheit des persischen Gouverneurs aus, um dem regionalen Vorsteher die Erlaubnis zur Zerstörung des Tempels von Heb abzuringen. Die Standespersonen des Militärstützpunkts hatten die Genugtuung, daß sie die Bestrafung der Schuldigen erlebten, aber der Tempel wurde nicht wieder aufgebaut, und daher wandten sie sich schriftlich an den persischen Satrapen Bagoas in Jerusalem, sowie an zwei Söhne von Sanballat, dem Satrapen in Samaria. Bagoas war der Nachfolger von Nehemia,[3] und Sanballat wird wiederholt im Buch Nehemia als sein Widersacher erwähnt, der sich seinem Bestreben zum Wiederaufbau der Mauer von Jerusalem entgegenstellte.

Dieser besondere Brief wurde im Jahr –407 geschrieben, und es handelt sich

[3] Josephus: *Jüdische Altertümer*, XI, 297 ff.

dabei um den zeitlich letzten aus der ausgegrabenen Sammlung. Schon sehr bald darauf erhob sich Ägypten in bewaffneter Revolte gegen die persische Herrschaft. Es ist nicht bekannt, was aus der jüdischen Militärkolonie geworden ist. Hat sie diese Revolte überlebt und danach auch weiterhin existiert? Hat sie an diesem Freiheitskampf teilgenommen und Ägypten gegen die Streitkräfte des persischen Expeditionskorps im Kampf unterstützt?

Wir brauchen uns nur an den veröffentlichten Text der Papyri[4] von Elephantine zu halten, um eine Antwort auf die Frage zu finden: Wer waren die Mariannu von Ramses III.?, und dann können wir als natürliche Folgerung auch herausfinden, welches Schicksal der jüdischen Militärkolonie in Ägypten nach −407 widerfahren war.

Die allerersten Worte des −407 geschriebenen Papyrus lauten *el-maran,* was soviel bedeutet wie »an den Herrn«, und das Wort *maran* wird in diesem, und auch noch in anderen Elephantine-Papyri, ständig wiederholt. Man setzte das Wort *maran* oder *marenu* (»unser Herr«) vor den Namen des Satrapen in Jerusalem, als die Führer der Militärkolonie an ihn schrieben; sie selbst wurden in ihren Briefen von den gewöhnlichen Mitgliedern dieser Militärkolonie als *mareinu* (»unsere Herren«) angesprochen. Der Singular und der Plural dieser possessiven Formen – *marenu* bzw. *mareinu* – werden in den Papyri von Elephantine ausgiebig verwendet.

Hier haben wir einen von Ramses III. selbst stammenden Beweis dafür, daß die jüdische Militärkolonie in Ägypten im Jahre –374 immer noch existierte, daß ihre Mitglieder loyale Verfechter der ägyptischen Interessen waren, und daß sie in einer Gefahrensituation vom ruhigen Süden an die bedrohte Ostfront des Landes verlegt wurden.

In den Jahren 1953 und 1954 wurden weitere, in Ägypten gefundene aramäische Dokumente publiziert: sie hatten in europäischen und amerikanischen Sammlungen jahrzehntelang unveröffentlicht herumgelegen, und ihre Existenz war daher den Wissenschaftlern im großen und ganzen verborgen geblie-

---

[4] E. Sachau: *Aramäische Papyri und Ostraka aus einer jüdischen Militär-Kolonie zu Elephantine* (Leipzig 1911). Vor diesem Buch war von dem gleichen Autor noch eine andere Publikation erschienen: *Drei Aramäische Papyrusurkunden aus Elephantine* (Berlin 1908). Diese Papyri wurden auf der Insel Elephantine in den letzten Jahrzehnten des 19. Jahrhunderts gefunden.

[5] Sie wurden in den 1930er Jahren von L. Borchardt angekauft und später von G. R. Driver unter dem Titel veröffentlicht: *Aramaic Documents of the Fifth Century B. C.* (Oxford 1954).

[6] Sie wurden in Assuan von C. E. Wilbour angekauft (1893); veröffentlicht hat sie E. G. Kraeling unter dem Titel: *The Brooklyn Museum Aramaic Papyri* (New Haven 1953).

ben. Einige von ihnen – geschrieben auf Häuten – sind in die Jahre –411 bis –408 zu datieren, und sie waren von dem persischen Satrapen Arsham geschrieben worden:[5] eine andere Gruppe privater Briefe, die von Mitgliedern der jüdischen Militärkolonie in Elephantine geschrieben worden waren, sind in die Jahre zwischen –499 und –399 zu datieren.[6] Aus dieser zuletzt genannten Sammlung ist auch zu erkennen, daß Artaxerxes II. auf der Insel Elephantine –401 immer noch als König anerkannt wurde. Im übrigen lassen sich hinsichtlich der Identität der *mareinu* die gleichen Schlüsse ziehen wie aus den bereits früher in diesem Jahrhundert veröffentlichten Briefen.

Das Erz aus dem Lande »Atika«

Zur Zeit von Ramses III. (Nektanebos I.) hatte sich der Handel zwischen Griechenland und Ägypten in bisher ungekanntem Ausmaß ausgeweitet. Während der Regierungszeit früherer Könige – seit der ersten Hälfte des siebten Jahrhunderts – hatten sich griechische Söldner und Kaufleute in Ägypten niedergelassen, und im sechsten Jahrhundert wurde unter Amasis auch der geistige Austausch gefördert: griechische Philosophen besuchten das Land, das sie anlockte und ihrem Wunsch entgegenkam, die Geschichte und das Sagengut aus der Frühzeit kennenzulernen. Aber während der Regierungszeit von Ramses III. wurde der Kontakt zwischen beiden Ländern sehr intensiv, und Athen in Attika spielte eine wesentliche Rolle im militärischen, politischen und wirtschaftlichen Leben Ägyptens. Söldner kamen und gingen und kehrten wieder zurück; Schiffe mit landwirtschaftlichen Produkten segelten nach Griechenland, und von dort kamen Schiffe mit Handelswaren.

Diese Beziehungen – die im fünften Jahrhundert stark zurückgingen, als Ägypten von Persien beherrscht wurde, und später, als Griechenland durch den Peloponesischen und den Korinthischen Krieg innerlich zerrissen war – erlebten ihr Blütezeit, als Ramses III. an die Macht kam, noch bevor er mit den Persern gebrochen hatte.

Im Papyrus Harris sagt Ramses III.:

> »Ich sandte meine Botschafter in das Land Atika aus..., zu den großen Kupferminen, die dort liegen. Ihre Galeeren transportierten das Erz; anderes wurde zu Lande auf den Rücken ihrer Esel befördert. Man hatte von ihm noch nicht gehört, seit Könige regieren. Es stellte sich heraus, daß ihre Minen einen Überfluß an Kupfer besaßen; es wurde von Zehntausenden in ihre Galeeren verladen.«[1]

[1] Breasted: *Ancient Records*, IV, 408.

Wo befand sich das Land »Atika«, von dem in diesem Text die Rede ist? Nach Breasted handelte es sich um eine »ungewisse Region, die sowohl auf dem Seeweg als auch auf dem Landweg von Ägypten aus zu erreichen war, d.h. möglicherweise auf der Halbinsel Sinai.«

Aber Sinai konnte es nicht sein – denn sonst würde Ramses III. von ihm nicht gesagt haben: »Man hatte von ihm noch nicht gehört, seit Könige regieren«, bzw. seit die Monarchie in Ägypten bestand, und das war bereits seit mehreren tausend Jahren der Fall. In Sinai wurde bereits zur Zeit des Mittleren und des Neuen Reiches Kupfererz gefördert, und wahrscheinlich auch schon im Alten Reich. Weder zur Zeit Ramses' III. noch in einer früheren Zeitperiode wären Sinai-Häuptlinge in der Lage gewesen, Erz mit eigenen Schiffen zu transportieren. Außerdem ist aus diesen früheren Zeiten kein hieroglyphischer Text mit irgendeinem Hinweis auf »Atika« gefunden worden – und Sinai lag an der Türschwelle Ägyptens.

Das Erz wurde in »ihren Galeeren« gefördert, das bedeutet, daß nicht ägyptische Schiffe zum Abtransport verwendet wurden, sondern Schiffe aus dem Land, in dem das Erz gewonnen worden war. Man denkt unwillkürlich an seefahrende Nationen wie Phönizier, Zyprioten, Lydier und Griechen. In Zypern hat es umfangreiche Kupferminen gegeben, und es gibt sie dort noch heute – ja, gerade der Name der Insel hat diesem Metall den Namen gegeben – oder umgekehrt, die Insel erhielt ihren Namen von dem dort geförderten Metall. Aber die Aussage, Atika sei zur See *und* zu Landc crrcichbar gewesen, schließt Zypern aus. Der langanhaltende Krieg, den König Euagoras jahrzehntelang gegen die Perser führte, hielt Zypern von größeren Handelsaktivitäten ab, und man suchte wahrscheinlich nach neuen Erzquellen in Ländern, die es normalerweise aus Zypern importiert haben würden. Auch die Phönizier waren für ihre Erzeugnisse auf die Erzeinfuhr aus Zypern angewiesen.

Wenn das Problem der Lokalisierung von Atika von der Voraussetzung abhinge, daß es zur See *und* zu Lande erreichbar sein müßte, wie Breasted es auffaßte, dann könnte nachgewiesen werden, daß Attika in Griechenland, jener Einzelstaat, dessen Hauptstadt Athen gewesen ist, diese Voraussetzungen erfüllt. Die Überquerung des Hellesponts (der Dardanellen) war eine Errungenschaft, die sowohl im Frieden als auch im Krieg regelmäßig gelungen war, sei es mit Hilfe von Galeeren, von Flößen oder von aus Booten errichteten Schiffsbrücken; Xerxes vollbrachte das Manöver auf dem Weg nach Griechenland –481 und Alexander wiederholte es in umgekehrter Richtung, als er 150 Jahre später gen Osten marschierte.

Aber der Text ist auf eine derartige Voraussetzung gar nicht angewiesen. In der Tat ist dort von Erz die Rede, das auf »ihren« (d.h. dem Volk von Atika gehörenden) Eseln von den Kupferminen zu den Schiffen transportiert wurde, und dann von einem Transport zu Schiff nach Ägypten – wiederum auf »ihren« Schiffen (»der Leute von Atika«).

Die Frage der Identität des Landes Atika, das in den Papyri erwähnt wird, mit dem Land Attika, dessen Hauptstadt Athen war, beschränkt sich also auf das Problem, ob dort, in Attika, tatsächlich ungewöhnlich hartes Metall oder Legierungen davon gefunden wurde. Im Großen Papyrus Harris wird das in den Minen von Atika geförderte Metall mit *hmt* bezeichnet, das Breasted als »Kupfer« übersetzt – allerdings mit Einschränkungen, denn *hmt* ist nicht der üblicherweise für dieses Metall verwendete Begriff. In einem anderen Text wird dasselbe Wort *hmt* für drei verschiedene Arten von Erz oder Metallegierungen verwendet, von denen keine näher benannt wird, aber die Härte des Erzes bzw. der Legierung wird nachdrücklich betont.[2] Dieses Wort wurde also ganz allgemein für Metall (oder Erz) benutzt. Heutzutage wird in Griechenland kein Kupfer produziert, aber Erze nehmen auf der Exportliste einen hohen Rang ein, und bei ihnen handelt es sich vorwiegend um Pyrit (Eisenkies) und um Chromeisenerz.

Pyrit hat das Aussehen von Messing – es ist ein blaßgelbes Mineral, das Bisulfid von Eisen; andere Metalle, die gelegentlich einen Teil des Eisens ersetzen, sind Kobalt, Nickel und Kupfer. Das Pyrit hat den Spitznamen »Narrengold«, und nicht selten enthält es etwas Gold.

Das Chromeisenerz setzt sich aus Eisen und aus Chrom zusammen. Das zuletzt genannte Element wird in seinem Härtegrad nur noch von Boron und von Diamanten übertroffen; mit einer Beimischung von Blei wird das Chromeisenerz gelb. Metallenes Chrom gewinnt man, indem man das Oxid mit Hilfe von Kohlenstoff reduziert. Wegen seiner Härte und seiner nicht anlaufenden Eigenschaft wird es zur Plattierung anderer Metalle benutzt. In der Stahlindustrie wird Chrom weithin zur Härtung einer Metallegierung angewendet.

Die Härtung des Eisens, das sich in Verbindung mit Chrom im Chromeisenerz befindet, würde es sehr begehrt zur Herstellung von Waffen erscheinen lassen und auch zur Herstellung von Werkzeugen für die Steinbearbeitung. In der Tat ließe sich die bisher ungelöste Frage – Mit welchen Werkzeugen haben die Ägypter in der Bronzezeit, von der frühesten Bronzezeit an, Hieroglyphen in harten Granit, in noch härteren Basalt oder in das von allen am härteste Diorit eingeritzt (Bronze, eine Legierung aus Kupfer und Zinn, wäre bereits nach wenigen Schlägen stumpf geworden), oder Steinskulpturen mit ungemein scharfen Konturen an Augenlidern, Lippen und Ohren gemeißelt? – beantworten, wenn Chromeisenerz für die Herstellung von Werkzeugen oder auch

---

[2] Alan Gardiner: »The Tomb of a Much Travelled Theban Official«, in: *Journal of Egyptian Archaeology*, IV (1917), S. 28ff.

nur als Schmirgelpulver benutzt wurde. Während früherer Zeiten, seit der Zeit des Pyramidenbaus, hätte Chromeisenerz aus Rhodesien gebracht werden können, das reiche Vorräte davon besitzt.

Es ist wahrscheinlich, daß Ramses III. Chromeisenerz und auch Pyrit (Eisenkies) gemeint hat – Erze, die es in Griechenland reichlich gibt und gegeben hat –, als er von Metall und Erz schrieb, das auf Galeeren von Atika nach Ägypten zur Vorbereitung auf den bevorstehenden Krieg gegen Persien gebracht worden ist. Wenn das der Fall gewesen ist, dann war das Erz aus Griechenland auf jeden Fall dem Kupfer vorzuziehen, das aus Zypern oder Sinai kam.

---

[1] Im Papyrus Harris wird das hebräische Wort *aschek* statt des ägyptischen Begriffs für »unterdrücken« benützt. Weitere Beispiele sind: *aliah* für »Rampe«, *keseth* für »Decke«, *marcheschet* für »Pfanne«, und *tzaek* für »Schrei«. Siehe J. H. Bondi: *Dem hebräisch-phönizischen Sprachzweige angehörige Lehnwörter in hieroglyphischen und hieratischen Texten.* (Leipzig 1886).

[2] J. A. Wilson: »The Language of the Historical Texts Commemorating Ramses III«, in: *Medinet Habu Studies,* 1928-29 (Chicago 1930), S. 32.

[3] »Herr des Alls« ist allerdings ein Ausdruck, dem wir bereits in einer Sarginschrift aus der Zeit des frühen Mittleren Reiches begegnen: Erman-Grapow: *Wörterbuch der ägyptischen Sprache,* II, (1928), 230.

Kapitel IV
Über Sprache, Kunst und Religion

Der semitische Einfluß auf Sprache und Religion in Ägypten

Nach dem Fall von Jerusalem hat in Ägypten über 200 Jahre lang eine jüdische Kolonie existiert. Der Einfluß der hebräisch-syrischen Sprache, sichtbar schon im sechsten Jahrhundert, muß zur Regierungszeit Ramses III. noch ausgeprägter gewesen sein. Das ist in der Tat der Fall. Häufig traten semitische Wörter an die Stelle von ägyptischen, und die Schreiber von Ramses III. »ließen oft ein durchaus passendes ägyptisches Wort« zugunsten seines hebräischen Äquivalents fallen. So ist beispielsweise bei den Inschriften am Tempel von Medinet Habu – um nur ein beliebiges Beispiel anzuführen – das semitische Wort »*barech*« (segnen) an die Stelle des korrespondierenden ägyptischen Wortes getreten.[1]

»Die Texte aus Medinet Habu gehen in ihrer Wortwahl bis an die äußersten Grenzen. Sie zeigen eine Bemühtheit um ungewöhnliche Wörter und Redewendungen... Sie gefallen sich besonders darin, fremdsprachliche Wörter zu verwenden, die sich in der Regel aus semitischen Sprachen ableiten. Darin zeigt sich ein Streben nach dem Eindrucksvollen, ein etwas kindliches Bestreben, einen möglichst hohen Bildungsgrad erkennen zu lassen, aber auch ein zunehmender Internationalismus. Daß semitische Ausdrücke so häufig in den Texten von Medinet Habu vorkommen, weist auf ein hohes Ausmaß an wechselseitigen kulturellen Beziehungen im gesamten Raum des alten Orient hin.«[2]

Dieses Charakteristikum wird verständlich, wenn man dabei auch den Einfluß der jüdischen Kolonie in Ägypten berücksichtigt; es kommt allerdings sehr ungelegen, wenn Ramses III. ein Zeitgenosse der Richter Gideon, Jephta oder Samson sein soll – und das vor allem deswegen, weil in dem gesamten Buch der Richter keinerlei Kontakt zu Ägypten erwähnt wird.

Ramses III. schrieb: »Ich gehe auf den Wegen... des Herrn des Alls, meines erhabenen göttlichen Vaters, des Königs der Götter.«[3] Der Einfluß der jüdischen Siedlungen in Ägypten könnte auch einige Spuren im ägyptischen religiösen Gedankengut hinterlassen haben.

Ramses III. hat auch häufig Baal erwähnt, und es wurde schon darauf verwiesen, daß der bislang in Ägypten kaum bekannte Baal-Kult zu dieser Zeit stark in den Vordergrund rückte. Das Aufblühen dieses Kults in Ägypten muß dem Einfluß der nichtjüdischen Bevölkerung von Palästina und ihren Wechselbeziehungen zu Ägypten zugeschrieben werden.

Sehr tiefgehend oder dauerhaft ist der Einfluß der hebräischen Religion auf die ägyptische Konzeption vom höchsten göttlichen Wesen offensichtlich nicht gewesen. Im Tempel von Medinet Habu finden sich zahlreiche Abbildungen von Göttern mit menschlichen Körpern und den Köpfen von Vögeln und Tieren, denen der König seine Verehrung entgegenbringt; er tritt auch vor den Gott Amun, der in einem Zustand von obszöner Erregung dargestellt ist. Aber mehr als alle diese Götter hat Ramses III. seine eigene Person verehrt. Der Tempel in Medinet Habu wurde als Verehrungsort für sein eigenes erhabenes Wesen gebaut. Es ist langweilig, die endlosen Selbstglorifizierungen zu lesen. Die schlichteste von allen diesen Äußerungen ist noch seine bescheidene Feststellung: »Mein Charakter ist hervorragend.«

Eine Frage könnte gestellt werden: Hat der literarische Stil der hier erörterten Periode – jener der 20. Dynastie – starke Ähnlichkeit mit demjenigen der beiden Dynastien, die nach der konventionellen Zeittabelle unmittelbar vorausgehen? Die Antwort auf diese Frage könnte als Argument für oder gegen die hier vorgebrachte Rekonstruktion verwendet werden, und gleichermaßen auch für oder gegen die konventionelle Chronologie, nach der Ramses III. in der ersten Hälfte des zwölften Jahrhunderts gelebt hat.

»Ein gebildeter ägyptischer Schreiber des zwölften vorchristlichen Jahrhunderts, der in den Klassikern seiner Literatur wohlbeschlagen war, hätte wohl den degenerierten Stil der Tempelschreiber seiner Zeit beklagt. In der Erinnerung an die lebendig geschriebenen Kriegsannalen von Thutmosis III. wäre er entsetzt gewesen über den schwülstigen und bombastischen Stil, unter dem Ramses III. seine Berichte erstickte. Er wäre bedrückt gewesen über die bemühte Künstlichkeit, die ihren Ausdruck noch in einer Vielzahl von Fremdwörtern und weit hergeholter Metaphern fand. Hätte er sich auch noch an die strengeren grammatischen Regeln erinnert, welche die Reinheit der klassischen Literatur wahrten, dann hätte er nur grenzenloses Mitleid für diese Schreiberlinge empfinden können, die sich zwar um die Anwendung der alten Grammatik angestrengt bemühten, deren Bemühungen jedoch zunichte gemacht wurden durch Ignoranz, Übereilung und durch das bloße Gewicht der gesprochenen Sprache.«[4]

Aber gab es unter Ramses III. »einen gebildeten ägyptischen Schreiber«? Sollte es ihn wirklich gegeben haben, dann hat er jedenfalls der Nachwelt keine Spuren von seinen Fähigkeiten oder seinem Geschmack hinterlassen. »Die Tempelinschriften seiner Zeit« – wie sie beispielsweise in den Texten von Medinet Habu zum Ausdruck kommen – »sind schwülstig, nachlässig und grammatikalisch falsch«. Außerdem sind sie auf »stupide Weise pompös«. Die längeren Texte sind voller »komplimentierender Vergleiche und jedes glorifizierende Beiwort, das sich die hart bedrängten Schreiber nur ausdenken konnten«, und die kurzen Begleittexte zu den Reliefs »bestehen zum größeren Teil aus Stakkatolobsprüchen auf den König, aus schmeichelhaften Dialogen zwischen König und Gott, sowie aus den Lobgesängen der Höflinge und Gefangenen des griechischen Dramenchors.«[5] (Mit dem Wort »griechisch« beabsichtigte der Autor dieser Passage nicht, einen Hinweis auf das Alter dieser Texte oder auf die völkische Herkunft der Höflinge oder der Gefangenen zu geben – es wurde nur dazu benutzt, den Eindruck zu beschreiben, der durch solche im Chor vorgebrachte Äußerungen entstand.)

Die »ständige Betonung der Tatsache, wie herrlich und tapfer der Pharao sei«, konnte bedeuten, daß es hier darum ging, einen »mittelmäßigen Herrscher auf das Niveau seiner Vorgänger anzuheben, oder wahrscheinlicher noch, daß der abgestumpfte Geschmack seines Volkes nach einer exotischeren und stärker gewürzten Kost verlangte«. Die großsprecherischen Äußerungen sind wie »schmetternde Blechbläser und klingelnde Becken«.

Was die Grammatik betrifft, so versuchte der Schreiber von Ramses III. »sich eines Stils zu bedienen, der aus der Mode gekommen war«. Er benutzte falsche Archaismen, und das deutete darauf hin, daß nicht wenige der Formen schon seit längerer Zeit nicht mehr im Gebrauch waren. »Eine gewisse Unbestimmtheit« im Gebrauch der angemessenen Etymologie »zeigt uns, daß die damals gesprochene Sprache ähnlich unbestimmt gewesen sein muß, oder aber, daß man bereits an eine ziemlich weitverbreitete Unterdrückung von Endungen [Suffixen, d. h. Nachsilben] gewöhnt gewesen sein muß«.

Im paläographischen Bereich »sind die Zeichen grob und ohne Sorgfalt in den Stein eingeritzt... Anzeichen für große Hast sind überall vorhanden.« Die Schreiber, die die Umrisse der Buchstaben für die Steinmetzen vorbereiteten, waren sichtlich weit vertrauter mit den hieratischen Zeichen – die man im allgemeinen nicht auf Stein, sondern auf den Papyri verwendete – als mit den Hieroglyphen, und daher bildeten sie letztere fehlerhaft ab. In ihren Hieroglyphen »ging der Ursprung der einzelnen Zeichen so gut wie vollständig verloren«.[6]

Schließlich stellen die Reliefs von Medinet Habu selbst »einen klar erkennbaren Bruch mit der Vergangenheit« dar. »Ein Verlust an Würde und Ortho-

---

4 Wilson: *Medinet Habu Studies*, 1928-1929, S. 24 ff.

5 a. a. O., S. 26, Anmerkung 3. Andere Zitate, die folgen, stammen aus dem gleichen Artikel.

6 Wilson führt mehrere Beispiele zur Illustration an.

doxie wird teilweise durch eine Zunahme an Kraft und Vielfalt kompensiert.«

Bevor wir uns der Architektur und ihrem Stil zuwenden, sollten wir zur Kenntnis nehmen: Während der Regierungszeit Ramses' III. war die Sprache – ihre Grammatik, ihre Ausdrucksformen und die Kunst des Schreibens, vor allem auf Stein – weit entfernt vom klassischen Brauch der angeblich soeben vergangenen Generationen.

Die Kunst: Jagdszenen

Ramses III. befahl seinen Künstlern, die von ihm in Medinet Habu errichteten Bauten sowohl mit militärischen als auch mit Jagdszenen auszuschmücken. Diese Jagdszenen haben vieles gemeinsam mit jenen assyrischen Reliefs, in denen die königliche Jagd dargestellt wird, so wie sie von den Künstlern Assurbanipals und seines Vorgängers Assurnasirpals aufgefaßt wurde. »Man nimmt im allgemeinen an, daß die assyrischen Jagdszenen aus dem neunten bis siebten Jahrhundert von den ägyptischen Jagdszenen inspiriert wurden, die ihnen als Vorbilder dienten. Ein Beweis für diese Behauptung ist allerdings bisher niemals erbracht worden. Dieses Problem bedarf einer gründlichen Neuüberprüfung«, und L. Speleers hat eine solche unternommen.[1] Er untersuchte und verglich sorgfältig die assyrischen und die ägyptischen Jagdszenen, und zwar im Hinblick auf den Realismus der Darstellung, auf die bei der Jagd verwendeten Waffen, auf die allgemeine Szenerie, und natürlich auch im Hinblick auf die gejagten Tiere.

Speleers erkannte deutlich, daß die assyrischen Szenen realistischer waren, mit einer besseren Darstellung der Tiere in ihren verschiedenen Haltungen, und daß die Assyrer ihre Motive auf ganz originale Weise entwickelt hatten. Das läßt sich in den Szenen von Medinet Habu nicht behaupten. Obwohl diese einige Merkmale haben, die sich auf ältere ägyptische Vorbilder aus dem Alten und dem Mittleren Reich zurückführen lassen, lassen viele neuere Details erkennen, daß sie asiatischen Ursprungs sind.

Natürlich erkannte man von Anfang an die Schwierigkeit, die Ergebnisse dieser Analyse mit der chronologischen Abfolge in Einklang zu bringen. »Um dieses Problem richtig in den Griff zu bekommen, müssen wir uns stets vor Augen halten, daß die assyrischen Jagdszenen viele Jahrhunderte später entstanden sind als diejenigen in Ägypten [von Ramses III.].« Der Autor mußte sich diese Mahnung zur Vorsicht ständig selbst vor Augen halten, denn alles deu-

[1] Louis Speleers: »*Les Scènes de chasse assyriennes et égyptiennes*«, in: *Recueil de travaux relatifs à la philologie et l'archéologie égyptiennes et assyriennes*, Band 40 (1923), 158-176.

Abb. 14: Assyrisches Jagdrelief aus Ninive. König Assurbanipal auf der Löwenjagd.

Abb. 15: Ramses III. auf der Löwenjagd. Medinet Habu.

tete darauf hin, daß Ramses III. bei Assurbanipal Anleihen gemacht hatte. Assurbanipal ist –663 in Ägypten einmarschiert, und die Blütezeit von Ramses III., so wird behauptet, fällt in das zwölfte Jahrhundert. Und doch hat Assurbanipal keine künstlerischen Anleihen bei Ramses III. gemacht, das wurde durch diese Analyse deutlich: »Es ist schwierig, in den assyrischen Szenen irgendein Motiv zu finden, dessen Entlehnung aus Ägypten nicht anfechtbar wäre.« Aber mehr noch: »Weit davon entfernt zu behaupten, die Assyrer hätten die Ägypter kopiert, sollte gefragt werden, ob nicht letztere ihre Motive von den Asiaten übernommen haben, denn es läßt sich nicht leugnen, daß bestimmte assyrische Motive, die ursprünglich auf einen ägyptischen Ursprung hinzudeuten schienen, tatsächlich aus Asien kamen.«[2]

Die ägyptischen Szenen lassen Anleihen aus Asien erkennen, und andererseits stellt die Auswahl der Motive, die Konzeption und die Gestaltung der Themen sicher, daß die assyrischen Szenen nicht von den Ägyptern entliehen wurden. Die Motive wurden auf originale Weise von den Assyrern selbst entwickelt, und wenn es für sie einige Vorbilder gab, dann waren es elamische (frühpersische) und nicht ägyptische Motive.

Bei den Jagdszenen von Ramses III. hat eine detaillierte Untersuchung ergeben, daß sie sich auf asiatische Motive stützen; aber sobald wir für die Regierungszeit Ramses' III. nicht mehr das zwölfte Jahrhundert ansetzen, stehen wir auch nicht mehr vor dem Problem, erklären zu müssen, wie Motive aus dem 12. Jahrhundert von Szenen beeinflußt sein können, die erst im siebten Jahrhundert geschaffen wurden.

Speleers war auch verblüfft über die Ähnlichkeiten bei der Darstellung von Tieren (Löwen) durch die Künstler unter Ramses III. und durch Künstler unter den späten Ptolemäern – ein charakteristischer Fall dafür sind die in Kom Ombo geschaffenen Figuren.[3]

Auch daraus ergeben sich nicht die geringsten Schwierigkeiten für eine chronologische Zeittafel, in der Ramses III. nur rund ein halbes Jahrhundert vor dem Beginn der ptolemäischen Dynastie liegt. Es wäre nur natürlich, daß die im Ägypten des vierten Jahrhunderts üblichen Kunstformen von den Künstlern unter den nachfolgenden ptolemäischen Königen nachgeahmt worden sind.

Tempelarchitektur und religiöse Kunst

Nach seinem siegreichen Krieg gegen Pharnabazos und Iphikrates verbrachte Ramses III. den Rest seiner Regierungszeit in Frieden und Sicherheit. Er errichtete viele prächtige Bauten, die in dem Papyrus Harris aufgezählt werden. Einige dieser Bauten, wie der Tempel in Medinet Habu, sind besser erhalten als andere Monumente aus dem Alten Ägypten.

Wie konnte es geschehen, daß der Tempel Ramses' III. erhalten blieb, während Tempel aus »späteren« Dynastien heute Ruinen sind? »Dieses Bauwerk

[2] a.a.O., S. 173.
[3] a.a.O., S. 170.

[Medinet Habu] ist der am vollständigsten erhalten gebliebene Tempel Ägyptens aus der Zeit vor der ptolemäischen Periode... Der Medinet Habu-Tempel ist daher in seiner Art einzigartig.«[1]

Ein Elephantine-Papyrus berichtet: »Als Kambyses nach Ägypten kam, fand er, daß der [jüdische] Tempel [von Elephantine] bereits erbaut war. Die Tempel der ägyptischen Götter waren allesamt zerstört; nur der eben genannte Tempel hatte keinen Schaden erlitten.«[2] Aber der gleiche Papyrus informiert uns auch darüber, daß der Tempel von Elephantine an der ägyptischen Südgrenze, den Kambyses intakt vorgefunden hatte, später durch den Pöbel zerstört wurde.

Die Tatsache, daß die angeblich aus dem zwölften Jahrhundert stammenden Tempel von Ramses III. uns in einem guten Zustand erhalten geblieben sind, steht in Widerspruch zu der Information in dem eben genannten, aus dem Jahr –407 stammenden Papyrus, daß alle ägyptischen Tempel, die Kambyses bei seinem Einmarsch intakt vorfand (–525), später von ihm zerstört worden sind. Medinet Habu, der Totentempel von Ramses III., und der von ihm in Karnak errichtete Chons-Tempel gehören zu den besterhaltenen Bauten Ägyptens. Die Bauten aus dem zwölften Jahrhundert hätten wohl kaum der Zerstörung durch Assurbanipal im siebten Jahrhundert entgehen können; und wenn wirklich der eine oder andere ägyptische Tempel zufällig die Zerstörungsaktionen der Assyrer überdauert hätte, dann wäre es ganz unwahrscheinlich, daß diese Tempel auch noch den 140 Jahre später stattfindenden persischen Eroberungszug überstanden hätten; zumindest wird ihr Fortbestand durch ein Dokument widerlegt, das in Ägypten während der Perserherrschaft geschrieben worden ist.

Anders liegen die Dinge, wenn die Datierung für Ramses III. drastisch revidiert wird. Um das Alter der erhalten gebliebenen Bauten Ramses' III. aufgrund ihres wahren Wesens zu beurteilen, sollten sie mit denjenigen des hellenistischen Zeitalters in Ägypten verglichen werden.

In diesem Buch ist ein Pylon (Portal) vom Totentempel Ramses' (Medinet Habu) auf der jenseitigen Nilebene, gegenüber von Luxor, abgebildet, sowie ein anderer Pylon des Chons-Tempels in Karnak; letzterer wurde von Herihor aus der 21. Dynastie errichtet, und zwar einhundert Jahre (nach der konventionellen Zeitrechnung), nachdem Ramses III. den Tempel errichtet hatte, vor dem der Pylon steht.

Der Beschauer muß zwangsläufig beeindruckt sein von der auffallenden Ähnlichkeit dieser beiden Pylone mit denen der ptolemäischen Tempel in

---

1 Breasted: *Ancient Records*, Band IV, Abschnitt 1.

2 Sachau: *Aramäische Papyri und Ostraka*, S. 21.

Abb. 16: Der Pylon des während der sogenannten 21. Dynastie errichteten Chonstempels.

Abb. 17: Edfu. Pylon des Horustempels aus der Ptolemäerzeit.

Edfu, in Kom Ombo, Philae und an anderen Orten. Zu Vergleichszwecken werden die angeblich aus dem 12. und dem 11. Jahrhundert stammenden Pylone und diejenigen aus dem 3. und dem 2. Jahrhundert in unmittelbar aufeinanderfolgenden Abbildungen gezeigt. Auf den ersten Blick ist eine bemer-

Abb. 18: Pylon des Tempels Ramses' III. in Medinet Habu.

Abb. 19: Philae. Erster Pylon des Isistempels aus der Ptolemäerzeit.

kenswerte Ähnlichkeit zu erkennen. Bei näherer Betrachtung verdichtet sich dieser erste Eindruck zu der Überzeugung, daß wir es hier mit Monumenten aus ein und derselben Ära von dicht aufeinander folgenden Generationen zu tun haben, auf keinen Fall aber mit solchen, die in 800 bis 1000 Jahre auseinanderklaffenden Generationen entstanden sind. Ich überlasse es dem wißbegierigen Leser, die zahlreichen Details zu überprüfen, die in den Pylonen von Ramses III. und Herihor (der im weiteren Verlauf dieses Buches noch eingehender erörtert wird) einerseits und in denen des hellenistischen Zeitalters anderseits identisch sind. Von der allgemeinen Formgestaltung bis hin zu vielen Einzelmerkmalen ergibt dieser Vergleich eine so verblüffende Ähnlichkeit, daß sich schon allein aus stilistischen Gründen die Behauptung nicht aufrechterhalten läßt, einige dieser Tempel stammten aus dem Beginn des 12. und aus dem Beginn des 11. Jahrhunderts, andere dagegen aus dem dritten Jahrhundert und aus einer noch späteren Zeit.

Ein moderner Autor hat seine Verwunderung über die starke Ähnlichkeit zwischen dem Pylon von Philae (angeblich aus dem 4., in Wirklichkeit jedoch aus dem fünften Jahrhundert) und dem großen Tor von Medinet Habu zum Ausdruck gebracht, aber auch über die Ähnlichkeit in den Reliefszenen mit der Darstellung des Haremslebens und der Opferung von Gefangenen.[3] Und vor Jahrzehnten hat der Ägyptologe Adolf Erman festgestellt: »Und wenn wir nicht die Inschriften lesen würden, dann kämen wir niemals auf die Vermutung, daß die Tempel von Esna, von Edfu, von Dendera und von Philae in die Zeit der Lagiden [nach Lagos, dem Vater von Ptolemaios I.], der Cäsaren und der Antoninen gehören.«[4]

Von unserem Standpunkt aus erscheint es nur natürlich, daß auch die Texte auf den Mauern der ptolemäischen Tempel starke Ähnlichkeit mit den Texten auf den Tempeln von Ramses III. aufweisen sollten. Jean Yoyotte, der den ptolemäischen Tempel in Edfu untersuchte, war überrascht, auf den Wänden dieses von Ptolemäos VIII. (Soter II.) vollendeten Tempels einen Text vorzufinden, in dem vom König die Rede ist, der seine Feinde zerstört, »der die Meschwesch in Stücke hackt, die Schasu abschlachtet und die Tjeker massakriert«. Yoyotte wunderte sich über das Auftauchen der Namen von Völkern, die die Ägypter bereits fast eintausend Jahre früher gekannt hatten und die angeblich schon lange Zeit vor Alexander auf der historischen Bühne nicht mehr in Erscheinung getreten waren.[5] Eine Inschrift im Tempel von Kom Ombo spricht von den Meschwesch, den Schasu und den Tjeker-Völkern, die wir aus den Kriegen Ramses' III. als Feinde Ägyptens kennen. »Nach dem gegenwär-

---

[3] Philippe Derchain in: *Bibliotheca Orientalis*, Januar-März 1961, S. 48; Buchbesprechung von H. Junkers *Der große Pylon des Tempels der Isis in Philä*.

[4] »Antonine« ist der Kollektivname für die sieben römischen Kaiser des 2. Jahrhunderts (von Nerva bis Commodus). Das Zitat stammt von A. Erman, in: *The Historians' History of the World*, M. S. Williams, Hrsg., I (1907), 195.

[5] J. Yoyotte: »Un souvenir des campagnes de Ramses III au Temple d'Edfou«, aus »Trois notes pour servir à l'histoire d'Edfou«, in: *Kêmi*, XII, (1952).

tigen Stand der historischen Dokumentation hat der einzige schwere Angriff der Tjeker – die zu den Seevölkern zählten – auf Ägypten während der Regierungszeit von Ramses III. stattgefunden«, schreibt Yoyotte. Wie konnten dann einige der Seevölker im Tempel eines der späteren Ptolemäer namentlich als Feinde Ägyptens aufgeführt werden?

Die Antwort lautet: Der Krieg der Seevölker fand nur ein halbes Jahrhundert vor jenem Zeitpunkt statt, zu dem Ptolemäos I., Sohn des Lagos – eines Generals von Alexander – den Thron von Ägypten bestieg und eine neue Dynastie begründete.

Die Frage, wie der Tempel von Medinet Habu die Zerstörungen von –663 und von –525 überstehen konnte, findet so eine klare Antwort: Dieser Tempel ist nicht um –1180 errichtet worden, sondern um –370, und daher war er, im Gegensatz zu den früher erbauten Tempeln und Palästen, nicht den Zerstörungen unter Assurbanipal und Kambyses ausgesetzt. Das andere Problem, das der starken Ähnlichkeit zwischen den Bauten Ramses' III. und denen der Ptolemäer, findet seine Erklärung in der gleichen Lösung. Der Hinweis auf die Völker (die im Verzeichnis der in Ägypten eindringenden Seevölker aufgeführt werden) in den Texten auf den Mauern der ptolemäischen Tempel kann auch nicht verblüffen.

Wechselseitiger Einfluß persischer und ägyptischer Religion und Kunst

In Persepolis sind die prachtvollen Monumentaltreppen erhalten geblieben, aber von den Palästen und Tempeln auf der großen Plattform erhebt sich nur ein Wald von einzelnen Säulen und eine Reihe von Portalen über dem Erdboden. Die Mauern sind zu Staub zerfallen. Auf den Portalsturzen findet man das Symbol für Mazda (Ormuzd) dargestellt, und zwar in Form eines menschlichen Kopfes über einer Scheibe – dem Planeten Jupiter; die Scheibe hat langgezogene Flügel –, der Gott fliegt mit ausgestreckten Flügeln.

Der gleiche Entwurf, ohne den Kopf von Mazda, aber mit allen charakteristischen Details – eine Scheibe mit ausgestreckten Flügeln – findet sich auch auf zahlreichen Portalsturzen im Ägypten der 20. Dynastie (Ramses III. und der folgenden Ramessiden) sowie der 21. Dynastie (Herihor); derselbe Entwurf findet sich ebenfalls auf Tempelportalen der Ptolemäerzeit. Und nicht nur diese Gestaltung der Portalsturze, der ganze formale Aufbau läßt verblüffende Ähnlichkeiten erkennen. Hier konnte es sehr wohl zu einer wechselseitigen Beeinflussung gekommen sein, denn der ursprüngliche Entwurf einer Scheibe mit ausgebreiteten Flügeln geht bis auf die 18. Dynastie, ja sogar bis auf das Alte Reich in Ägypten zurück. Der Bau von Persepolis wurde von Dareios in

Angriff genommen und von Xerxes fortgesetzt, aber die Perser drangen bereits mehrere Jahre vor der Thronbesteigung von Dareios in Ägypten ein, und Dareios verbrachte längere Zeit in Ägypten.

Ramses III. wollte für sich die einem Pharao zustehenden göttlichen Ehren in Anspruch nehmen. Da er selbst – obwohl er wiederholt das Gegenteil behauptete – nicht von königlichem Geblüt war, mußte er mit Nachdruck seine göttliche Erziehung betonen. Auf einem Relief wird er als vierzehn- bis fünfzehnjähriger Knabe gezeigt; er steht neben der Göttin Isis, die ihm Milch aus ihrer Brust anbietet, an der er saugt.

Neu und interessant ist die Darstellung der Isis. Ihre übliche Gewandung und die über ihrem Kopf stehenden Hörner mit der zwischen ihnen befindlichen Planetenscheibe, sind uns aus zahlreichen Abbildungen, Reliefs und Skulpturen vertraut. Die Kopfbedeckung, die der Künstler von Ramses III. ihr aufsetzte, stellt jedoch eine völlige Abweichung von der Tradition dar. Sie ähnelt den vielschuppigen Helmen der Pereset, aber sie ist höher und exquisiter geformt und die Schuppen sind durch einen über ihnen entlanglaufenden Rand miteinander verbunden.

Die gleiche Form – nur ist die Kopfbedeckung nicht ganz so hoch – findet sich auf einem persischen Relief auf der Felsoberfläche von Naqsch-i-Rustam im Bezirk der Königsgräber in der Nähe von Persepolis. Dieses Relief datiert aus der Zeit der Sassaniden-Dynastie in Persien, also etwa aus dem 2. bis 5. Jahrhundert unserer Zeit. Der Kopfschmuck befindet sich auf dem Kopf eines Ritters mit wallendem Haar – es ist unzweifelhaft ein persisches Motiv, das seinen Ursprung in der nationalen Vorstellung vom vielschuppigen Helm hat.

Einer tiefverwurzelten Tradition hinsichtlich der Art und Weise, wie die Göttin Isis darzustellen sei, folgte hier der Künstler Ramses III. nicht, und er ging bei der Darstellung völlig neue Wege. Vergleichbar ist das etwa der Wirkung, die man heutzutage erzielen könnte, wenn ein moderner Künstler die Madonna in einem zeitgenössischen Alltagsgewand darstellen würde.

Um so weit von der Tradition abzuweichen, muß ein geradezu unwiderstehlicher iranischer Einfluß auf den ägyptischen Künstler eingewirkt haben, oder aber – und das erscheint durchaus möglich –, das Bild stammt von einem persischen Künstler im Dienste Ramses' III. Wir wissen, daß in persischer Zeit ein Austausch von Künstlern zwischen Persien und Ägypten stattgefunden hat.[1] Ist die persische Kopfbedeckung auf einer Isisfigur nicht ein Anzeichen für einen nicht nur zufälligen, sondern tiefgreifenden Einfluß persischer Kunst auf die Konzeption der religiösen Kunst Ägyptens im vierten Jahrhundert, die zu Unrecht um acht Jahrhunderte in die Vergangenheit zurückverlegt wird?

---

[1] Hinweise dafür finden sich in der Korrespondenz des Satrapen Arsames.

Kapitel V
Von Ramses III. zu Dareios III.

Die späteren Ramessiden

Auf den vorangegangenen Seiten haben wir das historische Material aus griechischen und ägyptischen Quellen einander gegenübergestellt, und wir sind dabei zu dem Schluß gekommen, daß der Nektanebos I. der griechischen Autoren ein alter ego von Ramses III. der modernen Autoren ist oder für User-maatre meriamun Ramesse-hekaon der ägyptischen Königsmonumente und der offiziellen Papyrusdokumente. Zu seiner eigenen Zeit und vor allem unter den Griechen war er als Nektanebos bekannt, unter jenem Namen, den er gelegentlich bei weniger offiziellen Anlässen benutzte. Ob dies der Fall gewesen ist, oder ob Ramses III. – wie das auch bei anderen Pharaonen vorkam – mehr als nur eine Serie königlicher Namen hatte oder verschiedene Namen als König für Oberägypten und Unterägypten: Nektanebos war der Name, unter dem die griechischen Autoren diesen Monarchen kannten. Nach dieser Identifizierung sollten wir erwarten, daß sich einige der, zugegebenermaßen, schwierigen Probleme in der Geschichte der späten Ramessiden entwirren lassen. »Wenn es zutrifft, daß ein Volk ohne Geschichte glücklich ist, dann müßte Ägypten unter den schwächeren der Nachfolger von Ramses III. für glücklicher angesehen werden, als es das jemals unter den berühmtesten Pharaonen gewesen ist.«[1] Die gesamte Periode, während derer diese Nachfolger den Thron innehatten, soll nur zwei Generationen gedauert haben (etwa –1170 bis –1100), obwohl auf Ramses III. noch acht weitere Könige des gleichen Namens folgten – numeriert von IV. bis XI. Dann soll diese Dynastie unter unbekannten Umständen erloschen sein.

Unsere Identifizierung von Ramses III. als Nektanebos I. der griechischen Autoren muß als schlüssig angesehen werden; dagegen muß unser Versuch, die Identität der weiteren Ramessiden zu rekonstruieren, hypothetisch bleiben, weil nur dürftiges Informationsmaterial über diese Personen vorliegt.

Wir werden – auch wenn er mißlingen sollte – den Versuch unternehmen, etwas Licht in die Geschichte der königlichen Thronfolgen zu bringen, wobei uns zur Hilfe kommt, was wir über die Nachfolger von Nektanebos I., aber

---

[1] G. Maspero: *The Struggle of the Nations*, S. 483.

auch über einige seiner Vorgänger wissen; andererseits lassen sich gewisse ungeklärte Details in der griechischen Version von der ägyptischen Geschichte klären, wenn ein Teil des Materials über die Ramessiden integriert wird.

Es ist beispielsweise nicht bekannt, unter welchen Umständen Teos der Nachfolger von Nektanebos I. wurde, und worauf ein Neffe von Teos seine Thronansprüche stützte, gegen Teos revoltierte und den Thron einnahm: Er ist unter dem Namen Nektanebos II. bekannt. Könnten uns die Monumente einen Hinweis darauf geben, woraus Nektanebos II. seine Thronansprüche abgeleitet hat?

Noch zu Lebzeiten Ramses' III. brauten sich bereits Intrigen unter seinen Frauen, den Haremsfunktionären und den Offizieren der königlichen Garde zusammen. Nach dem Tod des Pharaos wurden ein Prinz – vermutlich der rechtmäßige Thronerbe –, seine Mutter, sowie mehrere andere Personen angeklagt, gegen den verstorbenen Pharao intrigiert zu haben: ein anderer Prinz, dem die Thronfolge nicht zustand, usurpierte den Thron, verhaftete den Oberkommandierenden der Armee und bestimmte Palastbeamte und leitete gegen seinen Halbbruder und dessen Hofkamarilla einen Prozeß ein, um nachzuweisen, daß der Angeklagte sich gegen seinen Vater verschworen hatte. Es existiert ein ausführliches Dokument über diesen Prozeß[2]; mehrere Anhänger des Prinzen wurden zum Tod durch den Henker verurteilt, während andere verstümmelt wurden. Der beschuldigte Prinz wurde indessen dazu verurteilt, selbst den Giftbecher zu nehmen – ein im Griechenland des vierten Jahrhunderts nicht unübliches Urteil: man denke nur an Sokrates, der nach dem Prozeß der Athener gegen ihn dazu verurteilt wurde, eigenhändig den Giftbecher zu leeren (–399).

Der Prinz, der den Thron bestieg, ist uns unter dem Namen Ramses IV. bekannt, aber wir identifizieren ihn als den Teos der griechischen Autoren. Ramses IV. »behauptete von sich, er sei ein legitimer König und kein Usurpator. Vielleicht«, so schrieb ein moderner Autor, »hat er seine Beteuerungen allzu ›auffällig‹ vorgebracht.« Es wird behauptet, daß von Teos keine Inschriften gefunden wurden, aber wenn Ramses IV. mit Teos identisch ist, dann gibt es zahlreiche Inschriften, und das Rätsel verschwindet.

Die Könige, die Ramses III. folgten, fügten immer ihren Thronnamen und ihren Eponymen den Namen Ramses hinzu. Im Rom der Kaiserzeit gab es einen ähnlichen Brauch: Die römischen Kaiser fügten ihren eigenen Namen den Namen Caesar bzw. Augustus – mehr als eine Art Titel – hinzu. Tatsächlich war es der vor Ramses III. regierende Ramses II., dessen Name dem jeweiligen Namen des Throninhabers oder der Prätendenten angehängt wurde.

---

[2] »The Judicial Papyrus of Turin«, Breasted: *Ancient Records of Egypt*, IV, Abschnitt 416-456.

Ramses IV. regierte sechs Jahre lang und wurde unter Umständen abgesetzt, über die die hieroglyphischen Texte keine Aussage machen. Von Ramses V. ist so gut wie nichts bekannt – es muß sich bei ihm um einen jugendlichen Mitregenten seines Vaters Ramses IV. gehandelt haben; er starb an den Pocken. Ramses VI. allerdings war ein Sohn des verurteilten Prinzen und ein Enkel von Ramses III. Unmittelbar nachdem er sich des Thrones bemächtigt hatte, rächte er seinen Vater, indem er an allen Monumenten den Namen Ramses' IV. entfernen ließ und durch seinen eigenen ersetzte; er ergriff auch Besitz vom unvollendeten Grab Ramses' V., und da er sich auf diese Weise einen Thron für das diesseitige und ein Grabmal für das jenseitige Leben gesichert hatte, entfaltete er danach eine rege Bautätigkeit in verschiedenen Teilen des Landes. Wir werden in ihm Nektanebos II. der griechischen Autoren erkennen. Wie wir bald lesen werden, rebellierte er gegen seinen Onkel, und es gelang ihm, den Thron zu besteigen.

Ramses VII. und Ramses VIII. waren lediglich Prätendenten, die außer ihrem Anspruch auf den Thron keine Spuren in der Geschichte hinterließen. Es gab auch Ramses IX., Ramses X. und Ramses XI., aber mit ihnen und ihren wirklichen Positionen in der Nachfolge der Ramessiden werden wir uns zu einem späteren Zeitpunkt befassen. Es besteht allerdings allgemein Übereinstimmung darin, daß zwischen den Herrschern von Ramses III. bis zu Ramses VIII. einerseits und denjenigen, die unter den Namen Ramses IX. bis Ramses XI. regierten, keine Verbindung besteht, und daß es daher keinen Beweis dafür gibt, daß sie tatsächlich die unmittelbaren Nachfolger von Ramses III. bis Ramses VIII. gewesen sind.

Mit Hilfe dieser dürftigen, über die Ramessiden bekannten, Fakten haben wir uns daran gemacht, die Nachfolger von Ramses III./Nektanebos I. zu identifizieren.

Die sechzig Jahre ägyptischer Unabhängigkeit von dem Zeitpunkt an, als Nepherites Ägypten befreite, sahen etwa neun oder zehn Könige, einige kaum für ein paar Wochen, andere nur als Thronprätendenten.

›Der Kleine‹ unterstützt den Pharao

Nach dem Tod von Artaxerxes II. (–359) wurde sein Sohn Ochus unter dem Namen Artaxerxes III. zum König ausgerufen. Um seinen Thron vor Übergriffen seiner zahlreichen Brüder und Halbbrüder zu sichern, ließ er sie allesamt – achtzig an der Zahl – umbringen.

Als seine Hauptaufgabe betrachtete Artaxerxes III. die Wiedereroberung Ägyptens, das unter seinem Vater verlorengegangen war, und bereits zu Beginn seiner Regierungszeit bereitete er eine militärische Expedition dazu vor. Ein Jahr, bevor Artaxerxes Ochus den Thron von Persien bestieg, kam in Ägypten Teos (Ramses IV.) auf den Thron, nachdem er seinen älteren Bruder aus der Thronfolge entfernt hatte. Alarmiert durch die Möglichkeit eines Krieges gegen den persischen König, schickte Teos eine Aufforderung an König Agesilaos von Sparta, ihm – gegen Bezahlung – Beistand zu leisten. Der alte Krieger stand damals bereits kurz vor seinem 80. Geburtstag.

Agesilaos akzeptierte die Rolle eines Söldners und segelte nach Ägypten. Plutarch, der seine Werke vierhundert Jahre später schrieb, berichtet, daß seiner Meinung nach, und vermutlich auch nach Meinung der Zeitgenossen des Agesilaos, diese Handlungsweise den fortgeschrittenen Jahren des Mannes nicht angemessen sei, der mehr als drei Jahrzehnte »der bedeutendste und einflußreichste aller Hellenen gewesen war«. Aber Xenophon, der Agesilaos persönlich kannte, brachte dessen Motive zur Rechtfertigung seiner Handlungsweise vor.

Agesilaos war ein scharfsinniger Charakterkenner. Xenophon berichtet uns: »Er hatte die Angewohnheit, mit allen möglichen Arten von Menschen Kontakt aufzunehmen, aber nur die guten erhielten Zugang zu seinem engsten Freundeskreis ... Wenn immer er hörte, wie jemand andere Menschen lobte oder tadelte, war er der Ansicht, daß er auf diese Weise ebensoviel Einblick in den Charakter der Kritiker erhielt wie in den derjenigen Person, der diese Kritik galt ... Verleumder haßte er mehr als Diebe.«[1]

Dieser vielgerühmte Krieger und Menschenführer konnte zwangsläufig nur einen ungünstigen Eindruck auf die Ägypter machen, die mit der Mißachtung der Spartaner für jede Art von Pomp und öffentlichem Zeremoniell nicht vertraut waren. Agesilaos war außerdem alles andere als eine stattliche Erscheinung:

»Die Natur hatte diesem Mann wie eine Gönnerin zwar alle Gaben des Geistes in reichem Maß zugeteilt, ihn aber gleichsam böswillig in der Bildung seines Körpers benachteiligt, denn er war von unansehnlicher Gestalt und hinkte auf einem Fuß. Dies bewirkte eine gewisse Häßlichkeit, und die, welche ihn nicht kannten, verachteten ihn auf den äußeren Anblick hin. Derartiges passierte ihm, als er mit 80 Jahren nach Ägypten zur Unterstützung des Königs Teos geschickt wurde und sich am Meeresufer mit den Seinen zur Ruhe legte, ohne ein Dach über dem Kopf zu benötigen. Sein Lager bestand aus Stroh, das man auf dem Boden gebreitet hatte, wobei er sich mit einem Fell zudeckte, und seine Kleidung unterschied sich an Einfachheit und Kümmerlichkeit nicht von der seiner Begleiter, so daß man an ihr keinen König erkennen, ja, sie allesamt

[1] Xenophon: *Agesilaos*, nach der Übersetzung von E. C. Marchant (Loeb Classical Library).

für recht armselige Gesellen halten konnte. Als nun die dortigen königlichen Statthalter von seiner Ankunft Kunde erhielten, sandten sie ihm Geschenke aller Art. Man fragte, wer hier der König sei, und wollte es kaum glauben, daß dieser unter den anderen auf dem Boden liege.« Als Agesilaos von den ihm angebotenen Dingen einige ausgewählt hatte und die anderen wieder zurückbringen ließ, »verachteten ihn die Barbaren noch mehr, meinten sie doch, er habe die einfachen Geschenke nur deshalb vorgezogen, weil er den Wert der anderen nicht kenne.«[2]

Auch in Plutarchs Bericht von der Landung des Agesilaos in Ägypten ist von dem ungünstigen Eindruck die Rede, den der Spartaner wegen seiner kleinen Statur, seiner Kleidung und seines Verhaltens auf die Ägypter machte:

»Sobald er in Ägypten angelangt war, begaben sich die königlichen Offiziere und Beamten an Bord seines Schiffs, um ihm die Aufwartung zu machen. Auch die übrigen Ägypter waren wegen des Ruhms und Namens des Agesilaos voller Erwartung und Sehnsucht und liefen in großer Menge zusammen, um ihn zu sehen. Als sie aber statt alles Glanzes und Pompes nur einen alten, von Körper kleinen und ausgemergelten Mann, in einen schlechten gemeinen Mantel gehüllt, am Ufer im Grase liegen sahen, konnten sie sich nicht enthalten, über ihn zu spotten und zu lachen. Einige riefen sogar: ›Das geht ja wie in der Fabel, ein Berg begann zu kreißen und brachte ein Mäuschen zur Welt.‹«[3]

Von Pharao Teos sind keine historischen Dokumente erhalten, und die Geschichte seiner Regierung ist uns nur aus den späteren griechischen und römischen Autoren bekannt – dies weil die hieroglyphischen Aufzeichnungen unter dem Namen Ramses IV. laufen; wie schon erwähnt, halten viele Gelehrte Ramses IV. für den eigentlichen Autor des Großen Papyrus Harris, obschon dieser Papyrus so abgefaßt ist, daß Ramses III. als sein Urheber erscheint.

Auf einer Mauer des Totentempels von Ramses III. in Medinet Habu steht im Zusammenhang mit dem libyschen Krieg folgende Inschrift:

»Seine Majestät hatte einen Kleinen aus dem Lande der Temeh gebracht, einen Kleinen, der von seinen starken Streitkräften unterstützt wurde, der für sie als Heerführer in Aktion trat, um das Land in Ordnung zu bringen.«

»Ein Kleiner« wurde als Hinweis auf ein Kind gemutmaßt; ein Kind, das vom Pharao mitgebracht wird, um ihn zu unterstützen, ergibt jedoch wenig Sinn, und diese Passage wird als eine »schwierige Textstelle« angesehen.[4]

Der Begriff »Heerführer« bedeutet im Ägyptischen soviel wie »König«; daher nahm man an, der Pharao, der an dem Geschehen im Nachbarstaat Libyen

---

[2] Cornelius Nepos: *Agesilaos*, Übersetzung von Gerhard Wirth.

[3] Plutarch: *Lebensbeschreibungen*, Agesilaus, übersetzt von Kaltwasser/Floerke.

[4] J. A. Wilson: »The Libyans and the End of the Egyptian Empire«, in: *American Journal of Semitic Language*, Januar 1935.

interessiert war, habe ein Bündnis mit dem König dieses Landes geschlossen, der damals noch ein Kind war. Aber im Text ist nicht davon die Rede, daß der Pharao jemanden unterstützt, sondern davon, daß er selbst Unterstützung erhielt. Ein »Kleiner« für ein Kind, das nach Ägypten kommt und sich der Unterstützung seiner Truppen erfreut, steht als kuriose Vermutung in einigen Abhandlungen über dieses Thema.

Die äußere Erscheinung des Agesilaos, wie sie von seinen Biographen geschildert wird, und vor allem der Eindruck, den seine kleine Statur bei seiner Ankunft in Ägypten hinterließ, lassen den Text an der Tempelwand in Medinet Habu nicht nur verständlich erscheinen, sondern sogar als sehr angemessen.[5]

Der Name des Landes oder des Volkes, Temeh, aus dem auf die Einladung des Pharaos hin »ein Kleiner« kam, der »von seinen starken Streitkräften unterstützt wurde«, ist natürlich ein entscheidender Faktor, ob ich zu Recht oder Unrecht Agesilaos mit der erwähnten Person identifiziere.

Die Ägypter nannten die Bevölkerung des benachbarten Libyens Tehenu. Die Tehenu wurden mit dunkler Hautfarbe und mit gekräuseltem Haar dargestellt. Seit der Ersten Dynastie in Ägypten waren sie den Ägyptern unter diesem Namen bekannt. Aber eine Zeitlang findet sich in Schilderungen und Abbildungen ein anderer Volksstamm oder eine andere Rasse – namens Temeh –, die als Bewohner von Libyen oder seines östlichen Teils, der Cyrenaika, angegeben werden. »Die Temehu waren eine ganz andere Rasse, deren Hautfarbe hell war und die blondes Haar und blaue Augen hatten. Die Heimat dieser Menschen kann nicht Afrika sein, und aller Wahrscheinlichkeit nach kamen sie aus Europa und ließen sich dann in Nordafrika nieder...«[6] Sie waren eindeutig

---

[5] Wenn sich der Text auf Ramses III. (Nektanebos I.) und seine Aktivitäten bezieht, und nicht auf seinen Sohn Ramses IV. (Teos), läßt sich unsere Hypothese, daß es sich bei »dem Kleinen« um Agesilaos handle, nur dann aufrechterhalten, wenn dieser Feldherr nicht nur während der Regierungszeit von Teos (Ramses IV.) nach Ägypten kam, sondern auch etwa fünfzehn Jahre früher, zur Zeit seines Vaters. Diese These könnte von folgender Tatsache gestützt werden: Es ist bekannt, daß der später berühmt gewordene Astronom Eudoxos von Knidos im Alter von 23 Jahren bei Nektanebos einen von Agesilaos geschriebenen Empfehlungsbrief vorlegte. Es sieht so aus, als habe Agesilaos Nektanebos persönlich gekannt; es wurde berechnet, daß Eudoxos Nektanebos im Jahre –367 oder –366 aufgesucht hat. (Siehe Giorgio di Santillana: »Eudoxus and Plato: A Study in Chronology«, in: *Reflections on Man and Ideas* [Cambridge, Mass., 1968], S. 228.) Das erlaubt uns, die Inschrift am Tempel von Medinet Habu in die Regierungszeit von Ramses III. (Nektanebos I.) zu verlegen, und trotzdem »den Kleinen« mit Agesilaos zu identifizieren. Wir wissen, daß auch der athenische Admiral Chabrias zweimal nach Ägypten ging, um sich dort an der Durchführung militärischer Aktionen zu beteiligen, zunächst zugunsten von Nektanebos und beim zweiten Mal zugunsten von Teos.

[6] Ahmed Fakhri: *Siwa Oasis* (Kairo 1944), S. 23.

[7] Plutarch: *Lebensbeschreibungen*, Lysander, 20, 25.

nicht semitischen oder hamitischen Ursprungs, sondern von arischer Herkunft. Wer aber waren sie?

Wir werden an anderer Stelle Gelegenheit haben, die frühen Wanderungsbewegungen der Griechen nach Libyen zu erörtern. Hier erscheint es jedoch als durchaus angemessen, sich daran zu erinnern, was Plutarch in seiner Biographie von Lysander berichtet hat. Dieser spartanische Held nahm am Peloponnesischen Krieg teil und eroberte die athenische Flotte in der Schlacht von Aigospotamoi (–405); er strebte danach, König der Spartaner zu werden und hatte die Unterstützung des Orakels von Dodona, aber es gelang ihm nicht, auch die Unterstützung des Orakels von Delphi zu gewinnen; auch als er sich mit Geschenken an das Orakel des Amun in der libyschen Wüste wandte, hatte er damit keinen Erfolg; allerdings verkündeten die Priester des Amun, die sich auf einer Mission nach Sparta befanden, daß die Spartaner bald in Libyen leben würden – dies aufgrund eines älteren Orakelspruchs.[7]

Wir können den Schluß ziehen, daß der Name Temehu gleichermaßen auf die Spartaner in Libyen wie auf diejenigen in Lakedaimonien, Griechenland, angewandt wurde. Der »König [Heerführer] von Temehu«, den der Pharao zu seiner Unterstützung herbeirief, war ein spartanischer König; die Schilderung als »ein Kleiner« weist auf Agesilaos hin.

Die letzten einheimischen Pharaonen

Xenophon berichtet uns, daß Teos, der unbedingt einen Krieg gegen Persien führen wollte, »starke Infanterie- und Kavalleriestreitkräfte und viel Geld besaß«, und daß Agesilaos »begeistert war, als ihn die Aufforderung um Unterstützung vom ägyptischen König erreichte, der ihm sogar den Oberbefehl über die Gesamtstreitkräfte zusagte«. Agesilaos war jedoch bald wütend, »als der König, der ihn um seine Unterstützung gebeten hatte, ihm doch nicht das Oberkommando übertrug. Agesilaos hatte das Gefühl, auf gröbste Weise getäuscht worden zu sein.« Teos übertrug ihm nur ein Teil des Oberkommandos, indem er das Kommando über die Flotte an den einmal mehr in Ägypten weilenden Chabrias vergab und sich selbst den Oberbefehl über die Gesamtstreitkräfte vorbehielt. Teos selbst befand sich in Syrien, das er nach dem Tod von Artaxerxes II. teilweise besetzt hatte. Mittlerweile wurde in Ägypten ein Komplott geschmiedet, Teos zu stürzen und seinen Neffen auf den Thron zu setzen. Chabrias wollte seinem Kriegsherrn Teos gegenüber loyal bleiben, und er beriet sich darüber mit Agesilaos. Der alte Spartanerkönig, erbost über die Begrenzung seiner Kommandogewalt, fragte in Sparta an, was er tun solle, aber er schlug gleichzeitig vor, sich auf die Seite des Rebellen Nektanebos (II.) zu schlagen, da dies den griechischen Interessen dienlicher sein würde. Xenophon schrieb: »In dieser Krisis sagte sich zunächst ein Teil der ägyptischen Truppen, die als selbständige Streitmacht operierten, vom König los und alsbald ließen ihn auch die übrigen Streitkräfte im Stich.«

Entsetzt floh Teos von der Front in Palästina nach Sidon in Phönikien und von dort aus direkt zum persischen König, um diesen um Vergebung zu bitten. »Die Ägypter spalteten sich in zwei Parteien, und jede wählte ihren eigenen König. Agesilaos erkannte jetzt, daß die Griechen keinen Sold erhalten würden, wenn er keinen der beiden Rivalen unterstützte.« Nachdem »er sich darüber klar geworden war, bei welchem der beiden [Thronprätendenten] größere Anzeichen dafür erkennbar waren, daß er sich den Griechen gegenüber als Freund erweisen würde, schlug er sich auf dessen Seite.« Indem er Teos im Stich ließ und gegen noch einen weiteren Rivalen des Pharao kämpfte, machte Agesilaos Nektanebos II. zum König von Ägypten.

Bei Plutarch lesen wir wie, als rivalisierende Thronprätendenten um den von Teos verlassenen Thron stritten und Agesilaos um Hilfe baten, der Spartaner einen abermaligen Seitenwechsel als peinlich empfand und in einem ereignisreichen Feldzug Nektanebos II. verteidigte, den letzten einheimischen König von Ägypten.

Aufgrund dieser Ereignisfolge, wie sie uns von den griechischen Historikern geschildert wird, können wir Ramses IV., den Usurpator des Throns seines Vaters, in Teos wiedererkennen und Ramses VI. in Nektanebos II. der Griechen – so wie wir bereits früher Ramses III. in Nektanebos I. erkannt haben. Nektanebos II. war der Sohn des legitimen Thronerben von Nektanebos I., wie Ramses VI. der Sohn des legitimen Thronerben von Ramses III. war. Dem Vater von Nektanebos II. mißlang es, den Thron zu besteigen, weil sein Halbbruder Teos-Ramses IV. den Thron usurpiert hatte.

Bei den Thronprätendenten, die versuchten, Agesilaos auf ihre Seite zu ziehen, handelte es sich vermutlich um jene Personen, die unter dem Namen Ramses VII. und Ramses VIII. bekannt sind. Keiner von beiden hat tatsächlich regiert, wenn man nicht die kurzlebige Machtergreifung in irgendeinem Teil des Landes als Regierungstätigkeit akzeptiert. Von ihnen beiden ist so gut wie fast keine Inschrift erhalten geblieben.

Nach dem Fehlschlag der von Pharnabazos angeführten militärischen Expedition und nach dem Rückzug der unter seinem Befehl stehenden Streitkräfte aus Palästina war Nektanebos I. (Ramses III.) in der Lage, dieses praktisch schutzlose Land zu besetzen. Und folgendes geschah ebenfalls: In Megiddo fand man auf einem von früheren Ausgräbern zurückgelassenen Abfallhaufen einen Schreibzeugbehälter, der einem Boten Ramses' III. gehörte; ebenfalls wurde einer seiner Skarabäen entdeckt.

Auch in Lachisch »stieß« man auf einen Skarabäus von Ramses III. und in Beth Schan auf eine Statue von ihm. Diese Funde bestätigen, daß er nach seinem Sieg über die »Pereset« tatsächlich Palästina in Besitz genommen hat.

Der nächste König, Teos (Ramses IV.), befand sich in Palästina, als ihn die von Agesilaos unterstützte Rebellion Nektanebos' II. veranlaßte, nach Sidon und von dort aus zum persischen König zu fliehen. Zwischen dem ersten, erfolglosen Feldzug von Artaxerxes (III.) Ochus gegen Ägypten im Jahre –350 und dem zweiten, diesmal erfolgreichen Feldzug im Jahre –343, gehörte Palästina zum Machtbereich von Nektanebos II. (Ramses VI.). Wir können deshalb erwarten, dort ebenfalls Anzeichen seiner Besetzung dieses Landes zu finden, und tatsächlich wurde während der Ausgrabungen im Jahr 1934 die Basisplatte einer Bronzestatue von Ramses VI. entdeckt. Einmal mehr wurden gewisse Folgerungen für die stratigraphische Chronologie von Meggido aufgestellt. Eine aufschlußreiche Fußnote des Ausgräbers G. Loud zu einer kurzen Abhandlung über diese Statue von James Breasted besagt, daß sie gefunden worden ist – »unter einer Mauer in der Schicht VIIB, Raum (Nr.) 1832, so als sei sie ganz bewußt dort vergraben worden«.[1] Aus dieser Art von Schätzung ist es schwierig, wenn nicht gar unmöglich, irgendeine schlüssige chronologische Folgerung zu ziehen. Die von den Ausgräbern so genannte Schicht VIIB repräsentiert »die 19. und die frühe 20. Dynastie«.

Die unseligen Resultate der Ausgrabungen in Beth Schan, in Megiddo, in Lachisch und an anderen biblischen Grabungsstätten sollen das Thema einer umfassenderen Erörterung in einem Band sein, der sich mit einer Überprüfung der biblischen Archäologie befaßt. Es genügt hier festzustellen, daß die Ausgrabungen in Beth Schan, in Megiddo und in Lachisch ausgiebig und kontrovers unter den verschiedenen Archäologen erörtert worden sind, wobei es zu heftigen Vorwürfen und sogar Schmähungen kam – unserer Auffassung nach alles wegen der falschen synchronistischen Zeittafel zwischen den palästinischen und ägyptischen Chronologien. Die Entdeckung von Gegenständen, die in die Regierungszeit von Ramses III. (Nektanebos I.) und in die von Ramses VI. (Nektanebos II.) zu datieren sind, mußte zwangsläufig das Chaos im Bereich der stratigraphischen Archäologie von Megiddo noch vergrößern. Bei der vom University-of-Pennsylvania-Museum durchgeführten Grabungsexpedition in Memphis bestand die überraschende Tatsache darin, daß die Schichten der 21. Dynastie unmittelbar unterhalb den Schichten der Ptolemäerzeit gefunden wurden.

[1] J. H. Breasted, in G. Loud: *Megiddo II* (1948), S. 135.

Eine Komödie der Irrungen

Kraft des in den vorausgegangenen Seiten präsentierten Beweismaterials stellen wir fest: Der in ägyptologischen Werken allgemein unter dem Namen Ramses III. zitierte Pharao räumt den ihn irrtümlicherweise im zwölften Jahrhundert zugewiesenen königlichen Thron und nimmt seinen rechtmäßigen Platz in der Geschichte im vierten Jahrhundert ein – er wurde eins mit König Nektanebos I. der griechischen Historiker. Seine unmittelbaren Nachfolger auf dem Thron Ägyptens folgten diesem Beispiel und fanden ihre wahren alter egos im selben Jahrhundert – nur kurze Zeit vor dem Auftritt Alexanders.

Wenn wir die Namen und Beinamen von Ramses III. sichten, dann finden wir, daß einer seiner sogenannten Horus-Namen Nektanebos war (Kanecht-mau-pehti-necht-a-neb-chepesch-Sati).[1] Für Budge, der die Liste der von diesem und von anderen Königen benutzten Namen zusammenstellte, erhob sich beim Lesen von Necht-a-neb kein Problem, denn er konnte nicht ahnen, die Spur einer erstaunlichen Identifikation vor sich zu haben. Es hat den Anschein, als sei Ramses III. der einzige Pharao, von dem wir genau wissen, daß zu seinen Königsnamen dieser Name gehörte, der uns von den griechischen Autoren her vertraut ist, die über Ägypten im vierten Jahrhundert vor unserer Zeit geschrieben haben. Der Namensbestandteil Neb findet sich auch bei Ramses VI. (Nebmaatre-meriamun Ramesse-itamun-nutehekaon); da Necht (bzw. in der griechischen Version »Nekt«) bei den Namen von Königen und Prinzen häufig vorkommt und soviel wie »mächtig« bedeutet, ist der ungewöhnlichste Teil des Namens der Bestandteil Nebo.

Die Identität von Ramses (III.)-Necht-a-neb mit Nektanebos der griechischen Historiker wurde auf den voraufgegangenen Seiten aus zwingenderen Gründen festgestellt als aus einer Identität der Namen heraus: aber zusätzlich zu dem gesamten anderen Beweismaterial ist diese Namens-Identität sehr willkommen.

Es genügt allerdings nicht, Ramses III. und Nektanebos I. wieder zu vereinigen: eine weitere Detektivarbeit ist erforderlich, nämlich die, Nektanebos I. von jeder Assoziation mit einer Person loszulösen, die modernen Historikern als die ägyptische Version von Nektanebos erscheint. Auf der Suche nach ägyptischen Persönlichkeiten aus der persischen Periode, die in Ägypten Monumente mit dem Anspruch auf herrscherliche Positionen hinterließen, stieß man auf zwei Potentaten mit Namen, in denen Bestandteile des Namens Nektanebos enthalten sind, und tatsächlich blieben weit mehr als nur ein paar mit

[1] E. A. Wallis Budge: *The Book of the Kings of Egypt* (London 1908), Band II, S. 1.

ihren Namen verbundene Monumente erhalten – es sind Necht-hor-heb und Necht-nebef.[2] Im vorigen Jahrhundert wurde der erstgenannte dazu auserwählt, der Nektanebos I. der griechischen Historiker zu sein, während dem zweiten die Rolle des Nektanebos II. zugewiesen wurde.

Irritierend an diesen Identifizierungen war allerdings die Tatsache, daß keiner von beiden in den zahlreichen erhaltenen Inschriften etwas über die von ihm geführten Kriege berichtete: Nektanebos I. über seine Kriege zu Lande und zur See gegen Artaxerxes II. und seine Söldner, und Nektanebos II. über seine Kriege gegen Artaxerxes III., bevor er in der letzten Schlacht geschlagen wurde. Ihre Inschriften sind eitel und prahlerisch, und daher erscheint das Fehlen von Hinweisen auf durch Siege gekrönte militärische Errungenschaften rätselhaft. Angesichts der großen Anzahl der von beiden hinterlassenen Inschriften läßt sich auch nicht die Behauptung aufstellen, nur rein zufällig seien ihre zahlreichen Bau- und Widmungsinschriften erhalten geblieben, während diejenigen Monumente, die ihren Kriegszügen und den Erinnerungen an ihre Triumphe gewidmet waren, ausnahmslos zugrunde gegangen seien. Trotzdem wurden diese Identifizierungen – mangels besserer Auswahl – tatsächlich vorgenommen. Dann, zu Beginn dieses Jahrhunderts, fand der deutsche Ägyptologe W. Spiegelberg Gründe für eine Neuordnung dieser Identifizierung, und nach seiner Auffassung kam nunmehr Necht-nebef die Rolle von Nektanebos I. zu, während Necht-hor-heb, der vorher diesen Platz eingenommen hatte, jetzt die Rolle des weniger erfolgreichen Königs Nektanebos II. zugewiesen wurde.[3] Seit der Veröffentlichung von Spiegelbergs Werk haben die meisten Ägyptologen dieser Konstruktion zugestimmt, obwohl es auch heute noch vereinzelt Stimmen gibt, die die erstgenannte Anpassung vorziehen.

Da Nektanebos I. in Wirklichkeit mit Ramses III. identisch ist und Nektanebos II. mit fast gleicher Gewißheit mit Ramses VI., müssen wir für Necht-hor-heb und Necht-nebef die wirkliche historische Identität finden. Wir wollen uns jetzt dieser Detektivaufgabe zuwenden: Bevor wir Ramses III. und Ramses VI. endgültig auf ihre historischen Plätze stellen, müssen die Eindringlinge von ihrem Platz entfernt werden.

Wer diesen Band sorgfältig gelesen hat, wird die Lösung für Necht-hor-heb rasch finden. Wir sind ihm bereits auf einer früheren Seite begegnet – er war Gouverneur und Schatzmeister, zugleich aber auch der Verwalter der privaten Güter von Arsames, dem allmächtigen persischen Satrapen, der in Babylon residierte und von dessen riesiger Satrapie Ägypten lediglich ein Teil war. In sei-

---

[2] F. K. Kienitz: *Die politische Geschichte Ägyptens vom 7. bis zum 4. Jahrhundert vor der Zeitwende* (Berlin 1953).

[3] W. Spiegelberg: *Die sogenannte Demotische Chronik des Papyrus 215 der Bibliothèque Nationale zu Paris* (Leipzig 1914).

nen Briefen hatte Arsames wiederholt Necht-hor ermahnt, sich besser um seine privaten Lehnsgüter zu kümmern, indem er sie nicht nur vergrößern, sondern ihnen auch mehr Sklaven zuführen sollte – mit Hilfe gesetzlicher oder auch ungesetzlicher Mittel. Die an Necht-hor gerichteten Briefe ließen wenig persönliche Achtung gegenüber dem *pekidia* (Beamten) – einem einheimischen Untergebenen – erkennen. Trotzdem besaß dieser eine recht bedeutende Machtfülle gegenüber seinen eigenen Landsleuten und hatte außerdem Zugang zu riesigen Geldsummen – nämlich zu all dem Geld, das durch seine Hände gehen mußte, bevor es den mächtigen Satrapen in Babylon erreichte. In Kapitel I habe ich in dem Abschnitt »Arsames« einen typischen Brief des Satrapen an seinen Gouverneur zitiert.

Ein strenger Kritiker könnte fragen: steht Necht-hor wirklich für Necht-hor-heb? Die Briefe des Satrapen waren folgendermaßen adressiert: »Von Arsham an Necht-hor«. Wenn man einräumt, daß der Satrap schroff an seinen ägyptischen Verwaltungsbeamten schrieb, dann ist durchaus vorstellbar, daß Arsames dabei den letzten Namensbestandteil seines Adressaten fallen ließ (auch in einem weiter unten zitierten Brief, den er an einen persischen Adeligen richtete, der gerade Ägypten besuchte, ließ er die Grußworte fallen). Für eine definitive Identifizierung wäre es allerdings besser, wenn der Nachweis gelänge, daß der Name Necht-hor tatsächlich für Necht-hor-heb steht. Glücklicherweise ist auch dies möglich.

In einem 1933 veröffentlichten Artikel hat Abbé P. Tresson zwei Figuren aus einer Privatsammlung wissenschaftlich untersucht.[4] Eine Statuette stellt einen knienden Mann dar (der Kopf fehlt), der in seinen Armen ein kleines Tempelchen mit dem Totengott Osiris hält. Auf der Basis dieser Statuette befindet sich eine hieroglyphische Inschrift:

» – [bringt Weihegaben dar] für Neith, die große göttliche Mutter... für die Seele [ka] des edlen Herrn, des Erbprinzen – des Königs des Nordens – [bringt Weihegaben dar für Neith], die große Gottesmutter, damit sie Totenmahle gewährt und alles Vollkommene... für die *ka* [Seele] des edlen Herrn, des Erbprinzen, des Siegelträgers des Königs des Nordens, einen einzigartigen Gönner und Wohltäter, den Bevollmächtigten für allen Grundbesitz – den Gouverneur der Zugänge [nach Ägypten] zu See und zu Lande, Necht-hor-heb, hervorgegangen aus Nes-en-per-Mut.«

Necht-hor-heb verkündet außerdem: »Ich zeichnete mich durch gute Manieren aus, besaß einen ausgezeichneten Charakter, war ein Beamter ohne Tadel, mein Herz war (stets) harmonisch, meine Gedanken ohne Argwohn, und ich hatte nichts in meiner Brust zu verbergen...«

---

4 Paul Tresson: »Sur deux monuments égyptiens inédits«, *Kêmi*, IV (1931, erschienen 1933).

Necht-hor-heb behauptete in dieser Inschrift, er sei ein loyaler Beamter des königlichen Siegelbewahrers gewesen – in letzterem erkennen wir Arsames. Das Gebet für die Seele dieses »edlen Herrn und Erbprinzen« deutet darauf hin, daß diese Statuette aus Anlaß von Arsames' Tod in Auftrag gegeben wurde. Die Statuette des Totengottes Osiris und das Gebet für die Totenmahle weisen auf den gleichen Tatbestand hin. Nach einer Tätigkeit von über fünfzig Jahren muß Arsames, der zuletzt in einem in Elephantine gefundenen Briefe aus dem Jahre –407 erwähnt wird, entweder in Babylon oder auch in Persepolis gestorben sein, und zwar entweder kurz danach oder auch kurz zuvor, denn in diesem Brief aus Elephantine wird sein Besuch beim König im Jahre –410 erwähnt. Dareios II. (Nothus) starb –404.

Mit dem in der Inschrift auf der Statuettenbasis zitierten König des Nordens ist zweifellos der persische Monarch gemeint. In der Dynastienliste von Manetho sind die persischen Könige als 27. Dynastie eingesetzt; Manetho nennt jedoch nicht ihre Namen. Von Monumenten her sind uns nur die Namen von Kambyses und von Dareios dem Großen bekannt; die ägyptischen Schreiber zogen es vor, die nachfolgenden persischen Könige mit Bezeichnungen wie Könige des Nordens zu belegen, ohne dabei ihre Namen zu nennen. Von allen persischen Königen haben nur Kambyses und Dareios Ägypten aufgesucht; um – aus priesterlicher Sicht – als geheiligter König und als Träger der Doppelkrone anerkannt zu werden, mußte man die Krönungszeremonie sowohl in den Heiligtümern des südlichen als auch in denen des nördlichen Landesteils auf sich nehmen. Die auf Dareios folgenden persischen Könige konnten, da sie Ägypten nicht einmal aufgesucht hatten, keinen rechtmäßigen ägyptischen Thronnamen annehmen.

Es wurde angenommen, daß der Gouverneur die umstrittene Situation umging, und in der Inschrift bittet er die göttliche Mutter darum, daß »der Sohn des Re«, Aahmes, »ein Dreißig-Jahres-Fest auf dem Horus-Thron« erleben möge.

Bei dem »Sohn des Re« Aahmes dieses Textes nahm Abbé Tresson an, daß es sich um König Amasis handeln müsse, den vorletzten König der 26. Dynastie (der wenige Monate vor der Eroberung Ägyptens durch den Perserkönig Kambyses starb). Da Abbé Tresson diese Statuette in die Zeit des Amasis datiert, mußte er von der Annahme ausgehen, daß es neben dem König Necht-hor-heb, dem vermeintlichen Nektanebos II. aus dem vierten Jahrhundert, einen Namensvetter von ihm gegeben haben müsse, der zweihundert Jahre früher zur Zeit des Königs Amasis gelebt hatte. Eine solche Interpretation muß an der Erwähnung des Königs des Nordens in der gleichen Inschrift scheitern: Zur Zeit des Amasis hätte der Bittsteller keineswegs dem »König des Nordens« huldigen können.

Der von einem Oval (Kartusche) umrahmte Name Aahmes (Amasis) kann sich auf jemand anderen beziehen, nicht auf den König des Nordens, und wir können die Person aufspüren: In persischer Zeit, im fünften Jahrhundert »trug ein General, dessen Aufgabe es war, alle Bürgermeister des Landes dazu anzuhalten, Beiträge für die Einbalsamierung eines Apisstieres zu leisten, denselben Namen wie König Amasis und schrieb ihn in einer Kartusche, obwohl seine Stele die persische Invasion [Besetzung] erwähnt.«[5] Möglicherweise bezieht sich der Hinweis von Necht-hor-heb in dem auf der knienden Figur mit dem Gott Osiris eingemeißelten Text auf diesen Mann, den militärischen Oberbefehlshaber von Ägypten – es sei denn, der Name bezöge sich auf den »König des Nordens« selbst.

Aus dieser Votivstatuette erfahren wir, daß Necht-hor-heb – außer seinen Aufgaben als Bevollmächtigter des Verstorbenen und einigen anderen Positionen – auch die Aufgabe hatte, die Einfuhrzölle zu erheben (»Gouverneur der Zugänge [nach Ägypten] zu Lande und zur See«). In der Tat hat Necht-nebef, mit dem wir uns nachher befassen werden, in der Hafenstadt Naukratis eine Stele errichtet, auf der er einen Erlaß zur Erhebung von Einfuhrzöllen anbringen ließ.

Wir haben außerdem den Namen von Necht-hor-hebs Mutter erfahren: Nes-en-per-Mut. Der sehr ausführliche Text auf dem Sarkophag von »König« Necht-hor-heb, der bisher noch niemals übersetzt bzw. veröffentlicht worden ist, sollte entziffert werden, denn es ist gerechtfertigt anzunehmen, daß auch er den Namen seiner Mutter enthalten könnte. Aber der Beweis für die Identität von Necht-hor-heb – Bevollmächtigter – und Gouverneur eines Satrapen ist bereits mit der Sammlung der Arsames-Briefe und in der Inschrift auf der Statuettenbasis gegeben.

Damit haben wir zugleich die Datierung für die Lebenszeit von Necht-hor-heb: Er wirkte während der zweiten Lebenshälfte von Arsames, und er befand sich noch auf seinem Posten, als Arsames –407 oder kurz davor starb.
Um nachzuweisen, daß Necht-nebef ein wenig früher lebte und wirkte, aber auch zu Lebzeiten des Satrapen Arsames, müssen wir uns nun mit der Person von Psamschek befassen.

In einem der von Arsames an Necht-hor gerichteten und in diesem Buch zitierten Briefe, bezeichnet der Briefschreiber Psamschek als denjenigen Mann, der den Posten des Adressaten dieses Briefes unmittelbar vor ihm bekleidet hatte. In einem anderen, früheren Brief, der an den damals gerade in Ägypten weilenden persischen Prinzen Artawant gerichtet war, schrieb Arsames:

[5] A. Gardiner: *Egypt of the Pharaohs*, S. 366. (dt.: *Geschichte des Alten Ägyptens*, Stuttgart 1965). G. Posener: *La première domination perse en Egypte* (Kairo, 1936), S. 41ff.

»Ich grüße dich vielmals und wünsche dir Frieden und Wohlstand.
Was nun das zugewiesene Land betrifft, das von meinem König und von mir selbst meinem Diener Ah-hapi übergeben worden ist, der als Beamter in meinen Besitzungen in Ober- und Unterägypten gewirkt hat – Psamschek, der Sohn des Ah-hapi, der jetzt an seiner Stelle zum *pekidia* über meine Besitzungen in Ober- und Unterägypten ernannt worden ist, hat mich darum gebeten.
Was nun diese Vergabe durch den König und durch mich an seinen Vater Ah-hapi angeht – soll nun auch sein Sohn Psamschek die Genehmigung erhalten, diesen Landbesitz dort in Ägypten zu übernehmen.«

Wir stehen hier vor der Entwirrung einer der bizarrsten Konfusionen der gesamten ägyptischen Geschichte oder es handelt sich dabei um – wenn Wissenschaftlichkeit diesen Ausdruck erlaubt – das Dingfestmachen jener Person, die nicht nur, wie in dem eben erörterten Fall, unverdientermaßen die Rolle eines der späteren Könige gespielt hat, sondern die einen der vermutlich bedeutendsten Könige der gesamten ägyptischen Geschichte personifiziert hat. Die ungeheure Bedeutung dessen, was wir hier noch zu erörtern haben, kann leicht das Problem überschatten, für das wir hier eine Lösung suchen – nämlich für den historischen Platz, den Necht-nebef (jetzt nicht mehr Nektanebos I.) in der ägyptischen Geschichte eingenommen hat; mit diesem setzen wir uns zuerst auseinander, obschon wir die Datierung seiner Lebens- und Wirkungszeit nur im Zusammenhang mit Psamschek vornehmen werden.

Es wurden Basaltplatten von einer Balustrade mit Abbildungen von Psamschek und Necht-nebef gefunden und beschrieben; aus ihnen erfahren wir, daß Psamschek und Necht-nebef Zeitgenossen gewesen sind, und da Psamschek auf seinem Posten der unmittelbare Vorgänger von Necht-hor-heb gewesen ist, muß es sich bei Necht-nebef um einen weiteren hohen Beamten unter Arsames handeln. Ich habe bereits seine in Naukratis gefundene Stele mit einem Dekret über die Erhebung von Importzöllen erwähnt, wo Griechen im siebten oder im sechsten Jahrhundert eine Handelskolonie errichtet hatten.

Necht-nebef und Necht-hor-heb bereicherten die persische Krone, den Satrapen Arsames und, vor allen anderen, sich selbst. Aus ihren eigenen Schilderungen erfahren wir, daß beide sich gegenüber der Priesterkaste großzügig zeigten und Tempel und Klöster zusammen mit Landbesitz und Sklaven gestiftet haben.[6] Beide, wie auch Psamschek, haben ihren Namen von einer Kartusche umrahmt wiedergeben lassen und gaben damit vor, als besäßen sie den Königstitel – der persische Großkönig scherte sich nicht darum; war er doch der König aller Könige.

---

[6] Kienitz: a. a. O.

Ein sehr schön verzierter Sarkophag von Necht-nebef wurde in einem Privatpalast in Alexandria gefunden, wo er seit Generationen als Badewanne benutzt worden war; heute wird er im Ägyptischen Museum in Kairo ausgestellt. Auch der Sarkophag von Necht-hor-heb hatte manche Abenteuer durchzustehen, bevor er seinen endgültigen Platz im British Museum gefunden hat. Er diente als Taufbecken in einer Kirche des heiligen Anastasius, die später in eine Moschee umgewandelt wurde, wo der Sarkophag in einem Pavillon als Sarg Alexanders gezeigt wurde.

Es verdient vermerkt zu werden, daß der Sarkophag von Ramses III., der heute im Louvre steht, nach dem Muster des Sarkophags von Necht-hor-heb gefertigt wurde; die Ähnlichkeit reicht von der halbovalen Gestaltung einer Stirnseite bis zu vielen anderen Merkmalen: Kein Wunder, denn die Besitzer waren, wie wir jetzt gelernt haben, in ihrem Leben nur durch eine Generation getrennt, nicht durch viele Jahrhunderte.

Die große Verwirrung in der konventionellen Geschichte Ägyptens kann durch viele Beispiele illustriert werden – in allen Perioden vom Ende des Mittleren Reiches an. Aber einer der verzwicktesten Punkte findet sich in der Geschichte der 21. Dynastie – und zwar nicht nur deswegen, weil sie irrtümlicherweise 800 Jahre vor ihrer wirklichen Zeit angesetzt wurde, sondern auch, weil einige ihrer Persönlichkeiten irrtümlicherweise mit Persönlichkeiten aus früheren oder späteren Epochen identifiziert worden sind.

König Psammetich von Ägypten ist, wie von Herodot und von anderen griechischen Historikern berichtet wird, eine der bedeutendsten Figuren der ägyptischen Geschichte. Moderne Historiker datierten ihn in das siebte Jahrhundert und setzten ihn zeitlich in die Anfangszeit der 26. Manethonischen Dynastie. In der vorliegenden, rekonstruierten Version der Geschichte ist er Seti-Ptah-Maat aus der 19. Dynastie; und dies ist Thema einer ausführlichen Erörterung in dem Band der Reihe »Zeitalter im Chaos«, der sich mit der Periode der assyrischen Eroberung und Beherrschung befaßt; die anschließende Diskussion über die Identität der 19. mit der 26. Dynastie ist das Thema jenes Bandes, der sich mit der Zeit der chaldäischen Herrschaft befaßt. Es genügt festzustellen, daß die Geschichte der 19. Dynastie auf der Grundlage der ägyptischen Monumente geschrieben wird und die (gleichzeitige) Geschichte der 26. Dynastie den Zeugnissen der griechischen Autoren folgt.

Seti-Ptah-Maat der Monumente ist Psammetich in Herodots Darstellung, aber moderne Historiker haben nach den Monumenten von Psammetich gesucht und getrennt davon nach denen von Sethos. Relikte wurden entdeckt, auf denen der Name als Psamschek gelesen wurde. Am verwirrendsten war jedoch die Tatsache, daß sich unter diesen recht zahlreichen Überresten nichts befand, das an die bei Herodot und anderen klassischen Historikern berichtete

Geschichte erinnerte. Warum hat Psammetich es unterlassen, über seine großen Taten in Krieg und Frieden zu berichten: Wie es ihm gelang, die anderen elf regionalen Herrscher Ägyptens zu überwinden; wie er aus Palästina zurückkehrte, wo er den Äthiopen entflohen war; wie er von den auf dem Seeweg eintreffenden Kariern und den Ioniern Hilfe erhielt; wie er Militärlager für sie einrichtete und der erste Pharao gewesen ist, der den Griechen die Ansiedlung in Ägypten gestattete; wie er Ägypten von der assyrischen Hegemonie befreit hat; und wie er, diesmal als Bundesgenosse seines früheren Oberherrn Assurbanipals, Krieg gegen Syrien führte? Nichts, das auch nur entfernt an derartige Ereignisse hätte erinnern können, wurde in den Relikten gefunden, die den Namen Psamschek in Hieroglyphen tragen.

Das andere Rätsel gibt der Name auf – Psamschek, in hieroglyphischer Schrift aufgezeichnet, nimmt sich als Königsname reichlich seltsam aus. Gardiner schreibt nachdenklich: »Der Name mutet fremdländisch an, ist aber ägyptisch und bedeutet ›der Negus-Verkäufer‹.«[7]

Aber ein Pharao würde wohl kaum den Namen »Verkäufer von Negus (Glühwein)« annehmen. Bei den Namen Ptah und Maat im Königsnamen und Beinamen von Sethos handelt es sich um ägyptische Gottheiten und eben das würde man bei einem königlichen Namen und Beinamen erwarten. »Glühwein-Verkäufer« – wenn das die bestmögliche Interpretation in der ägyptischen Sprache ist – deutet nur darauf hin, daß es sich gar nicht um einen ägyptischen Namen handelt. Da jedoch die griechischen Autoren außer dem berühmten Psammetich noch mehrere weitere Herrscher des gleichen Namens, aber von geringerer Bedeutung, in der Folgezeit aufführen, könnte man dazu verleitet werden, daß »Glühwein-Verkäufer« zu einem recht bevorzugten Königsnamen wurde, fast wie etwa Caesar in römischer Zeit.

In Wirklichkeit liegen die Dinge anders. Die Relikte mit dem Namen Psamschek in Hieroglyphen können ohne weiteres Psamschek zugeschrieben werden, dem Verwalter Ägyptens unter dem Satrapen Arsames – und deswegen befassen wir uns hier mit diesem Mann und seiner Stellung. Durch die auf Leder geschriebenen Briefe aus der Kanzlei des Arsames in Babylon, die an seine Untergebenen in Ägypten gerichtet waren, haben wir erfahren, daß Psamschek der Vorgänger von Necht-hor als oberster Verwaltungsbeamter von Ober- und Unterägypten gewesen war.

Psamschek muß in seine richtige Zeit zurückversetzt werden, in die Mitte des fünften Jahrhunderts. Daß sein Name mit *ek* endet, erinnert an das Persische – wie mir Professor Martin Dickson von der Princeton University versicherte. Außerdem läßt sich die Zeit seines Wirkens auch mit Hilfe einer grie-

---

[7] A. Gardiner: *Egypt of the Pharaohs*, S. 352.

chischen Quelle ausrechnen. Im Jahr −445 sandte »König Psammetich« Getreide per Schiff an das Volk von Athen. Es wird angenommen, daß es sich hier um einen im 5. Jahrhundert wirkenden Namensvetter des berühmten Psammetich aus dem 7. Jahrhundert handelt, und daß von ihm sonst nichts weiter bekannt geworden ist. Dies ist nicht wahr – dieser »König Psammetich« ist niemand anderer als Psamschek, Gouverneur unter Arsames. Es ist ganz sicher, daß Psamschek ohne Wissen oder gar ohne Anweisung von Arsames kein Getreide nach Athen geschickt hätte. Es muß sich hier um eine Zeit gehandelt haben, als die Interessen Persiens die Unterstützung Athens diktierten.

Die Rebellion des Inaros gegen die persische Oberhoheit in Ägypten, die −463 begann und bis −454 andauerte, wurde von den Athenern mit ihrer Flotte unterstützt (siehe S. 143). Es gelang den Athenern, die Zitadelle von Memphis zu besetzen, dann rückten sie nach Prosopitus vor und wurden dort durch eine anhaltende Belagerung ausgehungert, bei der die Perser das Wasser aus dem Kanal umleiteten. Der Krieg wurde −448 durch einen Friedensvertrag zwischen den Persern unter Artaxerxes I. und den Athenern beigelegt. Athen überließ Zypern und Ägypten den Persern, und Persien versprach seinerseits, die Griechen an der kleinasiatischen Küste nicht anzugreifen. Als Ergebnis dieser Politik der Nichtintervention und der verbesserten wechselseitigen Beziehungen folgte dann ab −446 eine Friedensperiode für die griechischen Staaten – Attika (Athen), Böotien (Theben), Lakedaimonien (Sparta) und weitere Staaten –, die später den Namen der »Dreißigjährige Friede« erhielt. Artaxerxes I. gewann wieder die volle Kontrolle über Ägypten und gab es als Satrapie an Arsames, der seine Residenz in Babylon beibehielt (der dritten Hauptstadt des persischen Imperiums – nach Persepolis und Susa), und von einem gewissen Datum an agierte dort der im bereits oben zitierten Brief erwähnte Ah-hapi als dessen Bevollmächtigter; nach dem Tod von Ah-hapi wurde sein Sohn Psamschek an Stelle seines Vaters ernannt. Angesichts dieser Rekonstruktion besitzen wir zwei feststehende Daten – Psamschek sandte −445 Getreide nach Athen, und Necht-hor-heb, sein Nachfolger im Dienste des Arsames, beklagte um −407 den Tod seines Herrn.

Mit diesen zwei feststehenden Daten können wir eine ganze Reihe weiterer Probleme entwirren: nicht wenige andere historische Persönlichkeiten, die sich aus ihrer historischen Verankerung gelöst haben, wurden ganz unfeierlich über Jahrhundertgrenzen hinweg verschoben. Wie verwirrend die Situation für das konventionelle Schema ist, mag der Leser anhand einer Überlegung eines Experten für ägyptische Kunst und Geschichte, W. S. Smith, beurteilen – und zwar im Hinblick auf die Balustradenplatten mit den Porträts von Nechtnebef und Psamschek.

»Seltsamen Porträts von zwei Königen, Psamtik I. und Nektanebos I. [Necht-nebef] begegnet man in zwei königlichen Reliefs, und diese scheinen nahezulegen, daß der Sinn für die Darstellung individueller Charaktermerkmale in der Zeit zwischen der frühen 26. Dynastie und der Ptolemäerzeit nicht verlorengegangen war. Sie erscheinen auf vier Fuß hohen Basaltplatten, die eine Balustrade für ein Einzelmonument gebildet zu haben scheinen. Es ist nicht leicht, sich das ursprüngliche Aussehen dieses Monuments vorzustellen oder zu erklären, wie ein großer Teil dieses Monuments über zweihundert Jahre lang ohne Inschriften geblieben ist, bis schließlich Nektanebos dieses Werk weiterführen ließ. Das gleiche Dekorationsschema ist auch an den beiden Plattenreihen verwirklicht, die an beiden Seiten mit eingemeißelten Arbeiten versehen sind. Auf der einen Seite bringen eng zusammengerückte kniende Figuren des Königs verschiedenen Gottheiten Weihegaben dar, und darüber befindet sich ein Falken-Fries. Auf der anderen Seite befindet sich vor einem schwarzen Hintergrund eine Einzelfigur des Königs, und es gibt ein Uräus-Karnies.«

Wie der Leser wohl durchschaut, sind die zwei Persönlichkeiten, Psamschek und Necht-nebef, beide falsch identifiziert – der eine mit einem Pharao des siebten Jahrhunderts, der andere mit einem Pharao des vierten Jahrhunderts – und keineswegs durch einen Zeitraum von »über 200 Jahren« (eigentlich fast 300 Jahren) voneinander getrennt: Beide gehören in das fünfte Jahrhundert.

Necht-nebef, der in einer Serie von Reliefs – parallel zu denen von Psamschek – porträtiert wurde, muß dessen Zeitgenosse und daher sicherlich auch ein Beamter unter Arsames gewesen sein; es ist denkbar, daß der eine als Gouverneur wirkte und der andere als Schatzmeister, oder der eine im Norden des Landes und der andere im Süden; oder aber daß ihre Funktionen unter Arsames auf irgendeine andere Weise auf beide verteilt waren.

Um achthundert Jahre zurechtgerückt

Im Abschnitt mit dem Titel »Ein gewaltiges Problem« standen wir verblüfft vor dem Gedanken, daß im akzeptierten Geschichtsbild der 20. Dynastie möglicherweise ein Irrtum von 800 Jahren enthalten sein könnte, und wir erschraken angesichts der noch größeren Verwirrungen, die diese Untersuchung im weiteren Verlauf noch nach sich ziehen könnte. Wir waren beeindruckt von einer ganzen Reihe sich widersprechender Fakten, von denen jeder einzelne auf die Notwendigkeit hindeutete, das Zeitalter von Ramses III. und der gesamten zugehörigen Dynastie drastisch um eben diesen riesigen Zeitraum zu versetzen. Zu diesen Fakten zählten persische Motive, Emailarbeiten und griechische Buchstaben aus klassischer Zeit – d.h. aus der Zeit Platons – auf den Keramikplatten des Palastes von Ramses' III. in Tell el-Jehudijeh; in der Nähe gelegene Grabstätten, die das eine Mitglied eines Archäologenteams mit der 20. Dynastie und daher mit dem zwölften Jahrhundert in Verbindung brachte, das andere Mitglied dagegen frühestens mit dem vierten Jahrhundert; der in einem von Ramses III. oder in dessen Namen von seinem Sohn Ramses IV. in einem offiziellen Dokument angebrachte Hinweis auf die Herrschaft eines Aramäers namens Arsa, dem das damals königslose Ägypten ein oder zwei Generationen früher Tributzahlungen entrichtet hatte, und der die Götter des Landes mißachtet hatte – eine Situation, die in der akzeptierten Version der ägyptischen Geschichte undenkbar erscheint, denn sie kennt weder ein derartiges Ereignis noch rechnet sie überhaupt mit der Möglichkeit eines solchen Ereignisses zwischen der 19. und 20. Dynastie, als Ägypten angeblich auf dem eigentlichen Höhepunkt seiner imperialen Entfaltung zu stehen schien.

Um herauszufinden, ob diese Anzeichen illusorisch und gefälscht, oder ob sie tatsächlich wahr und bedeutungsvoll waren, haben wir es unternommen, die Annalen Ramses' III., in denen er von seinem Krieg gegen die Nation der Pereset (reich gekleidete Krieger) und ihre Verbündeten (die Seevölker) berichtet, mit der Schilderung zu vergleichen, die uns Diodor von Sizilien über den Krieg von Nektanebos I. gegeben hat, einem Pharao aus der ersten Hälfte des vierten Jahrhunderts. Wir haben gezeigt, daß die Identität der Pereset dadurch bestimmt werden kann, daß man ihre typische Kopfbedeckung mit derjenigen der Garden des Dareios auf den Skulpturen in Persepolis vergleicht, und wir haben dann diese Identifizierung noch durch die Tatsache dokumentiert, daß mit dem genau gleichen Namen Pereset in Ägypten die Perser bezeichnet wurden, zu einem so späten Zeitpunkt noch wie der Abfassung des Kanopusdekrets unter den Ptolemäern. Die »Inselvölker« hatten keine Ähnlichkeit mit den mykenischen Griechen, weder im Hinblick auf ihre Waffen, auf ihre Rüstung noch auf ihre rasierten Gesichter; die Griechen waren auch den späten hebräischen Propheten als die »Völker von den Inseln« bekannt.

Die gleichen Ereignisse wurden sowohl von Ramses III. als auch von Diodor geschildert: Die Einnahme einer Bastion an der mendesischen Nilmündung durch feindliche Invasionstruppen; Gegenangriffe des Pharaos und die Niedermetzelung vieler der belagerten Invasoren und schließlich die Belagerung durch Aushungerung; die Uneinigkeit, die zwischen den beiden Anführern der Invasionsstreitkräfte herrschte, ihr Rückzug ohne einen weiteren Versuch, ins Innere des Landes vorzudringen, die Flucht des Hauptstrategen und noch viele weitere Einzelheiten.

Die Ereignisse, die dem Krieg vorausgingen, der Zustand des Haders zwischen den Seevölkern, die militärische Unterstützung, die die Pereset dem Pharao zu Beginn seiner Regierungszeit zuteil werden ließen; die Einberufung der Soldaten der Seevölker und ihr Vorbeimarsch im Dienste des Pharao; ihre Teilnahme an dem unmittelbar darauf ausbrechenden Krieg gegen die Pereset an der Seite der ägyptischen Truppen; und schließlich der Kampf der ägyptischen Soldaten und Seetruppen gegen die verbündeten Streitkräfte der Pereset und der Seevölker – dies alles ist in Reliefs am Totentempel von Ramses III. abgebildet, und es wird auch von Diodor geschildert, der detailliert berichtet, wie im Jahre –377 der Pharao gegen die persische Herrschaft rebellierte und den athenischen Admiral Chabrias und seine Söldnertruppen um Unterstützung ersuchte, die dann ihrerseits den Ägyptern dabei halfen, die Perser aus dem Lande zu vertreiben; aber die Athener riefen Chabrias und seine Truppen in die Heimat zurück und sandten Iphikrates, um die Perser in ihrem Krieg gegen die Ägypter zu unterstützen. Wir haben herausgefunden, daß bis in viele Details hinein von Ramses III. und von Diodor die gleichen Vorgänge geschildert werden: ein riesiges Heerlager wurde von den Pereset in Palästina für den bevorstehenden Angriff auf Ägypten zusammengezogen, mit Landstreitkräften und einer aus zahlreichen Galeeren bestehenden Flotte, wobei die Krieger der Seevölker als Söldner dienten; die Befestigung der Landesgrenze (bei Zahi) durch den Pharao; seine richtige Vermutung, der Feind würde versuchen, die Einfahrt in eine der Nilmündungen zu erzwingen, und deren Verstärkung durch bewaffnete Schiffe, Wälle (Barrikaden) und befestigte Stützpunkte; eine Seeschlacht in einer der Nilmündungen, bei der auch Küstenbefestigungen und feuerschleudernde Schiffe zum Einsatz kamen.

Die Geschichten, die Ramses III. und Diodor erzählen, drehen sich nicht um zwei Kriege, die durch 800 Jahre voneinander getrennt waren, sondern sie schildern ein und denselben Krieg.

Die Reformen des Iphikrates im Bereich von Waffen und Rüstung, die durch die griechischen Historiker bekannt sind, werden auf den Reliefs von Ramses dargestellt; die Schwerter wurden doppelt so lang wie bisher, und in seinen Inschriften spricht Ramses von fünf Ellen langen Schwertern – zweimal die übliche Länge –, die im Heer eingeführt worden waren; die rechteckigen Schilde der Soldaten des Chabrias wurden durch Rundschilde ersetzt und beide Arten erkennt man auf den Reliefs von Ramses.

Auch die Benutzung von Brandern siedelt dieses Ereignis im 4. Jahrhundert an wie auch der Hinweis auf die Garnison der Mariannu an der ägyptischen Grenze.

Wenn dies alles nicht genug ist – und das ist es nach jedem wissenschaftlichen Standard –, um die Identität von Ereignissen und Personen zu bestätigen, die nach der akzeptierten Geschichte durch acht Jahrhunderte getrennt waren, dann können wir noch zusätzlich die Feststellungen von Kunstexperten zitieren, die erkannt haben, daß die assyrischen und persischen Jagdszenen als

Vorbilder für die Künstler von Ramses gedient haben mögen, als sie derartige Szenen darstellten. Die von Ramses III. errichteten Tempel weisen eine einzigartige Ähnlichkeit mit den Tempeln der ptolemäischen Periode auf; die ägyptische Sprache und Religion waren zur Zeit von Ramses III. der Semitisierung unterworfen, und in der religiösen Kunst lassen sich ganz entschieden iranische Einflüsse erkennen.

Für die folgenden Generationen wurden Parallelen gezogen, jene für Teos (Ramses IV.) und für Nektanebos II. (Ramses VI.) Das Eintreffen von Agesilaos mit seinen Truppen und die kleine Statur des alten spartanischen Kriegers werden sowohl auf einem Papyrus von Ramses IV. als auch von griechischen Autoren beschrieben. Necht-nebef und Necht-hor-heb, die in der Regel als die einheimischen Könige Nektanebos I. und Nektanebos II. der griechischen Historiker identifiziert werden, wurden nicht als diese Könige, sondern als Verwaltungsbeamte unter einem persischen Satrapen vorgeführt.

Der Leser mag sich verwundert fragen: Wie können solche Irrtümer in der Geschichtsschreibung vorkommen? Wer war der erste, der diesen Fehler beging und wer datierte Ramses III. und mit ihm die gesamte zugehörige Dynastie, die als die 20. Dynastie bekannt ist, in das zwölfte Jahrhundert? Ramses III. und seine Dynastie wurden dort, wo sie in Büchern über Chronologie gefunden werden, angesiedelt, schon lange – tatsächlich Jahrhunderte –, bevor die ersten Hieroglyphen im ersten Viertel des 19. Jahrhunderts entziffert wurden. Wir werden uns mit diesem Problem befassen, wenn wir die Grundlagen untersuchen, auf denen die ägyptische Chronologie aufgebaut ist.

TEIL II

Kapitel I
Die Priester-Dynastie

In Teil II werden wir uns darum bemühen, die Geschichte jener Dynastie zu rekonstruieren, die fälschlicherweise als 21. Dynastie bezeichnet wird. Es ist eine Periode reich an Dokumenten, von denen allerdings die meisten gerichtlichen oder sakralen Inhalts sind und nur wenige auf historische Ereignisse Bezug nehmen: Daher wird konsequenterweise zugegeben, daß es aus historischer Sicht eine der obskursten Perioden der ägyptischen Geschichte ist; viele Anstrengungen wurden unternommen, um Ordnung in die Abfolge der königlichen Priester zu bringen und einen Sinn in ihren politischen Aktivitäten zu finden. »Die 21. Dynastie«, so schreibt J. Černý in der neuen Auflage der *Cambridge Ancient History,* »ist immer noch eine besonders obskure Periode der ägyptischen Geschichte«.[1] Und das ist kein Wunder: Diese Periode, die um viele Jahrhunderte von ihrem eigentlichen Platz in der Geschichte weggerückt worden ist, gibt ihre historische Verbindung mit der außerägyptischen Welt nur widerspenstig preis. Es sei hier eingeräumt, daß sich nur anhand von anhaltenden Bemühungen ein Begreifen dieser Zusammenhänge und der zeitlichen Abfolge erreichen ließ, und daß es diese Bemühungen gewesen sind, die für das wiederholte Hinausschieben der Veröffentlichung dieses Bandes verantwortlich waren.

Wie der Leser feststellen wird, existierte diese Dynastie, der wir uns jetzt zuwenden werden, bereits vor der 20. Dynastie (identisch mit der 29. und der 30. Dynastie); sie verlief außerdem parallel zur 20. Dynastie und überdauerte sie sogar um mehrere Generationen – tatsächlich bis in die Zeit nach Alexander.

Aus diesem Grunde erschien es vorteilhafter, diese beiden, teilweise zeitgleichen Dynastien, nicht gleichzeitig zu erörtern, sondern erst die 20. Dynastie zu behandeln und danach dann die 21. Das bedeutet allerdings auch bis zu einem gewissen Grade, daß die gleichen Ereignisse zweimal zu behandeln sind – vor allem, wenn es um die persischen Thronfolgen geht.

---

[1] »Egypt from the Death of Ramesses III to the End of the Twenty-first Dynasty« in: *Cambridge Ancient History* (Cambridge 1975), Band II, Teil 2, Kapitel XXXV, S. 643.

Ein schimärenhaftes Jahrtausend

Die 21. Dynastie von Ägypten wird nach der akzeptierten Chronologie in das 11. Jahrhundert und in die erste Hälfte des 10. Jahrhunderts gelegt – etwa von –1100 bis –945. In Israel war dies die Zeit der späteren Richter sowie der Könige Saul, David und Salomon. In der Geschichte der Israeliten ist dies die ruhmreichste aller Perioden. Seitenlang befaßt sich das Alte Testament mit den Ereignissen in dieser Zeit: mit den Kriegen von Saul sowie mit der Befreiung des Landes und des gesamten Alten Orients »von Hevila an bis gen Sur, das vor Ägypten liegt« (I, Samuel 15:7) – d.h. von Mesopotamien bis Ägypten –, von der Herrschaft der Amelekiter; mit der nachfolgenden Niederlage Sauls durch die Philister; mit der Eroberung Jerusalems durch David und mit den Kriegen gegen Amon, Moab und Edom; mit der glanzvollen Ära Salomons, der in Palmyra und in Jerusalem baute und der sich gemeinsam mit König Hiram von Phönizien am Bau von Häfen beteiligte, an großen Unternehmungen auf dem Meer und an einem umfangreichen Fernhandel mit Streitwagen und Pferden; Zedern aus dem Libanon wurden auf dem Seeweg transportiert, um beim Bau von Tempeln und Palästen verwendet zu werden. Die Königin von Saba kam, um sich von den erstaunlichen Berichten selbst zu überzeugen und »alle Welt begehrte Salomon zu sehen« (Könige I, 10:24). Aber zu Salomons Zeiten wurden auch Verschwörungen ausgebrütet, mit dem Ziel, sein Reich aufzuteilen, und das Zentrum dieser Verschwörungen war Ägypten. Hadad von Edom, der nach Ägypten geflohen war, als Davids General Joab dessen Land verwüstete, kehrte nach Edom zurück, ließ aber seinen Sohn Genubath im Palast des Pharaos in Ägypten zurück; Jerobeam, ein Untergebener von Salomon, der nach Ägypten geflohen war und dort die Schwester der Königin geheiratet hatte, kehrte zurück, um Israel von Juda loszureißen. Fünf Jahre nach Salomons Tod drang Pharao Schischak nach Juda ein, nahm Jerusalem und ließ alles, was von Wert war, aus dem Tempel und aus dem Palast fortschleppen. Es war eine stürmische Zeit mit einem ständigen Auf und Ab, wobei benachbarte Nationen, und unter ihnen vor allem Ägypten, ständig in die Politik von Israel und Juda eingriffen, mit ihren großen Unternehmungen in Krieg und Frieden, mit Bautätigkeit und Handel, mit Verschwörungen und kriegerischen Händeln: ein Imperium, das sich ausdehnte und zerfiel. Die Geschichte von Israel und die von Ägypten sind während dieser ganzen Periode miteinander verflochten.

In Band I des Werkes »Zeitalter im Chaos« habe ich mit detaillierter Dokumentation die zeitgleiche Periode der ägyptischen Geschichte identifiziert: Das Ende der Zeit der Richter und ihre Bemühungen, ihr Land von der Beherrschung durch die Amalekiter-Philister zu befreien, korrespondiert mit der

Endphase der Herrschaft der Hyksos (Amu) über Ägypten und Palästina-Syrien. Saul war ein Zeitgenosse von Kamose und Amosis, den Begründern der 18. Dynastie, und gemeinsam belagerten und eroberten sie Auaris, die befestigte Hauptstadt der Hyksos-Amalekiter; ich habe auch Auaris mit el-Arisch identifiziert. Dort nahm Saul den letzten König der Hyksos, Agag, gefangen. David war ein Zeitgenosse von Amenophis I., und beide lebten in der Erinnerung ihrer Völker als Heilige weiter – ob sie es nun verdient haben oder nicht; Salomon war ein Zeitgenosse von Thutmosis I., dessen Tochter er heiratete und dessen andere Tochter und Erbin – Hatschepsut – Herrscherin über Ägypten wurde. Die bebilderte Beschreibung ihrer Reisen in das Heilige Land und nach Phönizien (Punt) korrespondiert bis ins kleinste Detail hinein mit dem Besuch der Königin von Saba, die der Historiker Josephus als Königin von Ägypten und Äthiopien bezeichnet hat. Der Leser braucht nur die betreffenden Seiten in Band I von »Zeitalter im Chaos« nachzulesen, um sich des vielfältigen, miteinander verknüpften Beweismaterials bewußt zu werden. Die Terrassenanlagen, die sie sah, die noch nie zuvor gesehenen Bäume, Affen und Pfauen, und sogar das Volk von Ophir, all dies wird in Wort und Bild erzählt, die Geschenke, die sie in Gottes Land erhielt – über alles berichten die Bücher der Könige und Chroniken. Paruah (P'-r'-hw) empfing Königin Hatschepsut bei ihrer Ankunft im Heiligen Land, und es war Paruah, der Vater von Josaphat, der in Ezion-Geber unter Salomon herrschte (Könige I, 4:17). Thutmosis III. (Schischak der Schriften) drang in Palästina ein, belagerte die befestigten Städte und akzeptierte die Unterwerfung des Königs von Kadesch-Jerusalem; die Gefäße und Sachen, die er aus dem Tempel und aus dem Palast hatte fortschleppen lassen, und die er auf der Mauer des Tempels von Karnak abbilden ließ, wurden Stück für Stück, Nummer für Nummer, mit der Beschreibung solcher Gegenstände im Tempel von Salomon verglichen. Hadads Sohn Genubath (Könige I, 11:20) wird in Inschriften von Thutmosis III. erwähnt; Ano, die Frau von Jerobeam (ihr Name wird in der Septuaginta erwähnt), war eine Prinzessin aus dem Hause Thutmosis' III., und von ihr wird ein Kanopenkrug im Metropolitan Museum of Art in New York aufbewahrt. Sowohl in kleinen Details als auch in ihren großen Zusammenhängen harmonisieren diese beiden Geschichten miteinander, und bei den Schilderungen der Zeiträume, die dieser speziellen Periode vorausgingen (die Zeit des Exodus und der Zusammenbruch des Mittleren Reiches in Ägypten) und ihr folgten (die Zeit der Tell el-Amarna-Korrespondenz), handelt es sich in der Tat um eine dichte Folge von Synchronismen, Entsprechungen und Identifizierungen – und so erweitert sich der Bezugsrahmen auf die vorausgehenden und die folgenden Jahrhunderte.

In der konventionellen Geschichtsschreibung ist die 21. ägyptische Dynastie zeitgleich mit der Endperiode der Richter, mit den Regierungszeiten von Saul und David und dem größten Teil von Salomons Regierungsjahren. Was vermag dieses Schema über Kontakte zwischen den zwei benachbarten Ländern anzubieten? Gibt es eine einzige Kontaktstelle? Die 21. Dynastie ist außerordentlich reich an Papyrusdokumenten. Wo sind die Beweise, um die 21. Dynastie zeitgleich mit den Königen Saul, David und Salomon anzusetzen?

Um die akzeptierte Auffassung vorzulegen, werde ich Černýs Ausführungen »Egypt from the Death of Ramesses III to the End of the Twenty-first Dynasty« folgen lassen, und zwar aus Kapitel XXXV der dritten Auflage (1975) von Band II der *Cambridge Ancient History.*

»Über die Beziehungen zwischen Ägypten und der Außenwelt während der 21. Dynastie ist wenig bekannt«, beginnt diese Abhandlung. »Syrien und Palästina waren politisch unabhängig, eine Tatsache, die bestätigt wird durch die biblische Tradition vom Aufstieg des Königreiches Israel. Ein unbekannter Pharao der 21. Dynastie gab Hadad, dem jungen Prinzen von Edom, Asyl, als König David dessen Land eroberte, und vermählte ihn später mit der Schwester seiner Königin. Hadads Sohn Genubath wuchs am Hofe zusammen mit den Söhnen des Pharaos auf. Nach Davids Tod und trotz des Widerspruchs von seiten des Pharao kehrte Hadad als erbitterter Feind Salomons wieder in sein Heimatland zurück. Diese Identität des Pharaos ist ungewiß.

»Es ist gleichermaßen ungewiß, welcher König der 21. Dynastie so freundschaftliche Beziehungen zu Salomon pflegte, daß er seine Tochter nach Jerusalem schickte, damit sie dort eine von Salomons Frauen wurde.«[1]

Ist das nicht ein *testimonium paupertatis*? Es gab keine Berichte über Beziehungen zwischen Israel und Ägypten: Läßt sich das Schweigen rechtfertigen und zugleich erklären, weil Syrien und Israel unabhängige Staaten waren? Nach diesem Schema blieb Ägypten von den großen und weitreichenden Aktivitäten Davids und Salomons weitgehend unberührt. Während in Palästina, Phönikien und Syrien große Bauten errichtet, Flotten nach weit entfernten Ländern ausgesandt, Kriege geführt und Siege errungen wurden, wurden in Ägypten gleichzeitig politische Intrigen gesponnen, und der Zerfall des Imperiums an seiner nördlichen Landesgrenze eingeleitet – und wir werden eingeladen zu glauben, daß unter dem gesamten reichen Papyrusschatz der 21. Dynastie kein ägyptischer Bericht über irgendwelche Kontakte oder Aktivitäten erhalten geblieben ist.

Unter dieser Dynastie bot Ägypten ein Bild des Zerfalls und des Elends. Die Hauptbeschäftigung der Bevölkerung, der Priesterschaft und der Verwaltungsbehörden bestand darin, Ausschau nach antiken Gräbern und ihrem In-

[1] a.a.O., S. 656.

halt zu halten. Die Bevölkerung, die von »Fremdlingen« (auch »Barbaren« genannt) stark bedrängt wurde, wartete bis zum Einbruch der Dunkelheit, um sich auf unerlaubte Grabungen einzulassen; die Priester erleichterten unter dem Vorwand, die Königsmumien neu bandagieren zu müssen, diese um die noch in den Binden befindlichen Edelsteine, und die Gerichte beschäftigten sich, wie viele Berichte auf erhaltenen Papyri bezeugen, mit Grabräuberprozessen. Das Land besaß keine Gewerbezweige und führte keinen Handel mit dem Ausland. Der jämmerliche Auftrag Wenamuns, in Byblos Zedernholz für eine einzige Amon-Barke zu erwerben, die von den Priestern bei ihrer Prozession benötigt wurde, ist alles, was die Papyri aus der 21. Dynastie über die Beziehungen zwischen Ägypten und Syrien oder Palästina zu berichten wissen. Wir werden in Kürze Wenamuns Reisebericht untersuchen und dabei erkennen, wie elend Ägyptens Position im Bereich der internationalen Beziehungen und des internationalen Handels gewesen ist. Angesichts des Fehlens von weiterem Beweismaterial kann das kaum als eine Dokumentation von »freundschaftlichen Handelsbeziehungen zu palästinischen und syrischen Küstenstädten« gewertet werden (Černý).

Welch anderes Ausmaß hatte der Handel Salomons, als ganze Zedernwälder aus dem Libanon auf dem Seeweg nach Jaffa geschafft wurden – ein nicht allein seinem Umfang, sondern auch der Periode nach ganz anderes Unternehmen.

150 Jahre (–1100 bis –945) ohne Kontakt, ohne den leisesten Anschein eines Kontakts und ohne das entfernteste Beweismaterial! Zwei Geschichtsauffassungen stehen hier vor dem Tribunal der Gerechtigkeit. Ist die Behauptung »Kein Beweismaterial, keine Schlußfolgerung« wirklich die ganze Verteidigung von einem der Bewerber um den Anspruch auf den Besitz der wahren Geschichte?

Auf den folgenden Seiten wird die sogenannte 21. Dynastie – eine falsche Bezeichnung, die wir nur widerwillig für die Folge der Priester beibehalten – in die ihr rechtmäßig zustehende Position in der Geschichte zurechtgerückt; wenn sie dort eingegliedert ist, findet sie auch zahlreiche Kontakte mit fremden Ländern der gleichen Zeitperiode – nämlich der Periode der persischen Beherrschung Ägyptens, die bis in die ptolemäische Periode hineinreicht – also bis in die Zeit nach dem Auftritt Alexanders.

Bei der sogenannten 21. Dynastie handelt es sich um eine Erbfolge von Priesterfürsten, die in Theben und in Tanis, hauptsächlich aber in den Oasen der libyschen Wüste residierten – in der südlichen Oase el-Chargeh und in der nördlichen Oase Siwa. Ihre Dynastie ging der 20. Dynastie von Ramses III.–Nektanebos I. voraus, bestand gleichzeitig mit ihr und folgte ihr noch nach.

Kambyses erobert Ägypten

Die persische Periode der Geschichte des Altertums beginnt mit Kyros dem Großen. Aus kleinen Anfängen als einfacher Prinz in Anschan, einem vom medischen Königreich von Astyages abhängigen Gebiet, stieg er zum obersten Herrscher eines Imperiums empor, für dessen Ausdehnung es in den früheren Reichen der Antike kein Beispiel gibt. Im Jahr –546 eroberte er das lydische Königreich von König Kroisos und –539 das gemeinsam von Nabonidus und seinem Sohn Belsazar regierte Babylon – ein Ereignis, das sich nach der Schilderung im Buche Daniel in jener Nacht abspielte, als die geheimnisvolle Schrift an der Wand auftauchte.[1] Ägypten blieb jedoch außerhalb des Herrschaftsbereichs von Kyros.

Kyros fiel in einem Krieg gegen Volksstämme im nördlichen Grenzbereich seines Reiches, östlich vom Kaspischen Meer. Sein Sohn Kambyses, der nach ihm den Thron bestieg und ihn gegen andere Thronprätendenten verteidigte, plante bereits zu einem frühen Zeitpunkt die Eroberung Ägyptens, das damals von dem Pharao Amasis II. regiert wurde.[2] Aber bevor Kambyses Ägypten im Jahr –525 erreichte, starb Amasis, und ihm folgte auf dem Thron sein Sohn Psammetich II., der von Herodot Psammenitos genannt wird. Die Schlacht bei Pelusium wurde von den Ägyptern ausgetragen und verloren. Memphis ergab sich, und der König wurde gefangengenommen. Die westlich von Ägypten liegende Cyrenaika schickte Gesandte zu Kambyses, die ihm eine Ergebenheitsadresse überreichten. Kambyses gab sich damit nicht zufrieden, denn er plante die Eroberung von ganz Libyen; er sandte eine Armee in die libysche Wüste, zog aber selbst nilaufwärts und besetzte Ägypten bis zu seiner Südgrenze und schloß es so von allen Seiten ein.

Herodot vermittelt eine lebhafte Darstellung von der Eroberung Ägyptens durch Kambyses: es ist eine Geschichte der Grausamkeit und Entweihung, die auf seiten des Eroberers an Wahnsinn grenzt; es ist auch ein Schauspiel der Beraubung der besiegten Bevölkerung, dargestellt am Beispiel der Armut eines enteigneten älteren Adligen, der in aller Öffentlichkeit die Besatzungssoldaten um Brot anbettelt. Schon manch ein Gelehrter hat seine Skepsis gegenüber dem Wahrheitsgehalt der von Herodot erzählten Begebenheiten zum Ausdruck gebracht; vor allem der Bericht darüber, wie Kambyses den heiligen

---

[1] Im Buch Daniel wird die Eroberung von Babylon Dareios zugeschrieben. Man kann natürlich die Möglichkeit nicht ausschließen, daß Dareios, der damals unter Kyros diente, tatsächlich Babylon erstürmt und besetzt hat.

[2] Amasis I. (Ahmose) regierte nach der Vertreibung der Hyksos aus Ägypten als erster König der 18. Dynastie. Amasis II. stürzte den Pharao Hophra (Apries) aus der 26. Dynastie und galt als vorletzter König dieser Dynastie, obschon er mit Apries nicht verwandt war.

Stier Apis ersticht, stieß auf heftige Kritik, denn widersprechendes Beweismaterial wurde von A. E. Mariette entdeckt, als dieser im Jahr 1851 große Grabkammern öffnete, in denen die Mumien von nicht weniger als 64 heiligen Stieren in prachtvollen Sarkophagen lagen, wobei das Datum ihrer Geburt und ihres Todes jeweils auf den Binden verzeichnet war.

Der Name Kambyses in ägyptischer Schrift fand sich sowohl auf Papyri als auch in Stein, aber nur ein einziger hieroglyphischer Bericht über die Eroberung und Besetzung Ägyptens ist bekannt – er stammt von einem gewissen Udjahorresne –, eine autobiographische Skizze, die als Inschrift auf einer Statue steht und im Vatikan aufbewahrt wird. Er führte das Kommando über die ägyptische Flotte im Mittelmeer; nach dem Fall von Memphis und der Kapitulation des Pharaos gewann er als einziger von den Einheimischen das Vertrauen des Kambyses: er wurde dessen Berater in ägyptischen Angelegenheiten und wurde außerdem noch zum königlichen Chefarzt ernannt: eine wahrhaft erstaunliche Karriere für einen Admiral.

Udjahorresne ließ auf die Statue schreiben:

»Da kam nach Ägypten der große Häuptling eines jeden fremden Landes, Kambyses, die Fremdlinge eines jeden Landes waren mit ihm. Als er von diesem ganzen Land Besitz ergriffen hatte, ließen sie sich dort nieder, damit er der große Herrscher Ägyptens würde und der große Herr eines jeden fremden Landes. Seine Majestät bestellte mich zum Chefarzt und ließ mich an seiner Seite sein als Begleiter und Vorsteher des Palastes, und ich machte seine Titulatur in seinem Namen, des Königs von Ober- und Unterägypten Mesutire.«[3]

Alles, was Udjahorresne über das große Elend der ägyptischen Bevölkerung zu sagen wagte, beschränkte sich auf den einen kurzen Satz: »die große Unruhe, die in dem ganzen Land Ägypten ausgebrochen war.« Etwas kann aus der Tatsache gelernt werden, daß es ihm gelang, einen Befehl des Königs zu erwirken, »daß alle Fremden, die sich in dem Tempel der Neith niedergelassen hatten«, dessen Vorsteher er war, »vertrieben werden sollten... Seine Majestät gab den Befehl, den Tempel von Neith zu räumen.« Dieser Tempel stand in Sais.

Diese Einstellung von Kambyses, wie sie uns sein ägyptischer Arzt und Ratgeber enthüllt, erschütterte, zusammen mit der Entdeckung Mariettes, das Vertrauen in Herodots Version über die Ereignisse in Ägypten nach seiner Eroberung durch Kambyses.[4]

Welchem Bericht sollen wir unser Vertrauen schenken: dem Bericht von Udjahorresne, dem Zeitgenossen und Renegaten, der den Anschein erweckt,

---

[3] Übersetzt von A. H. Gardiner, in: *Egypt of the Pharaohs* (Galaxy Edition 1966), S. 366.

[4] Posener: *La première domination perse en Egypte*.

als seien die Lasten der feindlichen Besetzung durch Gesetz und königliche Erlasse erleichtert worden, oder Herodot, der Dreiviertel eines Jahrhunderts nach Kambyses nach Ägypten kam, um dort Material für seine Geschichte zu sammeln, und der zur Übertreibung geneigt sein mochte, um seine Darstellung für die Leser interessanter zu machen? Wie können wir uns entscheiden?

Aber, vor allem, trifft es überhaupt zu, daß wir keinen anderen zeitgenössischen ägyptischen Bericht über die Eroberung Ägyptens durch den Perser Kambyses besitzen?

Ourmais Klagebrief

Im Jahre 1891 kaufte der russische Ägyptologe V. S. Golenischtschew von einem Antiquitätenhändler in Kairo mehrere Papyri, von denen einer – ein Brief, den Ourmai, Sohn des Chevi, geschrieben hatte – im Jahre 1961 veröffentlicht wurde – 70 Jahre nach seinem Erwerb. Er wird in dem nach dem russischen Dichter A. S. Puschkin benannten staatlichen Museum in Moskau aufbewahrt; seine Existenz war zwar Spezialisten bekannt, aber die Veröffentlichung des Textes und eine Übersetzung ins Russische ließen lange auf sich warten, bis M. A. Korostowtsew sich der bei weitem nicht einfachen Aufgabe annahm;[1] der Übersetzer gesteht seine Unsicherheit im Hinblick auf eine Anzahl von Wörtern und Sätzen ein.

Der Ourmai-Papyrus stammt aus der frühen 21. Dynastie. Ourmai, »Gottesvater« im Tempel von Heliopolis, schrieb seinen Brief an Re Necht, einen Königsschreiber in Herakleopolis. Es gibt gute Gründe dafür, anzunehmen, daß der Titel »Gottesvater« eine durch Heirat herbeigeführte verwandtschaftliche Beziehung zum Königshaus bedeutet – genauer gesagt, den Schwiegervater des Königs[2] (ein König konnte, je nach der Anzahl seiner Frauen, eine ganze Reihe von Schwiegervätern haben). Augenscheinlich gehörten im vorliegenden Fall sowohl der Empfänger als auch der Absender dieses Briefes zur Aristokratie des Landes.

Der Anfang des Briefes ist vollständig erhalten; aber von der Mitte der dritten Seite an gibt es viele Lücken: insgesamt umfaßt der Brief fünf Seiten und ein kurzes Postscriptum auf der Rückseite des Papyrus. Die ganze erste Seite und die erste Hälfte der zweiten, das ist mehr als ein Viertel des gesamten erhaltenen Textes, enthalten Höflichkeitsfloskeln sowie Grüße und gute Wün-

[1] A. Korostowtsew: *Hieratic Papyrus 127 from the Collection of the State Museum of Arts*, named for A. S. Pushkin, (Moskau 1961).

[2] C. Aldred in: *Journal of Egyptian Archaeology*, XLIII (1957), S. 30-41. Siehe auch mein Werk *Ödipus und Echnaton*, S. 92-94.

sche für ein langes Leben von 110 Jahren, Heil, Gesundheit, Gunst des Königs und des Gottes, und danach für die Aufbewahrung seiner mumifizierten Überreste unter den großen Toten von Heliopolis. Nach Abschluß der Grußformeln und der guten Wünsche, kommt der Briefschreiber dann zur Sache und beginnt unmittelbar mit seinen Klagen:

»Ich wurde zu Unrecht vertrieben, ich wurde aller Dinge beraubt, ich finde keine Worte [um zu protestieren], ich bin beraubt, obwohl ich nichts Falsches tat; ich werde aus meiner Heimatstadt vertrieben, der Besitz ist beschlagnahmt, und nichts bleibt [mir]. Ich bin [hilflos] vor den mächtigen Verbrechern...«

Ourmai ist nur eines von vielen Opfern. Im folgenden Satz spricht er offenbar von seinen Amtsgenossen oder seinen loyalen Untergebenen:

»Sie werden von mir fortgerissen; ihre Frauen werden [vor ihren Augen] umgebracht; ihre Kinder sind zerstreut, einige ins Gefängnis geworfen, andere als Beutegut fortgeschleppt.
Ich werde aus meiner gestrigen Unterkunft vertrieben, bin zu grausamem Umherirren gezwungen, unter harten Bedingungen von Ort zu Ort zu wandern. Das Land ist umgeben von der Flamme des Feindes, der Nord und Süd, Ost und West ergriffen hat.«

Die »Schiffe zogen sich zurück« aus dem vom Feind eroberten Land, und letzterer »durchquert am Fluß entlang das Land«.

Ourmai zählt dann die Orte auf, durch die er während seines Umherirrens kam – zu Fuß, denn »genommen sind die Pferde, weggenommen die Wagen und die Rüstung«; »Ich bin gezwungen, einen ganzen Tag lang von meiner Stadt fortzumarschieren, aber sie ist mir fremd geworden.«

Mit dieser Stadt ist Heliopolis gemeint, wo er – als Verwandter des Königshauses – ein wichtiger Priester gewesen war. Aber offensichtlich gibt es nunmehr kein Königshaus mehr in Ägypten – der Feind hat die Macht im Lande an sich gerissen, und er hat den prominenten Bürgern ihren Besitz weggenommen. Möglicherweise war die Lage in dem etwa 130 Kilometer weiter südlich gelegenen Herakleopolis, dem Wohnsitz des Adressaten dieses Briefes, noch nicht so schlecht wie in dem im Scheitelpunkt des Nildeltas, ein wenig nordöstlich vom heutigen Kairo gelegenen Heliopolis.

Es wurden nicht nur die Leute enteignet, ihre Kinder entführt und ihre Frauen gemordet, sondern der Feind verging sich auch frevelhaft an den Göttern und an den Toten:

»Körper [der Toten] und Knochen [sind] hinaus auf den Boden geworfen, und wer soll sie bedecken?...«

Hier folgen viele nicht zu entziffernde Zeilen im Papyrus, aber danach heißt es:

»Ihre Altäre verschwanden, und [ebenso] Opfergaben, Salz, Natron, Pflanzen.«

Der enteignete Priester klagt: »Ich litt unter Hunger.« Er erwähnt auch, »mein Getreide, das mir von Soldaten gegeben wurde«, und es hat ganz den Anschein, als habe sich Ourmai dieses Getreide von den Besatzungssoldaten erbetteln müssen.

Das Land wurde vom Feind hart besteuert (»seine Steuern sind schwer«), und es wurde »eine große Sünde gegenüber Gott« begangen. Er betet:

»Deine Macht, o Herr und Schöpfer möge sich offenbaren. Komm und errette mich vor ihnen!«

Um wen konnte es sich bei diesen Invasoren zu Beginn der 21. Dynastie handeln? In der konventionellen Geschichtsschreibung sind keine Eindringlinge bekannt, die Ägypten besetzt hielten, als die 21. Dynastie auf den Thron kam, also zu Beginn des 11. Jahrhunderts. Es wird dort angenommen, daß beim Erlöschen der 20. Dynastie die 21. Dynastie auf friedlichem Wege die Zügel des Staates übernommen hat. Daher löste der Ourmai-Brief sofort bei seiner Veröffentlichung großes Erstaunen aus; es wurde nach einer Erklärung für Ourmais seltsame Leidensgeschichte gesucht, aber vergeblich.[3]

Wir setzen jedoch im vorliegenden Werk der Rekonstruktion dic 21. Dynastie nicht in das 11. und 10. Jahrhundert, sondern in die persische Periode der ägyptischen Geschichte; daher sind wir gezwungen zu erwarten, daß derartige Klagen aus der Anfangszeit der 21. Dynastie erhalten geblieben sind. Ourmai beschreibt ein soeben erobertes Oberägypten; der Verfasser des Briefes führt Titel, die bezeugen, daß noch in jüngster Zeit die Monarchie in Ägypten bestanden hat, und daß ihre Herrschaft durch den als Eroberer eindringenden Feind beendet wurde.

Eine der historischen Hauptquellen für die Geschichte der Eroberung Ägyptens durch Kambyses, den Sohn des Kyros, ist – wie bereits erwähnt – Herodot. Er hat Ägypten nur wenige Generationen später aufgesucht, als Ägypten unter persischer Regierung stand, und als die Zeit der Eroberung Ägyptens durch Kambyses und die mit ihr verbundenen Leiden und Härten im Gedächtnis der Menschen noch sehr lebendig waren.

Nach Herodots Schilderung »verübte Kambyses noch viele wahnsinnige Taten gegen die Ägypter und gegen die Bundesgenossen. Dabei blieb er in Mem-

---

[3] G. Fecht: »Der Moskauer ›literarische Brief‹ als historisches Dokument«, in: *Zeitschrift für ägyptische Sprache*, 87 (1962).

phis, ließ alte Gräber öffnen und betrachtete die Leichname. So kam er auch in das Heiligtum des Hephaistos und spottete über das Götterbild... Hier ist es ganz klar, daß Kambyses wahnsinnig war. Er hätte sonst die fremden Gottheiten und Gebräuche nicht verhöhnt« (Herodot: III, 37–38).

Er ließ Kinder töten; »du tötest sogar Knaben«, sind die Worte, die Herodot dem ehemaligen Lyderkönig Kroisos in den Mund legt, der Kambyses als Gefangener begleiten mußte (Herodot: III, 36).

Nach einem Aufenthalt in Memphis unternahm Kambyses einen Feldzug gen Süden, den Nil entlang. Nach seiner Rückkehr nach Memphis, »ließ er die Hellenen zu Schiff nach Hause fahren« (Herodot: III, 25).

In der Geschichte des Herodot und im Klagebrief des Ourmai begegnen wir ähnlichen Klagen über Sakrilegien gegenüber Göttern und den Toten, über geöffnete Gräber und auf der Erde verstreute Leichen, über Grausamkeiten gegenüber der Bevölkerung und sogar gegen Kinder; sowohl der Papyrus als auch Herodot beziehen sich auf einen Feldzug am Fluß entlang; beide Quellen berichten vom Abzug der Schiffe. Eine von Herodot berichtete Geschichte aus den ersten Tagen der Eroberung Ägyptens durch Kambyses läßt uns an Ourmai und seinen Klagebrief denken:

»Am zehnten Tage nach der Eroberung der Stadt Memphis hieß Kambyses den ägyptischen König Psammenitos, der nur sechs Monate König gewesen war, mit anderen vornehmen Ägyptern draußen vor das Tor gehen und sich setzen; er wollte durch ein entehrendes Schauspiel seine Standhaftigkeit auf die Probe stellen. Des Königs Tochter mußte ein Sklavenkleid antun und mit dem Wasserkruge draußen Wasser holen. Mit ihr schickte er die Töchter der vornehmsten Ägypter, in gleichem Aufzuge, wie die Königstochter, hinaus. Als die Jungfrauen schreiend und klagend an ihren Vätern vorübergingen, schrien und klagten auch die Väter über die Schande ihrer Kinder. Nur Psammenitos senkte, als er sie kommen sah, den Blick zur Erde.
Als die Wasserträgerinnen vorüber waren, schickte Kambyses auch des Königs Sohn mit zweitausend Altersgenossen heraus, den Hals mit einem Strick umschnürt und den Mund verstopft ... Als der Vater sie daherkommen sah und merkte, daß sein Sohn zum Tode geführt wurde, tat er dasselbe wie vorher bei seiner Tochter, während die anderen Ägypter, die um ihn herum saßen, ihn beklagten und bejammerten. Als auch diese vorüber waren, kam zufällig einer von des Psammenitos Tafelrunde daher, ein alter Mann, der sein Hab und Gut verloren hatte und bei den Soldaten betteln gehen mußte. Der ging jetzt an Psammenitos, Amasis' Sohn, und den anderen vor dem Tore sitzenden Ägyptern vorüber. Als Psammenitos ihn sah, weinte er laut, rief den Freund bei Namen und schlug sich an die Stirn...
›Die Leiden meines Hauses sind zu groß, um über sie zu weinen; aber des Freundes Not verdiente meine Klagen, denn er ist aus einem reichen Manne ein Bettler geworden, und dazu naht ihm das Alter.‹«[4]

[4] Herodot, III, 14; Übers. v. A. Horneffer.

Ourmais Klagebrief liefert unterstützendes Beweismaterial für den Bericht von Herodot. Er ist ein Zeugnis gegen den Konsens unter modernen Historikern, daß Herodot ein zu düsteres Bild gemalt habe und der Bericht über die Sakrilegien des Kambyses in Ägypten erfunden worden sei. Es wäre sogar denkbar, daß der Klagebrief von Ourmai, einem Verwandten des Königs, als Vorlage für die hier zitierte Szene aus dem Werk Herodots gedient hat; auch Ourmai hat die Besatzungssoldaten um Brot angebettelt.

Von Dareios I. bis zu Artaxerxes I.

Nach dem Fall von Memphis leistete Ägypten Kambyses keinen weiteren Widerstand mehr. Der Perser beabsichtigte, Karthago anzugreifen, aber die Tyrer weigerten sich, ihre Schiffe für die Eroberung des Staates zur Verfügung zu stellen, der von Kolonisten aus Phönikien begründet worden war. Nunmehr schickte Kambyses von Theben aus eine Streitmacht von 50000 Mann auf einen Marsch in westlicher Richtung zu den Oasen in der libyschen Wüste – als einen ersten Schritt seines strategischen Ziels, dem von Kyros hinterlassenen Imperium die afrikanische Nordküste hinzuzufügen. Die Armee passierte die Oase el-Chargeh (Kharga), erreichte jedoch niemals die Oase Siwa. Sie wurde nach Herodot in einem Sandsturm in der Wüste vernichtet, und es überlebte kein einziger, der von diesem Unheil hätte berichten können.[1]

Kambyses gab den Plan zur Eroberung von Karthago noch nicht auf; er entwarf einen Plan zur Eroberung von Nubien und Äthiopien und marschierte gegen Süden. Die Worte Ourmais »Das Land ist umgeben von der Flamme des Feindes, der Nord und Süd, Ost und West ergriffen hat« geben die Situation wahrhaftig wieder. Kambyses führte eine Armee, die zu groß war für ein entblößtes und an Lebensmittelvorräten armes Land: offenbar wählte er eine Marschrichtung quer durch die Wüste nach Napata, der Hauptstadt von Nubien. Als die Lasttiere verzehrt waren und Fälle von Kannibalismus auftraten, gab er den Befehl zum Rückzug nach Norden. In Ägypten geriet er in Raserei, und, wenn Herodot vertraut werden darf, geschah es zu diesem Zeitpunkt, daß er alte Gräber öffnete, heilige Statuen verbrennen ließ und den Apis erschlug. Er verursachte den Tod seiner schwangeren Frau Roxana und befahl die Ermordung von dem in seiner Begleitung weilenden gefangenen König Kroisos; aber als er herausbekam, daß sein Befehl nicht ausgeführt worden war, änderte er seine Meinung und ließ nunmehr dafür jene töten, die es gewagt hatten, seinen ursprünglich gegebenen Befehl nicht auszuführen. Vorher hatte er seinen

---

[1] Herodot, III, 17, 25-26; siehe auch Diodor, X, 14 (Loeb's Classical Libr.).

Bruder Bardija (Smerdis) aus Ägypten heimgeschickt, allerdings in Begleitung seines gedungenen Mörders, der ihn umbringen sollte. Als Kambyses auf seinem Heimweg in Palästina eintraf und dort hörte, daß Smerdis inzwischen den Thron des Reiches bestiegen hatte, glaubte er, sein Mordplan sei fehlgeschlagen; er starb in der Nähe des Berges Karmel, vielleicht durch eigene Hand. Aber der neu ausgerufene König war nicht Smerdis, der entsprechend dem Geheimbefehl von Kambyses ermordet war, sondern der Magier Gaumata, der Smerdis ähnlich sah.[2]

Dareios, Sohn des Hystaspes, diente unter Kyros und begleitete Kambyses auf der ägyptischen Expedition; er erhob sich gegen Gaumata, tötete ihn und wurde –521 König. Wie Kambyses stammte auch er in fünfter Generation von Achemenes ab, und daraus leitete er sein Anrecht auf die persische Krone ab. Als nächstes kämpfte er gegen einen Usurpator, der sich als Inkarnation Nebukadnezars ausgab, der schon seit mehreren Jahrzehnten tot war. Er unterdrückte auch Aufstände in verschiedenen Teilen des Reiches, zog durch ganz Kleinasien hindurch, überquerte den Bosporus, durchquerte Thrakien und drang in das Land der Skythen ein; als er aber die Weiträumigkeit des Landes erkannte, kehrte er um, marschierte durch sein ganzes Reich und eroberte bald das Gebiet am Indus. Von dort aus entsandte er eine Expedition, die Arabien umschiffen und eine Durchfahrt nach Ägypten finden sollte; dort ordnete er das Ausheben eines Kanals an, der das Mittelmeer mit dem Roten Meer verbinden sollte, indem er den Nil mit dem Golf von Suez verband.

Im eigentlichen Ägypten baute Dareios nicht und ließ die verarmte Bevölkerung als Siedler in Kleinstädten und Dörfern leben, von denen viele von der Armee seines Vorgängers ausgeplündert worden waren, aber er selbst unterdrückte die Bevölkerung nicht. Zu Beginn seiner Herrschaft befahl er die Kodifizierung des ägyptischen Zivilrechts. Er unternahm auch bestimmte Schritte zur Beschwichtigung der ägyptischen Priesterschaft: er errichtete ein befestigtes Heiligtum in el-Chargeh, der Großen Oase, die in den Papyrustexten als Hib- oder Heb-Oase bezeichnet wird: Es ist die südlichste in der Libyen gegenüberliegenden Oasenreihe.

Die von Dareios in el-Chargeh errichteten Bauten sind noch heute erhalten, obwohl der Zahn der Zeit seine Spuren hinterlassen hat. Lange hieroglyphische Inschriften – Hymnen an Himmelskörper und an den als göttlich bezeichneten König – wurden in die Mauern eingemeißelt. Ihr Entzifferer, Heinrich Brugsch, räumt ein, daß ohne die direkte Erwähnung in diesen Texten nicht zu vermuten wäre, daß Settu-Re Dareios bedeutet: Aber er wurde auch mit seinem persischen Namen Endareios angerufen. »Amun des starken

---

[2] Herodot, III, 30ff.

Abb. 20: Der von Dareios I. in der Oase el-Chargeh errichtete Tempel.

Armes« wurde in dem Tempel von el-Chargeh verehrt, und es scheint, daß sich hier ein Synkretismus mit dem Mazdaischen Pantheon herauszubilden begann.

Brugsch, der el-Chargeh 1877 aufsuchte, beobachtete, daß – entsprechend einem Text auf einer in Luxor gefundenen Stele – die Oase während der Antike als Exil für politische Gefangene benutzt worden war. Dort befanden sie sich weit weg vom stark bevölkerten Niltal, und sie standen gleichzeitig unter der Aufsicht von Militärpriestern. Auf einer der folgenden Seiten werden wir die in Luxor gefundene Stele erörtern.

Mit den militärischen Grenzkommandos, die unter dem Oberbefehl von Priestern mit fürstlichem Status standen, wollte Dareios offensichtlich die ägyptische Westgrenze gegenüber dem Einsickern von libyschen Banden absichern; oder es ist durchaus denkbar, daß er hier Vorkehrungen gegenüber der wachsenden Macht Karthagos, noch weiter im Westen, treffen wollte.

Es ist nicht bekannt, wann ein ähnlicher Außenposten – ein Fort und ein Tempel – in der nördlichen Oase Siwa errichtet wurde, aber vermutlich wurde er zum gleichen Zeitpunkt gebaut wie der südliche Stützpunkt – und ebenfalls auf Anordnung von Dareios I. Er wurde bald berühmt wegen seines Orakels, und das »Ammon-Orakel« (die Griechen schrieben den Namen mit einem Doppel-*m*) genoß ein hohes Ansehen unter den Libyern und unter den Ägyptern, und sein Ruhm verbreitete sich weithin. In seinen *Vögeln* (–414) erwähnt Aristophanes in Passagen über Orakel das Amun-Orakel neben den Orakeln von Delphi und von Dodona. Die Antworten des Amun-Orakels waren in der Regel verschmitzt abgefaßt: Häufig ließen sich die nachfolgenden Ereignisse als Erfüllung des Orakelspruchs interpretieren. So etwa, als während des Krieges zwischen Athen und Syrakus Amun prophezeite, die Athener würden alle Syrakusaner gefangennehmen; die Athener erbeuteten dann nur ein feindliches Schiff, allerdings mit den Einwohnerlisten von ganz Syrakus. Pindar schrieb zu einem früheren Zeitpunkt eine Hymne oder Ode an Amun, und sechshundert Jahre später sah Pausanias in der Oase eine dreiseitige Stele mit dieser Hymne. Die ägyptischen Priester nutzten die Popularität, die ihr Orakel bei den Griechen genoß und verbreiteten die Nachricht, Herakles selbst habe dort um Rat nachgesucht. Philipp von Makedonien, Vater Alexanders, hatte einen beunruhigenden Traum, und er bat das Orakel in Delphi um eine Interpretation; dort erhielt er den Bescheid, Amun zu ehren – so berichtet Plutarch; wie wahr diese Geschichte ist, können wir nicht beurteilen.

Ägypten, das unter den Persern seine Selbständigkeit verloren hatte und zu einer Satrapie gemacht worden war, besaß trotzdem ein gewisses Maß an Selbstverwaltung als theokratischer Staat. Priester wurden zu militärischen Kommandeuren ernannt, die Tempel erfreuten sich einer gewissen Protektion, und das Land, ohne eigene autonome zivile Regierungsbehörde, fiel in eine Art Lehnsabhängigkeit gegenüber den Tempeln und der Priesterschaft.

Eine ähnliche Politik der Schaffung eines theokratischen Lehnsherrentums verfolgten die Perser in Juda. Kyros erließ ein Dekret zur Ermächtigung des Wiederaufbaus des von Nebukadnezar zerstörten Tempels von Jerusalem und zur Bewilligung der Rückkehr der verbannten Bevölkerung; diese kehrte aus Babylon zurück, und ihre Anführer waren Zerubbabel, der designierte Gouverneur, und Jeschua, der Sohn des Jozadak, der designierte Hohepriester. Sie errichteten einen Altar für Brandopfer, »aber der Grund des Tempels des Herrn war noch nicht gelegt« (Esra, 3:6). Sie gaben »Geld den Steinmetzen und Zimmerleuten und Speise und Trank und Öl denen zu Sidon und zu Tyros, daß sie Zedernholz vom Libanon aufs Meer gen Japho [Jaffa] brächten, nach dem Befehl des Kores, des Königs in Persien an sie« (Esra, 3:7). Aber das Volk im Lande, meist Nachkommen von Kolonisten, die von den assyrischen Königen Sargon, Sennacherib und Asarhaddon ins Land gebracht worden waren, »dingten Ratgeber wider sie [die Zurückgekehrten] und verhinderten ihren Rat, solange Kores, der König in Persien, lebte, bis ans Königreich des Dareios, des Königs in Persien«. (Esra, 4:5). Als Dareios an die Macht kam, drängten die Propheten in Juda, Haggai und Sacharja, auf die Wiederaufnahme des Tempelbaus. Bald berichtete der Satrap Tatnai mit einigem Unbehagen Dareios vom Wiederaufbau des Tempels; die Staatsarchive wurden durchforscht und im Palast von Achmetha in der Provinz Medes wurde eine Rolle mit dem ursprünglich von Kyros erlassenen Dekret gefunden, das Dareios jetzt bestätigte. Die Propheten sahen die Zeit des Messias kommen: »Jerusalem soll eine Stadt der Wahrheit heißen«, verkündete der Prophet Sacharja, und weiter: »Also werden viele Völker und die Heiden in Haufen kommen, zu suchen den Herrn Zebaoth zu Jerusalem, zu bitten vor dem Herrn.« (Sacharja, 8:3 u. 8:22).

Im sechsten Jahr von Dareios war der Tempelbau vollendet. »Und sie bestellten die Priester und die Leviten in ihre Ordnungen, zu dienen Gott.« (Esra, 6:18). Die frühen messianischen Erwartungen, die man in Zerubbabel, einen weltlichen Führer, gesetzt hatte, wurden bald erstickt, und die Priesterschaft übernahm die Führung derjenigen, »die auf Hoffnung gefangen« lagen (Sacharja, 9:12). So wurde aus dem Juda der »Kinder, die aus der Gefangenschaft zurückkehrten« ein theokratischer Staat mit einer Kaste von Erbpriestern.

Der letzte Prophet war Sacharja; Maleachi, der letzte im Kanon, war nur ein Orakel, dessen Hauptanliegen die Opfer und die priesterliche Reinheit waren; den ägyptischen Tempelorakeln nicht unähnlich, war er der Wortführer der Priesterkaste. »Ist's recht, daß ein Mensch Gott täuscht, wie ihr mich täuschet? So sprecht ihr: ›Womit täuschen wir dich?‹ Am Zehnten und Hebopfer.«[3]

Die Stämme Israels – das nördliche Königreich –, von den assyrischen Königen ins Exil abgeführt, kehrten niemals zurück und gingen der Geschichte verloren; ein Großteil der Bevölkerung des südlichen Königreichs – Juda, Benjamin, Simon und Levi –, die in das babylonische Exil gehen mußten, blieben dort. Von den Rückkehrern zur Zeit der persischen Könige wurde auf den Ruinen der früheren Glorie eine neue Nation geschaffen, ständig von den Siedlern behelligt, die an die Stelle der ins Exil gegangenen Vorfahren getreten waren: eine aufblühende Gemeinschaft mit einem bescheidenen Gotteshaus als Brennpunkt. Diese Bevölkerung begründete eine Periode, die etwa sechshundert Jahre andauern sollte, und die unter dem Namen Bait Scheni – das zweite Haus bzw. das zweite Reich – bekannt geworden ist.

Bevor Dareios starb, unternahm er die ersten Einfälle in Griechenland und mußte die ersten militärischen Rückschläge hinnehmen. Sein Sohn Xerxes machte die Ressourcen des gesamten Imperiums mobil und konzentrierte alle Anstrengungen seiner Regierungszeit auf die sogenannten Perserkriege – eine militärische Konfrontation zwischen dem in einzelne Stadtstaaten, Athen, Theben, Sparta und andere, zerrissenen Griechenland und dem persischen Koloß; einem Krieg, über den die griechischen Autoren ausführlich berichtet

[3] Maleachi, 3:8.

haben. Xerxes (persisch Chschajarscha) war der biblische Ahasveros, der »der da König war von Indien bis ans Mohrenland über hundertundsiebenundzwanzig Länder« (Buch Esther, 1:1). Nach Herodot »war nicht einer an Schönheit und Ansehen würdiger, diese Macht zu besitzen«. Die Geschichte von der Haremsromanze mit Königin Vasthi, Königin Esther, die an deren Stelle trat, ihrem Onkel Mardochai und Haman, dem Sohn Hammedathas, dem Agagiter (vom Samen Agags, dem Amalekiter), wird im Buch Esther erzählt. Die Namen der jüdischen Akteure in dieser Intrige und Gegenintrige leiten sich von denen babylonischer Gottheiten ab (Marduk, Ischtar) und deuten auf einen Assimilationsprozeß hin, der die nationale Identität derjenigen, die sich dazu entschlossen hatten, in der Diaspora zu bleiben, allmählich auszulöschen begann.

Xerxes setzte den Bau von Persepolis fort, den sein Vater begonnen hatte. In einer weiten Ebene, etwa 65 Kilometer nordöstlich von Schiras, vor einem steilen Gebirge, errichtete Dareios eine steinerne Plattform – deren Einzelsteine eine Länge von über 15 Meter erreichten –, zu der eine Rampe hinaufführte, die breit genug war, um zehn Reiter gleichzeitig nebeneinander hinaufreiten zu lassen. Auf der Plattform errichtete er einen Königspalast und eine Halle mit hundert Säulen für die königlichen Audienzen. Die Wände der Rampen sind mit Reliefs geschmückt, die königlichen Garden darstellend, die sich aus einer gleichen Anzahl von persischen und medischen Adligen zusammensetzten, den »Unsterblichen«; andere Reliefs zeigen die Adligen der eroberten Nationen, wie sie am Neujahrstag dem König von Persien, dem König der Könige huldigen, dem Tag, an dem mit großen Festlichkeiten das Königreich »erneuert« wurde.

In Susa baute Xerxes einen weiteren Palast mit Harem, und in Naqsch-i-Rustam, in der Nähe von Persepolis, unmittelbar neben dem ins Felsgestein gehauenen Grab des Dareios, ließ Xerxes für sich selbst ein ähnliches Grab vorbereiten. Dort wurde er nach seiner Ermordung bestattet.

Als Artaxerxes I. den Thron bestieg, rebellierte die Bevölkerung des Deltas unter einem gewissen Inaros. Der mit dem persischen König verwandte Achaimenes wurde mit der Niederschlagung dieser Rebellion betraut; im ersten Treffen blieb Achaimenes siegreich, aber die Athener gaben einer Flotte von 200 Schiffen, die damals in Zypern vor Anker lag, den Befehl, zur Unterstützung des Inaros nach Ägypten zu segeln. Sie segelten deltaaufwärts bis nach Memphis, griffen die persische Garnison an und eroberten den größten Teil der Stadt. Im Jahre –460 kämpfte ein großes Heer unter Megabyzos, unterstützt von 300 phönikischen Schiffen, gegen die Ägypter und ihre griechischen Verbündeten, und sie zwangen letztere, sich nach Prosopitis zurückzuziehen, wo sie einer achtzehn Monate währenden Belagerung widerstanden.

Danach leiteten die Perser das Wasser aus demjenigen Nilarm ab, in dem die athenische Flotte lag, und die Griechen verbrannten ihre gestrandete Flotte. Die Belagerten ergaben sich.

Einige Zeit später besuchte Herodot Ägypten, und er reiste in Richtung Süden bis zur Insel Elephantine; er beschrieb ein Land, das ordentlich regiert und verwaltet zu sein schien.

Während der Regierungszeit von Kyros, Dareios, Xerxes und Artaxerxes wurden wiederholt Anklagen in »syrischer Zunge« von Repräsentanten der Nachkommen jener Kolonisten, die Assurbanipal (Asnaphar bei Esra, 4:10) und andere assyrische Könige dort angesiedelt hatten, gegen die Juden vorgebracht, die die »aufrührerische und böse Stadt« Jerusalem bauten. »Diese Stadt hat sich von alters her wider die Könige empört.«[4]

Im zwanzigsten Jahr der Regierung von Artaxerxes bat der Mundschenk Nehemia seinen König, ihn nach Jerusalem zu schicken, » der Stadt der Gräber meiner Väter« und die jetzt wüst daläge, »daß er sie wieder aufbaue«. Der König, bewegt vom »Herzenskummer« seines Mundschenks, stimmte zu und gab Nehemia als Begleitkommando für diese gefährliche Reise eine Abteilung Berittener mit und händigte ihm einen Brief an den Verwalter der königlichen Wälder im Libanon aus, daß er ihm Holz geben solle für Balken zur Wiederherstellung der Tore in der Stadtmauer, die Jerusalem umgab, und die vor 140 Jahren von Nebukadnezar zerstört und niedergebrannt worden war.

Nach seiner Ankunft in Jerusalem verschaffte sich Nehemia allein auf einem nächtlichen Ritt einen Überblick über den Zustand der Stadt und ihrer Mauern und sprach am Morgen zu den Älteren: »Und sie sprachen: So laßt uns auf sein und bauen!« (Nehemia, 2:18). Und Eljasib, der Hohepriester, machte sich auf mit seinen Priestern, und er baute das Schafstor; zahlreiche Bautrupps bildeten sich, sie teilten die ganze Mauer mit ihren vielen zerstörten Toren in Einzelabschnitte ein, und während sie arbeiteten, hielten die anderen mit ihren Waffen Wache über sie. Wochenlang kamen die, die am Aufbau der Mauer beteiligt waren, nicht aus ihren Kleidern – außer zum Waschen; denn Sanballat, der Gouverneur von Samaria und seine Helfer bedrohten sie: »Was ist das, das ihr tut? Wollt ihr von dem König abfallen?« (Nehemia, 2:19).

Nehemias Statthalterschaft währte zwölf Jahre, vom 20. bis zum 32. Regierungsjahr Artaxerxes' I. und die ganze Zeit über wurde er von den Aufsässigen unter den Samaritanern und den Arabern behelligt. Nach 41 Jahren auf dem Thron starb Artaxerxes I. im Jahre –429, und ihm folgte bald sein Sohn Xerxes II., der jedoch seinerseits bereits nach wenigen Wochen von Dareios II. abgelöst wurde.

---

[4] Esra, 4:19.

»Die Barbaren kamen und besetzten den Tempel«

Während der gesamten persischen Periode blieb der Amun-Kult in Ägypten der dominierende Kult. Da Amun (Jupiter) das Äquivalent für den iranischen Gott Mazda (Ahuramazdah) war, hatten die Perser gegen die Fortsetzung des thebanischen Kultes nichts einzuwenden. Den Amun-Priestern in den Oasen unterstand auch das sakrale Zentrum in Karnak (Theben). Da es in Ägypten keine einheimische Dynastie gab, und da die Nachfolger von Dareios dem Großen auf dem persischen Thron – nämlich Xerxes, Artaxerxes I. und Dareios II. – niemals Ägypten aufgesucht haben, sondern dort nur Satrapen einsetzten, besaßen die Amun-Priester, denen auch das Oberkommando über die Garnisonstruppen anvertraut war, eine ausgeprägte Autorität.

In einem Dokument der 21. Dynastie heißt es, im Jahre 1 irgendeines Königs – es wird nur als das »Jahr eins« bezeichnet (Monat und Tag werden genannt) – habe es eine Untersuchung gegeben, hinsichtlich der Plünderung von Königsgräbern der großen Könige der 18. und der 19. Dynastie. Bei der Verhandlung vor einer zur Klärung der Grabräubereien eingesetzten Kommission wurde neben einer Anzahl anderer Zeugen sowie der Angeklagten auch ein gewisser Träger namens Ahautinofer einvernommen. Im sogenannten Papyrus Mayer A, der sich heute im Museum von Liverpool befindet, heißt es:

»Er sagte: ›Die Barbaren kamen und besetzten den Tempel, während ich einige Esel meines Vaters vor mir hertrieb. Da ergriff mich Pahati, ein Fremdling, und nahm mich mit nach Ipip (zu der Zeit), als man dem Amenhotep, der (damals) Hoherpriester des Amun war, sechs Monate lang Gewalt antat.‹ Der Zeuge sagte aus, ihm sei erlaubt worden, zu seinem Domizil zurückzukehren ›neun Monate nachdem man dem Amenhotep, der damals Hoherpriester war, Gewalt angetan hatte…‹.«[1]

Das ist der einzige Hinweis auf die Amtsenthebung des Hohenpriesters Amenhotep; aus seiner Amtszeit, in der er zunächst als Dritter, dann als Zweiter und schließlich als Erster Prophet amtierte, sind mehrere Inschriften erhalten. Ein Relief zeigt ihn, wie er einem König mit Blumen huldigt, dessen Name Neferkere-setpenre war und der von modernen Historikern als Ramses IX. angesehen wird. Da auf diesem Relief die Figur des Priesters ebenso groß ist wie diejenige des Königs – eine Situation, wie sie aus der erhalten gebliebenen ägyptischen Kunst sonst unbekannt ist –, hat man vermutet, Amenhotep sei ein

[1] Papyrus Mayer A, 6, veröffentlicht in: T. E. Peet: *The Mayer Papyri A and B* (London 1920); Peet: *The Great Tomb Robberies of the Twentieth Egyptian Dynasty*, Band 2 (1930), S. xxiv. E. F. Wente: »The Suppression of the High Priest Amenhotep«, in: *Journal of Near Eastern Studies*, XXV, 2 (April 1966), J.v. Beckerath, *Tanis und Theben* (1951).

Rivale des Königshauses um die Autorität im Lande gewesen, und das habe dann auch zu seiner Amtsenthebung geführt.[2] Eine recht ausführliche Literatur zum Thema von der Amtsenthebung von Amenhotep hat keine anderen Vermutungen für die Gründe seines Sturzes hervorgebracht.

Dagegen besteht – nach den Zeugenaussagen des oben zitierten Ahautinofer – offensichtlich doch ein Zusammenhang zwischen der Besitznahme des Tempels (von Amun in Karnak) durch die »Barbaren« und der Amtsenthebung oder des Sturzes des Hohenpriesters.

Die Besitznahme des Tempels wurde von Barbaren durchgeführt, »die zumindest soweit organisiert gewesen zu sein schienen, daß sie *hryw-pdt* = ›Truppen-Hauptleute‹ besaßen«.[3] Diese Barbaren waren weder Araber noch Libyer: diese Nachbarn der Ägypter wurden in der Regel als »Zeltbewohner« bezeichnet; auch wurden die Äthiopier, die südlichen Nachbarn, nie als ›Barbaren‹ bezeichnet.

Das akzeptierte chronologische Schema, nach dem die 21. Dynastie in Ägypten regierte, während Saul, David und Salomon als Könige über Israel herrschten, muß herausfinden, wer diese »Barbaren« waren; und da sie nicht als Libyer, Äthiopier oder Araber bezeichnet wurden, sollte da der Schluß gezogen werden, es handle sich um Israeliten? Eine derartige Schlußfolgerung ist jedoch – und das mit Recht – nicht aufgestellt worden. Hätten David oder Salomon jemals die Herrschaft über Ägypten ausgeübt, dann wäre dieses Ereignis in den Schriften bestimmt nicht unerwähnt geblieben.

Aber in der akzeptierten Version der ägyptischen Geschichte ist wieder nichts von einer Invasion und Besetzung Ägyptens im elften Jahrhundert bekannt – d. h. gegen Ende der 20. oder zu Beginn der 21. Dynastie; doch spricht ein zeitgenössischer Bericht von Barbaren, die sich wie Eroberer benommen haben.

Da diese »Barbaren« in Truppen organisiert gewesen sind und von Hauptleuten angeführt wurden, würde es nicht ausreichen, ihre Aktivitäten auf die »Unzufriedenheit« einer ausländischen Minderheit zurückzuführen, die sich in Ägypten niedergelassen hatte, wie einige Historiker das – mangels besserer Erklärungsmöglichkeiten – vorgeschlagen haben.

Ungefähr zur Zeit, als der »Tempel besetzt wurde« und dem Hohenpriester Amenhotep »Gewalt angetan« wurde, war der Anführer der Hauptleute ein Mann namens Pinehas, dem man im allgemeinen die Verantwortung für die Absetzung des Hohenpriesters zuschreibt. Er erschien in Oberägypten an der

---

[2] A. H. Gardiner: *Egypt of the Pharaohs*, S. 299 und 301.

[3] Wente: *Journal of Near Eastern Studies*, XXV, 2, (April 1966), S. 84.

Spitze eines starken Truppenkontingents, setzte Amenhotep ab und stellte die Ordnung wieder her.

Im Papyrus Mayer A ist auch die Rede davon, daß einige der Grabräuber »von Pinehas getötet wurden«. Sie wurden nach ihrer Überführung und Verurteilung hingerichtet. Man möchte annehmen, daß ein Mann, der die allgemeine Ordnung wiederherstellt, bei der Bevölkerung in hohem Ansehen steht; das war jedoch nicht der Fall: »Aus der Art, wie der Name des Pinhasi [Pinehas] geschrieben ist, ergibt sich mit Sicherheit, daß er ein Gegner der Treugesinnten Thebens war, und das Fehlen jeglichen Titels deutet darauf hin, daß er eine sehr bekannte Persönlichkeit gewesen sein muß.«[4]

Wenn Pinehas die Diebe nach ihrem Prozeß streng bestrafte und gleichzeitig die Ordnung in Ägypten wiederherstellte, warum sollte er dann als »ein Gegner der Treugesinnten« oder Nationalisten betrachtet werden? Aber es ist von ihm ebenfalls bekannt, daß er in den Städten südlich von Theben Steuern eingezogen hat, und daß er gelegentlich das Volk zerstreuen ließ, und zwar aus Angst vor einigen Menschen, die in den hieroglyphischen Texten mit dem Fremdwort *mdwt-'n* gekennzeichnet werden. »Die genaue Bedeutung dieses *mdwt-'n* ist unklar.«[5] Beim erstenmal wird dieses Wort mit dem Determinativ für Menschen geschrieben, und das führt zu der Schlußfolgerung, es könnten die Meder gemeint sein.

Pinehas wird auch die Ernennung von Herihor, einem Berufsoffizier ohne bekannten Stammbaum, zum Nachfolger von Amenhotep auf dem Posten des Hohenpriesters zugeschrieben. Dem Pinehas wurde eine königliche Order (der Name des Königs ist uns nicht bekannt) übersandt, in Zusammenarbeit mit dem königlichen Silberdiener Yenes bei der Beschaffung einer Anzahl von Halbedelsteinen mitzuwirken, die für eine Werkstatt in der königlichen Residenzstadt bestimmt waren.

Wer waren diese »Barbaren«, die Steuern einzogen, den Hohenpriester aus seinem Amt entfernten und an seiner Stelle einen anderen einsetzten, einen Mann von militärischer Herkunft; wer bestrafte Übeltäter und wer war verantwortlich für die Aufrechterhaltung der Ordnung, und wer waren die Truppen unter der Führung von Hauptleuten; wer hielt die Bevölkerung in Angst vor Durchsuchungen und Verhaftung; und wer sammelte gelegentlich Halbedelsteine für einen ungenannten König in einer ebenfalls nicht identifizierten Residenzstadt?

---

[4] Gardiner: *Egypt of the Pharaohs*, S. 302.

[5] J. Černý: »From the Death of Ramesses III to the End of the Twenty-first Dynasty«, in: *Cambridge Ancient History*, Kap. XXXV, S. 631. – Vergleiche auch T. E. Peet: »The Chronological Problems of the Twentieth Dynasty«, in: *Journal of Egyptian Archaeology*, 18 (1928), 68. Peet liest »*mdw-'n*«.

Als »Barbaren« wurden die Perser von den Griechen bezeichnet: Dieser Begriff wird in den Schriften der griechischen Autoren des fünften und des vierten Jahrhunderts stets auf die Perser unter Dareios, Xerxes, Artaxerxes sowie auf andere Könige der Achaemenidendynastie angewandt; sie wurden als »Barbaren« und niemals als »Perser« bezeichnet – und dies trotz der exquisit luxuriösen Hofhaltung in Persepolis und trotz der kostbaren Gewandung ihrer Soldaten. In allen ihren Satrapien unterstanden die Besatzungstruppen Hauptleuten und diese Hauptleute den Satrapen.

Die »Barbaren« in den ägyptischen Dokumenten der 21. Dynastie waren Perser; sie zogen Steuern ein, führten Gerichtsprozesse durch und »ein jeglicher, der nicht mit Fleiß tun wird das Gesetz deines Gottes und das Gesetz des Königs, der soll sein Urteil um der Tat willen haben, es sei zum Tod oder in die Acht oder zur Buße am Gut oder ins Gefängnis« – wie es in einem persischen Dekret heißt, das im Buch Esra zitiert wird (7:26). Die Residenzstadt ist die persische Hauptstadt; Pinehas, welcher Nationalität er auch immer gewesen sein mag – Ägypter oder Fremdling –, war ein persischer Statthalter. Er war es, der an der Spitze der »Barbaren« Theben und seine Tempel besetzte.

Würden wir den Versuch unternehmen, den Zeitpunkt und die Umstände der Amtsenthebung des Amenhotep näher zu bestimmen, dann würden wir vor allem untersuchen, welcher Zeitpunkt in unserem Rekonstruktionsschema am besten zu dieser Schilderung von der Besetzung der Tempel durch die »Barbaren« passen könnte. Es ist der Augenblick, da Artaxerxes I. den Thron bestieg und den Bemühungen der Ägypter, ihre Unabhängigkeit wiederzugewinnen, mit harten Maßnahmen entgegentrat. Wenn diese Vermutung zutrifft, war es um –458. Es würde folgen, daß Herihor nicht unmittelbar nach der Amtsenthebung von Amenhotep als Hoherpriester Amuns ernannt worden ist, sondern einige Jahre später.

Kapitel II
DAS GERINGSTE DER KÖNIGREICHE

»Ein kindisches Gereise«

Seit den Tagen der persischen Eroberung unter Kambyses war Ägypten das geringste der Königreiche gewesen (Hesekiel, 29:15). Die Prophezeiungen von Jeremia und Hesekiel, die Entwürdigung betreffend, hatten sich erfüllt, wohl nicht zu ihrer Zeit, aber gegen Ende der Regierungszeit von Amasis, als Kambyses Ägypten unterwarf, seine Bevölkerung demütigte und seine Tempel zerstörte – und das gleiche gilt auch während des größten Teils der persischen Herrschaftsperiode für die nachfolgenden Generationen.

Als Golenischtschew den Papyrus mit Ourmais Klagebrief erwarb, erhielt er bei der gleichen Transaktion einen Papyrus mit einer weiteren Klagegeschichte – den Bericht Wenamuns über seine Handelsexpedition nach Byblos an der syrischen Küste. Wie der Klagebrief von Ourmai, datiert auch der Reisebericht des Wenamun aus der 21. Dynastie; beide waren von der gleichen Hand kopiert; aber man geht davon aus, daß sich Wenamuns Bericht auf Ereignisse bezieht, die mehrere Generationen später stattgefunden haben. Während Ourmais Brief erst in jüngster Zeit übersetzt und veröffentlicht wurde (1961), ist Wenamuns Bericht bereits vor langer Zeit veröffentlicht worden – und zwar 1899 von Golenischtschew selbst.

Kein Dokument vermittelt eine bessere Vorstellung vom geringen internationalen Ansehen Ägyptens zur Zeit der späteren Perserherrschaft als Wenamuns Bericht über seine Erfahrungen.

Der Priester Wenamun wurde von seinem Vorgesetzten, dem Hohenpriester Herihor, nach dem Libanon geschickt, um dort Zedernholz für den Bau einer heiligen Barke des Amun zu erwerben. Als er Tanis im Nildelta erreichte, überreichte er dem Gouverneur von Unterägypten Nesubanebded und dessen Frau Ta-net-Amun Empfehlungsschreiben, und die Briefe wurden in ihrer Gegenwart verlesen. Sie schickten ihn mit dem Schiffskapitän Mengebet auf die weitere Reise.

Bevor Wenamun Byblos erreichte, gingen ihm das Gold und das Silber verloren, das er zur Bezahlung des Holzes für die heilige Barke mit sich führte: als sein Schiff in Dor, »einer Stadt der Tjeker an der palästinischen Küste ankerte, verschwand ein Matrose mit einer goldenen Vase, vier Silberkrügen sowie mit einem »Sack voll Silber« – offensichtlich ein Beutel mit Silbermünzen. Wenamun blieb neun Tage lang in Dor, beklagte sich beim örtlichen Fürsten Bedel und machte ihn dafür verantwortlich, den Dieb zu finden. Bedel wies das Ansinnen eines Schadenersatzes von sich und machte darauf aufmerksam, daß der Dieb kein Einwohner seiner Stadt wäre, sondern ein Matrose des Schiffes. Wenamun setzte seine Reise nach Byblos fort.

Die Mißgeschicke, die ihm auf der Reise widerfuhren, die Intoleranz und Verachtung, auf die er in den syrischen Städten wegen seiner ägyptischen Herkunft und Staatsbürgerschaft stieß, der Mangel an Schutz auf hoher See, werden in seinem Reisetagebuch lebendig beschrieben.[1]

In jener Zeit war das Reisen in Syrien gefahrvoll. Nehemia (2:7) und Esra (8:22) erwähnen beide die unsicheren Verhältnisse auf den Straßen – und das galt selbst für königliche Boten. Esra gibt sein Unbehagen zu, den persischen König um »Geleit und Reiter« zu bitten, die ihn auf dem Weg durch Syrien beschützen sollten, denn vorher hatte er dem König versichert, daß Gott selbst diejenigen beschütze, die ihn suchten; jetzt aber fürchtete er sich. Nehemia jedoch trug einen Empfehlungsbrief des Königs an die Gouverneure »jenseits des Flusses« (Euphrat) bei sich, und eine Reiterabteilung sollte ihn auf den unsicheren Wegen beschützen.

Als Wenamun mit einem anderen Schiff in Byblos eintraf, erteilte ihm der Stadtfürst Zekarbaal den Befehl, den Ort zu verlassen: »Ich verbrachte 19 Tage in seinem Hafen und täglich ließ er mir sagen: ›Mach, daß du aus meinem Hafen kommst.‹«

Der ägyptische Abgesandte wartete auf ein Schiff, das ihn hätte heimbringen können. Schließlich am Abend, als Wenamun gerade dabei war, abzureisen, fiel ein junger Mann aus dem Gefolge des Fürsten in einen Trancezustand und verkündete eine rätselhafte Prophezeiung über Wenamuns Mission. Daraufhin kam eine Einladung zu bleiben. Die ekstatische Besessenheit des jungen Mannes wird als »das früheste uns bekannteste Beispiel für eine prophetische Ekstase« bezeichnet.[2] Aber die letzten Propheten Israels waren schon tot.

Der Fürst von Byblos gewährte Wenamun eine Audienz. »Ich fand ihn, wie er in seinem Obergeschoß saß und sein Rücken lehnte an einem Fenster und die Wellen des großen syrischen Meeres schlugen an seinen Nacken.«[3] Wenamun schilderte die Szene so frisch, daß wir das Gefühl haben, als seien wir dabei gewesen.

Der Fürst fragte ihn: »Wie lange her ist es bis heute, daß du vom Wohnsitz des Amun gegangen bist?« Wenamun antwortete: »Fünf volle Monate bis jetzt.«

Zekarbaal fragte Wenamun nach seinen Beglaubigungsschreiben; er antwortete, sie seien bei Nesubanebded in Tanis. Der Fürst wurde ärgerlich und forschte weiter, wo das Schiff wäre, das Nesubanebded Wenamun zur Verfügung gestellt hatte? Wo sich die syrische Schiffsbesatzung befände?

Der Fürst wußte wahrscheinlich, daß Wenamun das Schiff verlassen hatte, das unter der Führung von Mengebet stand, als ihm im palästinischen Hafen Dor sein Gold und sein Silber gestohlen worden war.[4] Der Abgesandte, der gekommen war, Zedernholz für die heilige Barke des Amun zu erwerben, hatte weder ein Beglaubigungsschreiben noch ein Schiff, noch Gold oder Silber, um das Holz zu bezahlen.

Diplomatisch lenkte Wenamun die Aufmerksamkeit auf das Problem der Nationalität der Besatzung des Schiffes, auf dem er Tanis verlassen hatte – »doch ist es ein ägyptisches Schiff« –, und er fuhr weiter fort, daß Schiffe die von Ägypten segelten, keine syrischen Schiffsbesatzungen hatten. Darauf erwiderte der Fürst, daß in seinem eigenen Hafen 20 Schiffe lägen, die regelmäßig nach Ägypten segelten und fuhr fort:

»... und auch in diesem Sidon, an dem du vorbeigefahren bist, sind doch auch 50(?) Schiffe, die in Cheber (Verbindung) mit Birkath-El sind und sie fahren (?) zu seinem Haus.«

Werket-El bzw. Birkath-El »war vermutlich ein phönizischer Handelsherr, der in Ägypten residierte und der vor allem Handel mit Sidon betrieb«, kommentiert ein Übersetzer dieses Textes.[5] Der Name ist ein wichtiger Anhaltspunkt, und wir werden darauf zurückkommen, wenn wir über den Rest des Gesprächs zwischen Zekarbaal und Wenamun sowie über die nachfolgenden Ereignisse berichtet haben.

Ungehalten sagte der Fürst: »Wenn der Herrscher Ägyptens der Herr meines Eigentums wäre und ich wäre auch sein Diener, so hätte er nicht Silber und Gold geschickt, als er sagte: ›vollziehe den Auftrag des Amun‹... Ich aber, ich, ich bin nicht dein Diener und ich bin auch nicht der Diener dessen, der dich

---

[1] J. Breasted: *Ancient Records*, Bd. IV, Abschnitte 563 ff; J. A. Wilson in J. B. Pritchard, Hrsg.: *Ancient Near Eastern Texts* (1950), S. 25 ff; M. A. Korostowtsew: *Pooteshestviye Un-Amuna v'Bibl* (Akademiya Naook S. S. S. R.; Moskau 1960); A. Erman, *Ägyptische Literatur*, 1923, S. 230.

[2] Breasted: *Ancient Records*, Bd. IV. Abschnitt 562.

[3] Diese Passage, wie auch die folgenden, werden zitiert nach: Adolf Erman, *Die Literatur der Ägypter*, (Leipzig 1923).

[4] Über Dor in persischer Zeit siehe: T. C. Mitchell: »Philistia«, in: *Archaeology and Old Testament Study*, D. W. Thomas, Hrsg. (Oxford 1967), S. 417.

[5] J. A. Wilson; er sagt auch »Die Redewendung ›die seinem Hause zugehören‹ könnte entweder bedeuten, daß diese Schiffe an der Küste vor seinem Kontor in Sidon vor Anker lagen, oder aber, daß sie entlang der Wasserstraße nach Ägypten treidelten.

ausgeschickt hat.« Und er knurrte: »... was soll da dieses kindische Gereise, das man dich machen läßt.«[6]

Wenamun antwortete, es gäbe überhaupt kein Schiff, das nicht Amun selbst gehöre: »Sein ist das Meer und sein ist der Libanon.« Er bat den Fürsten zu gestatten, daß man eine Botschaft nach Tanis sende, und zwar mit der Bitte um ein Darlehen von Nesubanebded an Wenamun, das nach Wenamuns Rückkehr von Herihor zurückgezahlt werden würde. Der Fürst stimmte zu, und nach einigen Wochen schickte Nesubanebded etwas Gold, etwas Silber, fünfhundert Rollen Papyrus, fünfhundert Kuhhäute und fünfhundert Seile. Der Fürst schickte dreihundert Männer aus, die Bäume in den Bergen zu fällen und die Stämme zur Küste zu befördern. Er forderte Wenamun auf, die Stämme zu verladen und abzureisen. Wenamun zögerte. Das Meer war stürmisch, und er fürchtete sich vor den Tjeker-Schiffen. Zekarbaal verlor die Geduld: »Komm du nun aber nicht und sieh auf die Schrecklichkeit des Meeres. Wenn du doch auf die Schrecklichkeit des Meeres siehst, so sieh auch auf die von mir.«

Der zornige Fürst sagte zu Wenamun, er solle seinem Schicksal dankbar sein: die Abgesandten, die in einer früheren Generation aus Ägypten in sein Land gekommen wären – in den Tagen von Cha-em-wese –, um Zedernholz zu kaufen, seien von einem seiner Vorfahren festgehalten worden und siebzehn Jahre später seien sie in Byblos gestorben. »Und er sagte zu seinem Diener: ›Nimm ihn mit und zeig ihm ihr Grab, in dem sie liegen.‹« Darauf antwortete Wenamun: »Nein, zeige es mir nicht.«

Als er erneut zum Aufbruch aufgefordert wurde, wurde Wenamun von der Angst übermannt, die »Tjeker-Schiffe« könnten ihn auf offener See aufbringen. »Und da sah ich elf Schiffe, die auf dem Meer herankamen, (mit dem Auftrag) nehmt ihn gefangen und laßt kein Schiff von ihm nach dem Lande Ägypten. Da setzte ich mich hin und weinte.« Der Fürst von Byblos hatte Mitgefühl mit dem verängstigten Mann. Er antwortete den Kapitänen der Tjeker-Schiffe, die seine Auslieferung verlangten: »Ich kann den Gesandten des Amun nicht in meinem Lande gefangennehmen. Laßt ihn mich absenden und verfolgt ihn, um ihn gefangen zu nehmen.«

In persischer Zeit war die Piraterie im Mittelmeer durchaus legal.[7] Athener, Spartaner und Sizilianer segelten mit ihren Schiffen in allen Richtungen über das Meer. Sidon war der größte Schiffsbauhafen, und der Verkauf von Schiffen war nicht nur auf ehrbare Kaufleute beschränkt.

Die Wahl eines Umweges sowie eine stürmische See verschlugen Wenamun und sein Schiff an die Küste Zyperns nach einer Stadt, die von einer Fürstin Heteb regiert wurde. Wie er schließlich Ägypten erreichte, wissen wir nicht, da der Schluß des Papyrus' fehlt.

Es ist interessant, daß Wenamun in seinem Reisebericht eine ganze Reihe hebräischer Wörter benutzt: für »Versammlung« das hebräische *»moed«* und für »Bündnis« bzw. Allianz den hebräischen Begriff *»hever«*; auch in anderen Fällen gibt Wenamun in seiner Wortwahl hebräischen Wörtern den Vorzug vor ägyptischen.

Zwei im Text vorkommende Namen verursachten unter Gelehrten Kopfzerbrechen. Einer davon war der von Chaemwese (Cha-em-wese), in dessen Tagen aus Ägypten nach Byblos entsandte Botschafter wider ihren Willen dort festgehalten wurden. Der andere Name betraf den Schiffseigner Werket-El bzw. Birkath-El, der die Handelsverbindungen zwischen Sidon und Tanis unterhielt.

Auf die Frage nach der Identität von Chaemwese wurde keine Antwort gefunden. Zwei Könige wurden erwogen, aber verworfen: Ramses IX. bzw. Neferkare-setpenre Ramesse-chaemwese-merer-amun und Ramses XI. bzw. Menmare-setpenptah Ramesse-chaemwese-merer-nutehekaon. Bei Chaemwese handelte es sich »mit Sicherheit um einen König«[8], aber da sowohl Ramses IX. als auch Ramses XI. erst vor kurzem regiert hatten, würde ein Priester und Beamter, wie Wenamun es war, es nicht unterlassen, sie mit dem Titel ›König‹ auszuzeichnen, wenn er von ihnen spricht – eine solche Titulierung war eine Forderung der Höflichkeit und Wohlerzogenheit, gegen die ein Priester und ein Schreiber niemals verstoßen würde.[9] Als Wenamun die beleidigende Aufforderung ablehnte, die Gräber jener Abgesandten aufzusuchen, die während der Regierungszeit von Chaemwese dort eingetroffen waren, sagte er: »Zeigt es mir nicht. Bei Cha-em-wese[10] waren es Menschen, die er zu euch als Gesandte schickte, und er war selbst ein Mensch.« Wilson kommentiert: »Damit scheint die Möglichkeit ausgeschlossen, daß es sich bei Khaem-Waset um Ramses IX. handelt, denn Wen-Amon [Wenamun] würde wohl kaum einen Pharao einfach nur als ›Mensch‹ bezeichnen.«[11]

Der Pharao, der unter dem Namen Ramses IX. bekannt ist, war ein Zeitgenosse von Herihor, aber der als Ramses XI. bekannte Pharao muß vor ihm regiert haben, da er in einem Relief dargestellt wird, wie ihm vom Hohenpriester Amenhotep Blumen gereicht werden. Beide diese Könige gehören ins fünfte Jahrhundert; beide benutzen den Namen Chaemwese. Der Hinweis im Papy-

---

[6] Nach Breasteds Übersetzung »klägliche Reisen«; bei Wilson heißt es »törichte«.

[7] Siehe Max Cary: »Piracy«, *Oxford Classical Dictionary* (Oxford 1949), S. 694. Während des Peloponnesischen Krieges wurde die Freibeuterei zu einer »ernsthaften Plage«.

[8] Gardiner: »The Twentieth Dynasty«, *Egypt of the Pharaohs*, S. 311.

[9] Korostowtsew: *Pooteshestviye*, S. 34.

[10] In seiner Übersetzung des Papyrus benutzt Gardiner die Schreibweise Khaemwise.

[11] Wilson, in: *Ancient Near Eastern Texts*, (1. Auflage), S. 28, Anmerkung 35.

rus des Wenamun muß sich auf den früher Regierenden von diesen beiden beziehen, der während der Anfangsphase der Regierungszeit von Artaxerxes I. zusammen mit dem Hohenpriester Amenhotep seines Postens enthoben wurde. Höchstwahrscheinlich war es der Inaros der griechischen Quellen, der gegen Artaxerxes I. rebellierte. Eine Hypothese, daß Chaemwese für Kambyses steht, würde auf philologische Schwierigkeiten stoßen.

Der andere Name im Wenamun-Papyrus, der zu Kopfzerbrechen Anlaß gab, ist der des Schiffsmagnaten, dessen Hauptsitz sich in Tanis im Nildelta befand. Von ihm sagte der Fürst von Byblos, daß allein fünfzig Schiffe »sich in Verbindung mit Birkath-El befinden« und »zu seinem Hause« segelten.

In seinem Buch über Wenamuns Reise ist der hervorragende deutsche Ägyptologe A. Erman zu dem Schluß gekommen, daß die richtige Entzifferung der Hieroglyphen w-r-k-t-r Birkath-El lauten muß, da die Hieroglyphen nur ein einziges Zeichen für *r* und *l* haben, und da *w* und *b* austauschbar sind.[12] Der Name Birkath-El, so folgerte Erman, weist auf den semitischen Ursprung dieses Schiffsmagnaten hin, höchstwahrscheinlich war er ein Phönikier; er bedeutet soviel wie »Gottes Segen« und ist ähnlich konstruiert wie viele andere semitische Namen mit der Endung *el*.

M. Burchhardt führte noch weitere Argumente zugunsten von Ermans Interpretation dieses Namens an, aber er stellte sie andererseits auch in Frage, weil zwar die Ägypter der Spätzeit die Konsonanten *b* und *w* untereinander austauschten, das zehnte oder elfte Jahrhundert seien aber für eine derartige lexikographische Laxheit ein entschieden zu früher Zeitpunkt gewesen.[13]

Im Jahre 1924 veröffentlichte R. Eisler eine Abhandlung unter dem Titel »Barakhel Sohn und Cie. Reedereigesellscheft in Tanis«[14]; darin lenkte er die Aufmerksamkeit auf die Tatsache hin, daß eine späthebräische Quelle einen Hinweis auf die gleiche Reedereigesellschaft enthält. Das Testament des Naphtali (aus den *Testamenten der zwölf Patriarchen, die zwölf Söhne Jakobs*) berichtet von einer Reedereigesellschaft namens »Berakhels Sohn«. Das Testament des Naphtali ist ein pseudoepigraphisches Werk, dessen Entstehung um –148 angesetzt wird – das Jahr, in dem Jonathan aus dem Haus der Haschamanaim (Makkabäer) Jaffa eroberte und so den Zugang zum Meer und zum Seehandel eröffnete.

Im Testament wird von der Vision eines Schiffs erzählt, das in der Nähe der Küste von Jaffa ohne Schiffsbesatzung und ohne Passagiere vorbeifährt. Aber auf dem Mast steht der Name des Schiffseigners: Sohn des Berakhel.

Der Name Berakhel bedeutet – ebenso wie Birkath-El – »Gottes Segen« und zeigt nur eine leicht unterschiedliche Konstruktion des Possesivums (wie beispielsweise »Gottes Segen« und »Segen Gottes«).

Eisler fragte sich, ob es zutreffen konnte, daß diese Reederei noch im Jahre –150 existierte? Dies würde bedeuten, daß ihre Schiffe die Route an der syrischen Küste über neunhundert Jahre lang befahren hätten – seit Wenamun dort »um etwa –1100« seine Reise unternommen hatte. Eine derartige Zeitspanne wäre allerdings »dreimal so lang wie die langlebigsten englischen oder hanseatischen Reedereien existiert hatten«. Daß der Autor des Testaments von Naphtali seine Informationen aus einer Kopie von Wenamuns Reisebericht bezogen haben könnte, verneinte Eisler aus allgemeinen Gründen, aber auch weil in den beiden Hinweisen auf diese Reederei der Name mit kleinen Unterschieden buchstabiert wurde.

Nach unserer Schätzung unternahm Wenamun seine Reise nicht »um –1100«, sondern nahe – 400, und daher liegen nicht 950 Jahre zwischen der Entstehung dieser beiden Texte. Außerdem ist es denkbar, daß das Testament des Naphtali niedergeschrieben wurde, bevor die Haschmanaim ihre Unabhängigkeit von der seleukidischen Beherrschung erreichten – möglicherweise noch während der persischen Periode; wenn jedoch das Testament richtig in die Mitte des zweiten Jahrhunderts datiert wird, dann konnte die Reedereifirma noch bestehen, oder zumindest ihre Existenz ein- bzw. zweihundert Jahre vorher konnte dem Autor des Testaments als Tatsache bekannt gewesen sein. Das wäre allerdings dann nicht der Fall, wenn inzwischen fast ein Jahrtausend vergangen wäre.

W.F. Albright stimmte nicht mit Erman überein und ging von der Annahme aus, daß der von ihm als »Warkar« gelesene Name »weder ägyptischen noch semitischen, sondern vermutlich asianischen (anatolischen oder ägäischen) Ursprungs gewesen ist« und einem Mann gehörte, der an den Wanderungsbewegungen der Seevölker teilgenommen hatte und sich dann in Ägypten niederließ.[15] Albrights Argument baut auf der Zeitspanne auf, die den Kriegszügen der Seevölker zugemessen wird. Die meisten Ägyptologen folgen jedoch bevorzugt der von Erman gegebenen Lesung, wie J.A. Wilson bezeugt.[16]

---

[12] A. Erman: a.a.O., S. 230.

[13] M. Burchhardt: *Die Altkanaanäischen Fremdworte und Eigennamen im Ägyptischen*, (Leipzig 1909-10).

[14] *Zeitschrift der Morgenländischen Gesellschaft*, Bd. 78 (Bd. 3 der Neuen Reihe), 1924, S. 61-63.

[15] »Some Oriental Glosses on the Homeric Problem«, in: *American Journal of Archaeology*, LIV (1950), 174.

[16] »Bei Werket-El (=Birkath-el?) handelte es sich offenbar um einen phönikischen Handelherrn, der in Ägypten lebte, und der vor allem den Handelsverkehr mit Sidon wahrnahm.« *Ancient Near Eastern Texts* (1950), S. 27.

»Wiederholung der Geburten«

Wenamun unternahm seine Reise während der späteren Phase der persischen Beherrschung Ägyptens. Können wir diesen Zeitpunkt mit größerer Präzision bestimmen?

Im Eröffnungsteil des Papyrus Wenamun ist zu lesen, daß Wenamun seine Reise begann: »Im Jahr 5, und 3. Monat der dritten Jahreszeit.« Aber um welches Jahr 5 welcher Ära geht es? In der Regel bezieht sich in ägyptischen Dokumenten das zu Beginn des Textes erwähnte Jahr auf das Regierungsjahr eines Monarchen. Wer aber war der Monarch zur Zeit, als Wenamun seinen Auftrag übernahm? Sein Name wird nicht genannt. Es ist jedoch davon die Rede, daß Wenamun, als er Tanis im Nildelta erreichte, das von Herihor ausgestellte Beglaubigungsschreiben an Nesubanebded übergab, bevor er sich einschiffte. Auch als ihm in Dor sein Gold und Silber gestohlen wurde, sprach Wenamun zu dem dortigen Fürsten Bedel: »Wahrlich, das Geld gehört dem Amun-Re, dem Herrn der Länder; es gehört Nesubanebded; es gehört Herihor, meinem Herrn und den anderen Großen von Ägypten.« Ein König wird nicht erwähnt, und auch keiner von den namentlich genannten Personen wird als König bezeichnet.

Der Priester Herihor, der Wenamun auf seine Reise schickte und der Gouverneur im Delta, Nesubanebded, gelten als Potentaten unter Ramses XI., dem vorgeblich letzten weltlichen Ramessiden-König, mit dem dic 20. Dynastie erlosch. Es wird angenommen, daß Ramses XI., nicht mehr an der Regierung war, da sich der beraubte Abgesandte in seiner Beschwerde beim syrischen Fürsten von Dor nur auf die Autorität des Hohenpriesters von Theben und des Gouverneurs vom Delta beruft; als er später vom Fürsten von Byblos, Zekarbaal, festgehalten wird, erwähnt er wiederum nur diese beiden Männer, aber keinen König von Ägypten, dessen Schutz er sicherlich in Anspruch genommen hätte, wäre damals in Ägypten ein König an der Regierung gewesen. Daher wird angenommen, das fünfte Jahr beziehe sich auf »die königslose Periode, die auf die 20. Dynastie folgte.«[1] Das erschien jedoch unglaubwürdig. Eine königslose Zeit würde in der Einleitung eines Dokuments nicht nach Jahr und Monat aufgeführt. Die Ägypter haben die Zeit eines *regierenden* Herrschers mit Hilfe des jeweiligen Regierungsjahres gekennzeichnet. Es gab damals in Ägypten keinen regierenden König, und doch wurde das Dokument mit im »Jahr 5« datiert.

Ähnlich werden in anderen Dokumenten dieser Zeit in den einleitenden Sätzen bestimmte Jahre erwähnt, aber der König wird nicht genannt; indessen findet sich gelegentlich ein Hinweis auf »Die Wiederholung der Geburten«. In seinem Werk *Das alte Ägypten* schreibt A.H. Gardiner mit Bezug auf die Zeit des Hohenpriesters Herihor: »An die Stelle der herkömmlichen Datierung nach den Regierungsjahren des Königs trat eine neue Zeitrechnung mit der eigenartigen Bezeichnung Wiederholung der Geburten.«[2]

Der Papyrus Mayer A beginnt: »Jahr 1 in der Wiederholung der Geburten.« In diesem Papyrus werden die gleichen Grabräuber genannt wie im Papyrus Abbott, der datiert ist »Jahr 1, Monat 1 der Überschwemmungszeit, Tag 2, entsprechend Jahr 19«. Offensichtlich waren zwei Methoden zur Datierung eines Ereignisses üblich. Das Jahr 19 konnte sich beispielsweise auf das Pontifikat eines Hohenpriesters beziehen, aber was konnte bedeuten: »Jahr 1 in der Wiederholung der Geburten?« Handelt es sich hier um eine Art Renaissance?

Gelegentlich wird angenommen, Herihor habe bei der Übernahme des Pontifikats oder des Throns (gelegentlich, aber nicht immer, wurde sein Name in einem Oval, also einer Kartusche dargestellt, dem Kennzeichen von Königen) den Anspruch erhoben, damit beginne in Ägypten eine Renaissance. Aber warum sollte die Zeit von Herihor als der Beginn einer Renaissance glorifiziert werden? Aus der Geschichte des Wenamun über seine Reise, die er im Auftrag Herihors unternommen hat, läßt sich nicht der Eindruck gewinnen, daß Herihor sich anschickte, den Beginn einer neuen Ära zu verkünden oder auch nur Anspruch auf einen königlichen Titel zu erheben.

Außerdem kennen wir »die Wiederholung der Geburten« und die auf ihr beruhende Datierung einer Ära bereits aus der Zeit Ramses' XI., eine Anzahl von Jahren vor Herihor: So findet sich »Jahr 7 in der Wiederholung der Geburten« in einem aus der Zeit Menmare-setpenptah Ramesse (Ramses' XI.) stammenden Dokument, das sich auf die Ernennung eines gewissen Nesamun zum Schreiber im Vorratslager in Karnak bezieht, die durch das Orakel entschieden worden war.[3]

Nach reiflicher Überlegung wurde das »Jahr 5« zu Beginn des Wenamun-Papyrus als Bezug auf die von Herihor eingeleitete Ära der »Wiederholung der Geburten« interpretiert.

Uns erscheint es jedoch so, daß sich das »Jahr 5« auf das Regierungsjahr des persischen Oberherrn bezieht – entweder auf Dareios II. Nothus (–424 bis –404), dann hätte die Reise im Jahre –419 stattgefunden, oder auf Artaxerxes II., der seine Herrschaft –404 antrat, in welchem Fall Wenamuns Reise im Jahre –399 stattgefunden hätte.

---

[1] J. Wilson in Pritchard: *Ancient Near Eastern Texts* (1950), S. 25.

[2] Gardiner, a. a. O., S. 304.

[3] Die Redewendung »Die Wiederholung der Geburten« scheint während der Regierungszeit von Amenemhet I. und von Sethos dem Großen benutzt worden zu sein. Siehe auch: Gardiner: *Egypt of the Pharaohs*, S. 127 und 249.

Unsere Vermutung hinsichtlich der Bedeutung des Datums sowie hinsichtlich der »Wiederholung der Geburten« ganz allgemein wird unterstützt durch einen Brauch, der während der Herrschaft der persischen Könige zu einer Institution geworden war. Wir brauchen nur ein Buch über die Geschichte des antiken persischen Reiches aufzuschlagen, wie beispielsweise das Werk *The Medes and Persians (Die Meder und die Perser)* von W. Culican[4], um gleich auf der ersten Seite zu lesen:

»Persepolis ... im Jahre –518 von Dareios begonnen, wurde von Xerxes vollendet... Dort wurde in jedem Jahr am Neujahrstag das Königtum der Achämeniden erneuert, und Männer aus jedem Teil des Imperiums kamen hierher, um Zeugnis für ihre Loyalität abzulegen.«

Wenamun baut einen Schrein

Wenamun – das darf als erwiesen gelten – kehrte wieder nach Ägypten zurück und schrieb nach der erfolgreichen Beendigung seiner abenteuerlichen Reise den Bericht über seine Mission nach Byblos.

Als ein Gesandter des Hohenpriesters Herihor muß Wenamun einen recht bedeutenden Rang in der priesterlichen Hierarchie eingenommen haben, und es würde sich möglicherweise lohnen, nach Spuren von ihm in Karnak, oder noch besser, in den Oasen el-Chargeh oder Siwa zu suchen – den Orten, wo die Verehrung des Gottes Amun während der persischen Periode der ägyptischen Geschichte kultiviert wurde. Eine solche Suche erweist sich, wie wir gleich sehen werden, als nicht unfruchtbar.

Der Tempel des Orakels von Zeus-Amun in der Oase Siwa ist uns heute als der Tempel von Aghurmi bekannt, der weitgehend zerfallen ist. Noch weniger ist von dem Tempel von Umm-Ebeida in der gleichen Oase erhalten geblieben. Diodor, der sich auf Kleitarch, den Biographen von Alexander beruft, erwähnt einen, von der Akropolis mit dem Tempel des Orakels etwas entfernt stehenden, zweiten Ammon-Tempel im Schatten vieler großer Bäume, in dessen Nähe sich eine Quelle befindet, die »Quelle der Sonne« genannt wird.

Wie zur Zeit Alexanders ist Umm-Ebeida von Hainen und Baumgruppen umgeben. Heute stehen noch die Überreste einer einzigen Mauer, in die Reliefs und Hieroglyphen eingemeißelt sind; ringsum liegen Steinplatten, einige mit eingeritzten Zeichen. Vor dem Ende des 19. Jahrhunderts stand dort noch mehr von den Mauern mit einer sie krönenden Decke, aber später wurden sie von einem lokalen Potentaten mit Dynamit gesprengt, um Material für Bauzwecke zu erhalten.

---

[4] W. Culican: *The Medes and Persians* (London 1965).

Im Jahre 1900 besuchte G. Steindorff die Oase Siwa, untersuchte die übriggebliebene Mauer und las dort den Namen ihres Erbauers: Wenamun. Der Text auf der Mauer identifiziert ihn als »Der wirkliche Herr, der große Beherrscher der fremden Länder, Wenamun...« Ein Relief zeigt ihn, wie er vor dem Gott Amun kniet: der Gott des Orakeltempels wurde also auch in dem von Wenamun errichteten Schrein verehrt.

Steindorff war nicht vorbereitet, den Wenamun der Reise nach Byblos mit dem Wenamun in Verbindung zu bringen, der einen Schrein für den Gott Amun errichtet hatte: keines der Bauwerke in der Oase Siwa reicht zeitlich weiter zurück als zum Beginn der Perserherrschaft in Ägypten[1]; dagegen wird Wenamuns Reise nach Byblos im 11. Jahrhundert angesiedelt.

Es ist bezeichnend, daß Wenamun sich selbst auf der Tempelmauer, die er errichtet hatte, »Herr« oder »Beherrscher« – oder Autorität – fremder Länder nennt. Ein gewöhnlicher Laie oder Priester konnte unmöglich ein »Beherrscher fremder Länder« sein. Aber angesichts dessen, was wir über Wenamuns Reisen in fremde Länder erfahren haben, konnte er mit Recht beanspruchen, eine Autorität für fremde Länder zu sein. Aus der Inschrift erfahren wir auch, daß Wenamuns Vater Nacht-tit hieß und seine Mutter Nefer-renpet. In dem erhalten gebliebenen Teil des Wenamun-Papyrus werden die Namen der Eltern des Verfassers nicht genannt.

Ist es möglich, den Zeitpunkt noch exakter zu bestimmen, zu dem Wenamun den Schrein für den Gott Amun errichtet hat?

Vor über einhundertfünfzig Jahren besuchte und beschrieb Minutoli die Oase Siwa und ihre Tempel.[2] Auf einer der gestürzten Steinplatten von Umm-Ebeida bemerkte er zwei Kartuschen, und er gab sie in seinem Buch in einer Zeichnung wieder. Diese Kartuschen befinden sich nicht mehr auf den heute noch erhaltenen Ruinenresten, aber »trotz der ungenau wiedergegebenen Buchstaben besteht kein Zweifel, daß sie zu Nektanebos II. gehören«, schreibt Achmed Fakhri in seinem Band *Siwa Oasis*.[3] »Der Name von Nektanebos II. stand an der Fassade des Tempels, aber im Innenraum finden wir wiederholt den Namen des Erbauers dieses Tempels [Wenamun].« Wir haben bereits nachgewiesen, daß es sich bei Necht-hor-heb, dessen Kartuschen hier und an anderer Stelle gefunden wurden, nicht um den Nektanebos II. der griechischen Autoren handelte, sondern um einen Potentaten unter dem Perserkönig Dareios II.

---

1 Nach A. Fakhri entstand der Orakel-Tempel unter Amasis II., kurz vor der Eroberung Ägyptens durch die Perser.

2 H. C. Minutoli: *Reise zum Tempel des Jupiter-Ammon in der Libyschen Wüste* (Berlin 1824).

3 Fakhri, *Siwa Oasis*, S. 100.

Jetzt ist es ganz gewiß, daß sich »Jahr 5« zu Beginn von Wenamuns Reisebericht auf das fünfte Regierungsjahr von Dareios II. bezieht oder -419.

Da Herihor Wenamun mit seiner Mission beauftragt hatte und da Nechthor-heb mit Wenamun beim Bau des Schreins in Umm-Ebeida in der Oase mit Wenamun in Beziehung gestanden zu haben scheint, ergibt sich, daß auch Herihor unter Dareios II. gelebt hat; er nahm die religiöse Stellung eines Hohenpriesters ein, aber in den Oasen – sowohl in der südlichen Oase el-Chargeh als auch in der nördlichen Siwa – bekleidete er auch einen weltlichen Rang, nämlich den eines Befehlhabers der Armee.

Wir konnten aus gutem Grund feststellen, daß der Wenamun des »kindischen Gereises«, dessen Manuskript ohne den Schlußteil erhalten geblieben ist, sicher nach Ägypten zurückkehrte, und daß er, was noch wichtiger ist, während der persischen Periode der ägyptischen Geschichte gelebt hat, genauer gesagt, unter Dareios II. Das Manuskript und das Bauwerk waren Schöpfungen ein-und derselben Person, die hier aus zwei, um siebenhundert Jahre getrennten, Existenzen, wieder vereinigt wurde.

Wie wir gleich sehen werden, war der Hohepriester im Zeus-Ammon(Amun)-Tempel in Siwa, der Alexander dem Großen dort begegnet ist und ihn gesegnet hat, ein Nachkömmling von Herihor in der dritten Generation. Diese Generationen füllen den Zeitraum zwischen der Reise des Wenamun im Jahr –419 und dem Auftreten Alexanders in Ägypten (–332), nämlich 87 Jahre.

Das geheime Königsversteck

Etwa zehn Jahre lang bis 1881, erreichten Antiquitäten aus einer geheimen Quelle Touristen und Händler in Luxor, Kairo und Paris; diese Antiquitäten kamen offensichtlich aus irgendeinem geheimen Versteck oder aus Gräbern, die den Archäologen bisher unbekannt geblieben waren. Als dieser illegale Handel ein besorgniserregendes Ausmaß erreichte, führten Untersuchungen zu einer arabischen Familie im Dorf Gournah in der westlichen Ebene jenseits des Nils, gegenüber von Luxor. Als Mitglieder dieses Clans über ihre Tätigkeit vernommen wurden, leugneten sie hartnäckig jede Beteiligung an unerlaubten Grabungen oder auch jegliche Kenntnis solcher Vorgänge. Der ägyptische Khedive selbst interessierte sich angelegentlich für diese Affäre, und er wurde darüber von Gaston Maspero auf dem laufenden gehalten, einem bekannten Ägyptologen, dem man die Oberaufsicht über die Altertümer anvertraut hatte. Einer aus dem Clan wurde auf einen vagen Verdacht hin ins Gefängnis gesteckt; er verbrachte dort zwei Monate, ohne irgendetwas zu enthüllen. Als er jedoch mangels eindeutiger Beweise wieder freigelassen wurde, stritt er sich mit seinen Komplizen, zu denen auch sein älterer Bruder gehörte und verlangte als Ausgleich für die im Gefängnis verbrachte Zeit die Hälfte statt eines Fünftels aller Einnahmen aus dem künftigen Verkauf sämtlicher Antiquitäten; als ihm dies verweigert wurde, war er so erbost über diese Ungerechtigkeit, daß er jetzt bereit war, das Geheimnis den Behörden preiszugeben; sein älterer Bruder kam ihm jedoch zuvor.

Ganz in der Nähe des Tempels von Deir el-Bahari, der in der Zeit der 18. Dynastie von der Königin Hatschepsut errichtet worden war, verbarg unterhalb der Felshänge ein zugedecktes Loch einen zwölf Meter tiefen Brunnen, der zu einem etwa 65 Meter langen Korridor führte; an seinem Ende befand sich eine Kammer, die sieben mal vier Meter maß und fünf Meter hoch war. Eine kleinere Kammer oder Nische befand sich auf halbem Wege des Korridors. In der Kammer und in der Nische lagen Särge und Mumien von vielen bedeutenden Pharaonen der Vergangenheit, und einige Namen wurden von Maspero und seinem Assistenten Emil Brugsch im Kerzenlicht entziffert.

Im Versteck lagen die Mumien von Amosis I., der nach der Vertreibung der Hyksos aus ihrer Festung Auaris, die 18. Dynastie gegründet hatte; von Amenophis I., dem von allen Königen am meisten verehrten und für heilig gehaltenen Pharao; von Thutmosis I. und seinem Sohn Thutmosis III., dem großen Eroberer; von Sethos dem Großen aus der 19. Dynastie, von seinem Sohn Ramses II. und auch von Ramses III. aus der 20. Dynastie. Es war fast unglaublich. Maspero bekannte, er habe erwartet, das geheime Grab irgendeines obskuren Königs oder Fürsten zu finden, und nun fand er Könige, die jedem Historiker ein Begriff waren; sie wurden nicht nacheinander gefunden, sondern alle gleichzeitig: ein regelrechtes Walhalla. Die Namen der Könige standen auf den Binden, zusammen mit Angaben, wer die neue Umwicklung vorgenommen hatte. Dieses Werk der Umwicklung hatte der Hohepriester Herihor begonnen; andere Mumien wurden unter der Aufsicht seines Sohnes Pianchi neu eingebunden, weitere unter Pianchis Sohn Peinuzem I. und einige unter seinen Söhnen Mesahert und Mencheperre, ein paar weitere unter dem Sohn des Letztgenannten, Peinuzem II.; abgeschlossen wurde die gesamte Aktion unter Siamun.

Das Versteck datiert aus der Zeit der 21. Dynastie, in der die Priesterfürsten regierten, und viele Mumien dieser Periode wurden miteinbezogen, darunter auch solche von Leuten, die selbst diese Aktion überwacht hatten, wie beispielsweise die von Peinuzem II. Ursprünglich war diese Grabstätte für eine kaum bekannte Königin Inhapy gebaut worden, und es scheint, als habe Siamun dort die königlichen Mumien gesammelt und zum letzten Male neu umwickelt, die vorher von den Priesterfürsten der 21. Dynastie neu eingehüllt worden waren.

Aber bevor das alles zu erkennen war, wurde der gesamte Inhalt der geheimen Grabkammer entfernt.

Dieses Ausräumen geschah in größter Eile. Maspero deutet in seinem Bericht über diesen Fund[1] an, daß er sogar mit einem bewaffneten Einschreiten einiger Beduinenstämme rechnen mußte, denn diese – nachdem sie erfahren hatten, daß man Schätze der altägyptischen Könige gefunden hatte – waren nicht abgeneigt, diese Schätze, die angeblich alle aus Gold und Edelsteinen bestanden, selbst unrechtmäßig in ihren Besitz zu bringen. Aber jeder, der weiß, wie resolut die Regierungsbeamten unter den Khediven in Ägypten einzuschreiten pflegten, wird eher zur Annahme neigen, der eigentliche Grund für die hastige Entfernung der Mumien sei auf die freudige Erregung über diesen Fund zurückzuführen, die die Ägyptologen darauf brennen ließ, ihre Neugier zu befriedigen und den berühmten Königen aus Ägyptens Vergangenheit ohne Verzögerung und bei Tageslicht zu begegnen.

»Zweihundert Araber wurden rasch versammelt und in Bewegung gesetzt. Das museumseigene Schiff, eiligst angefordert, war noch nicht eingetroffen, aber wir hatten ja den ›Chef‹ Mohammed Abdessalam [der das Geheimnis enthüllt hatte], auf den wir uns verlassen konnten. Er stieg in das Loch hinab und übernahm die Aufsicht über den Abtransport des Inhalts.« Zwei Assistenten vom Antikendienst übernahmen die Gegenstände, sobald sie aus dem Untergrund aufgetaucht waren, und ließen sie den Hügel hinabtragen und dann in einer Reihe nebeneinander hinlegen, »ohne bei ihrer Überwachung einen einzigen Augenblick nachzulassen«. Maspero fährt fort: »48 Stunden harter Arbeit genügten, um alle Gegenstände zu exhumieren, aber damit war die Aufgabe erst zur Hälfte erfüllt.« Es dauerte in der glühenden Julihitze und in dem aufgewirbelten Staub sieben bis acht Stunden, um die von Männern getragenen großen Särge vom Felsabhang bis an das Flußufer zu transportieren. Die Zahl der verschiedenen Objekte war so beträchtlich, daß es kaum möglich war, über ihre Sicherheit zu wachen; einige verschwanden und wurden wieder beigebracht, mit Ausnahme von etwa fünfzig mit blauem Email überzogenen Figurinen. »Um elf Uhr nachts erreichten die Särge, die Mumien und die Möbelstücke Luxor. Drei Tage später traf das museumseigene Schiff ein, wurde beladen und brach mit seiner königlichen Fracht unter Volldampf nach Bulak [dem Standort des Museums in Kairo] auf.«

Einige der Mumien, die jahrtausendelang aufbewahrt worden waren, begannen einen Verwesungsgeruch abzusondern und wurden geöffnet; einige andere wurden von Emil Brugsch geöffnet, der ganz ungeduldig war, ihren In-

---

[1] G. Maspero: *Les Momies royales de Déir el-Bahari*; das Werk erschien als erster Band von *Mémoires de la Mission Archéologique Française au Caire (Paris 1889)*.

halt in Augenschein zu nehmen – in Abwesenheit von Maspero und ohne dessen Zustimmung; dagegen wurden die Mumien von Setos dem Großen, von Ramses II. und einiger anderer erst zwei Jahre später in Gegenwart des Khediven geöffnet.

Zwischen den Umhüllungen der Mumien wurden keine wirklichen Schätze gefunden. Wenn Herodots Bericht zutrifft, dann ist es durchaus wahrscheinlich, daß Kambyses einige der alten Gräber öffnen und die in ihnen enthaltenen Schätze konfiszieren ließ und auf diese Weise ein Beispiel gab. Zahlreiche Fälle von Grabräubereien und Berichte über damit zusammenhängende Gerichtsprozesse füllen einen Großteil der erhalten gebliebenen Literatur dieser Epoche, die wir als die zweite Hälfte des fünften und als den Beginn des vierten Jahrhunderts erkannt haben – die Zeit Herihors und seiner Nachfolger. Häufig schätzt man sie als fromme Priester ein, weil sie die Mumien wieder eingewikkelt und beerdigt haben. Aber es scheint, als seien die Priester eifrig darauf bedacht gewesen, die Reichtümer, die in den Gräbern zu finden waren, sich selbst anzueignen; nachdem zunächst das kostbare Mobiliar beiseitegebracht war, wurde zwischen den Mumienbinden nach in Gold gefaßten Juwelen und nach Edelsteinen geforscht. Und haben sich nicht, wie wir bald aus anderen Begräbnissen erkennen werden, die Priester der sogenannten 21. Dynastie für ihre eigenen Begräbnisse die Sarkophage, die Ausstattung und die Juwelen angeeignet, die ursprünglich für die Könige früherer Zeiten bestimmt gewesen waren?

Die Mumien der Könige aus antiker Zeit und solche der priesterlichen Thronfolger hat Siamun aus verschiedenen Verstecken sammeln lassen, und er versiegelte das Versteck im »zehnten Jahr«.

Ein Jahrzehnt, nachdem Maspero die königlichen und sonstigen Mumien aus dem Versteck südlich von Deir el-Bahari nach Kairo hatte überführen lassen, lenkte der gleiche Araber, der dem Archäologen den Fund verraten hatte, die Aufmerksamkeit von E. Grebaut, Masperos Nachfolger auf dem Posten des Direktors des Antikendienstes, auf ein weiteres Versteck, nicht weit vom ersten Fundort, diesmal nördlich von Deir-el-Baharai. Ein Schacht führte zu einer langen, engen Passage (etwa 100 Meter auf einer Ebene und fast 60 Meter auf einer darunter liegenden), die gesäumt war mit Särgen: es war eine richtige Katakombe. G. Daressy, der die Aufsicht über diese Aktion führte, fand dort 153 Särge; die Toten waren alle Mitglieder von Priesterfamilien, in der Regel von gehobener Position, aber nicht aus den hohen Rängen der Hierarchie.[2] Bei vielen Mumien handelte es sich um Frauen, »Konkubinen des

[2] G. Daressy: »Les Sépultures des Prêtres d'Ammun à Deir el-Bahari« in: *Annales du Service des Antiquités de l'Egypte*, I, (1900); siehe auch: »Les Cercueils des Prêtres d'Ammun«, a. a. O., VIII, (1907).

Amun« und Tempelsängerinnen. Ein Raum war für die Familie des Hohenpriesters Mencheperre und seine Frauen vorbereitet worden. (Wir werden in seiner Person bald dem Priester wiederbegegnen, der Alexander im Zeus-Ammon-Tempel in der Oase Siwa empfangen hat.)

Bevor aus diesem zweiten Versteck der Inhalt abtransportiert wurde, verbrachte Daressy einige Nächte in einem Zelt bei der Schachtöffnung, um es vor den modernen Grabräubern zu schützen. Als die Särge nach Kairo transportiert wurden, stellte sich heraus, daß das Museum nicht alle diese Särge und Mumien aufnehmen konnte; nach einiger Zeit wurden sechzehn Gruppen von jeweils vier oder fünf Mumien, mitsamt ihren Särgen, als Geschenke an verschiedene europäische Regierungen von Portugal bis nach Rußland verschenkt, wobei das Kairoer Museum die Kontrolle über ihr künftiges Schicksal verlor; wie Daressy herausbekam, ist eine der Mumien bis nach Irkutsk in Sibirien gekommen – eine Reise, die der Tote zu seinen Lebzeiten wohl kaum vorausgesehen hatte.

Die Etikettierungen auf den Mumien aus beiden Verstecken erbrachten ein ergiebiges Material für die Klärung der dynastischen Abfolge von Königen und Hohenpriestern der 21. Dynastie; aber diese »dunkle Periode« wird immer noch als dunkel angesehen, und viele widersprüchliche sowie verwirrende Zeugnisse werden laufend diskutiert.[3]

Für uns ist vor allem wichtig zu erfahren, daß Peinuzem, Sohn des Pianchi, Sohn des Herihor, die Mumie von Ramses III. neu, wenn nicht sogar ursprünglich präpariert hat. Dies führt uns zur Schlußfolgerung, daß Pianchi und auch Psusennes (den Peinuzem als seinen Vater bezeichnete, der aber wahrscheinlich sein Schwiegervater gewesen ist) Zeitgenossen von Ramses III.(Nektanebos I.) sind. Herihor, der seine Priesterlaufbahn unter Dareios II. im letzten Viertel des fünften Jahrhundert begonnen hatte, lebte vor Ramses III.

Das königliche Versteck wurde vom tanitischen Priesterfürsten Siamun, der als der Letzte der 21. Dynastie gilt, im »Jahr 10« verschlossen und versiegelt. Es konnte also, nach der allgemein akzeptierten Chronologie, nicht die Mumie einer Person enthalten, die während der 22. (der libyschen) Dynastie lebte. Aber unter den Mumien im Versteck war die Mumie des Amunpriesters Djetptah-efonkh aus der 22. Dynastie.[4] Es wurde daher angenommen, das

---

[3] Vergleiche »Some Notes on the Chronology and Genealogy of the Twenty-First Dynasty«, von Eric Young, in: *Journal of the American Research Center in Egypt*, II (1963), 99-111; Černy: *Cambridge Ancient History*, Bd. II, Kap. XXXV; »On the Chronology of the Twenty-First Dynasty«, von E. F. Wente in: *Journal of Near Eastern Studies*, XXVI, 3 (Juli 1967).

[4] Maspero: *Les Momies Royales* (Paris 1889); S. 572-73. B. Porter und R. Moss: *The Theban Necropolis* (Oxford 1964), S. 666.

Versteck sei unter den Libyschen Königen nochmals geöffnet worden, um dort die Leiche des Priesters zu bestatten.[5] Diese Mutmaßung steht offensichtlich auf schwachen Füßen. Aber aus der Sicht der vorliegenden Rekonstruktion dürfen wir erwarten, daß außer Mumien der 17., 18. und 19. Dynastie auch eine Mumie aus der libyschen Dynastie des 9./8. Jahrhunderts im Versteck bestattet wurde. Das Fehlen einer Mumie aus der libyschen Dynastie wäre ein Faktum, das einer Erklärung bedürfte; ihr Vorhandensein dagegen konfrontiert die akzeptierte Chronologie mit einer störenden Tatsache.

Theokratische Staaten in Juda und in Ägypten

Unter den Persern war Jerusalem eine abhängige Stadt und, in der Ära unter ihrer Jurisdiktion, eine von einer Theokratie beherrschte Provinz. Als zunächst Nehemia und dann Esra an der Spitze dieser Provinz standen, wurde die theokratische Regierungsform immer ausgeprägter.

Es ist lehrreich, das theokratische Regime in Theben, in Tanis und in den Oasen unter der sogenannten 21. Dynastie mit dem Regime im zeitgenössischen Jerusalem zu vergleichen. Priester, Hohepriester, Propheten im Dienst der Tempel und ihrer Orakel, Tempelsänger, Tempelhüter, erbliche Tempelsklaven – sie alle haben ihre Entsprechungen in Jerusalem und in Theben, in Tanis und in den Oasen. In vielen Fällen können wir einen ägyptischen Text oder Umstand besser begreifen, wenn wir aus der Zeit nach der Verbannung stammende biblische Texte studieren, oder einen Vergleich mit dem Tempeldienst in Jerusalem während der persischen Periode ziehen. Wenn beispielsweise ein »Hüter« namens Ahautinofer, als Mittäter beim Diebstahl einer goldenen Truhe angeklagt, vor dem ägyptischen Gericht aussagt und sich auf die Amtsenthebung des Hohenpriesters (durch eine nicht identifizierte Autorität) bezieht, dann können wir mit Hilfe des Verses 73 in Kapitel 7 des Buchs Nehemia verstehen, daß es sich bei einem »Hüter« um einen Tempelangestellten von nicht geringem Rang handelt. Im hebräischen Text ist die Rede von »... den Priestern, den Leviten, den Torhütern (Tempelhütern), den Sängern...«. Sogar zu der in dieser Aussage bezeugten Amtsenthebung des Hohenpriesters Amenhotep gibt es ein Gegenstück in dem Versuch des Satrapen Bagoas, den Hohenpriester Jonathan von Jerusalem seines Postens zu entheben, ein von Josephus Flavius geschildertes Ereignis.[1]

---

[5] Gardiner: *Egypt of the Pharaohs*, S. 320. H. Gauthier, in: *Annales du Service des Antiquités de l'Egypte*, Bd. 18 (1919), S. 252 ff.

[1] Josephus Flavius, *Jüdische Altertümer*, XI, VII.

Im Tempelbezirk gab es Wohnungen für die Priester, sowohl in Jerusalem als auch in Ägypten. Udjahorresne bat Kambyses anzuordnen, daß alle Fremden, unter ihnen Besatzungssoldaten, die sich in dem Tempel der Neith in Sais niedergelassen hatten, vertrieben werden sollten, zusammen mit ihrer Habe. »Alles Überflüssige, was sich im Tempel befand, sollte hinausgeworfen werden, und all ihr Gepäck sollte außerhalb der Mauern des Tempelbezirks getragen werden und seine Majestät gab den Befehl, den Tempel von Neith zu räumen ...« Eine ähnliche Prozedur fand in Jerusalem statt, als Nehemia »alle Geräte vom Haus Tobias hinaus vor die Kammer warf«, die der Hohepriester Eljasib »im Hof« des Tempelbezirks Tobias gegeben hatte; Tobias war ein Gegenspieler von Nehemia. »Dann hieß ich sie die Kammer reinigen, und sie reinigten sie«. (Nehemia 13:7-9).

Steuern in Geld und Nahrungsmitteln wurden der Bevölkerung Jerusalems und der umliegenden Städte zugunsten des Tempels, seiner Priester und Leviten auferlegt; Vieh, Geflügel, Wein Brot und Öl zählten zu diesen Lebensmitteln. Eine Besteuerung der Bevölkerung zugunsten der Tempel war während der 21. Dynastie eine besonders stark ausgeprägte Institution in Ägypten, und eine Fülle hieroglyphischer und demotischer Texte befaßt sich mit einer derartigen Besteuerung. Vieh und Geflügel und Wein und Brot und Öl waren der Tribut, den der Staat und seine Bevölkerung den Tempeln und ihren Priestern abzuliefern hatten.

Während der Perserherrschaft besaß der Tempel von Jerusalem auch unfreiwillige Diener oder erbliche Sklaven, die zum Tempelpersonal gehörten. Nehemia erwähnt sie in seinem Buch (11:3): »Die Priester, die Leviten und die Nethinim...« – bei letzteren handelte es sich um die Tempelknechte (die erblichen Sklaven). Erbliche Sklaven gab es in großer Anzahl in den ägyptischen Tempeln; auch umfangreiche Ländereien oder Lehnsgüter wurden von abhängigen Bauern bearbeitet, die praktisch Leibeigene waren.

Wie schon die Bücher von Nehemia und Esra, so präsentieren auch die Bücher der Propheten Haggai, Sacharja (der zur Zeit Dareios des Großen wirkte) und Maleachi das Bild von einer Theokratie, die sowohl den Tempel als auch das Land regierte. Der Hauptunterschied zwischen Jerusalem und Ägypten besteht in der Verehrung einer höchsten Gottheit in Jerusalem – die weder Partner noch Herausforderer hinsichtlich ihrer Machtstellung hatte – und der Verehrung eines obersten Gottes Amun in Ägypten, der im ägyptischen Pantheon Partner und Herausforderer neben sich hat. Für das Ethos des mosaischen Gesetzes und für das ethische Erbe der Propheten aus der Zeit vor dem Exil gab es nichts Vergleichbares in den Tempeln von Ägypten, wo der Apis-Kult, ein Vermächtnis aus früheren Zeiten, die Tempeldienste beeinflußte.

Orakelsprüche waren eine Institution, die andere priesterliche Funktionen beherrschte und die sogar Vorrang vor anderen Erwägungen bei der Entscheidungsfindung in den Staatsangelegenheiten Ägyptens besaß. In den Tagen der persischen Oberherrschaft gab es auch im Tempel von Jerusalem ein Orakel: »... ein Priester mit dem Licht und Recht« (Esra 2:63).

Der Posten des Hohenpriesters war in Juda ebenso erblich wie in Ägypten. Während wir mit der Genealogie der Hohenpriester unter den Persern, vor der Ernennung von Herihor, einem Mann ohne besonderen Ruf unter den Priestern auf diesem Posten, nicht gut vertraut sind, ist uns die Nachfolge, die mit ihm beginnt, wohlbekannt – Psusennes, Peinuzem, Mencheperre und Peinuzem II.

Für Juda ist die gesamte Linie der Hohenpriester von den Tagen des Kyros bis zur Zeit Alexanders von der Aufzählung im Buch Nehemia her bekannt (12:10-11): Jesua, Jojakim, Eljasib, Jojada, Jonathan und Jaddua; diese Liste kennen wir auch von Josephus Flavius.

Bücher mit Priestergenealogien wurden in den Tempeln geführt und wurden in Jerusalem ebenso häufig konsultiert wie in Ägypten. Esra stammte zwar aus einer Priesterfamilie, jedoch nicht von einem Hohenpriester ab. Trotzdem gelang es ihm, die jüdische Religion in eine Form zu gießen, die sie während der persischen, griechischen und der römischen Zeit und während neunzehn Jahrhunderten Diaspora unzerstörbar machte. Die ägyptischen Priester seiner Zeit besserten ihr Einkommen aus Steuern und Schenkungen durch Raubzüge in den schatzträchtigen antiken Gräber auf, wo sie die Mumien ihrer Vorfahren entkleideten, um nach Wertgegenständen jeder Art zu suchen. Daher erging es den Religionen Ägyptens und Israels in den folgenden Jahrhunderten sehr unterschiedlich.

Esra

Die Rolle Esras bei der Schaffung des rabbinischen Judaismus kann gar nicht hoch genug veranschlagt werden. Er war der Herausgeber des Pentateuchs und möglicherweise der Autor jener Teile, die unter der Bezeichnung »Gesetze über Heiligung und Priestertum« (Mos. 2 und 3) bekannt sind; es ist denkbar, daß er auch das erste und das zweite Buch der Könige sowie das erste und das zweite Buch der Chronik herausgegeben hat, und einige Bibelgelehrte nehmen außerdem an, er habe seine Hand bei der Zusammenstellung jener Bücher im Spiel gehabt, die unter den Namen Nehemia und Esra bekannt sind und die ursprünglich möglicherweise ein einziges Werk waren. Er ließ sich von der Vision der Vergangenheit leiten – der nebelhaften Zeit der Patriarchen; den Tagen und Jahren, als die Nation, von Moses geführt, ihre außergewöhnlichste geschichtliche Periode, so reich an Drangsalen durchmachte; den sieben Jahrhunderten geordneten Lebens unter Richtern, Propheten und Königen, die für das nördliche Königreich Israel mit der Niederwerfung durch die Assyrer endeten, während Juda danach noch weitere 135 Jahre in seinem Kampf gegen die Übermacht von Babylon und Ägypten blieben, bis es ebenfalls erdrückt wurde. Näher an Esras eigener Zeit lag das Leben im Exil in der Babylonischen Gefangenschaft, aus der dann nach dem Fall von Babylon – das von den Persern –538 erstürmt wurde – kleinere Gruppen wieder heimkehrten, von denen rund einhundert Jahre später eine von Esra selbst geführt wurde. Er brachte aus dem Exil auch seine Vision von der zukünftigen Rolle Israels mit – dessen Name von Juda übernommen werden sollte. Er führte die öffentliche Lesung der Torah (Pentateuch) ein; er begründete das Tabernakel-Fest (Suckoth) und übernahm dabei einige Darbietungen – wie die Verwendung von Palmzweigen – von persischen Festgebräuchen; aber er verteidigte verbissen die Idee, die priesterliche Mission des jüdischen Volkes nicht mit den Nichtjuden zu teilen und beeinflußte damit die Nation, keine Proselyten zu suchen; so überließ er für die kommenden Jahrhunderte einer jüdischen Sekte, den Christen, die Rolle, »die Eroberer zu erobern«, nämlich die Römer, die der Bait Sheni, dem sogenannten Zweiten Reich, ein Ende bereiteten, jener Periode, die sich von der Zeit der persischen Eroberung über die Jahrhunderte der hellenistischen Herrschaft hin bis zum Jahre 70 der neuen Zeitrechnung erstreckte.

Esra überhöhte die Rolle, die Moses gespielt hatte, der mehr als tausend Jahre vor seiner Zeit gelebt hatte, und er erhob ihn über alle anderen Autoritäten und über das Maß an Autorität, das Moses während der Existenz des Ersten Reiches besessen hatte. Der reine Monotheismus, der als solcher noch nicht einmal unter den meisten Propheten vor Jeremia erkennbar gewesen war, kristallisierte sich erst während des Exils heraus, und der gelehrte Schreiber, der kein Prophet und weder königlicher Herkunft war noch von berühmten Ahnen abstammte, hat ihn dann kodifiziert. Er heiligte in starkem Maße den Sabbath und wurde so zu einem großen Sozialreformer und Wohltäter der Werktätigen bis in unsere Zeit. Mehr als jeder andere Prophet, Priester oder Gelehrter, trägt er die Verantwortung für die Form, die der Judaismus annahm und beibehielt – von den Tagen des Zweiten Reiches über die persische, die hellenistische und die römische Zeit und, nach der Zerstörung des Staates durch die Römer, über eine neunzehn Jahrhunderte dauernde Verstreuung (Diaspora) unter alle Völker. In der rabbinischen Tradition steht Esra an Einfluß und Bedeutung nur Moses nach. Er erfüllte seine Aufgabe nicht inmitten grollenden Donners oder vom wolkenumhüllten Berg aus, sondern auf den Straßen von Jerusalem, das seit seiner Zerstörung durch Nebukadnezar noch immer in Ruinen lag, eine entvölkerte Stadt, die noch nicht aus der Asche zu neuem Glanz emporgestiegen war.

Ein historisches Problem, das die Bibelgelehrten aller Zeiten stets erregt hat, besteht in der Frage, ob Esra der Vorgänger von Nehemia war oder sein Nachfolger – jeder von ihnen hatte ein Buch geschrieben, das in den Schriften nach seinem Namen benannt ist.[1]

Nach den kanonischen Büchern der Bibel lebte Esra vor Nehemia: Esra kam aus Babylon im siebten Regierungsjahr des Artaxerxes, Nehemia dagegen aus Susa im 20. Jahr des gleichen Königs. Und doch wurden überzeugende Argumente vorgebracht, die beweisen sollten, daß Esra der Nachfolger von Nehemia war und nicht sein Vorgänger. Eines dieser Argumente lautet, daß zu Esras Zeit der Hohepriester in Jerusalem Jonathan gewesen zu sein scheint der ein Sohn oder ein Enkel von Eljasib war, während zur Zeit Nehemias Eljasib als Hoherpriester fungierte. Ein Hinweis darauf, daß Esra und Nehemia gemeinsam gewirkt haben (Nehemia 7:9), wird als korrumpierter Text angesehen, und die schlechte grammatische Gestaltung dieses Verses stützt dieses Urteil.[2] Viel ist über die zeitliche Abfolge geschrieben worden, und nach der bevorzugten, wenn auch nicht unumstrittenen Auffassung kam Nehemia im zwanzigsten Jahr von Artaxerxes I. (–445) nach Jerusalem und blieb dort eine Anzahl von Jahren, kehrte wieder nach Persien zurück und kam nochmals zu einem kurzen Aufenthalt im zweiunddreißigsten Jahr von Artaxerxes (Nehemia, 13:6). Esra dagegen kam nicht im siebten Regierungsjahr von Artaxerxes I. (–458) nach Jerusalem, sondern im siebten Regierungsjahr von Artaxerxes II. (-398), sechzig Jahre später. Das Fehlen jedes Hinweises auf Esra in den Papyri von Elephantine, von denen der letzte –399 geschrieben wurde, unterstützt die Auffassung, er sei im folgenden Jahr, –398, in Jerusalem eingetroffen.

Eine Schule unter den Bibelgelehrten vertritt eine Kompromißhaltung: Sie setzt Esras Reise in die Mitte der beiden Daten, wobei sie »siebtes Jahr« als Korrumpierung von »siebenunddreißigstes Jahr« des ersten Artaxerxes I. ansieht, also –328. Diese Auffassung wurde von W.F. Albright angeboten. Sie würde bedeuten, daß Esra seinen Aufenthalt in Jerusalem fortsetzte, als Dareios II. Nothus den Thron bestieg.

Es könnte argumentiert werden, daß nicht das Jahr zu ändern sei, sondern der Name des Königs, und daß daher »im siebten Regierungsjahr des Dareios« als »... des Königs Dareios' II.« zu interpretieren sei, der der Sohn des ersten

---

[1] In früheren Zeiten bildeten das Buch Nehemia und das Buch Esra zusammen ein Buch.

[2] Das Verb (*va'yomar*) wird hier im Singular verwendet, obwohl es sich auf Nehemia, Esra und die Leviten bezieht. Siehe jedoch Nehemia 12:36.

und der Vater des zweiten Artaxerxes gewesen ist. Für Esras Aufenthalt in Jerusalem unter Dareios II. spricht ein Hinweis aus dem Buch Esra (10:16), ein Vers, dessen grammatikalische Form der Verbesserung bedarf. Als Esra forderte, die Juden sollten sich von den nichtjüdischen Frauen scheiden lassen, setzten sich die Häupter der Gemeinschaft nieder »am ersten Tage des zehnten Monats, *l'drosch* diese Sache«. Das Wort *l'drosch* (»erforschen« oder »erörtern«) wird nicht vorschriftsmäßig geschrieben, sondern mit einem Buchstaben *yod*, so daß es genauso aussieht, wie der Name von König Dareios im Hebräischen: Im gleichen Buch Esra (4:24; 6:16; 7:13) wird der Name von Dareios (dem Großen) geschrieben wie das falsch buchstabierte »erforschen« geschrieben ist. Angesichts der vielen Beispiele im gleichen Buch und in dem von Nehemia, wo der Tag, der Monat und das Regierungsjahr des persischen Königs als das Datum eines Ereignisses angegeben werden, verdichtet sich der Eindruck, daß in dem von uns erörterten Vers Dareios gemeint ist; der Tag und der Monat werden angegeben, aber das Jahr wurde bei der Korrumpierung des Textes fallengelassen, möglicherweise durch einen späteren Schreiber, der nicht begriff, wie in diesem Zusammenhang von Dareios dem Großen die Rede sein konnte, da er selbst über die Existenz von Dareios II. (–424 bis –404) nicht Bescheid wußte. Daß die Schreiber/Kopisten sich über die Thronfolgen der persischen Könige nicht im klaren waren, ist in Esra 4:24 ersichtlich, wo Dareios II. mit Dareios I. verwechselt wird (vergleiche auch Esra 6:15).

Wenn Esra im 37. Jahr von Artaxerxes (–428) nach Jerusalem kam, dann muß er auch ein Zeitgenosse von Wenamun gewesen sein, der von Herihor nach Byblos geschickt wurde, um dort Zedernholz für die heilige Barke des Amun zu kaufen. Wenn aber Esra im siebten Jahr von Artaxerxes II. Babylon verließ und nach Jerusalem ging, dann ging Wenamuns Reise während der Regierungszeit von Dareios II. Esras Ankunft in Babylon zeitlich um 22 Jahre voraus (dazwischen liegt die Zeitspanne vom fünften Regierungsjahr Dareios II. bis zum siebten Jahr von Artaxerxes II.). Wenn aber – was weniger wahrscheinlich ist – Wenamun im fünften Jahr von Artaxerxes II. nach Byblos reiste, dann hätten Esra und Wenamun ihre jeweilige Reise mit einem Zeitunterschied von nur zwei Jahren angetreten.

Der Priesterfürst Psusennes

Psusennes, Sohn des Nesubanebded, der in den Reisen des Wenamun als Militärkommandeur mit Residenz in Tanis erwähnt wurde, erbte von seinem Vater die Residenz und den Titel, dem er den des Hohenpriesters und des ersten Propheten des Gottes Amun hinzufügte – die Titel seines Schwiegervaters Herihor – und bei einer Reihe von Gelegenheiten benutzte er außerdem noch den Titel »König«. In dieser nördlichen Hauptstadt, innerhalb des großen Tempelbezirks, baute sich Psusennes eine eigene Enklave, die von einer massiven Ziegelmauer umgeben war. Der Tempelbezirk wurde von Pierre Montet erforscht; die Identität des Bauherrn dieser Enklave war ihm sofort offenkundig: in ihrer nordöstlichen Ecke befand sich ein Fundament, das den Namen des Psusennes trug; dieser Name stand auch auf vielen Ziegeln auf den Umfassungsmauern der Einfriedung.[1]

In einer Ecke zwischen dem Tempel und der Ziegelmauer entdeckte Montet das Grab dieses Priesterfürsten. Aber anstatt sich in seiner zuerst zum Ausdruck gebrachten Auffassung bestärkt zu fühlen, daß diese Enklave von Psusennes errichtet worden war, sah sich Montet genötigt, sie zu widerrufen:

»Diese in unseren jüngsten Veröffentlichungen zum Ausdruck gebrachte Auffassung ist nicht richtig. Jetzt wissen wir, daß der große Tempel in seiner endgültigen Form aus einer viel späteren Zeit datiert, denn unterhalb der nordöstlichen und der nordwestlichen Ecke haben wir Ablagerungen von Osorkon II. und in der südöstlichen Ecke eine Ablagerung von Nektanebos I. [Necht-nebef] gefunden«.[2]

Natürlich konnte ein Pharao aus dem elften Jahrhundert nicht auf Fundamenten gebaut haben, unter denen Ablagerungen eines Königs des neunten oder achten Jahrhunderts lagen; er konnte auch nicht mit einem Bauwerk fortfahren, das von einem König des vierten Jahrhunderts begonnen worden war – es sei denn, dieser selbst wird fälschlicherweise ins elfte Jahrhundert datiert, während er doch in Wirklichkeit frühestens ins vierte Jahrhundert gehört. Dieser Gedanke kam Montet nicht, aber das Problem ließ sich nicht einfach durch den Widerruf der früher vertretenen Auffassung lösen: es mußte nachgewiesen werden, wie der Psusennes des elften Jahrhunderts auf Fundamenten bauen konnte, die im vierten Jahrhundert gelegt worden waren. Wenn das folgende eine Erklärung *ist*, so sei es hier sachlich festgehalten:

»Die Tempel von Tanis wurden so häufig umgebaut und in moderner Zeit so schlecht behandelt, daß kein einziger Stein aus dem Alten, dem Mittleren und dem Neuen Reich mehr seinen ursprünglichen Platz einnimmt.«[3]

Tempel wurden umgebaut, altes Material wurde erneut benutzt, aber unterhalb dessen, was Montet weiterhin in seinen Publikationen den »Tempel des

---

[1] P. Montet: *Tanis* (Paris 1942), S. 43 und 55-56.

[2] Montet: *Les Constructions et le Tombeau des Psousennès à Tanis* (Paris 1951), S. 10.

[3] »Les temples de Tanis ont été tant de fois reconstruits et si maltraités dans les temps modernes que pas une pierre de l'Ancien, du Moyen et du Nouvel Empire ne se trouve plus à sa place originale.«

Psusennes« nennt, konnten sich nicht Fundamente und Überreste aus späteren Jahrhunderten befinden.

Das scheinbar widersprüchliche Beweismaterial – Fundamente und Ablagerungen aus dem achten und dem vierten Jahrhundert unter einem angeblich aus dem elften Jahrhundert stammenden Bauwerk – ist ganz und gar nicht widersprüchlich, wenn wir begreifen, daß Psusennes eine Generation nach Nechtnebef lebte und wirkte, nämlich in der ersten Hälfte des vierten Jahrhunderts.

Auf dem in Fragmenten erhaltenen Fundamentstein, der von Montet gefunden wurde, steht neben dem Namen des Psusennes, ein »barbarischer Name«, Schahedet, der von einer Kartusche umschlossen ist. Montet lieferte eine Abbildung dieses Fragments und wunderte sich über die Bedeutung des Namens neben dem des Psusennes. Er kam zur Auffassung oder setzte voraus, es könnte der Name einer wenig bekannten weiblichen Gottheit sein, vermutlich einer libyschen Göttin.[4] Diese Lösung scheint doch sehr an den Haaren herbeigezogen: Warum sollte Psusennes neben seinen Namen in einer Kartusche denjenigen einer wenig bekannten libyschen Göttin setzen, in einer Form, der man sonst nirgendwo begegnet?[5] Für ein ägyptisches Ohr klang dieser Name sicherlich barbarisch.

Es scheint besser im Einklang mit dem Zweck von Kartuschen zu stehen, in denen der Name und die Titel von königlichen Personen aufgeführt sind, daß Schahedet nichts als ein Titel ist, und zwar – in Übereinstimmung mit der neuen revidierten Chronologie – ein persischer Titel, dessen erster Bestandteil »König« bedeutet.[6]

Auf die Frage, ob dieses Wort »Priesterkönig«, »Erbregent«, »Vizekönig« oder etwas Ähnliches bedeuten könnte, antwortete Professor George C. Cameron von der University of Michigan, dieses Wort »*könnte* eine respektable [persische] Etymologie haben«.[7]

Osorkon II., der Fundamente unter zwei Ecken der Tempel-Enklave hatte anlegen lassen, baute sich auch ein eigenes Grab innerhalb der Einfriedung.

---

[4] Montet: *Psousennès* (Paris 1951), S. 184.

[5] Um das Vorkommen des Wortes bzw. des Namens Shahdidit (mit einem *d* in der zweiten Silbe) in einigen anderen Texten dieser Periode zu erklären, stellte Legrain die Hypothese auf, es handle sich um eine libysche Gottheit dieses Namens (»La Déesse Shahdidit«), in: *Annales du Service des Antiquités d'Egypte*, XV, S. 284-86. Im Persischen bedeutet jedoch Shahdidit soviel wie »Gefolgsmann des Königs« bzw. »Beamter des Königs«. Da aber Didit der ägyptische Name für Mendes im Delta ist, könnte Shah Didit bedeuten: »König von Mendes«.

[6] Daher bedeutet »Shahzada« »Sohn eines Königs oder Schahs; als Titel verwendet« *Webster's New International Dictionary of the English Language*, Merriam Publication, 1948).

[7] Aus einem Brief vom 30. Januar 1967.

Von der Grabausstattung wurde sehr wenig gefunden – das Grab ist bereits in antiker Zeit von Grabräubern geschändet und gründlich ausgeräumt worden. Die Arbeiter, die bei der Ausgrabung dieser Grabstätte für Montet arbeiteten, stießen, »ohne es zu bemerken«, (»*sans s'en apercevoir*«) auf das Grab des Psusennes und machten so eine Entdeckung. Dieses Grab war seiner Schätze noch nicht beraubt worden: Grabräuber hatten es nicht entdeckt. Montet schrieb: »Die Diebe, die die Grabstätte von Osorkon II. ausgeraubt hatten, die an jene des Psusennes angrenzt, gaben ihre Suche auf, nachdem bei Versuchsgrabungen nichts gefunden worden war.«[8]

Wie konnte es geschehen, daß die Diebe der Antike bei ihren zahlreichen Probegrabungen das angrenzende Grab des Psusennes verfehlten, während die für Montet arbeitenden Fellachin, sogar ohne sich dieser Entdeckung bewußt zu werden, sich von einem unterirdischen Grab ins nächstgelegene hindurcharbeiteten? Und doch waren die Zeichen von Probegrabungen und Tunnels rings um die Grabstätte von Osorkon II. deutlich zu erkennen.

Offensichtlich wurde Osorkons Grabstätte ausgeraubt, bevor Psusennes in seinem Grab bestattet wurde, und womöglich durch Psusennes selbst. Außerdem wurde, wie wir gleich sehen werden, das Grab des Psusennes ursprünglich für einen König oder Fürsten der libyschen Dynastie gebaut. Psusennes hat es sich angeeignet.

Als die Grabstätte erstmals geöffnet wurde, dachte man, sie sei für denjenigen König oder Fürsten errichtet worden, dessen Sarg – ohne einen Sarkophag – in einem Raum gefunden wurde, der sich später nur als Vorhalle erwies. Montet schilderte diese Szene aus dem Jahr 1939. Sobald die Neuigkeit von der Öffnung eines antiken Königsgrabes und eines darin befindlichen Sarges im königlichen Palast bekannt geworden war, traf König Faruk in Begleitung von Kanonikus Etienne Drioton, dem Direktor des ägyptischen Antikendienstes, an der Grabungsstätte ein, um »mit seinen eigenen Händen an archäologischer Arbeit mitzuwirken«. Montet fährt fort: »Ich half ihm dabei, den [silbernen] Sargdeckel an der Seites des Sarges hinzustellen, der die Mumie enthielt und in einem vergoldeten Behälter die dazugehörigen Juwelen. In diesem Augenblick wurde bemerkt, daß der Sarg der eines unbekannten Königs war: Heqa-kheper-rê Chéchanq [Schoschenk], der nicht weniger als ein Jahrhundert nach Psusennes regiert haben konnte.«[9]

Dies natürlich unter der Annahme, daß Psusennes im elften Jahrhundert regiert hatte und daß die libysche Dynastie der priesterlichen Dynastie folgte, die fälschlicherweise als 21. Dynastie bezeichnet wird.

---

[8] Montet: *a. a. O.*, S. 8.

[9] a. a. O., S. 20.

Aus der Vorhalle führten verschlossene Eingänge in vier Grabkammern.[10] Diese wurden nicht sofort betreten; riesige Monolithen waren in die Passagen eingefügt, die sie fast hermetisch abriegelten. In dieser Grabungskampagne des Jahres 1939 öffnete Montet vor seiner Abreise aus Tanis nur eine Kammer. Sie enthielt einen riesigen Sarkophag. »Er war leer. Der Name und die Titel der Person, die ihn innehatte, waren von den Wänden [der Grabkammer und des Sarkophags] getilgt. Wir waren völlig verwirrt. In einer für Psusennes errichteten Grabstätte, die kein Zeichen des Einbruchs aufwies, fanden wir [zuerst in der Vorhalle] den Sarg und den reichhaltigen Schmuck eines unbekannten Königs aus viel jüngerer Zeit, und [jetzt] entdeckten wir einen Grabanbau, der geschändet wurde und in welchem der Name des ursprünglichen Inhabers ausgelöscht worden war.«

In der folgenden Grabungskampagne wurden zwei gutgeschützte Grabkammern geöffnet, die mit der Vorhalle verbunden, aber mit Hilfe von Monolithen versperrt waren – in der Tat wurden die Dachblöcke angehoben. Eine dieser Kammern enthielt den Sarkophag des Psusennes. Aus rosa Granitstein, war er ursprünglich für Merenptah-Hotephirma (bzw. Hophra-Maat) aus der 19. Dynastie hergestellt worden. Der Name war herausgemeißelt worden, aber an einer Stelle noch intakt erhalten. »Alles, was die 21. Dynastie in der Regel tat, war, die Kartuschen zu ändern« (Montet). Innerhalb des rosa Sarkophags befand sich ein weiterer aus schwarzem Granit, von einem unbekannten Eigentümer »ausgeliehen«, dessen Namen unleserlich gemacht worden war. In dem schwarzen Sarkophag lag ein silberner Sarg. Das Antlitz des Königs war mit einer goldenen Maske bedeckt.

Psusennes war mit Pomp und Pracht beerdigt worden. Aber fast alles war aus Grabbeigaben früherer Könige in Besitz genommen worden; auch das Grab selbst war »adoptiert« worden.

Es ist schwer, die Mentalität jener zu begreifen, die anordneten, daß ihre Mumien in für andere errichtete Gräber einzunisten seien, in fremden Sarkophagen, und dabei erwarteten, so die Segnungen des jenseitigen Lebens zu genießen. Es tauchte daher die »Erwägung« auf, daß Psusennes, als er sich die Grabstätte aneignete, den ursprünglichen Inhaber dieses Grabes, Schoschenk (von Montet Chéchanq oder Sheshonk geschrieben) – einen der weniger bekannten Fürsten der libyschen Dynastie – nicht ganz aus dem Grab verbannen mochte.

Unter vielen silbernen und goldenen Schmuckstücken, die mit Psusennes

[10] J. Černý sagt irrtümlicherweise, in der Grabstätte des Psusennes wären nur zwei Grabkammern gefunden worden. (Revidierte Ausgabe der *Cambridge Ancient History*, Bd. II, Kap. XXXV, S. 654).

beigesetzt worden waren, befanden sich zahlreiche Halsbänder und auch eine perlartige Verzierung von einem Halsband, in die Keilschriftzeichen eingeritzt waren; Spezialisten für Keilschrift versuchten angestrengt, die drei kurzen Zeilen zu entziffern und zeigten einen nicht sehr sinnvollen Text vor. Wenn der Text nicht Persisch ist (in Keilschrift geschrieben) sondern Akkadisch (Assyro-Babylonisch), dann erscheint es durchaus möglich, daß die Perle ebenfalls aus einem älteren Grab kam, möglicherweise des gleichen Schoschenk: Auch in seinem Sarg war ein Rollsiegel-Erbstück gefunden worden, in das Keilschriftzeichen eingeritzt waren.

Zu der Grabausstattung von Psusennes gehörten auch 28 Armbänder. Eines von ihnen zog die besondere Aufmerksamkeit seines Finders auf sich. Es besteht aus Gold mit dekorativen Einlegearbeiten und trägt eine in Hieroglyphen wiedergegebene Inschrift: »Der König, Herr der zwei Länder [von Ober- und Unterägypten], Meister des Schwertes, erster Prophet des Amen-re-sonter (Psusennes Miamun), ihm sei Leben verliehen.« Was Montets Aufmerksamkeit erregte, war die Art und Weise, wie das Wort »König« (n-s-w) buchstabiert war: Es war nicht auf die übliche Weise wiedergegeben, sondern in einer ganz besonderen Form: nämlich durch die Wiedergabe eines Pavians (cynocephalus), der ein Auge (oudja) hält. »Das Wort n-s-w oder ›König‹ ist hier so wiedergegeben wie in der ptolemäischen Periode...« Der Pavian mit dem Auge zwischen seinen Händen war eine sehr verfeinerte und differenzierte Art, eigentlich ein Wortspiel, den Begriff »König« wiederzugeben, die erst in den sehr späten ägyptischen Texten auftauchte.[11]

Montet beobachtete in dem gleichen Satz eine weitere Merkwürdigkeit: »n-t-r« (in Begleitung des Namens Amun-re) »ist mit einem Falken wiedergegeben, wie man das häufig in der ptolemäischen Periode findet.«

Derartige Entdeckungen dürfen nicht nur registriert und beschrieben werden; aus ihnen müssen Schlußfolgerungen gezogen werden.

Noch ein anderer Fund: Auf einer Wand der von Psusennes belegten Grabkammer ist in einer Inschrift von »Psusennes, der die Wahrheit spricht« die Rede, wie er die Göttin Mut anbetet, »die himmlische Göttin, Herrin der zwei Länder, Beherrscherin der hellenischen Küste...« Darüber schreibt Montet: »Das Meer der Hellenen (*Helou-nebout*) war für die Ägypter ein Stück des Mittelmeeres, das von Alexandria bis nach Rosetta reichte. Die hellenische Küste war der Teil der ägyptischen Küste westlich von Damietta.«[12]

Da in Inschriften einer viel weiter zurückliegenden Zeit ein Hinweis auf He-

---

[11] Montet: *a. a. O.*, S. 149. Vergleiche auch Emile Chassinat: »Le Mot *seten* ›Roi‹« in: *Revue de l'Egypte Ancienne*, II (Paris 1929), 5f.

[12] Montet: *Psousennès*, S. 92.

lou-nebout auftaucht, nimmt Montet an, daß der Begriff zunächst auf die Küsten des Ägäischen Meeres angewandt und dann auch auf die ägyptische Küste übertragen wurde – eine Tatsache, die nach seiner Auffassung beweist, daß sich die Griechen zu einem recht frühen Zeitpunkt, und mit Sicherheit vor den allgemein akzeptierten Daten, für ihr erstes Auftreten in Ägypten unter Psammetich im siebten Jahrhundert[13] bereits am Küstenstreifen von einem Ende zum anderen Ende des Deltas fest etabliert hatten.[14]

Von Herodot erfahren wir aber, daß die »hellenische Küste« das Gebiet entlang der Küste des Deltas war, das sich im Besitz vieler griechischer Stadtstaaten befand, eine Art kolonialer Enklave, mit hellenischen Tempeldiensten, die von Amasis gestattet worden waren, dessen lange Regierungszeit der persischen Besetzung des Landes vorausging. Herodot schrieb (II, 178):

> »Amasis war ein Freund der Hellenen. Er hat manchem Hellenen Gutes erwiesen und überließ den hellenischen Einwanderern die Stadt Naukratis zur Besiedelung. Wer nicht dauernd in Ägypten wohnen bleiben, sondern bloß Handel treiben wollte, denen gab er Plätze, wo sie Altäre und Göttertempel errichten konnten. Das größte, berühmteste und besuchteste von diesen Heiligtümern heißt Hellenion und ist von folgenden Städten gemeinsam begründet worden: Von den ionischen Städten Chios, Teos, Phokaia, Klazomenai, von den dorischen Rhodos, Knidos, Halikarnassos, Phaselis und der einzigen aiolischen Stadt Mytilene. Diesen Städten gemeinsam gehört das Heiligtum, und sie setzen auch Aufsichtsbeamte für den Handel an jenem Freiplatz ein. Die anderen Städte, die das Heiligtum besuchen, sind dort nur Gäste. Die Stadt Aigina hat ein eigenes Heiligtum des Zeus, die Samier eines der Hera, die Milesier eines des Apollon.«

Die im Grab von Psusennes erwähnte »hellenische Küste« bezog sich auf die Zeit des Amasis, und da Psusennes ins vierte Jahrhundert gehört, ist es nur natürlich, daß sich in seiner Grabstätte ein Hinweis auf die Göttin Mut als »Herr der zwei Länder, Beherrscherin der hellenischen Küste« findet. Wird Psusennes zusammen mit der gesamten sogenannten 21. Dynastie von der Zeit des Amasis um fünfhundert Jahre zurückgesetzt, dann bleibt der Anachronismus des Hinweises auf die hellenische Küste in Ägypten ein unlösbares Problem.

In der Grabkammer, die die Mumie des Psusennes enthält, des Schwiegersohnes von Herihor, weisen also – von allem anderen abgesehen – verschiedene Anzeichen darauf hin, daß dieses Mitglied der militärischen Fürstenfamilie in eine Zeit gehört, die viel näher an die ptolemäische Periode als an das elfte Jahrhundert heranreicht. Daß er seinen Titel »König« auf eine Art und Weise schreiben läßt, die während der ptolemäischen Periode üblich war, und daß er die Küste westlich von Damietta als hellenische Küste bezeichnet, weist in die gleiche Richtung wie die Verwendung eines persischen Titels in seiner Kartusche.

In der gleichen Grabungskampagne wurde auch die Grabkammer geöffnet, die neben der des Psusennes lag; auch sie enthielt einen Sarkophag; in ihm lag der ›König‹ Amenemope; es wurde der Schluß gezogen, er sei ein Nachkomme – möglicherweise ein Großenkel – von Psusennes gewesen. Archäologen bemerkten, daß sein Grab und die Ausstattung überhaupt nicht den Eindruck machten, als gehörten sie einem König. Wenn schon die gesamte Baustruktur sich nicht mit derjenigen der Königsgräber aus der 18. Dynastie in der Nähe von Theben messen konnte, dann mußte der ärmliche Zustand von Amenemopes Grab die Ausgräber überraschen. Der Sarkophag hatte einstmals Moutnedjemi gehört, die entweder die Mutter oder die Frau des Psusennes gewesen war.[15] Ihre Leiche wurde entfernt, um derjenigen von Amenemope Platz zu machen; ihr Name wurde in den seinen umgeändert, aber die Auslöschungen und die Ergänzungen wurden nicht sorgfältig ausgeführt.

In der vierten Grabkammer war ein Sohn von Psusennes beigesetzt; letztlich zeigte sich bei der Grabkammer, die in der ersten Grabungskampagne geöffnet worden war, im nachhinein, daß dort früher ein Waffengefährte und vielleicht Verwandter von Psusennes beigesetzt gewesen sein mußte. Er wurde entfernt, um jemanden aus einer nachfolgenden Generation Platz zu machen, aber das Projekt wurde nicht ausgeführt.

Es ist sicher, daß die letzten Anordnungen in der Grabstätte und in den einzelnen Grabkammern das Werk von Siamun gewesen sind; in der Vorhalle wurde ein mit seinem Namen versehener Skarabäus gefunden.[16]

Die Grabstätte mit ihrer Vorhalle und den vier Grabkammern ist viel kleiner als die Königsgräber in Theben: Psusennes hat sich für seine sterblichen Überreste sicherlich nach einem ebenso unauffälligen wie wohlgeschützten Ort umgesehen, denn er wußte aus eigener Erfahrung, daß sein Leichnam in künftigen Tagen möglicherweise dem gleichen Schicksal ausgesetzt sein würde, das er selbst so vielen anderen bereitet hatte.

---

13 Herodot, II, 152.

14 Montet in: *Revue Archéologique*, 6e série, XXXIV, S. 138-40.

15 In verschiedenen Teilen seines Buches über das Grab des Psusennes bezeichnet Montet Moutnedjemi als Mutter des Psusennes, in anderen Fällen dagegen als seine Frau, ohne den Widerspruch zu erklären.

16 Montet: *Psousennès*, S. 186.

Die letzte Perser-Herrschaft in Ägypten

Aufgrund seines Charakters und seiner sorgfältigen Planung aller Staatsangelegenheiten leitete Artaxerxes III. eine Restauration des Imperiums in seiner ganzen früheren Größe ein. Als Teos (Ramses IV.) bei ihm Zuflucht suchte, war er noch nicht bereit, Ägypten wieder in jenes Abhängigkeitsverhältnis zurückzudrängen, aus dem es sich vor fast vierzig Jahren selbst befreit hatte – zu Beginn der Regierungszeit seines Vaters, Artaxerxes II. Nektanebos II. (Ramses VI.) regierte mit Hilfe griechischer Söldnertruppen über ein Jahrzehnt lang; er baute und förderte Tempel und ließ für sich selbst ein großes Grab ausbauen; aber als Artaxerxes III. gegen Ägypten marschierte und den bei Pelusium geleisteten Widerstand überwunden hatte, gab Nektanebos auf: Dieser letzte einheimische Pharao gab alles auf: seinen Palast, sein Land und sein Volk. Er floh in den Sudan, und man hörte nie wieder etwas von ihm – mit einer Ausnahme. In der sogenannten Alexander-Romanze – einer ziemlich spät entstandenen Legende heißt es: Er, Nektanebos II., sei es gewesen, der als irdische Personifizierung des Gottes Amun die Frau des Königs Philipp von Makedonien, Olympias, in ihrem Schlafzimmer des Palastes aufsuchte, um Alexander zu zeugen. Nach einer anderen Version der göttlichen Zeugung Alexanders kommt Ammon-Zeus in Gestalt einer Pythonschlange zu diesem Zweck zu Olympias.[1]

Während der kurzen Periode – weniger als zehn Jahre – der letzten Perser-Herrschaft in Ägypten wurde ein gewisser Petosiris wegen seiner Gelehrsamkeit berühmt; er war ein Würdenträger oder Vorsteher im Tempel des Gottes Thot in Hermopolis. Er war vermutlich derselbe Petosiris, der – nach dem im späten vierten Jahrhundert der heutigen Zeitrechnung lebenden römischen Schriftsteller Servius – eine der wichtigsten Quellen für das antike Wissen von den katastrophenhaften Ereignissen darstellt, die von einer »ungeheuren Kugel aus Feuer« und von »blutiger Röte« ausgelöst wurden, die als der Komet Typhon bezeichnet wurde, der »beim Aufgehen und beim Untergehen« überall Zerstörung hervorrief.[2]

Die Tradition der ungewöhnlichen Naturereignisse aus früheren Zeiten – von denen Pythagoras und Solon auf ihren Reisen nach Ägypten erfuhren (So-

[1] Vom Sudan aus versuchte Nektanebos II. seine Herrschaft in Südägypten wieder zu etablieren (Diodor, XVI, 51 [Loeb]); es ist daher durchaus möglich, daß Nektanebos II. beim Eintreffen Alexanders als Privatmann nach Ägypten zurückgekehrt und dort auch gestorben ist. Siehe auch: Hermann Bengston: *The Greeks and the Persians from the Sixth to the Fourth Centuries* (New York 1965), S. 351. (Auch Teos, der vorher in Persien Zuflucht gesucht hatte, hätte zu denen gehören können, die mit Alexanders Eroberung nach Ägypten zurückkehrten.)

[2] siehe *Welten im Zusammenstoß*, Abschnitt *Der Komet Typhon*; S. 85ff.

lons Informant war Sonchis, ein Priester in Sais) – war um die Zeit kurz vor dem Zusammenbruch des persischen Imperiums noch nicht ausgelöscht. Das Grab von Ramses VI. im Tal der Könige in der Nähe von Theben hat eine astronomische Decke in der Tradition der früheren Gräber von Senmut, einem Architekten unter Königin Hatschepsut[3], und von Sethos, einem der großen Könige der 19. Dynastie; dieses Thema wird in einem späteren Band diskutiert. Diese Decken bewahren reichhaltiges Material für die Erörterung der Himmelsordnung in den Jahrhunderten, die in *Welten im Zusammenstoß* behandelt werden.

Für unsere Rekonstruktion der Geschichte Ägyptens unter den Persern ist eine bestimmte Passage im Epitaph auf der Grabstätte des Petosiris wesentlich:

»Ich habe sieben Jahre als Administrator dieses Gottes Thot gedient... Männer aus einem fremden Land haben über Ägypten geherrscht... Keine Arbeiten wurden (im Tempel) verrichtet, seit die Fremdlinge gekommen und in Ägypten eingedrungen waren.«[4]

In dieser Bezeichnung der Perser als »Fremdlinge«, die »gekommen und in Ägypten eingedrungen waren«, erkennen wir genau die gleichen Worte und Ausdrücke, denen wir in den Papyri der 21. Dynastie begegnen, nämlich im Klagebrief von Ourmai, den wir als Zeitgenossen des Kambyses erkannten, und dann in den Gerichtsberichten mit der Zeugenaussage des Ahautinofer, eines Tempelhüters, der von »Fremdlingen« gesprochen hatte, die den Tempel besetzten und den Hohenpriester seines Amtes enthoben.

Gelegentlich ist in Dokumenten aus der Perserzeit von P-r-s oder von Persien die Rede; in einem Dokument aus der Regierungszeit des dritten Ptolemäerherrschers (dem Kanopusdekret) werden die Perser als Pereset (P-r-s-tt) bezeichnet, worauf bereits auf einer früheren Seite hingewiesen worden ist: Dieser Hinweis auf die Pereset als das Volk, das die Statuen der Götter aus Ägypten nach Persien abtransportierte – von wo sie unter Ptolemäos III. eine ganze Reihe von Jahren nach dem Zusammenbruch des persischen Imperiums wieder zurückgeholt und in ihren alten Tempeln wieder aufgestellt worden sind – ist für die Revision der antiken Geschichte von so eminenter Bedeutung, daß es nicht nachdrücklich genug betont werden kann.

Gelegentlich wird gesagt, es sei nicht Alexander gewesen, der die Zerstörung des persischen Imperiums herbeigeführt habe, sondern der Eunuch und königliche Vertraute Bagoas, der Artaxerxes III. vergiftete (–338), um dessen

---

[3] Siehe *Welten im Zusammenstoß*, Abschnitt *Entwurzelte Pole*; S. 279ff.

[4] G. Lefebvre: *Le Tombeau de Petosiris* (1924), I, S. 3ff. – Olmstead: *History of Persia*. (Chicago 1948). S. 441.

Sohn auf den Thron zu heben, der aber, als er nach einer Weile im jungen Thronfolger einen gewissen Unabhängigkeitssinn erkannte, auch ihn vergiftete und so fast die gesamte Achämenidendynastie auslöschte. Der Eunuch suchte sich einen entfernten Verwandten des letzten Königs aus und inthronisierte ihn als Dareios III. (–336). Um sein eigenes Leben zu sichern, vergiftete Dareios III. rasch den Mann, der ihn zum König gemacht hatte. Aber die drei Jahre seiner Herrschaft reichten nicht aus, um eine Konsolidierung des Imperiums herbeizuführen, seine eigene Autorität durchzusetzen und die Satrapen zum Gehorsam zu zwingen. Von der ionischen Küste Kleinasiens bis nach Turkestan in Mittelasien, vom Indusfluß bis zu den Nilkatarakten begann das Imperium zu wanken: Seine gesamte Struktur hatte sich stets auf die im Zentrum stehende Person des Großkönigs gestützt, und die Welle von Anschlägen im Königspalast unterminierten den Zusammenhalt des Ganzen.

Die weniger als zehn Jahre währende letzte Beherrschung Ägyptens durch die Perser wird als die 31. Dynastie gezählt, mit Artaxerxes III. bis zu Dareios III. als Pharaonen.

Das Epos des Krieges von Alexander gegen Dareios III. – mit den berühmten Schlachten bei Granikos (–334) und bei Issos (–333) – ist allgemein bekannt, und die hier vorliegende Rekonstruktion braucht nichts hinzuzufügen und auch nichts daran zu ändern; aber mit dem Eintreffen Alexanders in Ägypten kommt eines der prächtigsten Glanzstücke dieser synchronisierten Geschichte ans Licht. Der Leser sollte sich daran erinnern, daß der Priesterfürst Mencheperre, Sohn des Peinuzem, der in Kürze einen hohen Besucher im Orakeltempel des Amun empfangen wird, nach der konventionellen Geschichtschronologie im elften Jahrhundert vor der gegenwärtigen Ära gelebt hat.

Kapitel III
ALEXANDER

Alexander beim Orakel des Amun in der Oase

Im Herbst des Jahres –332 durchquerte Alexander die Wüste und kam nach Ägypten. Der persische Satrap, der sich auf das ägyptische Volk nicht verlassen konnte, leistete keinen Widerstand. Die Bevölkerung empfing Alexander jubelnd. »Das ägyptische Volk begrüßte ihn mit Freude als Befreier vom persischen Joch.«[1] Er opferte dem Apis und brachte königliche Weihegaben dar; dies besagt, daß er zum König von Ägypten gekrönt wurde, wo »der Pharao als die Inkarnation des höchsten Gottes angesehen wurde«.[2] Er ordnete athletische und künstlerische Wettbewerbe an und sorgte auch dafür, daß die Sitten Ägyptens und seine religiösen Bräuche in Ehren gehalten wurden.

Während Alexanders Aufenthalt in Ägypten wurde ihm eine große Gruppe gefangengenommener Rebellen von den Ägäischen Inseln vorgeführt, und er verbannte die Rebellen von Chios – Appolonides und seine Anhänger – nach Yeb in Südägypten. Zunächst marschierte er eine Strecke nach Süden; dann begab er sich an die westliche Deltamündung und ließ die Landvermesser einen Plan für die Gründung einer großen Stadt vorbereiten – das zukünftige Alexandria. Von dort aus besuchte er das Amun-Orakel in der Oase Siwa, wo er zum Sohn des Amun (Zeus) und zur Inkarnation des Gottes selbst erklärt wurde. Nach der Rückkehr aus der Wüste organisierte er die Verwaltung des Landes und verließ dann wegen militärischer Erwägungen (in Tyros hatte er ein Friedensangebot von Dareios zurückgewiesen) Ägypten zum Frühjahrsbeginn des Jahres –331.

Das berühmteste Ereignis – Alexanders Besuch beim Orakel des Amun – wird von einer Reihe von Autoren geschildert; einige von ihnen legten dabei den nicht mehr erhaltenen Bericht des Kallisthenes zugrunde, der Alexander auf vielen Reisen und Feldzügen begleitete und der sich gern damit brüstete, daß Alexander nicht wegen seiner Taten berühmt sei, sondern wegen Kallisthenes Berichterstattung. Als weitere Quellen für griechische und römische Autoren in den folgenden Jahrhunderten, die über den Aufenthalt Alexanders

---

[1] U. Wilcken: *Alexander the Great* (London 1932), S. 113.

[2] a.a.O., S. 115.

in Ägypten berichteten, dienten Ptolemaios und Aristobulos und neben weiteren Zeitgenossen Alexanders – deren Berichte nicht erhalten geblieben sind – auch Kleitarchos, ein Bürger von Alexandria, der Material von Leuten sammelte, die Augenzeugen der von Alexander vollbrachten Taten gewesen waren.[3]

Ägyptische Quellen schweigen sich angeblich aus über Alexanders Besuch beim Orakel des Amun in der Wüste. Aber Alexander war keiner von Ägyptens üblichen Besuchern, und das Orakel des Amun war im vierten Jahrhundert das Hauptheiligtum für das ägyptische Volk. Daher erscheint das Schweigen über das Thema von Alexanders Pilgerfahrt rätselhaft.

Eines der hervorragendsten Dokumente aus der Periode der 21. Dynastie ist die in Luxor gefundene sogenannte Stele der Verbannten oder Maunier-Stele, die sich heute im Louvre befindet. Die Stele ist schlecht erhalten (»sehr schwer zu lesen«[4]). Ihr Text befaßt sich mit dem Orakel des Amun und mit den Verhältnissen in der Oase . Er wurde von einem Priester des Amun verfaßt, Mencheperre, Sohn des Peinuzem. Peinuzem war einer der Priesterfürsten, die die Königsmumien umbetteten.

Der Text* beginnt mit dem Datum: »Im Jahre 25, im Monat Epiphi, am 29. Tag.« Nach einigen unleserlichen Zeilen folgt »und es war die Majestät dieses herrlichen Gottes«. [Es folgen weitere unleserliche Zeilen.] »Da legte er den Weg zurück zu den Schreibern, den Vermessern[5] und zu den Leuten.« Der Hohepriester, der auf der Stele auch als »Oberbefehlshaber des Kriegsvolkes« bezeichnet ist, wird dann genannt: »Mencheperre, der Sohn des Königs Peinuzem-Meriamun... [sie waren] zu seinen Füßen«

Der Text fährt fort:

> Maunier-Stele: »Ihr Herz war hoch erfreut ob seiner Güte, er war gekommen nach dem Süden als kühner Sieger, um wieder herzustellen die Ruhe im Lande und um zu züchtigen die Gegner. Er gab ihnen die wohlverdiente Strafe und richtete die alte Ordnung der Dinge wieder her.«

Der Sieger, der die Ordnung wieder herstellte, wurde mit großer Freude empfangen. Im ersten Monat der dritten Jahreszeit trug sich folgendes zu:

---

[3] Arrian: *Anabasis* III; Diodor; Plutarch.

[4] Breasted: *Ancient Records*, Bd. IV, Abschnitt 650, Anmerkung; H. Brugsch: *Reise nach der Großen Oase* (1878), S. 86.

* Die Zitate halten sich eng an H. Brugsch, *Reise nach der großen Oase*, 1878, wie auch an Breasted, *Ancient Records*, Band IV.

[5] Breasted übersetzt diesen Begriff als »Inspektoren«.

MAUNIER-STELE: »er zog ein in die Stadt [Theben] mit wohlwollender Gesinnung, und es empfingen ihn die Bewohner jedes Alters von Theben unter lautem Zuruf. Und Boten waren vorausgeschickt worden. Da ward herausgeführt in Prozession die Majestät dieses herrlichen Gottes, des Herrn der Götter, Amun-Re, des Herrn von Theben. Er begrüßte ihn auf das Beste, und er setzte ihn auf den Stuhl seines Vaters als Hohenpriester des Götterkönigs Amun-Re und als Oberfeldherr von Süd- und Nord-Ägypten.«

Der siegreiche Gott – oder der göttliche Sieger – brachte ihm Ehrungen und Geschenke dar und bestätigte ihn in seinem Amt.

Im vierten Monat der dritten Jahreszeit, am fünften Tag des Festes der »Geburt der Isis«:

MAUNIER-STELE: »... ward herausgeführt in Prozession die Majestät dieses herrlichen Gottes, des Herrn der Götter, Amun-Re, des Königs der Götter, und trat ein in die weiten Hallen des Amun-Tempels, woselbst er sich niederließ vor dem Pylon Amuns. Da trat zu Amun-Re, dem König der Götter, der Oberbefehlshaber des Kriegsvolkes, Mencheperre und er pries ihn gar sehr in zahlreichen [Gebeten] und stellte ihm auf ein [Opfer] von allerlei guten Dingen.«

Heutige Gelehrte nehmen an, daß hier zwei Akteure an der Handlung beteiligt gewesen sind: der Hohepriester und sein Gottes-Orakel. Diese Gelehrten wundern sich über das Verfahren: »Es hat den Anschein, als sei er lange von Theben fort gewesen, und als habe er es nun nötig, sich der Anerkennung des Gottes erneut zu versichern; so verhält sich ein residierendes Oberhaupt der Priesterschaft keineswegs.«[6]

»Seine Majestät«, die als Sieger im Süden Ägyptens eintraf, ist auf keinen Fall Mencheperre, denn er wird im gleichen Text als ein Mann bezeichnet, den Seine Majestät in seinem Amt als Hoherpriester bestätigte.

Nachdem der Hohepriester des Amun seinen göttlichen Besucher »gar sehr in zahlreichen Gebeten« gepriesen und »ein Opfer aufgestellt« hatte, begann er das Orakel zu befragen:

MAUNIER-STELE: »Da redete zu ihm zum anderen Male der Oberpriester des Amun-Re Mencheperre, indem er also sprach:
›Du mein gütiger Herr, es ist ein Gerede und es wird wiederholt [von den Leuten].‹
»Daraufhin nickte der große Gott lebhaft.«[7]

Der Hohepriester fragte:

MAUNIER-STELE: »... ›Du mein gütiger Herr, dieses Gerede der Leute betrifft eine Wehklage ob des Zorns, den du hegest gegen die, welche in der Oase weilen, in der-

---

[6] Petrie: *History of Egypt from the XIXth to the XXXth Dynasties*, Bd. III, S. 221.

[7] Brugsch: a. a. O.

jenigen welche du für sie bestimmt hast.‹ Dann nickte der große Gott ausdrücklich und dieser Oberbefehlshaber des Kriegsvolkes erhob seine Hände, um anzubeten und um zu preisen seinen Herrn, so wie ein Vater zu seinem eigenen Sohn spricht.«[8]

Der Schluß dieses letzten Satzes kommt höchst unerwartet. Ein Priester würde zum Gott Amun wie ein Sohn zu seinem Vater sprechen, aber nicht wie ein Vater zu seinem Sohn. Trotzdem heißt es auf dieser Stele, daß der Priester zu dem Gott wie ein Vater zu seinem Sohn gesprochen hat. Ein verblüffter Übersetzer des Textes bemerkte dazu: »Die Umkehrung des Vergleichs von Vater und Sohn steht so im Original.«[9]

Indem er seine Frage wiederholte und noch ausführlicher stellte, gelang es dem Priester, die Antwort zu erhalten, daß die Exilierten, die sich in der Oase befanden, entfernt und daß in Zukunft keine Verbannten mehr dorthin verwiesen werden sollten. Es war dem Priester offensichtlich sehr daran gelegen, sicherzustellen, daß dieser Orakelspruch des Gottes bekanntgemacht und befolgt wurde. Er sagte:

MAUNIER-STELE: »›Du mein gütiger Herr: Erlasse du einen gültigen Befehl, in deinem Namen, daß kein Bewohner des Landes verbannt werden soll in die weite Ferne der Oase... von diesem heutigen Tag bis in alle Zukunft.‹ Dann nickte der große Gott lebhaft. – ›Verkünde, daß dies in Gestalt eines Beschlusses gesetzt werde auf eine Säule [von hartem Stein], und daß sie aufgestellt werde in deinen Städten.‹«

Das Abfassen von Dekreten und das Einmeißeln auf Stelen war das Vorrecht von Königen.

Die zweite Frage, die der Priester dem Orakel des Amun stellte, bezieht sich in gewissem Sinn auf Mörder, ob sie durch Hinrichtung bestraft werden sollten.

MAUNIER-STELE: »Da trat der Hohepriester des Amun Mencheperre an den großen Gott heran, in dem er also redete: ›Was alle diejenigen betrifft, von dem sie dir berichten werden, daß sie Menschenleben vernichtet haben – du sollst sie zerstören, du sollst sie hinrichten.‹ Auch dazu nickte der große Gott lebhaft.«

Die Wortkombination in der Frage, die der Hohepriester hinsichtlich demjenigen, »der ein Menschenleben vernichtet« an das Orakel von Amon richtete, erschien seltsam, und ihre Bedeutung wurde als obskur erklärt; sie verursachte ihrem ersten (Brugsch[10]) und ihrem späteren Übersetzer (Breasted) Schwierigkeiten und führte daher zur bemühten, eben zitierten Passage.

Vor der letzten Frage und der Antwort, die das Orakel darauf gab, enthält der Text einen Satz, der in keinerlei Zusammenhang mit dem Text zu stehen scheint: »als ich noch im Mutterleib weilte. Du hast mich gebildet im Ei«, als werde dem Gott Amun die physische Erschaffung des göttlichen Herrn in einem Mutterleib zugeschrieben.

Die Stele enthält auch eine Bitte um den Segen oder eine Prophezeiung von Glück und Wohlwollen von seiten der Götter: »Schenke mir eine schöne Lebensdauer.« Dazu gehörte noch eine Frage: »Wird mir aller Lohn zu Teil?« Die Bitte wird gewährt, und das Orakel verkündigt: »Es herrschen Reinheit und Gesundheit, wo auch immer du dich aufhältst.«

Die gesamte Stele wird als mysteriös angesehen. »Der bemerkenswerte Auftrag« des Priesters »wird absichtlich in so verschleierter Sprache wiedergegeben, daß es unmöglich ist, genau zu bestimmen, welcher Art er war.«[11] Aber wir werden den Text leicht verständlich finden.

Die folgende Überlegung darf nicht übersehen werden: Der Text enthüllt die Tatsache, daß der Priester darum bat, daß ein Dekret, das auf den Antworten des Orakels fußte, in allen Städten Ägyptens veröffentlicht werden sollte, und die vorliegende – in Luxor (Theben) gefundene – Stele macht deutlich, daß dieser Bitte Rechnung getragen wurde. Daher muß es sich bei dem Orakel nicht zwangsläufig um das Amun-Orakel des Ortes handeln, wo die Stele entdeckt wurde. Daß der Hauptakzent auf einer Oase liegt, macht deutlich, daß sich die Stele mit dem Amun-Orakel der Oase befaßt. Aber am besten wird es sein, Alexander auf seiner berühmten Reise zum Amun-Orakel zu folgen.

Er kam aus dem Norden als Sieger und Befreier des Landes von den persischen Feinden, die er vertrieb; er veranstaltete verschiedene Feste in den Städten Ägyptens und wurde von der Jugend des Landes freudig willkommen geheißen. Er anerkannte und bestätigte die zivilen und religiösen Beamten des Landes und »wies zugleich an, die Nomarchen in den ihnen zugeteilten Bezirken ganz nach der von alters her bestehenden Einrichtung weiterverwalten zu lassen.«[12] »Von Memphis aus drang Alexander auf dem gleichen Strom ins Innere Ägyptens vor«,[13] und dann »fuhr er stromabwärts dem Meere zu« und »entwarf eigenhändig den Plan der Stadt [Alexandria].«[14] Dort gab er Anwei-

---

[8] Brugsch: a.a.O.

[9] Breasted, *Records*, Bd. IV, Abschn. 655, Anm. a.

[10] Brugsch übersetzte diese Passage: »Wenn irgendein Mensch auftreten sollte, welcher von dir behauptet, daß er emporgerichtet habe die Bewohner und das Gedeihen des Landes, so verderbe ihn, so töte ihn.«

[11] Breasted: *a.a.O.*, Bd. IV, Abschn. 650.

[12] Arrian: *Anabasis*, nach der Übersetzung von Cleß III, 1.

[13] Quintus Curtius Rufus: *Geschichte Alexanders des Großen*, IV, vii. Nach der Übersetzung von Herbert Schönfeld.

[14] Arrian: *Anabasis* III, 1.

sungen an die Landvermesser, die das Gelände vermaßen und »befahl den Aufsehern, die Arbeit weiter zu betreiben, und machte sich selbst auf den Weg zum Orakel des Amun.«[15] Er unternahm seine Reise zur Oase in der Regenzeit, denn es wird berichtet, ihm sei in der Wüste ein Regenguß von Nutzen gewesen.

Die Burg in der Mitte der Oase war von einer dreifachen Mauer umgeben. Quintus Curtius Rufus schrieb darüber:

> »Der innerste Mauerring schloß die alte Königsburg der Herrscher ein; in dem nächsten wohnten die Frauen nebst Kindern und Nebenfrauen, und hier befindet sich auch das Orakel des Gottes [Amun]; der letzte Ring endlich dient als Wohnung für die Trabanten und Leibwächter.«[16]

Daraus erkennen wir, daß die Hohenpriester dieses Orakels in der Oase Königstitel für sich beanspruchten. Herodot (II, 32), der in der Mitte des fünften Jahrhunderts in seiner Beschreibung von Libyen und Ägypten über die nördliche Oase berichtete, sagte, in der Oase »des Orakel-Heiligtums von Amun« habe ein König regiert.

Diodor von Sizilien liefert einige weitere Einzelheiten über diese Bewaffneten:

> »Die dritte [Ringmauer] aber [umschließt] die Herbergen der Trabanten und die festen Schlösser für die Leibwache des Herrschers.«[17]

Aus diesen Schilderungen ersehen wir, daß der Priester des Amun-Orakels ein Fürst war, der eine eigene Armee besaß, und diese Tatsache erklärt die auf der Stele verwendeten Titel: Fürst, Priester, Oberbefehlshaber der Armee.

Als Alexander mit seiner Leibwache am äußeren Mauerring eintraf, kam der oberste Priester heraus und begrüßte den König. Plutarch berichtet darüber:

> »Nachdem Alexander den Weg durch die Wüste zurückgelegt hatte und ans Ziel gekommen war, hieß ihn der Prophet im Namen des Gottes als seines Vaters willkommen.«[18]

Strabo, der Kallisthenes zitiert, schreibt:

> »Der Priester erlaubte ausschließlich dem König, in seiner üblichen Kleidung den Tempel zu betreten, sein Gefolge mußte jedoch zuerst die Kleidung wechseln; ... alle hörten das Orakel von außen an, außer Alexander, der sich im Innenbezirk befand.«[19]

Die Schmeichelei, mit welcher der Priester Alexander bei seiner Begegnung vor der Mauer begrüßte, wird von mehreren Autoren erwähnt; Curtius Rufus spricht von »schmeichlerischer Huldigung«, die der Priester Alexander zukommen ließ. Auf der Stele heißt es:

MAUNIER-STELE: »... die Majestät dieses herrlichen Gottes, des Herrn der Götter, Amun-Re, des Königs der Götter, und trat ein in die weiten Hallen des Amun-Tempels, woselbst er sich niederließ vor dem Pylon Amuns. Da trat zum Amun-Re, dem König der Götter, der Oberbefehlshaber des Kriegsvolkes Mencheperra, und er pries ihn gar sehr in zahlreichen [Gebeten] und stellte ihm auf ein [Opfer] von allerlei guten Dingen.«[20]

Das Opfer wird auch von Plutarch erwähnt: »Alexander brachte dem Gott prachtvolle Weihgaben dar«. Alle Autoren, die diesen Besuch Alexanders beschrieben, berichteten, wie der Priester Alexander ansprach. Diodor sagt:

»Als Alexander durch die Priester in den Tempel eingeführt wurde und des Gottes ansichtig wurde, trat der Wahrsager, ein Mann von höherem Alter, zu ihm und sprach: ›Willkommen, Sohn, nimm dies als Anrede von dem Gotte‹.«

Alexander antwortete: »Ich nehme sie an, Vater, und werde künftig der Deinige heißen.«

Jetzt sehen wir, daß die Worte auf der Stele über den Priester, »der seinen Herrn pries, wie ein Vater seinen Sohn« keine Umkehrung des Vergleichs sind.

Auch Curtius Rufus schrieb (IV, vii):

»Und nun begrüßte der älteste Priester den nähergetretenen König als seinen Sohn, indem er versicherte, diesen Namen verleihe ihm sein Vater Jupiter (Amun).«

Diese Anwendung des Begriffs »Sohn« auf Alexander durch den Priester des Amun, die sowohl von Diodor, als auch von Plutarch und von Curtius Rufus betont wird, ist nicht nur wegen ihrer Einzigartigkeit von Bedeutung, sondern weil sie auch den sonst absurd erscheinenden Satz auf der Stele klarstellt und bestätigt.

Die Art und Weise, wie dieses Orakel Fragen beantwortete, war eigenartig. Auf der Stele wird wiederholt festgestellt: »Der große Gott nickte lebhaft.« Diodor sagte über das von Alexander besuchte Orakel des Amun das gleiche:

---

15 Plutarch: *Große Griechen und Römer*, »Alexander«, XXVI, Übers. v. Konrad Ziegler.
16 Curtius Rufus: *a.a.O.*, IV. vii.
17 Diodor: a.a.O., XVII, 50. Übersetzt v. Julius Friedrich Wurm.
18 Plutarch: *Lebensbeschreibungen*, »Alexander«, XXVII.
19 Strabo: *Geographia*, XVII, i, 43.
20 Brugsch: *Die Reise nach der großen Oase*, S. 87.

»Durch ein Nicken des Kopfes gibt der Gott seine Anweisungen.« Auch Strabo unterstrich diese Eigentümlichkeit:

»Die Antwort dieses Orakels wurde nicht – wie bei den Orakeln von Delphi und unter den Branchiden – in Form von Worten erteilt, sondern meist durch Nicken des Kopfes und ähnliche Zeichen, wie das bei Homer geschildert wird: ›Kronion sprach und nickte mit seinen dunklen Augenbrauen Zustimmung‹, wobei der Prophet die Rolle des Zeus übernommen hatte; sein Gegenstück in der Oase Siwa gab jedoch dem König ausdrücklich zu verstehen, daß er, Alexander, der Sohn des Zeus sei.«

Dies ist ein weiterer Grund, warum der Priester zu seinem Gott und zu Alexander in ähnlicher Weise sprach, (indem er beide »Gott Amun« nannte): Alexander war selbst zur Inkarnation des Gottes Amun (Zeus) proklamiert worden. Überdies wurde ihm versichert, ein körperlicher Sohn des Amun zu sein. Die Worte auf der Stele, die dem göttlichen Sieger offenbaren, Amun habe ihn bei der Zeugung im Ei erschaffen, gewinnen dadurch an Bedeutung.

Alexander »duldete nicht nur, daß man ihn einen Sohn Jupiters nannte, sondern er verlangte es sogar«. »Wen aber das Glück dazu gebracht hat, sich ihm allein in die Arme zu werfen, dem verleiht es gewöhnlich mehr die Sucht nach Ruhm als die Fähigkeit, ihm auch gewachsen zu sein.«[21]

Aus dem Großen Papyrus Harris, der aus der Regierungszeit von Ramses III. oder IV. stammt, ist bekannt, daß Verbannte regelmäßig nach der südlichen Oase geschickt wurden, um dort in den zum Tempelbesitz gehörenden Gärten Zwangsarbeiten zu verrichten. Von der Antike bis in christliche Zeiten war die südliche Oase ein Deportationsort für Gesetzesbrecher gewesen. Bevor Alexander zur Oase mit ihrem Amun-Orakel kam, schickte er einige seiner Gegner, die von Chios her zu ihm gebracht wurden, nach Heb, das von den griechischen Autoren als Yeb mißverstanden wurde; dies war jedoch der Name der Insel Elephantine im Nil; Heb dagegen war der Name der südlichen Oase.[22]

Der Priester des Orakels von Amun war sehr darauf bedacht, den König verfügen zu lassen, daß keine Verbannten mehr in die Oasen geschickt wurden.

Die Frage, die – nach Diodor – Alexander interessiert, lautete:

»Ob ich schon Alle, die meines Vaters Mörder waren, bestraft habe, oder ob mir einige entgangen sind. ›Nicht doch‹, rief der Wahrsager laut, dem, der ihn gezeugt habe, könne ja kein Mensch jemals nach dem Leben trachten; Philipps Mörder aber habe alle die Strafe getroffen.«[23]

Curtius Rufus schildert diesen Vorfall folgendermaßen (IV, vii):

»Dann kam die dringliche Frage, ob auch alle Mörder seines Vaters schon die Untat gebüßt hätten. Der Priester erwiderte, seinen Vater könne kein Verbrechen verletzen, doch was Philippus betreffe, so habe die Strafe schon seine sämtlichen Mörder ereilt.«

Ähnlich die Version, der wir bei Plutarch begegnen (XXVII von »Alexander«):

»... hieß ihn der Prophet im Namen des Gottes als seines Vaters willkommen. Alexander fragte, ob ihm einer der Mörder seines Vaters entronnen sei. Als ihn darauf der Prophet mahnte, sich unheiliger Äußerungen zu enthalten, er habe ja keinen sterblichen Vater, änderte er den Ausdruck und fragte nach den Mördern des Philippos, ob er sie alle bestraft habe... Nachdem der Gott ihm den Bescheid gegeben hatte... Philippos habe die volle Sühne erhalten.«

Jetzt haben wir die wirkliche Bedeutung des unbeholfen übersetzten Satzes auf der Stele über die Bestrafung der Mörder. Es liegt kein Sinn in der Frage, ob Mörder bestraft werden sollen; selbst ohne Orakel weiß jedermann, daß sie bestraft werden müssen. Die Frage war vielmehr, ob alle Mörder von Alexanders Vater bestraft worden seien, und die Antwort lautete: Keiner der Mörder (Philipps) ist seiner gerechten Bestrafung entgangen.

Die Hieroglyphen auf der Stele – wo die Frage gestellt wurde – und die im gleichen Satz gefundenen Worte »Mörder« und »Lebende«, sprachen nicht von den »Mördern der Lebenden«, sondern davon, ob sich noch Mörder unter den Lebenden befanden. Und die Antwort lautete nicht: »Du hast nicht gefehlt, sie zu zerstören, du sollst sie hinrichten«, sondern »Es ist dir gelungen, sie zu verderben, sie zu töten«.

Alexander fragte auch, ob er im Leben Glück haben würde und ob Gott ihm die Herrschaft über die gesamte Welt geben werde, oder in Plutarchs Worten: »Ob Gott es ihm gewähre, Herr über alle Menschen zu werden?«

Darauf antwortete der Priester, der Gott würde ihm sicherlich das geben, was er sich gewünscht habe, und daß »seine wundervollen Erfolge und seine überragenden Leistungen ein Beweis für seine göttliche Herkunft seien« (Diodor); wir erinnern uns an die Worte auf der Stele: »Schenke mir eine schöne Lebensdauer...« und »Wird mir aller Lohn zu Theil?«

---

[21] Curtius Rufus: *Geschichte Alexanders des Großen*, IV, vii.

[22] »Der Name des Tempels oder vielmehr der Örtlichkeit, dessen Cultusmittelpunkt er bildete, wird unzählige Male in den Texten genannt: er lautete *Heb* oder *Hib*.« Brugsch: *Reise nach der Großen Oase*., S. 19 und 25 ff. Vergleiche auch das Kapitel »The Great Oasis as a Place of Exile in Antiquity«, a. a. O., S. 83.

[23] Diodor: a. a. O., XVII, 51.

Alexander »machte dem Orakel viele kostbare und stattliche Geschenke«[24], und er gab auch den Priestern »eine ansehnliche Summe Geldes«[25], d.h. nach den Worten der Stele »Der weihte ihm viele und schöne Kunstwerke, dergleichen man früher niemals gesehen hatte.«

Das 25. Jahr, das königliche Datum der Stele, ist ein Datum, das mit Alexander unmittelbar in Verbindung steht. Er war im Jahre –356 geboren. Bei seinem Aufenthalt in Ägypten vom Spätherbst –332 bis zum Frühjahr –331 stand er in seinem 25. Lebensjahr. Die königlichen Regierungsjahre Alexanders müssen mit seiner Geburt begonnen haben, da er vom Orakel zum Sohn eines Gottes und nicht eines Sterblichen erklärt worden war.

Das 25. Jahr der Stele; die Ankunft des Siegers, der nach dem Süden des Landes kam und das Land befreite, indem er die Feinde vertrieb; der Beifall in der Bevölkerung des Landes; die Jubelfeiern und die Feste; die Bestätigung der Priester; die Arbeit der Landvermessung (für die neue Stadt); der königliche Besuch beim Orakel des Amun mit allen geschilderten Einzelheiten – einschließlich der Ankunft des Königs vor dem ummauerten Bezirk –, die Begrüßung durch den Priester mit Segnung und Schmeicheleien, die Tatsache, daß der Priester ein Erbfürst und Oberbefehlshaber von Bogenschützen und Speerwerfern war, seine Anrede »Die Majestät des Königs« mit dem Namen des Amun, der Titel »Sohn«, den er dem königlichen Gast gab und die Versicherung, er sei von Gott körperlich geformt worden, als er sich noch im »Ei« befand; die seltsame Art und Weise, in der das Orakel seine Antworten durch Nicken gab; die Frage über die Verbannten und die Bitte um ein königliches Dekret, die Frage nach den Mördern, und ob sich noch welche unter den Lebenden befanden und der Bestrafung entgangen waren; die Geschenke an den Priester und die Weihegaben an den Gott – dies alles wird von den griechischen und lateinischen Autoren in der Geschichte von Alexanders Besuch beim Amun-Orakel in der Oase geschildert wie auch vom Priester des Orakels selbst. Auch die Reihenfolge der Fragen und Antworten ist auf der Stele der Verbannten die gleiche wie bei Alexanders griechischen und lateinischen Biographen.

Die Stele datiert aus dem vierten Jahrhundert; genauer, aus dem Frühjahr des Jahres –331.

---

[24] a.a.O.

[25] Plutarch: *Lebensbeschreibungen*, »Alexander«, XXVII, 4.

[26] J. Grafton Milne: »Alexander at the Oasis of Ammon«, in: *Miscellanea Gregoriana*, (Vatikan 1941), S. 148.

[27] H.J. Bell: *Egypt from Alexander the Great to the Arab Conquest* (Oxford 1948), S. 30.

Einmal mehr enthüllt sich die sogenannte 21. Dynastie als jene der Fürsten in den Oasen, wo sie von den Persern zur Führung der militärischen Außenposten an der libyschen Front eingerichtet wurden. Die Stele eines Priester-Fürsten Mencheperre vom Orakel des Amun in der Oase Siwa schildert den Besuch Alexanders an diesem Ort; die Berichte der griechischen Autoren stimmen mit dem des Priesterfürsten sogar bis in kleine Details überein.

Es ist häufig behauptet worden, es gebe keinen ägyptischen Bericht vom Besuch Alexanders beim Orakel des Zeus-Ammon in der Oase.[26] Das ist jedoch nicht der Fall: Die Stele der Verbannten ist ein derartiger Bericht.

Es wird ebenfalls behauptet, wir würden niemals erfahren, welche Antwort Alexander vom Orakel in der Oase erhalten habe, abgesehen von dem, was von seiner Begleitung berichtet worden ist, die sich jedoch beim Orakelspruch nicht im Tempelinneren befunden hatte. Sie berichteten, er habe versprochen, nach seiner Rückkehr nach Makedonien dieses Geheimnis seiner Mutter anzuvertrauen. Nach Plutarch sagt Alexander »in einem Brief an seine Mutter, er habe einige geheime Weissagungen bekommen, die er bei seiner Rückkehr ihr allein entdecken wolle« – aber er kehrte niemals mehr nach Hause zurück. »Welche Fragen er [Alexander] an das Orakel gestellt und welche Antworten er darauf erhalten hat –, dies sind Probleme, über welche die Historiker seitdem debattieren und über die wir niemals die korrekte Antwort erhalten werden, denn Alexander behielt sie für sich. Er schrieb seiner Mutter und teilte ihr mit, er würde allein ihr nach seiner Rückkehr sein Geheimnis mitteilen; da er jedoch nicht nach Makedonien zurückkehrte, starb das Geheimnis mit ihm.«[27] Dieses Bedauern über unsere Unwissenheit hinsichtlich der Orakelsprüche und die Resignation darüber, daß wir niemals die Chance haben werden, jemals etwas über das zu erfahren, was sich im Orakel zwischen dem König und dem Priester abgespielt hat, sind ebenfalls unangebracht: Wir kennen die Antworten auf Alexanders Fragen – eingemeißelt in Stein auf der Stele der Verbannten, und zwar vom Priester, der anderen Person, die an jener berühmten, aber geheimen Zusammenkunft, teilgenommen hatte.

Besuchte Alexander das ägyptische Theben?

Alexander blieb vom Herbst –332 bis zum Frühjahr –331 in Ägypten. Von seinen Aktivitäten in Ägypten sind am besten die Gründung der Stadt Alexandria und sein Besuch in der Oase Siwa bekannt, denn sie werden von allen seinen griechischen und lateinischen Biographen geschildert; diese haben jedoch ihr Material aus nicht mehr erhaltenen Schriften ausgewählt, die die Begleiter Alexanders über seinen Eroberungsfeldzug in Asien und in Ägypten abgefaßt haben. Kleitarch, der bereits kurz nach der Gründung dieser Stadt Bürger von Alexandrien war, sammelte schriftliche und mündliche Informationen über Alexander, um eine Biographie über ihn zu schreiben. Sein Werk ist hauptsächlich aus Zitaten und Hinweisen bei späteren Autoren bekannt.

Das Problem, das wir jetzt aufwerfen werden, ist von untergeordneter Bedeutung: Hat Alexander Theben, die Hauptstadt von Oberägypten, besucht? In den Berichten über seinen Aufenthalt in Ägypten, wie sie in den späten Biographien zu finden sind, fehlen derartige Informationen, und es hat den Anschein, als habe er seine Reiseroute auf das Delta oder Unterägypten – dessen alte Hauptstadt Memphis erwähnt wird – sowie auf die künftige Stätte Alexandrias und auf die Wüstenstraße zur nördlichen Oase beschränkt. Hinsichtlich seiner Reiseroute machen allerdings Ptolemaios und Kallisthenes widersprüchliche Angaben. Während der eine behauptet, Alexander sei auf der gleichen Route zurückgekehrt, auf der er auch gekommen war – nämlich entlang der Küste und dann in südlicher Richtung –, gibt der andere für die Rückreise eine völlig im Lande liegende Route an. Von den späten Autoren flicht Curtius Rufus folgenden, von mir bereits zitierten Satz ein: »Von Memphis aus drang der König auf dem gleichen Weg ins Innere Ägyptens vor«, aber in einem Passus gegen Ende seines Berichts stellt der gleiche Autor fest: »Ihn hatte der durchaus verständliche, doch zur Zeit unerfüllbare Wunsch befallen, nicht nur das Innere Ägyptens, sondern auch Äthiopien aufzusuchen; der vielgefeierte Königssitz von Memnon und Tithonus hätte ihn in seinem Verlangen, die Vergangenheit zu erforschen, fast über den Bereich der Sonne [Wendekreis des Krebses] hinausgelockt. Aber der bevorstehende Krieg... verbot ihm eine müßige Fahrt durch fremde Länder.«

Mit dem Palast des Memnon muß Curtius Rufus den von Amenophis III. erbauten Tempel von Luxor gemeint haben, denn seine kolossalen Sitzstatuen auf der Ebene westlich von Theben, gegenüber von Luxor – jenseits des Nils – galten in der griechischen Welt als Darstellungen des legendären Memnon.[1] Curtius Rufus erweckt also den Anschein, als sei Alexander flußaufwärts in das Innere Ägyptens vorgedrungen, allerdings nicht ganz bis Assuan nahe am Wendekreis des Krebses, ja nicht einmal bis nach Theben.

Seinem ganzen Wesen nach – neugierig, forschend, aber auch eitel – neigte Alexander kaum dazu, einen Besuch der Tempel der alten Hauptstadt zu unterlassen, die ihm aus Homer bekannt waren: Achilleus, Alexanders Hauptheld, spricht von den unübertroffenen Reichtümern im hunderttorigen Theben, wo zweihundert Streitwagen an jedem Tor standen; für die Griechen war es die prachtvollste Stadt in der ganzen Welt. Sogar heute zieht Theben alljähr-

---

[1] Siehe mein Werk: *Ödipus und Echnaton*, S. 36.

Abb. 21: Tempel von Luxor. Alexander als Pharao Ägyptens vor dem Gott Amun-Re.

lich viele Touristen an. Als Sohn des Gottes Amun muß Alexander einen starken Impuls verspürt haben, den majestätischen Tempel des Amun in Karnak (im östlichen Theben) aufzusuchen: Er hat die Strapazen der mehrtägigen Wüstenreise nach Siwa auf sich genommen und ein bequemes Schiff konnte ihn in kürzerer Zeit nach Theben bringen. Er verbrachte gut ein halbes Jahr in Ägypten und ließ sich nicht durch zeitliche Erwägungen davon abhalten, stromaufwärts nach Theben zu segeln. Außerdem ist es richtig, davon auszugehen, daß er, um als König von Ober- und Unterägypten gekrönt zu werden – diesen Titel hatte er nämlich angenommen –, für eine Zeremonie sowohl in Memphis als auch in Theben zu erscheinen hatte.

In den Amun-Tempeln von Luxor und Karnak baute Alexander Votivkammern und einige der Reliefs, auf denen Alexander zu sehen ist, sind noch erhalten und werden den Touristen gezeigt. Diese Votivkammern legen die Vorstellung sehr nahe, daß Alexander Theben besucht und dort Amun, der obersten Gottheit im ägyptischen Pantheon, geopfert hat.

Aus der Stele der Verbannten (der Maunier-Stele) läßt sich der gleiche Schluß ziehen: »... [sie waren] zu seinen Füßen und ihr Herz war hoch erfreut ob seiner Güte. Er war gekommen nach dem Süden als kühner Sieger um wiederherzustellen die Ruhe im Lande und um zu züchtigen die Gegner.« Es ist denkbar, daß »Süden« nur bedeutet, der König sei von Norden her in Ägypten eingetroffen – er kam von Makedonien über Anatolien, Syrien und Palästina –, aber die nächste Passage lautet: »Er zog ein in die Stadt (*Ni*, d.i. Theben) mit wohlwollender Gesinnung und es empfingen ihn die Bewohner jeden Alters mit lautem Zuruf. Und Boten waren vorausgeschickt worden.« Im nächsten Satz der beschädigten Stele steht ein Hinweis, daß seine Majestät »ihn [Mencheperre] auf den Stuhl Seines Vaters als Hohenpriester des Götterkönigs Amun-Re und als Oberbefehlshaber von Süd- und Nord-Ägypten setzte.«

Nur eine sehr bemühte Auslegung ließe die Annahme zu, die »schönen Feste« hätten allein der Ankunft des Hohenpriesters zur Einsetzung in seine Ämter gegolten – und nicht »seiner Majestät«, die ihn in seine erblichen Ämter einsetzte oder ihn darin bestätigte.

Die Votivinschrift Alexanders im Amun-Tempel in Karnak verdient erneut die Aufmerksamkeit der Archäologen. Tuthmosis III. war unter dem Königsnamen Mencheperre bekannt. Dies war, wie wir erfahren haben, auch der Name des Priesterfürsten, der Alexander in der Oase empfangen hat. Es würde sich daher lohnen, die erhalten gebliebenen Teile der Inschrift neu zu untersuchen um zu klären, ob die Aussage richtig ist: »Alexander hat eine Votivkammer für Tuthmosis III. gebaut.« Es könnte sein, denn Tuthmosis III. war der bedeutendste militärische Held Ägyptens, der 600 Jahre vor Alexander gelebt und gekämpft hat;[2] aber könnte es nicht zutreffen, daß der Name Mencheperre an dieser Stelle sich auf den Hohenpriester bezieht, und wäre nicht gerade Mencheperre derjenige, der dafür sorgte, daß Alexanders Name oder Abbild in Karnak im Zusammenhang mit ihm selbst angebracht wurde? Wie wir sehen werden, schrieb ein Sohn von Mencheperre aus irgendeinem trivialen Anlaß eine lange Inschrift auf die Mauern von Karnak; würde sein Vater es unterlassen haben, dort von einem viel wichtigeren Ereignis zu berichten? Die Stele der Verbannten wurde in der Tat in Luxor gefunden, dem anderen Tempelbereich von Theben. Doch gibt es starke Anzeichen dafür, daß die Kapelle, die Alexander baute, wie in der Regel angenommen wird, zu Ehren des berühmten Pharaos der Antike errichtet worden ist.

»Das Amun-Orakel in Siwa war eine Zweigstelle desjenigen in Theben.«[3] Auch dies erklärt, warum Mencheperre an beiden Orten aktiv war. Entweder vor seiner Pilgerreise zur Oase, oder nach seiner Rückkehr von dort, hat Alexander Theben besucht.

[2] *Zeitalter im Chaos*, Band I, Kapitel IV.

[3] Fakhri: *Siwa Oasis*, S. 42.

Kapitel IV
SIAMUN

Peinuzem II.

Als Alexander nach seinen abenteuerlichen Zügen in Zentralasien und im Industal zu Babylon im Sterben lag, wurde er nach seinen letzten Wünschen gefragt; er verlangte nur eines – in der Oase Siwa begraben zu werden, wo ihn acht Jahre vorher das Orakel zum Sohn Gottes erklärt hatte. Mit großem Gefolge wurde sein Leichnam nach Ägypten gebracht, aber Ptolemaios war dagegen, ihn den Priestern der Oase zu übergeben, und er wählte für ihn eine Grabstätte in Alexandrien. Sie ist nie entdeckt worden. In Sidon wurde ein Marmorsarkophag von unübertrefflicher Schönheit gefunden. Er ist mit Kriegs- und Jagdszenen geschmückt. Heute befindet er sich im Museum von Istanbul und ist als Alexandersarkophag bekannt, aber mit Ausnahme seiner Vortrefflichkeit lassen weder eine Inschrift noch irgendein anderes Beweisstück diese Identifizierung zu.

Als das von Alexander geschaffene Imperium nach seinem Tod auseinanderbrach, sicherte Ptolemaios, der Sohn des Lagos, der Alexander auf seinen Eroberungszügen bis nach Indien begleitet hatte, sich Ägypten, und er kämpfte zu Wasser und zu Lande, um sich einen größeren Anteil am Erbe zu verschaffen. Einige formale Zeichen von Loyalität wurden gegenüber Philipp Arrhidaios gewahrt, dem geistig beschränkten Halbbruder von Alexander, und nach dessen Tod auch noch gegenüber dem von Roxana nach Alexanders Tod geborenen Sohn, bis Mutter und Sohn (–310) ermordet wurden. Erst danach proklamierte sich Ptolemaios zum König von Ägypten und Palästina und begann eine Dynastie, die fast dreihundert Jahre andauerte, bis sie mit Kleopatra im Jahre –30 erlosch.

Mencheperre, Sohn des Peinuzem, der Alexander in der Oase empfangen hatte, folgte im Amt des Hohenpriesters ein Sohn namens Peinuzem, so benannt nach seinem Großvater. Von ihm stammen mehrere Inschriften – eine darunter ziemlich lang, die in eine Mauer das Amun-Tempels in Karnak eingemeißelt sind. Peinuzem II. figuriert darin als Hoherpriester oder als Prophet, aber nicht als König; auch seinen verstorbenen Vater Mencheperre bezeichnet er nie als König oder als verstorbenen König. Peinuzem datiert seine Inschriften in die Jahre 2, 3, 5 und 6 eines Königs, der ungenannt bleibt. »Es ist wünschenswert, die Identität dieses namentlich nicht genannten Königs zu erfahren«, schrieb Naville.[1] Als ein Sohn und Nachfolger von Mencheperre muß Peinuzem während der Regierungszeit von Ptolemaios I. gelebt und sein Amt ausgeübt haben. Die Jahre 2, 3, 5 und 6 wären somit auf die Königsjahre von Ptolemaios I. anwendbar, wenn sie sich auch auf jene Zeit beziehen könnten, in der Ptolemaios nach dem Tod Alexanders praktisch die Herrschaft über Ägypten ausübte, obwohl er sich damals noch nicht selbst zum König proklamiert hatte.[2] Wir gehen davon aus, daß Peinuzem II. die Funktionen eines Propheten des Amun in den beiden letzten Jahrzehnten vor dem Jahre –300 ausgeübt hat.

In der großen Inschrift von Karnak übt Peinuzem seine Funktionen vor dem »großen Gott« aus, was, laut Naville, soviel wie »der König« bedeutet. Wie in der Stele der Verbannten ernennt der »große Gott« Schreiber, Aufseher und Landvermesser. Einige von ihnen begingen betrügerische Handlungen; Peinuzem befragt das Amun-Orakel, ob ein gewisser Thutmosis, Sohn des Soua-Amun und Tempelwächter, schuldig ist, sich Tempelbesitz angeeignet zu haben. Das Orakel antwortet mit heftigen Bewegungen seines Hauptes wie in der Stele der Verbannten. Der lange Text läuft auf die Rehabilitierung des Verdächtigten hinaus. Wie wahr das Verdikt des Orakels war, können wir nicht wissen, aber das Einmeißeln derartig trivialer Angelegenheiten auf den ehrwürdigen Mauern des Tempels von Karnak ist ein Zeichen von Dekadenz.

Man nimmt an, daß Peinuzem einen Sohn namens Psusennes gehabt hat; dieser Psusennes II. wird gelegentlich als der letzte »König« der 21. Dynastie gezählt. Es gibt keine Inschrift, die sich mit Sicherheit ihm zuschreiben ließe oder ihn beträfe. Weiterhin geht man davon aus, daß dieser Psusennes II. eine Tochter namens Makare hatte. Warum werden diese Annahmen aufgestellt? Um ein Bindeglied zwischen der Dynastie der Priesterkönige, die als 21. Dynastie geführt wird und der libyschen Dynastie zu schaffen, die als 22. Dynastie gezählt wird und im 9. bis 8. Jahrhundert herrschte.

Eine Statuette des Nilgottes, die Votivgabe eines Pilgers, würde die Aufmerksamkeit der Archäologen nicht sehr erregen. Aber als die Inschrift auf einer solchen Statue gelesen wurde, stellte sich heraus, daß sie die Widmung eines Hohenpriesters Meriamun-Schoschenk trug, der sich als Sohn des Königs

---

[1] E. Naville: *Inscription historique de Pinodjem III* (Paris 1883). In Publikationen aus jüngerer Zeit figuriert dieser Herrscher als Peinuzem II.

[2] H. Gauthier: *Le Livre des rois d'Egypte*, V (1917), 213: »La chronologie de Ptolémée I-er nous offre, du reste, une curieuse particularité, en ce qu'elle fait usage d'un double mode de datation.«

[3] Breasted: *Ancient Records*, Bd. IV. Abschn. 738-40.

Osorkon und dessen Frau Makare bezeichnete, Tochter von König Pesibkenno (Psusennes). Man vermutete, hier ein Bindeglied zwischen den beiden Dynastien gefunden zu haben, von denen die eine erlischt und die andere gerade die Macht übernimmt.[3] Es wurde ferner angenommen, der Hohepriester Schoschenk habe später als König Schoschenk den Thron bestiegen, obwohl nach den Denkmalinschriften dieser Schoschenk ein Vorgänger und nicht ein Nachfolger von Osorkon gewesen ist.

Es ist durchaus nicht mit Sicherheit bekannt, ob Peinuzem II. einen Sohn namens Psusennes (II.) hatte, und es gibt auch kein Beweismaterial dafür, daß – falls es einen solchen Nachkommen in der priesterlichen Dynastie gegeben haben sollte – er eine Tochter Makare hatte. Aber eine Vermutung, daß ein Psusennes II. einem Peinuzem II. folgte, daß er eine Tochter Makare hatte und schließlich, daß diese Tochter Osorkon I. heiratete und einen Sohn Schoschenk gebar, führte zu einer Verwirrung, in der die Nachkommen ihre Rollen und Regierungszeiten mit ihren Ahnen tauschten. Dies ist die Art, wie gedacht wird, um die Abfolge der Dynastien aufzustellen. In der Tat wird mit diesem *einzigen* Bindeglied die libysche Dynastie, und die ihr folgende äthiopische, an die Dynastie der Priester-Fürsten angehängt, von der wir inzwischen festgestellt haben, daß sie zur Zeit der Perserherrschaft und sogar noch unter den ersten Ptolemäern ihre Blütezeit erlebte. Da Peinuzem II. sein Amt unter Ptolemaios I. ausübte, konnte nicht ein Sohn von ihm der Schwiegervater eines Monarchen sein, der mehr als sechshundert Jahre früher regiert hatte.

Siamun

Wir haben die abschließende Figur in dieser Arbeit zur Rekonstruktion der Alten Geschichte erreicht. In verschiedenen Bemühungen der jüngeren Zeit, die Nachfolge der Könige und Priester in der 21. Dynastie festzulegen, wird König Siamun regelmäßig ans Ende der Königsliste gesetzt.[1]

Es war Siamun, der das Königsversteck bei Deir el-Bahari schloß und versiegelte, allerdings nicht ehe er unter den Mumien der alten Pharaonen noch die sterblichen Überreste von Peinuzem II. untergebracht hatte, der selbst einige der Mumien von alten Königen neu gebettet hatte. Es war wahrscheinlich wiederum Siamun, der die Überreste von Psusennes' Königin durch diejenigen von »König« Amenemope in der Grabstätte im Tempelbezirk von Tanis ersetzte. Im Vorraum dieser Grabstätte wurde ein Skarabäus aus grünem Stein

[1] J. Černý: *Cambridge Ancient History*, Bd. II, Kap. XXXV; E. F. Wente: *Journal of New Eastern Studies*, XXVI, 3 (Juli 1967). – Eric Young: *Journal of the American Research Center in Egypt*, II (1963), S. 99ff.

mit Siamuns Namen gefunden, und das »kommt einer Signatur« gleich (Montet).

Peinuzem II., Sohn des Mencheperre, lebte unter Ptolemaios I. (Soter), und Siamun muß unter dem gleichen König gelebt haben, oder – noch wahrscheinlicher – unter seinem Nachfolger, Ptolemaios II. Philadelphus (–285 bis –246). Während Ptolemaios I. ein Kriegerkönig war, handelte es sich bei seinem jüngeren Sohn, zu dessen Gunsten er zwei Jahre vor seinem Tode abdankte, um einen prachtliebenden König und einen begeisterten Liebhaber der hellenischen Kultur. Philadelphus heiratete seine Schwester und ahmte dabei die ägyptische Königssitte nach; im übrigen aber war ihm die mysteriöse Atmosphäre der einheimischen religiösen Kulte ein Greuel, und an die Stelle der alten religiösen Kulte der Götter Amun, Ptah und anderer Gottheiten trat weitgehend ein heiterer religiöser Kult, der des Serapis. Die von Ptolemaios I. begründete Bibliothek von Alexandria wurde unter Ptolemaios II. zu einem bedeutenden Zentrum der Wissenschaften. Alexandria, jetzt Hauptstadt von Ägypten, ließ die Städte Sais, Memphis und andere Städte im Delta verblassen. Ptolemaios II. war ein Förderer der Künste.

Da er zur Zeit der Ptolemäer lebte, muß Siamun Zeuge des Szenenwechsels gewesen sein. Die ägyptische Kultur, die – wenn auch nicht unbeeinflußt – die Invasion der Hyksos, der Libyer, der Äthiopier, der Assyrer und der Perser überlebt hatte, war jetzt Einflüssen ausgesetzt, die ihrem Geist und Wesen nach noch nicht einmal orientalisch waren; während in der Vergangenheit griechische Söldner sich in Ägypten niedergelassen hatten, Kaufleute hierher gereist und Philosophen gekommen waren – so Solon, Pythagoras, Herodot und Platon –, um ihr Wissen zu vervollkommnen, brachte die neue Tendenz nicht nur Veränderungen in der Lebensform, sondern auch in der Gelehrsamkeit von Hellas nach Ägypten, vor allem nach Alexandria, das bald zur Kultur-Hauptstadt der ganzen damals bekannten Welt werden und an die Stelle von Athen treten sollte. Es war keine rein griechische Kultur, die sich über die von Alexander eroberten Länder ausbreitete: Die Eroberungen des Makedoniers führten zur Entstehung der so genannten hellenistischen Kultur, die sich doch erheblich von der rein hellenischen unterschied; es war eine Verschmeltung der letzteren mit orientalischen Kulturen. Wenn es jedoch in dem gesamten Gebiet, das Alexander seinen Waffengefährten hinterlassen hatte, einen Ort gab, der vom Geiste Athens geerbt hatte, dann war es Alexandria.

Die ägyptische Priesterschaft erfreute sich weiterhin der Förderung durch die Könige; in Kom Ombo, in Esne und an anderen Orten wurden Tempel errichtet, die sich in architektonischer Hinsicht kaum von denen der 20. Dynastie unterschieden; die Tempel und ihre Hierarchie hatten bedeutende Einnahmen aus ihren Lehnsgütern, aus königlichen Schenkungen und aus Spenden der

Laien. Aber die alten Riten wurden im Geiste des Hellenismus verändert, und die neue Gottheit, Serapis, rückte bald an die oberste Stelle.

Obwohl in den Oasen der überkommene Glaube und auch der Aberglaube größere Chancen hatten, sich länger am Leben zu erhalten, drang der reinigende Wind des Hellenismus schließlich auch über die Wüste vor. Bis zu einem gewissen Grad könnte die kulturelle Veränderung im Nildelta mit derjenigen verglichen werden, die das Zeitalter der Aufklärung im 18. Jahrhundert für Europa brachte; aber unter den Ptolemäern gab es auch vieles vom Versailles des 17. Jahrhundert – eine Atmosphäre von Indifferenz gegenüber der Religion, und dies, obschon die Repräsentanten der Geistlichkeit sowohl im Bereich der Politik als auch im kulturellen Bereich überwogen. Der Königshof war »prachtvoll und zügellos, intellektuell und affektiert.«

Um Alexandria zu verschönern, wurden auf Befehl der Ptolemäer verschiedene Obelisken dorthin transportiert und auf öffentlichen Plätzen aufgestellt. Die beiden Obelisken, von denen heute der eine am Ufer der Themse in London und der andere im Central Park in New York steht, wurden von Oktavian Augustus vor dem Caesarion in Alexandria aufgestellt; es steht allerdings nicht genau fest, wann sie von Heliopolis, nördlich von Memphis, wo sie von Thutmosis III. aus der 18. Dynastie ursprünglich errichtet worden waren, nach Alexandrien gebracht wurden. Es ist eine bloße Vermutung, daß Oktavian Augustus sie dorthin bringen ließ; Beweise dafür existieren nicht.

Es ist denkbar, daß für die Entfernung der Obelisken aus Heliopolis (dem On der Ägypter) eine Genehmigung durch die Priesterschaft erforderlich gewesen ist. Die auf ihnen erhaltenen Texte datieren aus der Zeit von Thutmosis III., aber nahe der Basis sind zu einem späteren Zeitpunkt Hieroglyphen mit dem Namen Siamun hinzugefügt worden.[2] Wenn die – nicht allzu gut erhaltenen Zeilen – zur Zeit der Überführung hinzugefügt worden sein sollten, dann beinhalten sie wahrscheinlich, daß er, Siamun, es gewesen ist, der diese Aktion autorisierte.

Es ist eine ganze Reihe anderer Fälle bekannt, in denen Siamun seinen Namen oder seine Signatur hinterlassen hat – auf Objekten, die in Memphis, in Tanis und an einigen anderen Orten in Oberägypten gefunden wurden. Er war sehr intensiv damit beschäftigt, Tempel und Monumente aus früheren Jahrhunderten zu restaurieren und zu erhalten. Er machte es sich auch zur Pflicht, die kümmerlichen Überreste zu bewahren, die von den prachtvollen Königsgräbern der großen Pharaonen übriggeblieben waren, sowie diejenigen, die von den Gräbern seines eigenen Clans erhalten blieben.

---

[2] Maspero: *Les Momies Royales*, S. 674; K. A. Wiedemann: *Aegyptische Geschichte* (1884-88), S. 532.

Als er die Grabstätten von zwei aus der Frühzeit stammenden und wenig bekannten Königinnen für die Mumien von großen Königen, Hohenpriestern und rangniederen Priestern umbauen ließ, hat Siamun dafür gesorgt, diese Stellen so unauffällig zu gestalten, daß sie durch die gesamte Herrschaftszeit der Griechen, der Römer, der Byzantiner, der Araber, der Mameluken und der Türken – bis zum Ende des 19. Jahrhunderts – unentdeckt geblieben sind. Er verriet diese Ruhestätten nicht dadurch, daß er auffällige Monumente auf ihnen errichten ließ; höchstwahrscheinlich sind die Bestattungsarbeiten, das Zusammentragen und der Transport der Särge, im Schutze der Dunkelheit erfolgt.

Kein Grab, und vor allem kein Grab eines prominenten Mannes aus dem Militäradel oder aus der Geistlichkeit, war in Ägypten nach dem 6. Jahrhundert mehr sicher vor Einbrechern und Grabräubern. Obwohl es unter den Ptolemäern mehr Überwachungs- und Sicherheitsmaßnahmen gegeben haben muß als zuvor, erscheint es nur natürlich, daß Siamun, Sproß einer Linie von Militärfürsten und Priestern, den Wunsch hatte, für sich eine Grabstätte nach eigenem Plan und Entwurf zu errichten und dafür einen Baugrund in der Oase Siwa zu wählen – im Schatten des Orakel-Tempels von Zeus-Ammon, auf geheiligtem Grund; wir werden ihm dorthin folgen. Alexander hatte sich gewünscht, dort begraben zu werden, aber ihm wurde dieser Wunsch nicht erfüllt.

In der Flanke eines Gabal el-Mota genannten Hügels in der Oase befinden sich einige Grabstätten, die jetzt offen liegen. Eines dieser Gräber wurde für Ni-per-pa-Thot gebaut, der in einem kurzen Text auf der Mauer als »Prophet des Osiris, Schreiber heiliger Bücher und Priester« bezeichnet wird; er wird außerdem gerühmt als der »große Mann seiner Stadt«, als »Anhänger seines Gottes« und als »vorzüglicher Mensch«. Der Gott Amun ist nicht erwähnt, und es scheint, als habe Ni-per-pa-Thot, ein Prophet des Gottes Osiris und ein frommer Mann, die Oase wegen ihres geheiligten und reinen Bodens ausgesucht und ihr dabei den Vorzug gegenüber Abydos oder dem Serapaion in Memphis gegeben, das, lange mit den Traditionen des Osiris-Kults verbunden, nun zum Zentrum des Serapiskults geworden war.

»Daressy datierte es [das Grab von Ni-per-pa-Thot] in die 20. Dynastie, als er es erstmals untersuchte, aber danach zog er jedoch eine spätere Datierung vor und vertrat die Auffassung, es sei aus der Zeit Alexanders des Großen.«[3] Das bedeutet natürlich nach der akzeptierten Chronologie eine Reduktion um achthundert Jahre.

In der Nordwestflanke des Hügels befindet sich die Grabstätte von Siamun,

[3] Fakhri: *Siwa Oasis*, S. 127.

die im November 1940 entdeckt wurde. »Diese Grabstätte ist bei weitem das beste, was bisher in der westlichen der Wüste gefunden wurde, und sie kommt jedem Werk dieser Periode in den Grabstätten im Niltal gleich.«[4]

»Als diese Grabstätte gefunden wurde, rief sie in der Oase Siwa eine große Sensation hervor, jeder kam, um sie sich anzuschauen, und über die Szenen [in den Wandgemälden] wurden die phantastischsten Erklärungen abgegeben... Einige der Bewohner der Oase Siwa behaupteten sogar, in den hieroglyphischen Texten könnten sie Warnungen vor der Katastrophe erkennen, die [wegen des Zweiten Weltkriegs] über sie gekommen war. Einer der Magier gab vor, er könne aus der Anzahl der Sterne, die sich in der Grabdecke befanden, errechnen, wann der Jüngste Tag über die Menschheit hereinbrechen werde.«

Bald nach ihrer Entdeckung wurde die Grabstätte zur Wohnung für eine große Familie mit ihren Haustieren, Schafen und Hühnern; sie kochte im Inneren und buk dort ihr Brot, und »folglich wurden viele Teile der farbig bemalten Wände mit Ruß bedeckt, oder verloren den Glanz [ihrer] Farben...« Aber »noch schlimmer war das Herausschneiden einzelner Szenenstücke durch die Truppen, die sich [während des Zweiten Weltkrieges] in Siwa befanden und die hingingen, um sich die neu entdeckten Monumente anzusehen«. Die Grabstätte, die in vorchristlicher Zeit und durch Jahrtausende hindurch unversehrt geblieben war, war der raschen Zerstörung ausgesetzt. »Der Mann, der diese Grabstätte als Wohnung benutzte, erlaubte jedem Besucher, einzutreten und zu tun, was ihm beliebte, und er erwartete dafür ein Bakschisch.«[5]

Die Grabstätte besteht aus einer Halle, die etwa 9 Meter lang und 2,40 Meter breit ist, sowie aus einer nicht fertiggestellten Grabkammer von etwa drei Meter Länge und 1,50 Meter Breite. In den Hieroglyphen unmittelbar neben der gemalten Figur des Grabeigentümers wird wiederholt festgestellt, daß diese Grabstätte von und für Siamun errichtet worden ist. Die Wände und die Decke der Halle sind mit farbigen Malereien ausgeschmückt, von denen einige exquisite Qualität erkennen lassen: Das gilt etwa für das Wandgemälde, auf dem die Göttin Nut neben einem voll erblühten Baum zu sehen ist, wie sie selbst dem Grabeigentümer Nahrung, Wasser und Räucherwerk darbietet. Auf einem anderen Wandgemälde betet Siamun zu Isis, der ein Bennu-Vogel folgt. In einem weiteren Wandbild breitet ein Geier seine Flügel über Siamun aus.

In keinem der erhalten gebliebenen Bilder hat Siamun eine Uräusschlange oder eine Kobra, Zeichen der königlichen Macht, über seiner Stirn, aber ein Geier mit ausgebreiteten Flügeln *ist* ein königliches Symbol. In den noch erhaltenen Inschriften – von denen viele entstellt sind – steht ein Name, ohne von

---

[4] a.a.O., S. 132.

[5] a.a.O.

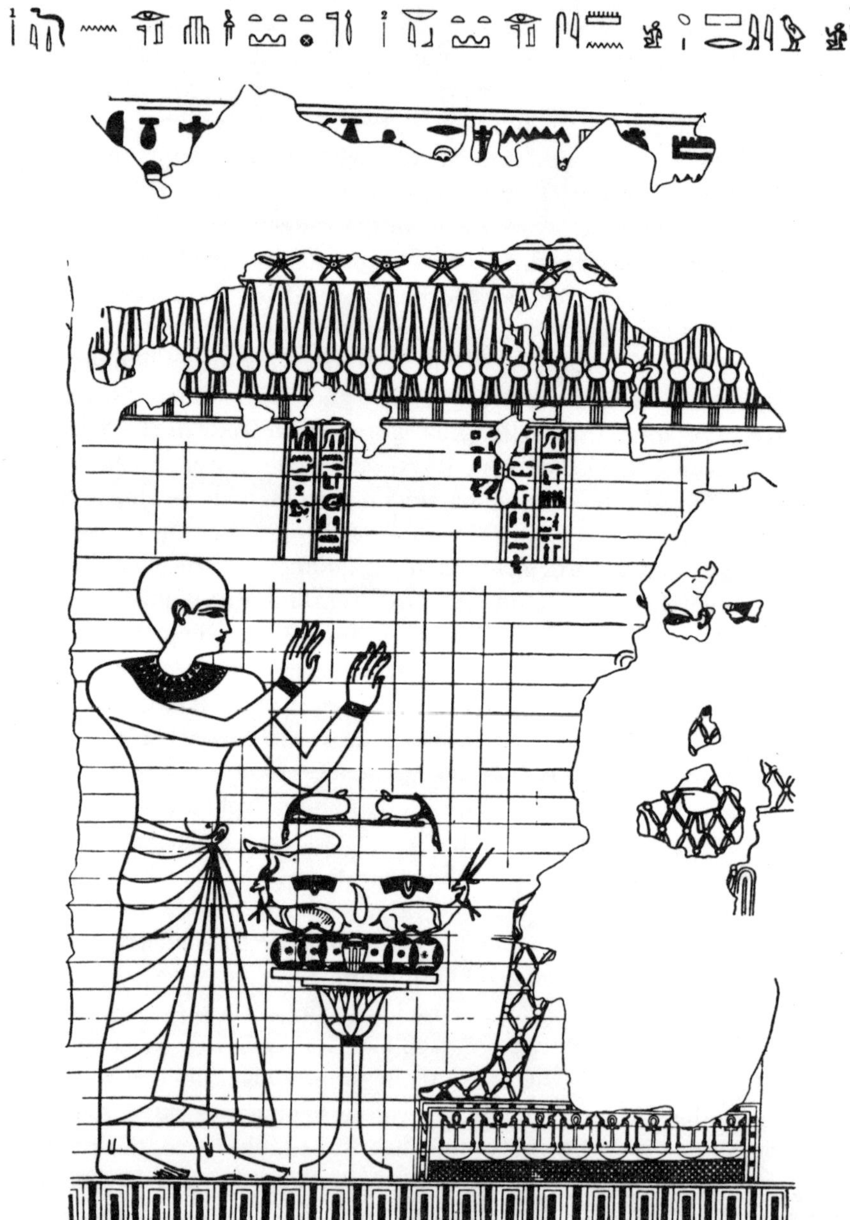

Abb. 22: Siamun betet Osiris an. Man beachte die ägyptische Haartracht.

Abb. 23: Siamun in der Gegenwart von Göttern. Ein Geier schwebt über seinem Kopf als Zeichen königlichen Rangs. Siamun trägt griechische Haartracht.

einer Kartusche umsäumt zu sein. Aber der an den Wänden laufende Fries besteht aus nicht ausgefüllten Kartuschen – eine für die Grabstätte eines Privatmannes ziemlich ungewöhnliche Gestaltung. Eine Persönlichkeit, wie reich oder prominent in ihren kommunalen Angelegenheiten sie auch immer gewesen sein mag, würde ihre Grabstätte nicht reihenweise mit Kartuschen – den Königssymbolen – ausschmücken. Die Kartuschen sind so angeordnet, daß auf eine Gruppe von zwei blauen Kartuschen jeweils eine Gruppe von zwei gelben folgt.

Die Decke der Halle ist mit königlichen Symbolen dekoriert: Falken und Geier mit ausgebreiteten Flügeln und königlichen Insignien, die von den Krallen der Vögel gehalten werden. Warum hat Siamun, so nahe, den Königsstatus für sich in Anspruch zu nehmen, nicht seinen Namen in die vorbereiteten Kartuschen schreiben oder eine Uräus-Schlange über der Stirn auf einem seiner Porträts anbringen lassen?

Die Antwort liegt auf der Hand: unter den Ptolemäern – und ganz gewiß unter Ptolemaios II. – wäre es – außer natürlich für die Ptolemäer selbst – ein schwerwiegendes Staatsverbrechen gewesen, sich königliche Titel anzumaßen. Siamun ging darin so weit, wie es nur irgend möglich war: Er ließ die Wände und die Decke mit königlichen Symbolen ausschmücken, aber er versagte es sich, dem Künstler den Auftrag zu erteilen, einen kompromittierenden Anspruch auf einen königlichen Titel, und damit zugleich auf den Thron, hinzuzusetzen. Schon Peinuzem, der Sohn von Mencheperre, hatte es nicht gewagt, den Namen seines Vaters bzw. seinem eigenen Namen den Titel ›König‹ hinzuzufügen.[6]

Da er sich nicht die Freiheit nehmen konnte, neben seinem Namen und seiner Gestalt den Titel »König« hinschreiben zu lassen, zog Siamun es vor, gar nichts zu schreiben. Während in dem anderen Grab, dem von Ni-per-pa-Thot, die Ämter aufgezählt sind, die der Verstorbene einmal innegehabt hatte (»Prophet des Osiris«, »Schreiber der göttlichen Dokumente«, »der Größte in seiner Stadt« und »Priester«), sind neben dem Namen und der Figur von Siamun keine Angaben darüber gemacht, welche Positionen oder Ämter der Verstorbene in seinem Leben innegehabt hatte. Die Grabstätte ist nicht fertig geworden, und es war möglicherweise vorgesehen, den Namen des Verstorbenen in den Kartuschen anzubringen, falls sich die politische Lage ändern sollte; aber auch so ist die Ausstattung des Grabes in vieler Hinsicht durchaus mit derjenigen in den Königsgräbern im Tal der Könige in der Nähe von Theben vergleichbar.

Bei der Erörterung dieser Details haben wir es unterlassen, die beiden verschiedenen Arten zu schildern, auf die Siamun sich porträtiert zu sehen wünschte. In der Mehrzahl der dargestellten Szenen ist er in traditionell ägyptischer Kleidung abgebildet – sein Gesicht und sein Kopf sind rasiert; aber in einigen der Wandmalereien wird er mit fülligem schwarzem Haar und mit einem schwarzen Kräuselbart dargestellt. Außerdem trägt auf einem Bild, in dem er mit seinem jüngeren Sohn dargestellt wird – er selbst sitzt, und sein Sohn steht vor ihm –, der Knabe »ein kurzes chitonartiges Gewand von griechischem Zuschnitt«. »Er hat lockiges schwarzes Haar und hat über seine Schultern einen Mantel rein griechischen Zuschnitts gelegt.« (Fakhri)

Es steht unbestreitbar fest: Das Grab von Siamun datiert aus der hellenistischen Periode der ägyptischen Geschichte. Da Siamun in der hellenistischen Zeitperiode lebte, konnte er sich dem Einfluß des vorherrschenden Geistes und der Lebensweise nicht entziehen.

Als Siamun starb, war seine Totenkammer noch nicht fertiggestellt. Bald nach seinem Tode wurde eine Reihe Nischen in die Wände der großen Halle eingearbeitet und darin Mumien untergebracht. Diese Mumien wurden von Fakhri wiederentdeckt und der ptolemäischen Periode zugeschrieben. Diese Periode dauerte bis zum Tod Kleopatras im Jahre –30.

Da die 21. Dynastie falsch in das elfte und zehnte Jahrhundert verlegt wurde und in einigen Schätzungen Siamuns Regierungsjahre zwischen –969 und –950 liegen[7], wird er auf diese Weise zum Zeitgenossen von König Salomon gemacht. Ein prominenter Ägyptologe, Autor des in der revidierten Ausgabe der *Cambridge Ancient History* erschienenen Kapitels 3 »Vom Tod Ramses' III. bis zum Ende der 21. Dynastie« gab zu, daß es »ungewiß ist, welcher König der 21. Dynastie mit Salomon auf so freundschaftlichem Fuße gestanden hat, daß er ihm seine Tochter nach Jerusalem geschickt hat, um dort eine von Salomons Frauen zu werden.«[8] Es folgt ein Vorschlag, Siamun könnte der Schwiegervater von Salomon gewesen sein, da Salomon in der ersten Hälfte des zehnten Jahrhunderts regierte.

Siamun lebte und starb in der Ptolemäerzeit – siebenhundert Jahre nach Salomon. Er hat Peinuzem II., den Sohn des Mencheperre bestattet; Mencheperre hat, wie wir nachgewiesen haben, Alexander im Tempel des Orakels in der Oase im Jahre –331 empfangen. So kamen wir zum Schluß, daß Siamun unter den Ptolemäern lebte.

Wir haben auch ergänzendes und zwingendes Beweismaterial dafür, daß Siamun, der Eigentümer der Grabstätte in der Oase, identisch ist mit dem Siamun, der »im Jahre 10« das Königsversteck in Deir el-Bahari verschloß.

---

6 Siehe die Werke von Černý und Gardiner.

7 Young: *Journal of the American Research Center in Egypt*, II (1963), 109.

8 J. Černý: *Cambridge Ancient History*, Kap. XXXV, S. 656. - G. Maspero stellte die Hypothese auf, daß Siamun Salomons Schwiegervater hätte sein können.

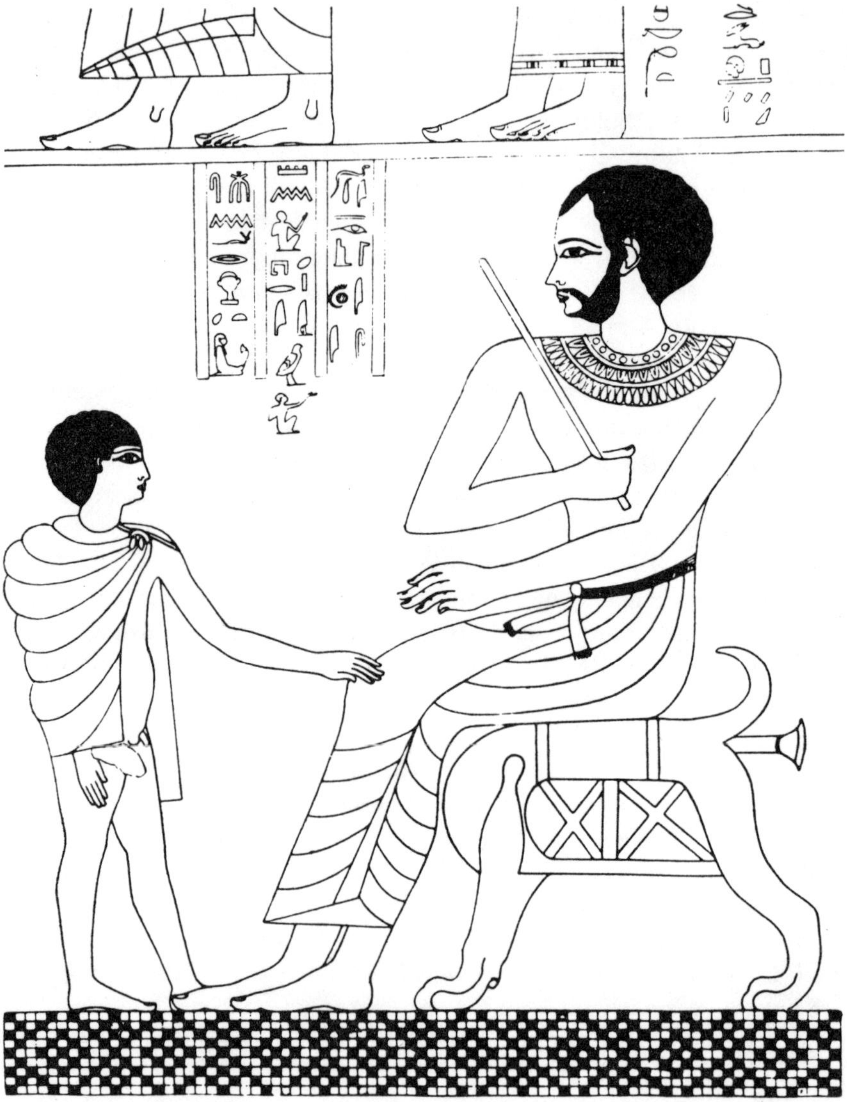

Abb. 24: Siamun mit seinem Sohn. Siamun hat schwarzes Lockenhaar und sein Körper ist hellgelb gefärbt. Sein Sohn ist rotbraun gefärbt und trägt einen kurzen Umhang nach griechischem Stil.

Als E. Brugsch zum erstenmal dieses Königslager betrat, entdeckte er am Beginn der langen Passage ein dickes Paket zusammengerollten Leders.[9] Es muß vom ägyptischen Priester im Grab zurückgelassen worden sein, bevor er es versiegelte. Aufgerollt erwies sich das Paket als lederner Baldachin, der bei der Begräbniszeremonie von Peinuzem II. über einem Sarg aufgeschlagen wurde. Er ist bemalt und dekoriert, und zwar mit einem Rosettenmuster, bei dem sich jeweils acht gelbe und rote Blütenblätter abwechseln, die rechteckige Felder umsäumen, in denen Geier zu sehen sind, die ihre Flügel ausbreiten und in ihren Krallen runde Greifstangen mit weit ausgebreiteten Straußenfedern halten. Die beiden seitlichen Streifen des Baldachins sind mit einem Fries dekoriert, der sich aus einer Reihe von Lanzen (Lanzenspitzen auf Kreisen) zusammensetzt, und unterhalb dieses Frieses befinden sich verschiedene Tiere (Enten und Antilopen, als Weihegaben bereitet); jede Antilope wird stehend auf einem schachbrettartigen Feld von kleinen grünen und roten Quadraten wiedergegeben, die einen Teppich oder einen Mosaikboden darstellen sollen. Zwischen den einzelnen Tieren befinden sich Kartuschen, die den Namen von Peinuzem II. enthalten.

Die Decke der Grabstätte Siamuns in der Oase weist ein sehr ähnliches Muster auf: Wiederum in rechteckigen Feldern mit Köpfen, die mit königlichem Kopfschmuck versehen sind, gemalte Geier, die ihre Flügel ausbreiten (sie wechseln mit Falken in der gleichen Haltung ab): In ihren Klauen befinden sich – wie auch auf dem Leder-Baldachin – runde Greifstangen mit flachen Scheiben, an denen weit ausgebreitete Straußenfedern zu erkennen sind; wie auf dem Baldachin besteht das Muster dieser Federn abwechselnd aus jeweils drei dunkleren und drei helleren Teilen. Der Kopfschmuck, die runden Griffe in den Krallen, die Straußenfedern, die Umrißlinien der ausgebreiteten Flügel (halboval im unteren Teil und gerade am oberen Rand) – dies alles sind ganz ähnliche Muster, die sich auch an dem Baldachin finden, der von Siamun bei den Begräbnisriten für Peinuzem II. verwendet wurde. Wie beim Baldachin sind die königlichen Vögel in abwechselnden Farben untereinander in langen rechteckigen Feldern angeordnet, und sie sind gleichermaßen von Rosetten umgeben; ein Fries von auf Kreisen aufgesetzten Lanzenspitzen und aus schachbrettartigen Quadraten bestehende Teppichmotive vervollständigen die ungewöhnliche Ähnlichkeit der Gestaltung und der Motive zwischen dem Baldachin, der im Königsversteck gefunden wurde, wo Siamun auf vielen königlichen Mumien seine Signatur hinterlassen hatte, und jener Grabstätte, die Siamun für sich selbst errichtet hatte.

Achmed Fakhri, der die Grabstätte von Siamun in der Oase Siwa beschreibt, hat sie nicht mit dem Fürsten Siamun aus der 21. Dynastie in Verbindung ge-

---

9 Maspero: *Les Momies royales de Dèir-el-Bahari*, S. 584 ff.; Maspero und Brugsch: *La Trouvaille de Dèir-el-Bahari* (Kairo 1881), Tafel 17 (Photo); H. W. Villiers Stuart: *The Funeral Tent of an Egyptian Queen*, 1882 (der Baldachin wird darin als großes farbiges Faltblatt abgebildet); E. Brugsch: *La Tente funéraire de la Princesse Ismikheb*; Maspero, in: *L'Archéologie égyptienne* (1887), Abb. 264; a. a. O., (1907), Abb. 287.

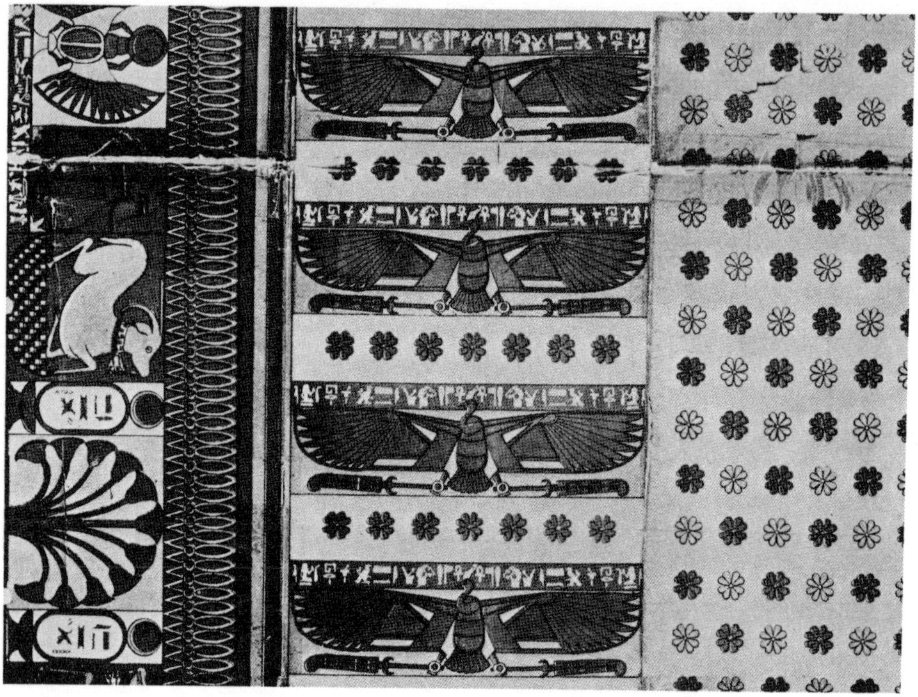

Abb. 25: Der Lederbaldachin des Trauerzeltes von Peinuzem II. Der Lederbaldachin wurde von Siamun für die Bestattung von Peinuzem II. verwendet, einem der letzten Priesterfürsten der 21. Dynastie, vorgeblich aus der ersten Hälfte des 10. Jahrhunderts.

bracht, der in die erste Hälfte des 10. Jahrhunderts plaziert wird. In der Grabstätte der Oase erkannte der Ägyptologe untrügliches Beweismaterial für Anklänge an den griechischen Stil – ja sogar für »rein griechische Stilelemente«. Da Fakhri in der Grabstätte neben dem Namen von Siamun keine Hinweise auf die von ihm während seines Lebens bekleideten Ämter fand, zog er daraus den Schluß, Siamun könne nicht Priester oder hoher Funktionär gewesen sein; daher bot er folgende Hypothese an: Bei Siamun muß es sich um einen griechischen Einwanderer gehandelt haben, der in eine ägyptische Familie eingeheiratet hat, der den ägyptischen Glauben angenommen, aber seine griechische Lebensweise nicht aufgegeben hat, und der schließlich, als er als Kaufmann oder Grundbesitzer reich geworden war, für sich selbst eine prachtvolle Grabstätte errichtete, die alle anderen Grabstätten in der westlichen Wüste übertrifft.

Einerseits wurde Siamuns Grabstätte in der hellenistischen Periode der ägyptischen Geschichte errichtet und ausgeschmückt – der griechische Chiton, den Siamuns junger Sohn trägt sowie einige seiner eigenen Porträts lassen

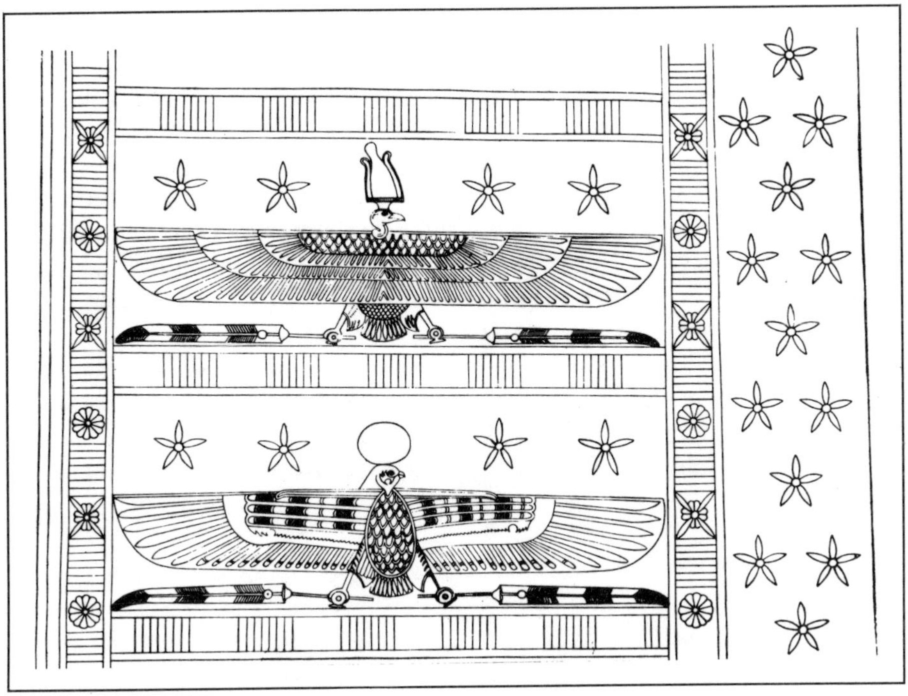

Abb. 26: Falken und Geier auf der Decke des Grabes von Siamun. Man vergleiche die Darstellung mit dem Baldachin von Peinuzem II.

keine andere Datierung zu. Andererseits wurde der bei der Begräbniszeremonie für Peinuzem II. benutzte Baldachin in das Königsversteck in Deir el-Bahari gelegt – und zwar von Siamun aus der sogenannten 21. Dynastie; er hinterließ dort auf den Mumienbinden von Peinuzem II. auch seine Signatur und versiegelte das Versteck.

Die Wandmalereien in der Grabstätte der Oase und auf dem im Versteck gefundenen Baldachin wurden in derselben Zeitperiode angefertigt – möglicherweise sogar vom gleichen Künstler, der für Siamun gearbeitet hat. Selbst wenn wir kein anderes Beweismaterial dafür besäßen, daß die 21. Dynastie zeitlich so viel näher an unser Zeitalter heranzurücken ist, würde allein dieses Beweismaterial alle anderen Argumente – falls es sie gäbe – zum Nachteil der akzeptierten Datierung für Siamun, für Peinuzem, für Mencheperre und für die gesamte Dynastie der priesterlichen Fürsten hinwegfegen. Aber es handelt sich hier lediglich um das Schlußglied in einer langen Beweiskette anderer unbezweifelbarer Zeugnisse aus jeder einzelnen Generation der priesterlichen Erbfolgen.

Schlußfolgerungen

Im Eröffnungsabschnitt des zweiten Teiles dieses Bandes wurden dem Leser über diese Periode, die unter der Bezeichnung 21. Dynastie bekannt ist, zwei Versionen vorgelegt, die beide den Anspruch erheben, die wahre Geschichte darzustellen. Nach einer Version gehört diese Dynastie in das elfte und zehnte Jahrhundert, aber diese Version war nicht in der Lage, einen einzigen synchronen Kontakt zwischen Ägypten unter dieser Dynastie und den fremden Ländern während dieser beiden Jahrhunderte anzuführen: Dies trotz der Tatsache, daß, wie in den Schriften bezeugt wird, während dieses gesamten Zeitraums das benachbarte Palästina unter Saul und David kriegerisch sehr aktiv war und unter Salomon eine wirtschaftliche und kulturelle Blütezeit erlebte. In Salomons Tagen war Ägypten überdies das Zentrum einer gegen Israel gerichteten Verschwörung. Die Vertreter dieser Version blieben stumm, als sie Zeugen oder Beweismaterial für ihre Version beibringen sollten, hielten aber trotzdem an ihrem Anspruch fest.

Für die zweite Version wurde Beweismaterial beigebracht – und wie zwingend dieses Beweismaterial ist, kann jeder abschätzen, der diese Seiten gelesen hat; daraus ergab sich, daß die gesamte Dynastie in die Zeit der Perser und in den Beginn der griechischen Periode in Ägypten gehört. Die Zeugen dafür wurden einzeln vorgeführt, intensiv befragt und einem Kreuzverhör unterworfen.

Aus Ourmais Klagebrief erfährt man, daß Ägypten ringsum von ausländischen Truppen umgeben war und eine Besatzungsmacht die Bevölkerung unterdrückte, die Kinder in die Sklaverei verkaufte, die Heiligtümer entweihte, sowie die Grabstätten öffnete und beraubte; der Erzähler, der zuvor der Aristokratie des Landes angehört hatte, wanderte zu Fuß umher und bettelte die Besatzungstruppen um Brot an – alles und jedes, wie im Bericht Herodots über die Eroberung Ägyptens durch die Perser unter Kambyses. Für das konventionelle Schema aber paßten die bei der Veröffentlichung von Ourmais Klagebrief im Jahre 1960 bekanntgewordenen Ereignisse nicht in den Plan. Die 21. Dynastie hatte angeblich die Regierungsgeschäfte ohne eine ausländische Intervention übernommen.

Allerdings wurde vermutet, daß während der 21. Dynastie einige politische Unruhen stattgefunden haben, und in der Tat hatte sich daraus schließen lassen, daß eine ausländische Macht dabei im Spiel war. Der Tempeldiener Ahautinofer sagte bei einer Gerichtsverhandlung wegen Tempelraubs aus, daß ein Hoherpriester Amenhotep von seinem Posten entfernt (»unterdrückt«) und daß der Angeklagte selbst von einem Fremdling festgenommen und abgeführt worden war. Diese Zeugenaussage und andere Prozeßberichte ließen erkennen, daß das Land von ausländischen Truppen, die von Hauptleuten kommandiert wurden, besetzt war. Eine Anzahl von Personen hatte nicht-ägyptische und oft persische Namen.

Die »mysteriöse« Zählweise nach den Jahren der »Wiederholung der Geburten« auf den Dokumenten des Hohenpriesters Herihor wurde von uns als Parallele zu dem von den persischen Königen eingeführten Brauch der »Erneuerung des Königsreiches« an den Tagen des mazdaischen Neujahrsfestes entdeckt: Abgesandte aller beherrschten Völker pflegten nach Persepolis zu kommen, um dort das Fest der »Erneuerung« bzw. der »Neugeburt« zu feiern.

Wenamun, der unter Herihor nach Byblos segelte, um dort Zedernholz einzukaufen, verweist auf die Reederei des Hauses Birkath-El, die mit dem Handel zwischen Tanis und den syrischen Häfen beschäftigt war; die gleiche Reederei – jetzt unter dem Firmennamen »Berakhels Sohn« – war dem Autor des Testaments von Naphtali bekannt, einem literarischen Werk, das in persischer oder in hellenistischer Zeit entstanden ist. Der gleiche Wenamun, »Herr fremder Länder«, errichtete dann einen Schrein in der Oase Siwa; der Schrein wird dem fünften oder vierten Jahrhundert zugeschrieben. In der Tat wurde er gebaut, als Necht-hor-heb Gouverneur von Ägypten unter Dareios II. war.

Der Priesterkönig Psusennes, der auf Herihor folgte, ließ seinen Namen in einer Kartusche anbringen und in einer danebenstehenden weiteren Kartusche den persischen Titel Schahedet. In einer Inschrift in seinem Grab weist Psusennes auf die Mittelmeerküste von Ägypten zwischen Damietta und Rosetta hin und bezeichnet sie als die hellenische Küste, obschon die Griechen sich nicht vor –663 in Ägypten niedergelassen haben. Der Titel »König« wird von ihm in der Form geschrieben, wie sie aus ptolemäischer Zeit bekannt ist.

Ein Enkel von Psusennes, Mencheperre, empfing Alexander im Tempel des Amun-Orakels in der Oase, und die Details dieses Besuchs wurden von uns Satz für Satz gründlich untersucht und mit den parallelen Texten in den Biographien Alexanders und auf der Stele der Verbannten verglichen.

Peinuzem, Sohn des Mencheperre, hat die Mumien, die aus den geschändeten Gräbern der alten Könige entfernt worden waren, mit neuen Binden umwickelt, und er ist selbst im Königsversteck bei Deir el-Bahari beigesetzt worden, bevor dieses durch Siamun versiegelt wurde; der bei der Begräbniszeremonie für Peinuzem verwendete Baldachin, der in dem versiegelten Königsversteck zurückgelassen wurde, wurde von uns mit den Wandmalereien und der Deckenmalerei in der Grabstätte des Siamun in der Oase Siwa verglichen, und es blieb kein Zweifel, daß es sich um den gleichen Siamun handelte, der auch das Königsversteck versiegelt und für sich selbst eine Grabstätte errichtet hatte; in ihr ist in einigen Wandbildern auch sein Sohn in griechischer Kleidung und mit griechischer Haartracht zu sehen.

Es gibt keine Nische für die entfernteste Möglichkeit, daß die 21. Dynastie aus der persischen und der frühen ptolemäischen Periode wegzudenken wäre. Und wenn wir uns an die Erkenntnisse und die Schlußfolgerungen erinnern, die wir hinsichtlich der 20. Dynastie – aufgrund des im ersten Teil dieses Buches erörterten Geschehens – ziehen mußten, dann sind die Chancen, die 20. und die 21. Dynastie im Zeitraum vom 12. bis zum 10. Jahrhundert beizubehalten, gleich Null.

Und zu dieser zwingenden Schlußfolgerung gelangen wir unabhängig von der Tatsache, daß – wie im ersten Band von »Zeitalter im Chaos« nachgewiesen wurde – im 12.-10. Jahrhundert in Ägypten kein Raum übrigbleibt, um irgendeine Dynastie aufzunehmen: Die Herrschaft der Hyksos dauerte bis um die Mitte des elften Jahrhunderts, und von da ab hat zwei Jahrhunderte lang über Ägypten in einer seiner glorreichsten Perioden die 18. Dynastie regiert, wobei nacheinander Amosis, Amenophis I., Thutmosis I., Königin Hatschepsut, Thutmosis III., Amenophis II., Thutmosis IV., Amenophis III., Echnaton, Semenchkare und Tutanchamun den Thron innehatten.

Rückblick und Ausblick

Es geschieht nicht ohne Absicht, daß dieser Band von »Zeitalter im Chaos«, der sich mit der persischen Periode und das heißt, mit den beiden letzten Jahrhunderten dieser Rekonstruktion der Geschichte befaßt, dem ersten Band folgt. Im ersten Band dieses Unternehmens zur Neufassung der alten Geschichte wurden die Ereignisse vom Zusammenbruch des Mittleren Reiches in Ägypten bis zur Amarna-Periode geführt, nahe ans Ende der 18. Dynastie (eine Deutung der abschließenden Jahre dieser Dynastie findet sich in meinem Werk *Ödipus und Echnaton*). In der hebräischen Geschichte umfaßt jedoch, wie gezeigt wurde, die erörterte Periode die Zeit vom Exodus aus Ägypten bis zu den Königen Josaphat in Jerusalem und Ahab in Samaria: der Häretiker-Pharao war ihr Zeitgenosse, und sie tauschten Briefe mit ihm aus, die heute noch erhalten sind.

In der konventionellen Version der Geschichte wird das Ende der 18. Dynastie in die zweite Hälfte des 14. Jahrhunderts gesetzt, ca. –1340. Die synchronistische Version der Geschichte datiert jedoch die letzten Jahre dieser Dynastie in die Zeit um etwa –830. Es besteht also ein Zeitunterschied von über fünfhundert Jahren.

Die persische Eroberung Ägyptens erfolgte –525. Im konventionellen Schema beträgt der Zeitraum vom Ende der 18. Dynastie bis zur persischen

Eroberung etwas mehr als 800 Jahre; für die gleiche Geschichtsperiode setzt dagegen die synchronistische Geschichtsschreibung nur wenig mehr als 300 Jahre an.

Es erhebt sich also die Frage, wie können achthundert Jahre zusammengesetzter Geschichte in einer um so viel kürzeren Zeit untergebracht werden? Es stehen uns nur drei Jahrhunderte zur Verfügung, um den Bericht zu vollenden. Dieser Zeitraum muß unzureichend erscheinen, um darin die 19. Dynastie aufzunehmen (die von Sethos, von Ramses II. und Merenptah); außerdem die 20. Dynastie (die von Ramses III. und den späteren Ramessiden); die 21. Dynastie (der Priester-Könige); die 22. bis 25. Dynastie (die libyschen und die äthiopischen Dynastien) und die 26., die sogenannte saitische Dynastie mit Psammetich, Necho, Apries und Amasis, die durch die persische Eroberung beendet wurde. Alle diese Dynastien beanspruchen in einer Zeitspanne untergebracht zu werden, die völlig unzureichend erscheint, sie allesamt aufzunehmen. Die Kritik, die von den Experten im Bereich der Alten Geschichte bei der Veröffentlichung des ersten Bandes von »Zeitalter im Chaos« vorgebracht wurde, richtete sich nicht gegen irgendein spezifisches Thema, sondern regelmäßig gegen die scheinbare Unmöglichkeit, das Werk der Rekonstruktion zu vollenden. Auch fragten jene, die den ersten Teil dieses Werkes sorgfältig gelesen hatten und sich gezwungen sahen, die dokumentierte synchronistische Version der Alten Geschichte vom 15. bis zum 9. Jahrhundert zu akzeptieren: »Wie aber können ganze Jahrhunderte der Geschichte eliminiert werden?« oder »Welches sind die Geisterjahre oder die Schein-Dynastien?«

Im vorliegenden Band werden zwei der »Anwärter« unter den Dynastien, die 20. und die 21., als nicht in die Zeit vor der Eroberung Ägyptens durch die Perser hineingehörig, aufgezeigt. Sie werden als »Hochstapler« entlarvt: die Könige der 20. Dynastie sind lediglich alter egos der Könige der 29. und 30. Dynastie des vierten Jahrhunderts, und die Könige, die unter der Bezeichnung 21. Dynastie bekannt sind, sind lediglich die Priesterfürsten in den Oasen, die dort von Dareios II. und seinen Nachfolgern eingesetzt wurden. Nicht nur die 21. Dynastie gehört nicht in den ihr nach der konventionellen Version zugewiesenen Zeitraum – das elfte und die erste Hälfte des zehnten Jahrhunderts –, sondern sie ging der 20. Dynastie teilweise voraus, war zeitgleich mit ihr und überdauerte sie. In der Tat haben die letzten »Könige« der 21. Dynastie ihre Doppelaufgabe als Kommandeure der militärischen Außenposten an der Grenze und als Priester der Orakel bis in die ptolemäische Zeit hinein beibehalten.

Mit der Entfernung der »Geister«-Dynastien – der 20. und der 21. – aus der Liste der rechtmäßigen Anwärter auf einen historischen Platz vor der Unterwerfung Ägyptens durch die Perser wird das oben erwähnte Problem eines Unterschieds von fünf Jahrhunderten zwischen den beiden Geschichtsversionen in zwei geteilt: Nach dem konventionellen Zeitplan nehmen diese beiden Dynastien die Periode zwischen etwa –1200 und –945 oder mehr als 250 Jahre ein. So ist das Problem bereits zur Hälfte gelöst.

Sind die noch nicht erörterten Dynastien – die 19. und die 22. bis 26. Dynastie – im Zeitraum von drei Jahrhunderten unterzubringen?

Wir werden dieses verbleibende Problem in mehreren Bänden anpacken, die sich mit dem *Dunklen Zeitalter Griechenlands*, mit der *Assyrischen Eroberung* sowie mit *Ramses II. und seine Zeit* beschäftigen werden.[1] In diesen Bänden beabsichtige ich nachzuweisen, daß die Dunklen Zeitalter Griechenlands und Kleinasiens Scheinphasen sind; daß das »Hethiterreich« nichts als ein chaldäisches Königreich ist. Wir werden in der Lage sein, die gesamte Periode von –830 bis –525 auszurichten.

Vom Gesichtspunkt der vollständigen Rekonstruktion aus gesehen, sollte der Band *Die Seevölker* als letzter dieser Reihe zählen, weil er sich mit den Ereignissen von der persischen Eroberung bis zum hellenistischen (ptolemäischen) Zeitalter befaßt.

Wie in der Einleitung festgehalten wurde, haben wir mit der zeitlichen Versetzung der 18. Dynastie um mehr als fünf Jahrhunderte (»Zeitalter im Chaos«, *Vom Exodus zu König Echnaton*) einen der Stützpfeiler der konventionellen Geschichtsschreibung entfernt und an seiner Stelle einen Stützpfeiler für die Rekonstruktion errichtet; mit der Entfernung der 20. und der 21. Dynastie in das Zeitalter der Perserherrschaft über Ägypten und ihrer Verankerung Jahrhunderte entfernt von ihren vermeintlichen Plätzen, wurde ein zweiter derartiger Stützpfeiler errichtet. Auf diesen beiden Stützpfeilern ruht jetzt die Zeitspanne der Alten Geschichte.

Die Alte Geschichte, von der wir nachgewiesen haben, daß sie an beiden Enden zeitlich falsch eingeordnet und verzerrt wiedergegeben ist, kann nicht den Anspruch erheben, ihren mittleren Bestandteil unversehrt zu retten.

Der Leser könnte vielleicht verwirrt werden, sofern er die Entwicklung dieser Rekonstruktion der alten Geschichte nicht mit großer Sorgfalt verfolgt hat: Auf die manethonische 18. Dynastie (thebanische) folgt nicht die 19. (tanitische) Dynastie, sondern ihr folgen die 22. und die 23. (libysche) Dynastie; nach der äthiopischen oder 25. Dynastie kommt die 19., die mit der 26. Dynastie identisch ist; ihr folgte die 27. (persische) Dynastie; die 20. Dynastie einheimischer Könige, die ein gewisses Maß an Unabhängigkeit erkämpften, ist wiederum identisch mit der 29. und der 30. Dynastie; die 21. Dynastie regiert

---

[1] »Das Dunkle Zeitalter Griechenlands« und die »Assyrische Eroberung« können Gegenstand eines einzigen Bandes sein: *Die Zeit von Jesaja und Homer*.

größtenteils parallel zur 20. Dynastie, aber sie beginnt früher (unter Dareios II.) und dauert bis in die ptolemäische Zeit. Unter der 31. Dynastie vollzieht sich die Wiederherstellung der Perserherrschaft in Ägypten vor der Eroberung durch Alexander, dem die Ptolemäer folgen.

Um Klarheit in die Geschichte zu bringen und sie von der manethonischen Numerierung der Dynastien zu befreien – die nur zum Chaos beiträgt –, führe ich eine andere Nomenklatur für die ägyptischen Dynastien ein.

Das *Mittlere Reich* in Ägypten (die Aufteilung in eine 11. und eine 12. Dynastie ist überflüssig) fand sein Ende in einer Naturkatastrophe um die Mitte des 15. Jahrhunderts vor der neuen Zeitrechnung. Aus Arabien drangen Hirtenvölker in das Land ein (die Amalekiter – den Ägyptern als Amu und den griechischen Autoren als Hyksos bekannt). Die *Hyksos-Dynastie* regierte über vierhundert Jahre lang – bis etwa –1020. Bereits vor diesem Datum gab es in Theben Vasallenfürsten. Die Hyksos-Herrschaft über Ägypten wurde durch die gemeinsamen Anstrengungen von Saul aus Israel und von Kamose und Amosis aus Theben beendet. In den nächsten (fast) zweihundert Jahren (etwa –1020 bis etwa –830) wurde das Land von der *Thebanischen Dynastie* (bekannt als die Achtzehnte) der Thutmosis und Amenophis regiert. Gegen Ende dieser Periode verlegte Echnaton die Hauptstadt nach Achet-Aton (el-Amarna), aber unter Semenchkare und Eje wurde Theben bald wieder zur Hauptstadt bestimmt.

Der thebanischen Periode folgte die *libyische Herrschaft* der Schoschenks und Osorkons für über einhundert Jahre (ca. –830 bis –720). Danach regierten die *Äthiopen* etwa 50 oder 60 Jahre; gleichzeitig übten jedoch von Norden her die Assyrer Druck aus, und das Land wurde wiederholt besetzt von Sennacherib (der Haremhab krönte), Asarhaddon und Assurbanipal (der Necho I. =Ramses I. zum Vasallenkönig machte). Als Necho von eindringenden Äthiopiern getötet wurde, besetzte Assurbanipal einmal mehr Theben (–663).

Es folgt die Periode der *Tanitischen Dynastie*: Sethos (Psammetich der griechischen Autoren), Sohn von Ramses I. (Necho I.) erlangte die Unabhängigkeit von Assurbanipal und wirkte in dessen Kriegen gegen die Chaldäer und die Meder als sein Verbündeter mit. Sethos' Hauptstadt war Tanis im Delta. Die Tanitische Dynastie regiert von –663 bis –525. Nach Sethos regierte Ramses II. (Necho II.), sein Sohn, der über längere Zeit Sethos' Mitregent gewesen war. Er führte einen ausgedehnten Krieg gegen Nebukadnezar, den Chaldäer. Ramses' Erbe Merenptah (bei Jeremia Hophra und von Herodot Apries genannt) verlor den Thron an einen Rebellen, General Amasis; letzterer regierte über vierzig Jahre lang in Frieden und starb, als der Perser Kambyses sich bereits auf seinem Marsch zur Eroberung Ägyptens befand.

Von –525 bis –332 – also nahezu zweihundert Jahre – wurde Ägypten von den *Persischen Königen* beherrscht (Kambyses, Dareios, Xerxes, Artaxerxes I., Dareios II., Artaxerxes II. und Artaxerxes III.); einige von ihnen wurden zu ägyptischen Pharaonen gekrönt; sie setzten einheimische Gouverneure in Ägypten ein wie Psamschek oder Necht-hor.

Im vierten Jahrhundert – während der Regierungszeit von Artaxerxes II. und von Artaxerxes III. – erlangte Ägypten ein gewisses Maß an Unabhängigkeit, vergleichbar der Unabhängigkeit der griechischen Staaten während der Zeit der Großkönige von Persien. Nepherites, Hakoris, Nektanebos I. (Ramses III.), Teos und Nektanebos II. waren die einheimischen Könige dieser Periode, und sie könnten als *Sebennytische Dynastie* bezeichnet werden – nach dem Herkunftsort des Berühmtesten unter ihnen. Gleichzeitig regierte eine bereits von Dareios II. (um –420) eingesetzte *Priester-Dynastie* in den militärischen Außenposten – den Oasen der libyschen Wüste. Ihre Herrschaft dauerte dort bis über das Jahr –300 hinaus.

Im Jahr –343 gelang den Persern die Wiedereroberung Ägyptens und Nektanebos II. floh in den Sudan; aber 10 Jahre später empfing Ägypten Alexander als seinen Befreier (–332). Die *Makedonische Dynastie* regierte mit den Ptolemäern auf dem Thron rund dreihundert Jahre – bis zum Selbstmord Kleopatras (–30). Danach herrschten die römischen Cäsaren über Ägypten.

Diese Ordnung dynastischer Folgen, von ihren numerischen Bezeichnungen befreit, ist einfach zu begreifen: Hyksos, Thebanische, Libysche, Äthiopische (wiederholt unterbrochen durch assyrische Eroberungen), Tanitische, Persische (teilweise Sebennytische) und Makedonische Dynastie – das ist die Reihenfolge.

Wie aus dieser Abfolge leicht zu ersehen ist, wurde Ägypten während des größten Teils dieser 1400 Jahre (–1450 bis –30) von Ausländern beherrscht und regiert: In drei Perioden wurde es von einheimischen Königen regiert, in der Thebanischen Dynastie (–1020 bis –830), unter der Tanitischen (–663 bis –525) und in der Sebennytischen Dynastie (–391 bis –341) – alles zusammen um 380 von 1420 Jahren.

ZEITTAFEL

ZEITTAFEL VON –550 BIS –235

JAHR	PERSIEN	PALÄSTINA UND SYRIEN	GRIECHISCHE WELT	ÄGYPTEN
550			Solon (640–558)	
545	Kyros erobert Lydien und nimmt Kroisos gefangen			
540				
535	Kyros erobert Babylon, mit Nabonides oder seinem Sohn als Mitregenten. Belsazar kommt. Ende des Neubabylonischen (chaldäischen) Reiches	Edikt des Kyros über die Rückkehr der jüdischen Verbannten		
525	Kambyses (529–521) erobert Ägypten			Amasis stirbt (525); gefolgt von Psammetich; Kambyses erobert Ägypten (525) Ourmais Klagebrief
520	Dareios I. (521–485), der Große	Zerubbabel (Blütezeit 520)		
515	Dareios besucht Ägypten (517)	Die Propheten Haggai und Sacharja. Beginn der Periode des „Zweiten Reiches“, die im Jahr 70 unserer Zeitrechnung endet.		
510				Dareios I. baut Kanal zum Golf von Suez, kodifiziert das ägyptische Recht, errichtet militärisch-religiöse Außenposten in den westlichen Oasen und einen jüdischen militärischen Außenposten auf der Insel Elephantine.
505			Pythagoras stirbt (um 507)	
500	Persepolis			
495				
490	Perserkriege beginnen		Schlacht bei Marathon	
485	Xerxes (485–465)			Xerxes herrscht über Ägypten und den Sudan; Hohepriester Amenhotep
480	Esther-Romanze			
475				

470				die Regierung im westlichen Theben wird eingesetzt.
465	Artaxerxes I. (465–424)		Die Athener schicken Truppen zur Unterstützung des Inaros	Rebellion des Inaros gegen Persien (460); Amyrtaios I.
460			Das Zeitalter des Perikles (460–429) beginnt	Arsames wird zum Satrapen über Ägypten ernannt; wegen seiner Unterstützung von Inaros wird der Hohepriester Amenhotep vom militärischen Oberbefehlshaber Pinehas seines Postens enthoben.
455			Äschylos (525–456)	Arsames ernennt Ah-hapi zu seinem Administrator.
450	Kalliasfrieden (449), Ende der Perserkriege			Arsames ernennt Psamtek zum Gouverneur von Südägypten und Necht-nebef zum Gouverneur von Nordägypten; Psamtek
445		Nehemia trifft in Jerusalem ein (445). Opposition: Der	„Heiliger Krieg" (449–448): Athen gegen Sparta;	schickt Getreide nach Athen; griechische und karische Söldnertruppen bei Abu Simbel.
440		Hohepriester Eljasib und der Prophet Maleachi	Unterzeichnung des dreißigjährigen Friedens (445)	Necht-nebef Gouverneur von Nordägypten; Herihor zum Hohenpriester ernannt (438)
435				
430		Zweiter Besuch von Nehemia (433)	Peleponnesischer Krieg (431–404)	Nesunebded zum Gouverneur von Tanis ernannt
425				
420	Arsames unterstützt Dareios II.-Nothus (424–404) bei dessen Thronbesteigung			Necht-hor-heb wird von Arsames zum Gouverneur von Ägypten ernannt (424)
415		Der Schreiber Esra trifft in Jerusalem ein (417)		Wenamun wird von Herihor nach Byblos geschickt (419)
410				Der jüdische Tempel auf der Insel Elephantine wird zerstört.
405			Sophokles (496–406) Euripides (485–406)	Wenamun errichtet den Aghurmi-Tempel in der Oase Siwa; Necht-hor-heb betrauert Arsames.
400	Anabasis (Kriegszug) Artaxerxes' II. (404–358); Kyros der Jüngere		Xenophon nimmt am Rückmarsch von Kyros dem Jüngeren teil. Thukydides (ca. 460–400)	Amyrtaios II. ergreift die Macht. Hohepriester Peinuzem I.

ZEITTAFEL VON –550 BIS –235

JAHR	PERSIEN	PALÄSTINA UND SYRIEN	GRIECHISCHE WELT	ÄGYPTEN
395			Verhör und Tod des Sokrates (399)	Nepherites errichtet eine einheimische Regierung
390			Der Korinthische Krieg (394–387)	
385				Akoris (393–380); Hohepriester Psusennes
380				
375				Nektanebos I. (Ramses III.-Necht-a-Neb) besteigt den Thron (379)
370				Pharnabazos kommt mit seinen Truppen aus Kleinasien; erst tritt ihm Chabrias entgegen, dann hilft ihm Iphikrates.
365				
360			Agesialos begibt sich nach Ägypten (361)	Teos (Ramses IV.)
355	Artaxerxes III. (355–338)			Nektanebos II. (Ramses VI.) beginnt sechzehnjährige Regierungszeit
350			Demosthenes gegen Philipp (351)	Der Hohepriester Peinuzem bettet die Mumie von Nektanebos I. (Ramses III.) neu.
345				
340	Artaxerxes III. besiegt Nektanebos II.		Aristoteles in Makedonien (342–332)	Nektanebos flieht vor dem siegreichen Artaxerxes III.
335	Dareios III. (336–330)		Alexander tritt Philipps Nachfolge an (336)	Zweite Perserherrschaft über Ägypten (342–332); Petosiris
330	Ende des persischen Reiches (331)			Alexander in Ägypten; gründet Alexandria und wird in der Oase Siwa vom Hohenpriester Mencheperre empfangen.
325	Alexander in Zentralasien und		Philipp Arrhidaios	Ptolemaios [illegible]

320	Alexander stirbt in Babylon (323)		Die hellenistische Periode der griechischen Geschichte beginnt	Ptolemaios I. (Soter) wird zum König gekrönt (308–285)
315				Ptolemaios führt Krieg gegen Seleukos
310	Berosus stellt seine Geschichte von Assyrien-Babylonien zusammen		Seleukos I. beginnt mit dem Bau der Stadt Antiochia	
300				Euklid (Blütezeit um 300)
295				Peinuzem II. Hoherpriester
290				
285				Ptolemaios II. (Philadelphus) 285–246
280				Manetho stellt seine Geschichte Ägyptens zusammen
275				Der Hohepriester Siamun baut in Memphis, versiegelt das Versteck mit den Königs-Mumien, überwacht den Transfer des Thutmosis I.-Obelisken von Heliopolis nach Alexandria, errichtet für sich selbst eine Grabstätte in der Oase Siwa.
270			Aristarchos von Samos	
265				
260				
255				Eratosthenes, Bibliothekar der Bibliothek von Alexandria.
250				
245			Archimedes von Syrakus	Archimedes in Alexandria; Septuaginta (Übersetzung des Alten Testaments ins Griechische).
240				
235			Erster Punischer Krieg	Ptolemaios III. (Euergetes) 246–221; das Kanopus-Dekret (238).

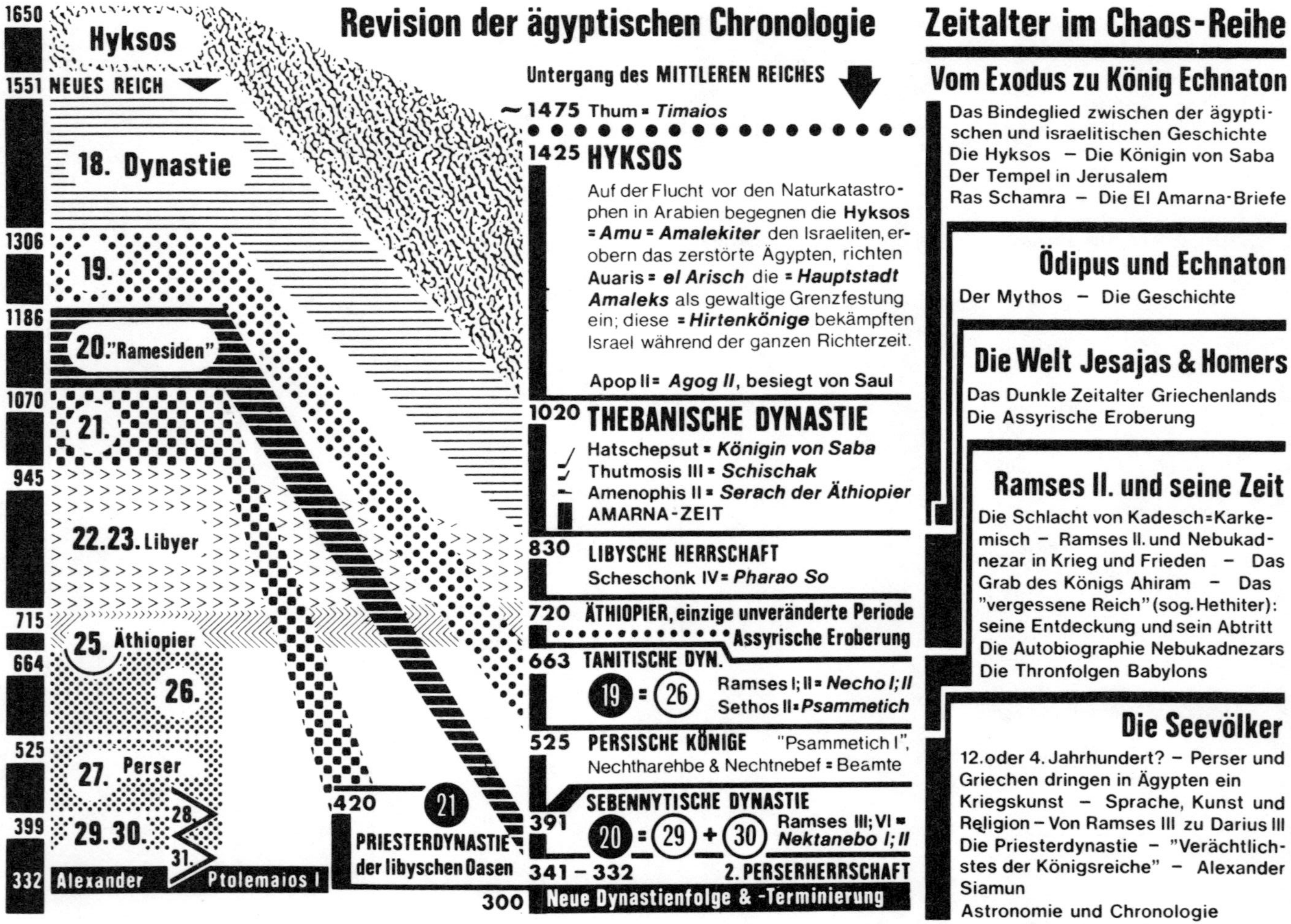
Revision der ägyptischen Chronologie
1650
Hyksos
1551 NEUES REICH
18. Dynastie
1306
19.
1186
20."Rameniden"
1070
21.
945
22.23. Libyer
715
25. Äthiopier
664
26.
525
27. Perser
399
29.30.
28.
31.
332 Alexander
Ptolemaios I
420
21
PRIESTERDYNASTIE der libyschen Oasen
300
Untergang des MITTLEREN REICHES
~1475 Thum = Timaios
1425 HYKSOS
Auf der Flucht vor den Naturkatastrophen in Arabien begegnen die Hyksos = Amu = Amalekiter den Israeliten, erobern das zerstörte Ägypten, richten Auaris = el Arisch die = Hauptstadt Amaleks als gewaltige Grenzfestung ein; diese = Hirtenkönige bekämpften Israel während der ganzen Richterzeit.
Apop II = Agog II, besiegt von Saul
1020 THEBANISCHE DYNASTIE
Hatschepsut = Königin von Saba
Thutmosis III = Schischak
Amenophis II = Serach der Äthiopier
AMARNA-ZEIT
830 LIBYSCHE HERRSCHAFT
Scheschonk IV = Pharao So
720 ÄTHIOPIER, einzige unveränderte Periode
Assyrische Eroberung
663 TANITISCHE DYN.
19 = 26
Ramses I; II = Necho I; II
Sethos II = Psammetich
525 PERSISCHE KÖNIGE "Psammetich I", Nechtharehbe & Nechtnebef = Beamte
SEBENNYTISCHE DYNASTIE
391
20 = 29 + 30
Ramses III; VI = Nektanebo I; II
341 – 332 2. PERSERHERRSCHAFT
Neue Dynastienfolge & -Terminierung
Zeitalter im Chaos-Reihe
Vom Exodus zu König Echnaton
Das Bindeglied zwischen der ägyptischen und israelitischen Geschichte
Die Hyksos – Die Königin von Saba
Der Tempel in Jerusalem
Ras Schamra – Die El Amarna-Briefe
Ödipus und Echnaton
Der Mythos – Die Geschichte
Die Welt Jesajas & Homers
Das Dunkle Zeitalter Griechenlands
Die Assyrische Eroberung
Ramses II. und seine Zeit
Die Schlacht von Kadesch = Karkemisch – Ramses II. und Nebukadnezar in Krieg und Frieden – Das Grab des Königs Ahiram – Das "vergessene Reich" (sog. Hethiter): seine Entdeckung und sein Abtritt
Die Autobiographie Nebukadnezars
Die Thronfolgen Babylons
Die Seevölker
12. oder 4. Jahrhundert? – Perser und Griechen dringen in Ägypten ein
Kriegskunst – Sprache, Kunst und Religion – Von Ramses III zu Darius III
Die Priesterdynastie – "Verächtlichstes der Königsreiche" – Alexander
Siamun
Astronomie und Chronologie

ANHANG

ASTRONOMIE UND CHRONOLOGIE

I Die Grundfesten der ägyptischen Chronologie

Ein mächtiger Baum

Der Altertumswissenschaftler, besonders für die Geschichte des zweiten Jahrtausends vor der neuen Zeitrechnung, pflegt die Chronologie des gesamten Alten Ostens mit der ägyptischen Berechnungsweise zu verknüpfen. »Ein System relativer Chronologie läßt sich durch Ausgrabungen in jedem länger bewohnten Gebiet nachweisen, aber es bleibt solange in der Luft hängen, bis es mit Ägypten verbunden wird, und zwar direkt oder indirekt über eine dritte Region.«[1] Könige und Dynastien, Gesetzgebung und Bautätigkeit, Kriege und Friedensverträge zwischen Imperien und Königreichen werden entsprechend den Vorschriften der ägyptischen Chronologie den Jahrhunderten zugeteilt. Wird ein Dokument ans Tageslicht gebracht, das die Beziehungen eines Königs mit einem Pharao einer bestimmten Dynastie festhält, dann fixiert es die Zeit des Königs, weil die Zeitangabe des Pharaos bekannt ist. Die Thronfolge und die Regierungszeiten der Könige Assyriens und Babyloniens werden mit Hilfe der sogenannten Königslisten untersucht, müssen aber laufend den Erfordernissen ägyptischer Daten angepaßt werden, wo immer ein Synchronismus angenommen wird. So wurde der Gesetzgeberkönig Hammurabi der Ersten Babylonischen Dynastie lange Zeit bei ungefähr –2100 eingereiht, dagegen während der letzten Jahrzehnte nach etwa –1700 verlegt, um das Ägyptische Mittlere Reich mit der Ersten Dynastie von Babylon zu synchronisieren – man hatte auf Kreta in einer Ablagerung Material aus beiden Regionen gefunden.

Die Vergangenheit der minoischen Kultur auf Kreta und diejenige von Mykene auf dem Festland von Hellas finden sich gleichermaßen über die Jahrhunderte getrennt und aufgeteilt, wobei Ägypten die bestimmende Rolle spielt.

Die ägyptische Chronologie muß ein mächtiger Stamm sein, um die Äste der Geschichte vieler Königreiche und Kulturen der Vergangenheit tragen zu können. Ist aber die ägyptische Chronologie selbst in schlüssigen Zeugnissen verwurzelt? Es mag scheinen, daß diese Frage heute zu spät aufgeworfen wird:

---

[1] O. G. S. Crawford, *Man and His Past* (London, 1921), S. 72.

Nicht allein die gesamte wissenschaftliche Literatur der Ägyptologie, auch komplette Bibliotheken über die Vergangenheit der Menschheit wurden gemäß dem Schema zusammengestellt, das die Ägyptologen für alle anderen Zweige der Altertumsgeschichte errichtet haben.

Jedermann ist sich einig, daß die ägyptische Chronologie so gut ersonnen ist, Jahrhundert um Jahrhundert, Jahrzehnt um Jahrzehnt, oft sogar Jahr um Jahr, daß kein neuer Nachweis dieses massive Gebilde zerbrechen kann. Welches sind dann die Grundfesten dieses Systems, von dem die Ägyptologen entschieden haben, es sei absolut fest, und dem Gelehrte anderer Wissensgebiete mit festem Vertrauen ihre Daten und Normen entnehmen?

Von den Ägyptern ist nicht bekannt, daß sie ein System kontinuierlicher Jahreszählung über Zeitabschnitte gekannt hätten. Ereignisse wurden nach den Regierungsjahren des jeweiligen Herrschers datiert. Hatschepsuts Reise in das Heilige Land erfolgte im neunten Jahr der Königin; die Schlacht bei Kadesch wurde im fünften Jahr Ramses' II. geschlagen. Aber manchmal regierten ein König und sein Sohn gemeinsam; in diesem Fall läßt sich die Chronologie der Dynastie nicht rein durch Addition der Regierungsjahre jedes der Monarchen bestimmen, da nicht immer klar ist, ob die Jahre des Throninhabers um die Anzahl der Jahre des Mitregenten zu reduzieren sind. Im weiteren kann die Regierungszeit aus Dokumenten nur annähernd ermittelt werden: Die höchste Jahreszahl einer Denkmalinschrift eines Königs wird als provisorische Begrenzung angenommen, es ist aber nicht notwendigerweise auch das letzte Jahr seiner Regierung. Vielfach ist es unmöglich, aus der Datendokumentation von Denkmälern die Folge von Königen einer Dynastie darzustellen. Und – was viel wichtiger und entscheidender ist, und was ich hervorheben möchte – die Aufeinanderfolge der Dynastien ist durch nichts endgültig bestimmt. Nur für einige besondere Ausnahmen finden sich historische Anhaltspunkte, welche zwei Dynastien andeuten, die aufeinanderfolgend regierten.

Die Denkmalzeugnisse, so wird zugegeben, liefern allein kein ausreichendes Material, um ein chronologisches System aufzubauen. Wenn sich ein derartiges System durch andere Mittel errichten läßt, können Denkmalinschriften hier und dort hilfreich sein, um die Ereignisdaten während der Regierungszeit eines bestimmten Königs genauer zu bestimmen.

Einige wenige Dokumente, wie der in zahllose Fragmente zerbrochene und mühselig, wenn auch nicht fehlerlos wieder zusammengefügte Turiner Papyrus sowie der Palermostein, beide mit der Königsgenealogie in frühester Zeit beginnend, erreichen eigentlich nicht mehr das Zeitalter des Neuen Reiches, das zusammen mit der Spätzeit die Periode dieser Rekonstruktion umfaßt. Und doch nennen diese Dokumente für die Zeit, die sie einschließen, aufsehenerregende Thronfolgen, wie mehr als einhundert Könige für die dreizehnte Dynastie, die letzte des Mittleren Reiches. Eine übertriebene Anstrengung, die Frühgeschichte Ägyptens von großer Dauer erscheinen zu lassen, verleiht diesen Dokumenten nur sehr begrenzten Wert.

»Ein Skelett, bekleidet mit Fleisch«

»Es ist keine Übertreibung zu sagen, daß wir fortfahren, die Geschichte Ägyptens und die Tatsachen dieser Geschichte in genau der gleichen Weise anzuordnen, wie sie uns von Julius Africanus hinterlassen wurde, der im dritten christlichen Jahrhundert schrieb.«[1] Africanus, einer der Kirchenväter, bewahrte das Vermächtnis Manethos aus dem dritten vorchristlichen Jahrhundert. Manetho war ein ägyptischer Schreiber, Historiker, Polemiker und Antisemit, Erfinder einer unbegründeten Identifikation von Moses mit Typhon, dem Bösen Geist, und der Israeliten mit den Hyksos; außerdem, sich selbst widersprechend, identifizierte er Moses mit dem aufständigen Priester Osarsiph viel späterer Zeit, der die Aussätzigen Jerusalems für seinen Krieg gegen das eigene Land zu Hilfe rief.

Bei der Gestaltung seiner Geschichte Ägyptens, und in der Zusammenstellung des Registers von dessen Dynastien, ließ sich Manetho von dem Wunsch leiten, den Griechen, den Beherrschern seines Landes nachzuweisen, das ägyptische Volk und seine Kultur wären viel älter als ihre und älter als die babylonische Nation und Zivilisation. Berosus, ein chaldäischer Priester und Zeitgenosse Manethos, versuchte, den Griechen unter den Seleukiden das ehrwürdige Alter der assyro-babylonischen Geschichte zu demonstrieren und verlängerte darum diese Geschichte um Zehntausende von Jahren. In ähnlicher Weise suchte Eratosthenes, ein griechischer Gelehrter aus Cyrenaika, oberster Bibliothekar an der alexandrinischen Bibliothek unter Ptolemäus II. und III. und ein jüngerer Zeitgenosse sowohl von Manetho als auch Berosus, die Vortrefflichkeit seiner griechischen Nation herauszustellen, indem er deren Geschichte bis in mythische Zeiten zurückreichen ließ. Er ist schuld an dem noch immer häufig akzeptierten Datum –1183 für den Fall von Troja (oder 871 Jahre vor Beginn des Seleukidenreiches, –312).

Diese, von diesen drei Männern in ähnlicher Weise zur Schau gestellte, Tendenz müssen wir uns vor Augen halten, wenn wir die Chronologie der Alten Welt behandeln.

Manethos Dynastienliste wurde in zwei Versionen bewahrt. Jene von Eusebius und Africanus unterscheiden sich im besonderen im Hinblick auf die

[1] R. Weill, *Bases, méthodes et résultats de la chronologie égyptienne* (Paris, 1926), S. 1.

Dauer der Dynastien; beide weichen von den Thronfolgen ab, wie sie von Josephus nach Manetho zitiert werden.[2] Über diese Widersprüche hinaus entsteht die hauptsächlichste Verwirrung aus dem Faktum, daß es nicht einfach ist, zu bestimmen, welche der von den Denkmälern bekannten Könige bei Manetho gemeint sind. Die Listen sind »so schrecklich durch Kopisten entstellt, daß es höchst unsicher wäre, ihren Daten zu vertrauen«, es sei denn, diese sind durch andere Zeugnisse bestätigt.[3]

Königsfolgen mit fremdartigen, auf Denkmälern nie gefundenen Namen, füllen die verschiedenen Versionen von Manetho. Es gibt Gründe anzunehmen, daß die Kopisten eine Liste verstümmelten, die bereits die Hand ihres Autors in chaotischem und vertrauensunwürdigem Zustand verlassen hatte.

Die Chronologie des Manetho ist »eine späte, unzuverlässige und kritiklose Zusammenstellung, die nach den bekannt gewordenen ägyptischen Denkmälern in der großen Mehrzahl der Fälle als falsch nachgewiesen werden kann«.[4]

Was wir von Manetho haben, »ist nur ein entstellter Abriß in den Werken der christlichen Chronographen [Africanus, Eusebius, und Syncellus]... Trotz aller Mängel hat diese Einteilung in Dynastien so fest Fuß gefaßt, daß sie wohl nicht wieder aufgegeben wird. So, wie das Buch auf uns gekommen ist, ist es voll gröbster Ungenauigkeiten... Africanus und Eusebius stimmen oft untereinander nicht überein... Die Namen der Könige sind oft unglaublich verstümmelt... Die Angaben über die Dauer der Regierungszeiten unterscheiden sich in beiden Versionen häufig und weichen ebenso oft von den schließlich ermittelten Daten ab. Und selbst nachdem Philologen und andere Kritiker ihr Bestes getan haben, bleibt der wiederhergestellte Manetho voller Unvollkommenheiten... Trotz allem beherrscht sein Buch noch die Ägyptologie.«[5]

Trotz der Tatsache, daß Manethos Listen durch die am besten und reichhaltigsten dokumentierten Dynastien, die 18. und 19., in Mißkredit gebracht wurden, hat man die Dynastien, für die keine Zeugnisse vorliegen, gemäß Manethos Schema übernommen, weil keines der erhalten gebliebenen Denkmäler gegen diese Teile der Listen sprach. Die Tatsache, daß in vielen Fällen keine Dokumente als Nachweis für die Existenz solcher Dynastien gefunden wurden, ist nicht immer als ausreichendes Hindernis angesehen worden. Es gibt sogar fast keine greifbaren Hinweise für die Existenz von Manethos 7. bis 10. Dynastie oder für einige andere, spätere Dynastien.

---

[2] Zusammengestellt in *Manetho*, Übers. Waddell (Loeb Classical Library).

[3] H. R. Hall, »Egyptian Chronology«, *Cambridge Ancient History*, I, 167.

[4] Breasted, *Geschichte Aegyptens*, Übers. Hermann Ranke (Zürich, 1936), S. 26.

[5] Gardiner, *Egypt of the Pharaohs*, S. 46-47.

Die Summen der Jahre der Dynastien Manethos wurden ernsthaft debattiert; sie wurden gedehnt oder zusammengezogen, so wie es den Historiographen zweckdienlich erschien. Dies konnte ohne Furcht vor Einwänden geschehen, denn kein moderner Mensch unterstellt Manetho numerische Exaktheit.

Bemühungen, die aus zeitgenössischen Inschriften bekannten Könige mit den Königen in Manethos Listen zu identifizieren, beschränken sich häufig auf bloßes Auswählen. Erhellen wir das mit dem folgenden Beispiel: Als reiches Denkmalmaterial über die Regierung eines Pharao gefunden wurde, für den die Historiographen den Namen Ramses III. ausgewählt hatten, war er mit keinem der Könige auf Manethos Listen identifiziert. Auf diesen Listen unauffindbar, wurde er der 20. Dynastie zugewiesen, wahrscheinlich, weil die Könige dieser Dynastie in den dynastischen Listen von Africanus und Eusebius namenlos sind, obwohl Georgius Syncellus, ein byzantinischer Mönch und Kopist, eine Liste von Königen dieser Dynastie überliefert hat – allerdings ohne den königlichen Namen Ramses III. Die zwölf (unbenannten)Könige von Diospolis der 20. Dynastie regierten 135 Jahre (Africanus) oder 178 Jahre (Eusebius), und es schien vertretbar, Ramses III. und ihm folgende Ramessiden in dieser Dynastie einzuordnen. In Wirklichkeit, wie ich im vorliegenden Buch nachzuweisen versuchte, war Ramses III. der Nektanebos I. auf Manethos Listen, und er gehörte zur letzten Dynastie ägyptischer Könige, der 30. Ihm zehn Dynastien folgen zu lassen – die 21. bis 30. –, verursacht eine Entstellung, für die Manetho nur wenig Verantwortung zu tragen hat – wenn überhaupt –, denn er plazierte Ramses III. nicht in die 20. Dynastie. Folglich wird dieser König durch einen fiktiven Ramses III. im zwölften Jahrhundert und durch Nektanebos I. im vierten Jahrhundert repräsentiert.

Der Übergang von der 21. zur 20. Dynastie wird allgemein als verschwommene chronologische Angelegenheit zugegeben. Wie die vorliegende Rekonstruktion enthüllt, regierte die 21. Dynastie in den Oasen vor, während und nach der 20. Dynastie (die identisch ist mit der 29. und 30.) im Niltal. Die 22. oder Libysche Dynastie jedoch regierte nach der 18. Dynastie, wie in einem weiteren Band des vorliegenden Werkes noch darzustellen ist.

Über die 24. Dynastie schrieb Syncellus, als er Africanus' Version der Liste Manethos kopierte: »Die 24. Dynastie Bocchoris von Saïs, für 6 Jahre: während seiner Regierung redete ein Lamm [im Manuskript folgt hier eine kurze Lücke] 990 Jahre.« Eusebius schrieb ähnlich, doch unterscheidet er sich merklich im Hinblick auf die Dauer dieser Dynastie: »Bocchoris von Saïs für 44 Jahre: in seiner Regierungszeit redete ein Lamm. Total, 44 Jahre.« Derartige Information, anstelle historischen Materials über die 24. Dynastie, ist vollkommen nutzlos. Wir müssen raten, ob 6 Jahre oder 44 oder 990 korrekt sind.

Ungeachtet der Tatsache, daß die Chronologie von Manetho als »unordentliche und unkritische« Zusammenstellung gebrandmarkt ist, die von den Denkmalzeugnissen in den meisten Fällen als falsch aufgezeigt wird, dient sie als das Gerüst der Geschichte Ägyptens. Die Einteilung nach Dynastien, wie sie Manetho gibt, wird bis zum heutigen Tag verwendet. Sein Werk wird als Darstellung der Kontinuität ägyptischer historischer Traditionen angesehen, während die Aufeinanderfolge von Ereignissen in der Vergangenheit von Völkern ohne solche kontinuierliche Tradition spekulativ bleibt, weil für die Einordnung der archäologischen Daten kein Gerüst vorhanden ist.

»Absolute Sicherheit in diesen Dingen ist nur möglich, wo eine kontinuierliche literarische Tradition immer existiert hat. Die moderne Erforschung europäischer und amerikanischer prähistorischer Archäologie zum Beispiel, die keine literarische Tradition zur Seite hat, muß zur Hauptsache immer Mutmaßung bleiben. Das Hauptschema der Geschichte des alten Ägypten ist jetzt Gewißheit, nicht nur Hypothese; doch ist sehr zweifelhaft, ob es je zur Gewißheit geworden wäre, wenn seine Konstruktion völlig von den Archäologen abhängig gewesen wäre. Das komplette Skelett des Schemas wurde von der kontinuierlichen literarischen Tradition bestimmt, überliefert vom ägyptischen Priester Manetho; es wurde mit Fleisch bekleidet durch die Archäologen.«[6]

Diese Sätze stammen vom selben Autor (H. R. Hall), der auf einer der vorangehenden Seiten den verstümmelten Zustand und die Vertrauensunwürdigkeit der noch vorhandenen Texte Manethos beklagt.

Doch in Wirklichkeit waren es nicht die Archäologen, die ursprünglich das Schema Manethos mit Daten von hieroglyphischen Texten auf Denkmälern oder Papyri ausfüllten. Wir stehen vielmehr vor der befremdenden Tatsache, daß *lange bevor die Hieroglyphen zum erstenmal gelesen wurden,* die Könige Ägyptens in die Jahrhunderte eingeordnet wurden, in denen sie immer noch Gefangene der konventionellen Chronologie sind.

Wer ordnete zuerst Ramses III. ins zwölfte Jahrhundert ein?

Im Jahr 1799 fand Monsieur Boussart, ein französischer Offizier in General Bonapartes Armee, an der westlichen Mündung des Deltas, sechs Kilometer entfernt von Rosetta, einen dreifach beschriebenen Stein: in Griechisch, in Hieroglyphen und in einer unbekannten, gelegentlich schon auf Papyri gesehenen Kursivschrift, die später »demotisch« genannt wurde. Der englische Arzt und Physiker Thomas Young, der als erster die Farbenwahrnehmung als Folge des Vorhandenseins spezifisch für rot, grün und violett zugeordneter

[6] H. R. Hall, *The Oldest Civilization of Greece* (1901), S. 18-19.

Nervenenden in der Retina des Auges erklärt hatte, der als erster den Astigmatismus erklären und messen konnte sowie das Phänomen der Lichtinterferenz entdeckte, stärkstes Argument zugunsten der Wellentheorie des Lichts, worüber er viel verspottet wurde, las auch als erster einige in Hieroglyphen geschriebene Worte; der Name Ptolemaios auf dem Rosettastein – mit einem Oval (Kartusche) umrundet – war der erste Hinweis. Die Geschichte seiner Anstrengungen und Erfolge und seiner tragischen Beziehungen zu Champollion ist fesselnd. Es scheint, daß Young bei der Entzifferung von Hieroglyphen viel mehr erreichte, als ihm gewöhnlich zugebilligt wird.

Jean François Champollion (1790–1832) hörte als Elfjähriger vom Rosettastein und entschloß sich, sich der Entzifferung der Hieroglyphen zu verschreiben; der frühreife Junge studierte Koptisch und vertiefte sich in die Philologie der orientalischen Sprachen. Erst 20 Jahre später, am 21. Dezember 1821, kam er auf den einfachen Gedanken: Nachdem es auf dem Rosettastein ungefähr dreimal so viel Hieroglyphen wie griechische Wörter im Paralleltext gibt, stehen die Hieroglyphen oder Bilder von Menschen in verschiedenen Haltungen und Teile des menschlichen Körpers, Blumen sowie Vögel nicht für Begriffe (eine jahrhundertealte Überzeugung) und sind keine Symbole in diesem Sinn, sondern sie stehen für phonetische Zeichen oder Buchstaben (fast ausschließlich Konsonanten, in dieser Hinsicht ähnlich wie in der hebräischen Schrift). Am 22. September 1822 verkündete er seinen Erfolg vor der Académie in Paris. 1825 gelang ihm die Übersetzung einer Inschrift Amenophis' III. Indessen »Noch drei Jahrzehnte lang wollten auch Wissenschaftler nicht mehr zugestehen, als daß man bestenfalls einige Königsnamen lesen könnte, daß aber alles übrige Phantasie sei.«[1] Erst 1866 wurde durch die Entdeckung eines anderen Drei-Schriften-Textes – des Kanopusdekrets, über das der Leser auf einer späteren Seite mehr erfährt – Champollions Deutung eindeutig bestätigt. Doch da war er schon 34 Jahre tot.

Wie bald nach Champollions erster Deutung der Hieroglyphen lieferte also die Entzifferung von Denkmalinschriften oder Papyrustexten den Schlüssel zum Problem, das uns interessiert, nämlich zur Datierung der Regierungszeit von Ramses III.? Man sollte annehmen, dies sei zur Zeit von Lepsius (1810–84) oder Chabas (1817–82) oder H. Brugsch (1827–94) geschehen, der Männer, die die Ägyptologie zur exakten Wissenschaft erhoben haben – aber das ist nicht der Fall: Tatsache ist, daß Ramses III. vor Champollions Deutung der Hieroglyphen im zwölften Jahrhundert angesiedelt wurde, und damit bevor irgendeine Denkmalinschrift eine solche Einordnung gerechtfertigt hätte.

---

[1] Johannes Friedrich, *Entzifferung verschollener Schriften und Sprachen* (1966), S. 23.

In einem Buch des schottischen Psychiaters J. C. Prichard (erschienen 1819 oder zwei Jahre vor dem denkwürdigen Tag in Champollions Leben) heißt es auf Seite 61, Ramses III. habe seine Regierung –1147 begonnen. Offensichtlich beruht diese Schätzung nicht auf einem Hieroglyphentext, sondern Prichard entnahm seine Daten wahrscheinlich einem früheren Chronologen. Gibt es dann bei klassischen Autoren irgendeinen Hinweis auf Ramses III., der diese Schlußfolgerung gestattet hätte? Weder Herodot noch Thukydides noch irgendein anderer klassischer Autor/Historiker erwähnen Ramses III. – zum mindesten ist kein derartiger Hinweis bekannt.

Das Relief in Medinet Habu, eine sehr eindrucksvolle Darstellung von Schlachtszenen, blieb natürlich nicht unbeachtet – seit altersher besuchte jeder neugierige Thebenreisende, der den Nil überquerte, um sich die Memnonkolosse (Statuen Amenophis III.) anzusehen oder den Totentempel der Königin Hatschepsut bei Deir el Bahri oder das Ramesseum, den Totentempel Ramses II., und die zerbrochene Kolossalstatue dieses Königs, die im Staub liegt, auch den Tempel von Medinet Habu. Der König, der diesen Totentempel baute, erhielt von den modernen Gelehrten den Namen Ramses III.

Anscheinend unternahm der französische Chronologe Josephus Justus Scaliger (1540–1609) in seinem *Thesaurus temporum* (1606) den frühesten Versuch zur Datierung der ägyptischen Dynastien Manethos. »Sothisperioden«-Kalkulation, ein astronomischer Anhaltspunkt für ägyptische Chronologie, schien etwas zu versprechen. Im 17. und 18. Jahrhundert wurden keine neuen Versuche zur Datierung der Könige Ägyptens angestrengt. Prichards Datum für die Thronbesteigung von Ramses III. wurde durch Rosellini (1841) ohne Begründung auf –1477 geändert; Champollion-Figeac (1778–1867), der Bruder des Entzifferers, versetzte im Jahr 1839 Ramses III. nach –1279, wiederum ohne Angabe eines Grundes oder Nachweises.

Als die das Relief von Medinet Habu begleitenden Texte gelesen wurden, fand man, daß der König gegen die Philister gekämpft hatte; dies ließ sich gut in das 12. Jahrhundert fügen, die Zeit der biblischen Richter: Im Buch der Richter spielen Philister eine wichtige Rolle. Gab es also überhaupt einen Grund, die Schätzungen aus der Zeit vor Champollion zu revidieren?

Aber kämpfte Ramses III. mit den Philistern?

II Sirius

Die Dynastien Manethos wurden zum Gerüst der ägyptischen Geschichte gemacht; nur seine mathematischen Zahlen werden nicht respektiert, weil sie als »unsinnig hoch«[1] angesehen werden. Die Historiker glauben jedoch, sie hätten astronomische Beweise, um die numerischen Werte für den Hauptplan festzulegen.

In Ägypten wurden keine Aufzeichnungen über Sonnen- oder Mondfinsternisse wie in Babylonien gefunden.[2] Die Sothisperiode, eine Berechnung auf der Basis des Aufganges des Sterns Sothis (spdt auf ägyptisch) oder Sirius, wurde zum Alpha und Omega für die numerische Konstruktion der ägyptischen Chronologie.

Das ägyptische Jahr umfaßte während einer beträchtlich langen Geschichtsperiode 360 Tage; eines Tages wurden in einer Kalenderreform fünf weitere Tage zum Jahr addiert. Unter den Ptolemäern wurde eine weitere Reform erwogen – die Einführung eines Schaltjahres alle vier Jahre. Im neunten Jahr der Regierungszeit von Ptolemaios III. Euergetes, also –238, wurde im Delta ein priesterliches Dekret verkündet. Es wurde im vergangenen Jahrhundert in Tanis gefunden und ist als Kanopusdekret bekannt, dem Namen des Ortes, wo das Konklave für die Kalenderreform stattgefunden hatte. Wie der Rosettastein war es auf griechisch, in ägyptischen Hieroglyphen und in demotischer Schrift verfaßt – und wäre es vor dem Rosettastein gefunden worden, hätte es den Schlüssel zur Entzifferung der Hieroglyphen geliefert.

Damit das Fest des Sternes Isis und andere Feste »nicht durch die Jahreszeiten wanderten«, wurde in Kanopus verfügt, daß alle vier Jahre ein Tag addiert und so der Kalender von der Beobachtung des Sternes Isis befreit werden sollte.

Diese Reform konnte sich wegen der Opposition tonangebender Priestergruppen nicht durchsetzen, die der Fixierung des Isisfestes in bezug auf die Jahreszeiten nicht zustimmen mochten. Die Einführung eines Schaltjahres ist

---

1 Breasted, *Geschichte Ägyptens*, Übers. Hermann Ranke (Zürich, 1936), S. 26.

2 Aus der Zeit eines der libyschen Könige (Takelothis II., 15. Jahr) wird die Aussage »Der Himmel nicht[?] verschluckte den Mond« gewöhnlich auf eine Mondfinsternis bezogen.

mit dem Namen Julius Cäsars verbunden. Octavianus Augustus machte den Kalender mit Schaltjahren zum gesetzlichen Kalender Roms und führte ihn einige Jahre später, –26 oder aufgrund anderer Berechnungen –29, in Alexandria in Ägypten ein.

Die Ägypter der hellenistischen und römischen Perioden kannten die Länge des Jahres von 365 1/4 Tagen: Das Kanopusdekret und die Schriften des Diodor (I, 50)[3] beweisen es. Es ist möglich, daß sich Cäsar seine Kenntnisse von den Ägyptern ausborgte, doch sie ihrerseits widersetzten sich der Gleichsetzung des astronomischen mit ihrem religiösen Jahr.

Die römischen Autoren des ersten vorchristlichen und der folgenden Jahrhunderte, die sich im privilegierten Besitz eines besseren Kalenders wähnten, waren vertraut mit der einfachen Rechnung, wonach ein Viertel eines Tages pro Jahr sich in 1461 Jahren zu 365 Tagen auf ein volles Jahr aufaddiert.

Im Jahr +238 (oder 475 Jahre nach dem Kanopusdekret, –238) schrieb Censorinus, ein römischer Autor: »Die Ägypter berücksichtigen bei der Gestaltung ihres Großen Jahres den Mond nicht; die Griechen nennen es *kynisch,* die Römer *canicularis,* weil es mit dem Aufgang des Hundssterns am ersten Tag des Monats beginnt, welcher von den Ägyptern Thot genannt wird... Auch ist die Länge von vier ihrer Jahre um, ungefähr, einen Tag kürzer als die Länge von vier natürlichen Jahren; dies führt wieder zur Übereinstimmung im 1461. Jahr. Dieses (große) Jahr wird von einigen auch das heliakische Jahr, von anderen ›das Jahr des Gottes‹ genannt.«[4] Censorinus erklärte dann das »Höchste Jahr« des Aristoteles, das solange währt, bis Sonne, Mond und Planeten wieder ihre Ausgangspositionen einnehmen, und das kataklystische Jahr, die Periode zwischen zwei Weltkatastrophen – seien es Sintflut oder Feuer –, welche nach Aristarchus von Samos alle 2484 Sonnenjahre eintreffen.

Censorinus erklärte Sothis als den ägyptischen Namen für Sirius, den Hundsstern im südlichen Sternbild Canis Major. Während eines Teils des Jahres ist dieser Stern auf der nördlichen Hemisphäre, wo Ägypten liegt, nicht sichtbar, und in jedem Sonnenjahr kehrt er zur selben Zeit im Sommer wieder an seine Ausgangsposition am Himmel Ägyptens zurück.

Außer den 365 1/4 Umdrehungen der Erde im Laufe eines Jahres ergibt sich durch ihren jährlichen Umlauf um die Sonne im Hinblick auf die Sterne eine

---

[3] »Und nach den 12 Monaten setzen sie noch 5 1/4 Tage hinzu, und auf diese Weise erhalten sie ein ganz vollständiges Jahr. Sie schalten keine Monate ein, und ziehen auch (bei den Monaten) nicht einzelne Tage ab, wie die Griechen meistens tun. Die Sonnen- und Mondfinsternisse scheinen sie genau beobachtet zu haben; sie sagten diese Erscheinungen auch voraus, und geben alle einzelnen, welche vorkommen, ohne Fehler an.«

[4] *Liber de Die Natalie*, XVIII.

weitere Eigendrehung. Daher kreuzen die Sterne den Horizont jede Nacht ungefähr vier Minuten früher.

Beginnend mit der Frühlings-Tagundnachtgleiche neigt sich die nördliche Halbkugel mit ihrem beleuchteten Teil gegen Süden (so daß die Arktis ins Licht tritt) und der beschattete Teil gegen Norden. Nach der Sommersonnenwende dreht sich die Nachtseite der nördlichen Halbkugel langsam südwärts, und die Sterne des südlichen Himmels beginnen zu erscheinen. Es ist in der zweiten Hälfte des Sommers, daß der Sirius am Himmel Ägyptens vor der Helligkeit des Tagesanbruchs zum Vorschein kommt, kurze Zeit vor Sonnenaufgang.

Zuerst tritt der Stern nur wenig über den Horizont, bevor die aufgehende Sonne sein Licht und das anderer Sterne überstrahlt. In jeder nachfolgenden Nacht erhebt er sich einige Minuten früher und klettert höher am Himmel vor Tagesanbruch. Der heliakische Aufgang eines Sternes erfolgt an dem Morgen, da er zum erstenmal vor der aufgehenden Sonne beobachtet wird. Das heliakische Erscheinen des Sirius meldete die Überschwemmung des Nils, der anschwoll, wenn in Äthiopien der flutartige tropische Regen fiel und der Schnee in den Bergen schmolz. Die Hundstage (vom Hundsstern) umfaßten im Alten Ägypten Ende Juli und den größeren Teil des Augusts, die heißeste Zeit des Jahres.

In einem Kalender, der nur 365 Tage pro Jahr aufweist und alle vier Jahre einen Tag verliert, würde der heliakische Aufgang irgendeines Sternes, einschließlich Sirius, alle vier Jahre einen Tag später erfolgen.[5]

Wie bei Censorinus erklärt, beginnt das »Große Jahr« dann, wenn der heliakische Aufgang des Sirius mit dem ersten Tag des Monats Thot zusammenfällt. Nach vier Jahren würde er am zweiten des Monats Thot aufgehen. Nach 1461 Jahren von 365 Tagen oder 1460 Jahren von 365¼ Tagen würde Sirius wieder am 1. Thot heliakisch aufgehen. Diese Zeitspanne umfaßt eine Sothisperiode. Dies bedeutet, daß der 1. Thot oder das Neujahr und alle Tage des Jahres wäh-

[5] Diese Berechnung ist weit entfernt davon, genau zu sein, weil das Julianische Jahr von 365¼ Tagen nicht das wahre (Stern-)Jahr ist; 1460 Julianische Jahre zu 365¼ Tagen (oder 1461 Jahre zu 365 Tagen) differieren zu 1460 Sternjahren um ungefähr neun Tage und ergeben so einen Unterschied von ungefähr 36 Jahren in der Sothisperiode. Wie hätten also die Ägypter ihre Kenntnis der Sothisperiode durch direkte Beobachtung gewinnen können? Auf der Suche nach einer Antwort auf diese Frage wurde argumentiert, Ägypten habe infolge eines äußerst seltenen Zufalles in bezug auf Sirius ein natürliches Julianisches Jahr, und nicht ein Sternjahr, aufgrund zweier Phänomene gehabt: die Präzession der Tagundnachtgleichen, oder das Trudeln der Erdachse mit einer Periode von ungefähr 26000 Jahren, habe zusammen mit der Ausrichtung des Sirius in bezug auf andere Sterne in der Zeit vom 4. bis zum 1. Jahrtausend vor unserer Zeitrechnung bewirkt, daß auf den Breiten Ägyptens in bezug auf Sirius das Julianische und nicht das Sternjahr für die Bewegung der Erde repräsentativ gewesen sei.

rend einer Sothisperiode durch die vier Jahreszeiten wandern. Sirius erscheint heliakisch jeden Sommer, aber am 1. Thot nur einmal (während vier aufeinanderfolgender Jahre) in 1460 Jahren; nichtsdestoweniger nimmt der moderne Gelehrte von diesem Datum an, es sei jährlich als Tag des symbolischen Siriusaufgangs oder der Jahresöffnung gefeiert worden.

Censorinus setzte hinzu, daß im einhundertsten Jahr, bevor er sein Werk schrieb *(Liber de Die Natali)*, eine neue Sothisperiode begonnen hätte. Er schrieb sein Buch+238 und zeigte so an, daß die neue Sothisperiode im Jahre +139 begonnen hatte; die vorangegangene Periode, so ist leicht zu errechnen, begann –1321.[6] Das Datum 1322 v. Chr. (oder –1321) bildet das eigentliche Fundament der ägyptischen Chronologie.

Theon von Alexandria in Ägypten, ein Autor des nachchristlichen 4. Jahrhunderts, schrieb, daß die Apokatastasis des ägyptischen Jahres – die Periode, in der eine Vernachlässigung der julianischen Reform, wie sie von Augustus in Alexandrien eingeführt wurde, eine Fehlerkumulation eines ganzen Jahres ergibt – im fünften Jahre des Augustus oder im Jahr –26 zum Abschluß kam, demselben Jahr, in welchem, nach einigen Autoritäten, die Kalenderreform in Alexandrien durchgesetzt wurde. Wie bereits erwähnt, setzte Censorinus den Beginn einer neuen Sothisperiode in das Jahr+139.

Auf einem Manuskript des Theon wurde eine in »barbarischem Griechisch«[7] geschriebene Anmerkung entdeckt, die besagt, daß »seit Menophres und bis zum Ende der Ära Augustus, oder bis zum Beginn der Ära Diokletian, 1605 Jahre waren«. Das letzte Jahr der Ära Augustus war das Jahr+283 bis +284. Mit der Reduktion um 1605 Jahre kommt man auf das Jahr –1321, dasselbe Jahr, mit dem nach Censorinus eine Sothisperiode begann.

Um eine chronologische Tabelle zu erhalten, mußte zuerst Menophres identifiziert werden. Gewöhnlich wird behauptet, daß Theons Menophres Ramses I. war, der Gründer der 19. Dynastie.[8] So ist das Jahr –1321 fixiert als das Jahr,

[6] Es sollte festgehalten werden, daß zwischen dem 1. Thot des ersten Jahres unserer Zeitrechnung und dem 1. Thot des ersten Jahres vor unserer Zeitrechnung effektiv nicht zwei Jahre, sondern nur eines liegt. Zwischen einem bestimmten Datum im Jahre 139 unserer Zeitrechnung und dem korrespondierenden Datum im Jahr –1322 liegen 1460 und nicht 1461 Jahre. Deshalb ist das Jahr –1322 nur das Jahr –1321 in astronomischen Berechnungen. (Wenn nicht anders vermerkt, entsprechen die Jahresangaben in diesem Buch »historischen« und nicht »astronomischen« Daten. Der Unterschied besteht darin, daß »astronomische« Datierung ein Jahr 0 annimmt, während »historische« Datierung kein solches Jahr 0 voraussetzt.)

[7] T. H. Martin, »Mémoire sur la date historique d'un renouvellement de la période sothiaque«, in *Mémoires présentés par divers savants à l'Académie des Inscriptions et Belles-Lettres*, Serie I, Bd. 8,

[8] L. Borchardt zieht es vor, in Menophres König Seth den Großen, Sohn von Ramses I. und Vater von Ramses II., zu sehen.

in dem Ramses I. den Thron bestieg, und da seiner Regierung nur ein Jahr zugeschrieben wird, muß –1321 das Jahr seiner Regierung gewesen sein. Mit diesem fixen Datum wäre die Errichtung der Chronologie eine einfache Aufgabe gewesen, wenn die Ägypter die Regierungsjahre ihrer Könige oder andere Ereignisse nach den Jahren der Sothisperioden berechnet hätten, aber das taten sie nicht: es gibt kein bekanntes Beispiel von einem Ereignis, das mit einem periodischen Jahr einer Sothisperiode aufgezeichnet worden wäre. Man kennt kein einziges ägyptisches Dokument, das die Sothisperiode erwähnt oder aussagt, »in dem und dem Jahr der Sothisperiode«. Nach der gegenwärtig vorherrschenden Anschauung wird die Sothisperiode nicht als eine Ära angesehen, mit der die Alten die Jahre zählten; sie wird von Modernen nur als Instrument zur Kalkulation chronologischer Daten angewendet. Doch für diesen Zweck sind verschwindend wenig Hinweise in alten Texten verfügbar: die gesamte Hinterlassenschaft des Alten Ägypten wurde auf irgendwie mögliche Vermerke zum Aufgang der Sothis am 1. Thot durchsucht, aber mit sehr mageren Resultaten.

In einem Papyrus, der im Bereich des Illahun-Tempels in Faiyum gefunden wurde, heißt es, Sothis sei am ersten Tag des Monats Pharmouti im siebten Jahr eines ungenannten Königs, offenbar des Mittleren Reiches, aufgegangen. Aufgrund behutsamer Überlegungen schränkte L. Borchardt die Auswahl auf Senwosret III. und Amenemhet III. ein, und nach weiterem Nachdenken schloß er, daß von dieser Alternative Senwosret zu bevorzugen sei. Da der Monat Pharmouti als vierter Monat der zweiten Jahreszeit, des Winters, definiert ist, zeigt seine Abweichung zum Sommer, wenn der Hundsstern heliakisch aufgeht, an, daß das siebte Jahr von Senwosret über 900 Jahre nach dem Beginn einer Sothisperiode oder 555 Jahre vor dem Ende einer Sothisperiode in –1321 anzusetzen sei, wenn für jeden Tag des Zurückbleibens des 1. Thot hinter der Nacht des heliakischen Aufgangs des Hundssterns vier Jahre angenommen werden. Das 7. Jahr Senwosrets wurde auf –1876 errechnet.

Mit der Bestimmung der Zeit eines Königs der 12. Dynastie können auch die Daten anderer Könige derselben Dynastie errechnet werden, wenn nicht immer präzise, so doch annähernd. Demzufolge fand die 12. Dynastie etwa –1788 ihr Ende.

Auf einem Stein aus Elephantine fand sich ein Hinweis auf einen Sothisaufgang in den Tagen Thutmosis' III. der 18. Dynastie, und er wird als heliakischer Aufgang interpretiert[9]; der Monat und der Tag sind gegeben, aber das Regierungsjahr Thutmosis' III., als das Ereignis stattfand, ist nicht vorhanden;

---

[9] L. Borchardt, *Quellen und Forschungen zur Zeitbestimmung der Ägyptischen Geschichte*, 2 (Kairo, 1935), 18-19.

dies macht Kalkulationen sehr vage, abgesehen von der Ungewißheit, ob ein heliakischer Aufgang gemeint ist.

Der sogenannte Ebers-Papyrus ist bekannt für seinen Kalender von zwölf Monaten zu dreißig Tagen, ohne epagomenische Tage am Ende oder Anfang des Jahres, d. h. für ein Jahr von nur 360 Tagen; der Papyrus enthält bestimmte Daten, die – nach Revisionen und viel Textauslegung und Mutmaßungen – das Neujahrsfest auf ein bestimmtes Datum unter Amenophis I. der 18. Dynastie legen. Doch – neben den vielen Textberichtigungen – verwirrt gerade die Tatsache, daß der Eberskalender nicht 365, sondern 360 Tage nennt, jene Kalkulation, in der *ein Viertel eines Tages* Differenz pro Jahr die Basis für die chronologische Verwendung des heliakischen Siriusaufgangs ist.

Daher können allein der Illahun-Hinweis im Papyrus des Mittleren Reiches und der andere Verweis des Theon-Manuskripts auf die Ära des Menophres für die Errichtung einer Chronologie herangezogen werden, die sich auf die Astronomie oder auf den heliakischen Siriusaufgang oder auf die Sothisperiode von 1460 Jahren stützen will.

Zwischen dem Ende der 12. Dynastie und dem Beginn der 19. Dynastie Ramses' I. muß Zeit reserviert werden für die 13. Dynastie, der letzten des Mittleren Reiches, für die drei oder vier Hyksos-Dynastien, die während der langen Übergangsperiode vom Mittleren zum Neuen Reich regierten und für die glorreiche 18. Dynastie, mit welcher das Neue Reich begann. Auch die vermeintlich dunkle Periode im Anschluß an das Ende der 18. Dynastie und vor dem Beginn der 19. Dynastie muß zwischen –1788 und –1321 eingefügt werden.

Die Zeit der 18. Dynastie wurde ebenfalls mit Hilfe der Astronomie berechnet. »Die Daten bestimmter Neumondfeste, die an bestimmten Tagen des Monats in bestimmten Jahren der Könige Thutmosis III. und Amenophis I. (der 18. Dynastie) gefeiert wurden, können durch Rückrechnung aus der Epoche des Menophres auf die Jahre 1474 und 1550 fixiert werden.«[10] Dies ist keineswegs einfach: Die Berechnung der Stationen des Mondes wurde mit der Kalkulation des heliakischen Siriusaufgangs kombiniert. Ein bestimmtes Neumondfest von Amenophis I. wurde auf –1550 fixiert, ein anderes von Thutmosis III. auf –1474. Amenophis I. war der Nachfolger von Ahmose, dem Begründer der 18. Dynastie, und so ist das Datum für den Beginn des Neuen Reiches ebenfalls fixiert: auf –1580.

---

[10] Hall, »Egyptian Chonology«, *Cambridge Ancient History* (1. A.), I, 170.

[11] A. T. Olmstead, *History of Palestine and Syria* (1931), S. 132. Breasted datiert das Ereignis auf den 19. April -1479.

Der letzte Schritt, die Festlegung der Daten einzelner Ereignisse aus den Aufzeichnungen, erschien als einfache Sache, nachdem die Daten der Feste fixiert waren. So lesen wir, daß Thutmosis III. Ägypten auf seinem ersten Zug nach Palästina am 19. April –1483 verließ.[11]

200 Jahre sind zu wenig und 1660 sind zu viel

Die erste Schwierigkeit taucht mit der Anzahl Jahre auf, die für die Periode zwischen der 12. und 18. Dynastie verbleiben, welche, für historische Zwecke, nicht ausreichend erscheint, um die 13. Dynastie und alle Hyksos-Dynastien einzuschließen. Einige Könige der 13. Dynastie wie auch der Hyksos-Dynastien hatten lange Regierungszeiten. »Es wird von allen, die das Material für die Geschichte dieser Zeit studiert haben, zugestanden werden, daß das Anrechnen von nur zwei Jahrhunderten für die Periode zwischen der 12. und der 18. Dynastie schwierig ist.«[1] Wie könnten diese zwei Jahrhunderte (–1788 bis –1580) die historische Folge von Regierungen und besonders die große Spannweite kultureller Entwicklung umfassen?

Es schienen zwei Auswege gangbar, die im 1. Band von »Zeitalter im Chaos« aufgeführt werden. Man könnte versuchen zu zeigen, daß, wenn 100 Jahre der 13. Dynastie zugeschrieben wurden, die zweiten 100 Jahre für die Zeit der Hyksos genügen sollten, obwohl Josephus, der sich auf Manetho stützt, für die Hyksos eine Regierungszeit von 511 Jahren ansetzt. Dieser Weg wurde von Eduard Meyer gewählt, dem 100 Jahre für die Hyksos ausreichend schienen. Trotz des oben zitierten Gegenarguments trug die Ansicht »100 Jahre für die Hyksos« den Sieg davon.

Die andere Methode zur Aussöhnung der Geschichte mit der Chronologie, konstruiert mit Hilfe der Astronomie, ist noch extremer. Um die Sothisreferenz im Papyrus von Illahun aus dem Mittleren Reich und das Datum (–1580) für den Beginn des Neuen Reiches in Übereinstimmung zu bringen, muß eine weitere Sothisperiode von 1460 julianischen Jahren eingeschoben werden. So müssen statt 200 Jahren 1660 Jahre für diesen Zwischenraum vorgesehen werden; die Geschichte des Mittleren Reiches und des Alten Reiches muß um eine zusätzliche Sothisperiode zurückgestoßen werden; und die Geschichte Ägyptens muß um dieselbe Anzahl Jahre verlängert werden. Dieser Standpunkt wurde von Flinders Petrie vorgeschlagen und verteidigt, aber seine Verfechter blieben eine kleine Minderheit.

Aus der Sicht des historischen Materials scheinen 200 Jahre ungenügend,

---

[1] Hall, »Egyptian Chronology«, *Cambridge Ancient History* (1. A.), I, 168.

um die Regierungsjahre der Könige der 13. und der 14. bis 17. (Hyksos-) Dynastie einzubeziehen, beziehungsweise die kulturellen Änderungen in Ägypten zu erklären. Andererseits erscheinen 1600 und mehr Jahre für dieselbe Periode übertrieben.

»Wäre das Sothisdatum unbekannt, würden unsere Beweise nicht mehr als 400 oder höchstens 500 Jahre zwischen den zwei (vom Ende der 12. bis zum Anfang der 18.) Dynastien erfordern.«[2] Und das ist die Zeitspanne, die der fraglichen Periode in »Zeitalter im Chaos«, Band 1 (»Die Dauer der Hyksosperiode«) zugeschrieben wird.

Es wurde nicht vorgeschlagen, den Beginn des Neuen Reiches auf ein späteres Datum zu verschieben; jedermann war sich einig, daß das Neue Reich seinen definitiven Platz in der Zeit gefunden hatte. Wenn die Daten des Mittleren oder des Alten Reiches zur Diskussion stehen, werden die historischen Daten mit dem Beginn des Neuen Reiches als fast so festgelegt angesehen wie die Ordnung am Sternenhimmel. Deswegen beginnt die festgelegte und etablierte Chronologie der Welt mit –1580, dem Jahr der Vertreibung der Hyksos und des Beginns der 18. Dynastie. Dies »ist das früheste Datum«, so heißt es, »von dem wir mit einem Spielraum weniger Jahre absolut überzeugt sein können«.[3]

Historiographie teilt die Vergangenheit der Welt in zwei große Teile: die Periode vor dem Neuen Reich in Ägypten, in der chronologische Hypothesen nicht verboten sind, und die Perioden vom Neuen Reich bis zur Gegenwart, in welcher die Historiker keine großen Änderungen vorzuschlagen haben, nicht größer als einige Jahre für das eine oder andere Ereignis. Die gesamte Geschichte der verschiedenen Völker ist von –1580 an fest verkettet aufeinander abgestimmt.

---

[2] Ebenda, S. 169. Maspero, von Bissing und eine Anzahl weiterer Gelehrter wollten keine der Ansichten akzeptieren und wiesen die Sothisberechnungen zurück. »*Les périodes sothiaques, au lieu de simplifier les calculs chronologiques, n'ont d'autre résultat pour nous que d'y introduire une nouvelle inconnue et peut-être une nouvelle chance d'érreur.*« (»Die Sothisperioden haben, statt die chronologischen Berechnungen zu vereinfachen, für uns nur die Einführung einer neuen Unbekannten und vielleicht einer neuen Fehlerquelle zur Folge.«) G. Jéquier, *Histoire de la civilisation égyptienne des origines à la conquête d'Alexandre* (Paris, 1913), S. 26–27.

[3] Hall in »Egyptian Chronology«, S. 170; s. a. Albright, *From Stone Age to Christianity,* S. 166; Breasted, *Geschichte Ägyptens,* S. 25. Auch T. Säve-Söderbergh, »C-14 Dating and Egyptian Chronology« in *Radiocarbon Variations and Absolute Chronology,* Hrsg. I. U. Olsson (Stockholm 1970), S. 38: »Der Anfang der 18. Dynastie ist auf eine von zwei Alternativen datiert, getrennt durch nicht mehr als 20 Jahre«, die übrigen Regierungszeiten zwischen dem 16. und 11. Jahrhundert haben »einen Spielraum von nur wenigen Jahren.«

Die Kombination der Behauptungen von Censorinus und Theon

Das etablierte chronologische System hängt ausschließlich von der Genauigkeit der Behauptungen Censorinus' und Theons ab sowie von der Richtigkeit der Interpretationen dieser Behauptungen. Censorinus erzählt, wann eine Sothisperiode endete; mit einer einfachen Subtraktion von 1460 julianischen Jahren können wir ihren Anfang ermitteln. Theon, oder sein Glossist, gab den Namen eines vermutlichen Königs, der zu Beginn dieser Periode lebte. Indem sie von Theon den Namen des Königs erfuhren, der diese Ära einleitete, und ihn in die Zeit setzten, die von Censorinus als Beginn der Sothisperiode angezeigt wurde, hatten die Historiker einen festen Punkt, an dem sie die ägyptische Chronologie und die Geschichte der antiken Welt errichten konnten.

Censorinus und Theon, wie manche andere Autoren des 3. und 4. Jahrhunderts nach der Zeitwende, waren Epigonen eines großen Zeitalters der Wissenschaften und Literatur, Kompilatoren und Kommentatoren mit wenig Zugang zu den ursprünglichen Quellen alter Weisheit.

Censorinus' *Liber de Die Natali* wird gewöhnlich als das Werk eines Autors angesehen, der erworbenes Wissen nicht mit eigenen Phantasien vermischte. Die Quellen seiner Information waren indessen oft die Schriften seiner Vorgänger, denen die Wichtigkeit der Trennung von Tatsachen und Vermutungen nicht immer bewußt war.

Theon von Alexandrien war ein produktiver Kompilator von Scholien und Kommentaren, doch nach Meinung einiger moderner Gelehrter enthüllt sein Werk weder einen tiefen Denker noch einen exakten Autor. Hier und dort haben Kopisten Zusätze angebracht; die »barbarische« Sprache der Anmerkungen über den ägyptischen Kalender, ihm zugeschrieben, provozierte die Vermutung, daß sie ein solcher Zusatz sei.[1]

Es ist ein sehr gewagtes Unterfangen, die Geschichte der Alten Welt auf einer Chronologie aufzubauen, die aus einer Kombination von Behauptungen zweier Autoren des 3. und 4. Jahrhunderts konstruiert ist, sogar wenn diese Behauptungen miteinander harmonieren. Wir wissen, wie viele irrige Versicherungen, sogar reine Erfindungen und grobe Absurditäten, von lateinischen Autoren überliefert wurden, die über Ägypten schrieben. Hier folgen beispielsweise einige Behauptungen von Tacitus: »Während des Konsulats von Paulus Fabius und Lucius Vitellus [+34, unter Tiberius], nach einer langen Periode von Zeitaltern, besuchte der als Phönix bekannte Vogel Ägypten, und veranlaßte die Gelehrten dieses Landes und von Griechenland zu langen Abhandlungen über das Wunder... Bezüglich der Jahre [zwischen zwei Besuchen

[1] Martin, *Mémoires, Académie des Inscriptions et Belles-Lettres*, Série 1, Bd. 8, Tl. 1, S. 232ff.

des Vogels] variieren die Traditionen. Die gewöhnlich überkommene Zahl ist 500; aber es gibt einige, die versichern, daß seine Besuche in Abständen von 1461 Jahren erfolgen, und daß es in den Regierungen war, zuerst von Sesostris, dann von Amasis und schließlich von Ptolemaios (Dritter der makedonischen Dynastie), daß die drei früheren Phönixe mit einem großen Gefolge gewöhnlicher Vögel zur Stadt, genannt Heliopolis, flogen...«[2] Indem er darauf hinweis, daß zwischen Ptolemaios III. und Tiberius weniger als 250 Jahre vergangen waren, drückte Tacitus seine Auffassung aus, daß einer der Vögel unecht gewesen sei, »daß aber das Erscheinen des Vogels in Ägypten an sich unbestritten sei«. Nicht viel anders schrieb Plinius, der Manilius zitiert, »mit dem Leben dieses Vogels hänge die Rückkehr des Großen Jahres zusammen, und dieselben Anzeichen der Witterung und der Sterne kehrten wieder.«[3] Plinius gab das Jahr des Konsulats von Quintus Plautius und Sextus Papinius (+36) als das Datum, an dem ein Phönix nach Ägypten flog.

Censorinus und Theon befinden sich unter jenen Autoren des späten Altertums, die es als legitim ansehen, eine 1460jährige Periode für die Geschichte des Alten Ägyptens zu unterstellen. Aber die Ägypter selbst erwähnen niemals eine derartige Sothisperiode. Die Sothis-Theorien der späten Autoren wie Censorinus und Theon (oder seines Glossisten) sind in keiner Weise eine genügend starke Basis, um darauf die gesamte Geschichte der alten Welt zu stützen. In der Tat, sofern wir Menophres, der von Theon genannt wird, nicht identifizieren können, bleibt die Behauptung von Censorinus für die Chronologie des Neuen Reiches vollkommen wertlos.

Wer war Menophres?

Wer war Menophres, dessen Name gemäß Theon einer ägyptischen Ära gegeben wurde? Theon schrieb nicht, daß Menophres ein König gewesen sei. Er könnte ein Weiser gewesen sein oder ein Astronom, der die Periode errechnete, oder sein Name könnte die Epoche wegen eines anderen Verdienstes bezeichnet haben. Diese Möglichkeiten sind nicht auszuschließen, solange wir Vertrauen in die Genauigkeit von Theons Behauptung haben; wenn uns solches Vertrauen fehlt, muß die Existenz von Menophres von allem Anfang an in Frage gestellt werden. Auf jeden Fall kann nirgends in ägyptischen Quellen eine Erwähnung der Ära von Menophres gefunden werden.

---

[2] Tacitus, *Annalen*, Übersetzt von W. Sontheimer, VI, 28.

[3] Plinius, *Naturgeschichte*, X, 2., Übersetzt von G. C. Wittstein.

Ein Gelehrter des letzten Jahrhunderts meinte, Menophres stehe für Men-Nofre, den ägyptischen Namen für Memphis.[1] Diese Erklärung wurde zu ihrer Zeit abgelehnt,[2] doch fand sie einen bestimmten Anklang, weil die Siriusbeobachtungen der Priester von Memphis als für ganz Ägypten gültig angesehen wurden, zumindest während der hellenistischen Zeit. Der heliakische Aufgang des Sirius erfolgt in Theben (Luxor, Karnak) mehr als vier Tage früher als in Memphis (bei Kairo), da jeder Breitengrad ein späteres Erscheinen um ungefähr einen Tag bedeutet. Von der Mündung des Nils bei Alexandria bis Syene (Assuan) beträgt die Differenz 7° 1'. Wenn Sirius am 1. Thot in Memphis aufging, war er in Saïs oder Tanis im Delta noch nicht gesehen worden, in Theben schon zum fünften- und in Syene schon zum siebtenmal. Welcher dieser Tage wurde dann für die Kalenderbedürfnisse als gültig angesehen? Olympiodorus,[3] ein griechischer Gelehrter, der im 5. nachchristlichen Jahrhundert in Ägypten lebte, löste diese, durch den Begründer der »Berliner Schule« der Ägyptologen[4] ungelöste, Schwierigkeit mit der Erklärung, das Datum des Aufgangs des Sterns in Memphis sei auch in Alexandrien akzeptiert worden. Eduard Meyer, ohne die Angabe bei Olympiodorus zu kennen, fragte sich, was die Basis der Siriusdaten gewesen sein könnte, wenn der Stern seinen heliakischen Aufgang in Ägypten an verschiedenen Tagen hat. Er schloß daher, daß den Sothisdaten keine wirklichen Beobachtungen zugrundelagen und sie im Kalender durch vorausberechnete Tage angeordnet wurden. Auch L. Borchardt, ein anderer der Großen für die ägyptische astronomische Chronologie, zeigte seine Unkenntnis der Stelle bei Olympiodorus; er nahm an, das Datum für Heliopolis sei für ganz Ägypten gültig gewesen.[5] Die Erklärung des Olympiodorus macht es eher wahrscheinlich, daß Menophres Men-Nofre oder Memphis bedeutet.

Doch wenn Menophres eine Stadt und keine Person ist, dann bleibt kein einziger Punkt, an welchem das chronologische System errichtet werden könnte. Wie bereits betont, gibt es für keine der hier behandelten Perioden der ägypti-

---

[1] J. B. Biot, *Etudes sur l'astronomie indienne et sur l'astronomie chinoise* (Paris, 1862), S. xxxvi-xxxix.

[2] Cf. Martin, *Mémoires, Académie des Inscriptions et Belles-Lettres,* 1 (1869), 275. In neuerer Zeit haben D. B. Redford, *History and Chronology of the Eighteenth Dynasty of Egypt: Seven Studies* (Toronto, 1967), S. 214–15 und andere Autoren, die er nennt, die Ansicht neu aufgenommen, wonach Menophres für Memphis steht.

[3] A. J. Letronne, »Nouvelles recherches sur le calendrier des anciens égyptiens«, *Mémoires, Académie des Inscriptions et Belles-Lettres*, XXIV, Tl. 2 (Paris, 1864); J. L. Ideler, *Meteorologia veterum Graecorum et Romanorum* (Berlin, 1832).

[4] S. E. Meyer, *Ägyptische Chronologie* (Berlin, 1904), S. 17-18.

[5] Borchardt, *Quellen*, II, 13.

schen Geschichte – die Zeit der Hyksos, des Neuen Reiches, der Spätzeit und bis zu Alexander dem Großen – einen einzigen bekannten ägyptischen Hinweis auf die Zählung von Jahren im Sinne einer Sothisperiode.

Sogar wenn Menophres ein König gewesen wäre, der zu Beginn einer Ära gelebt hatte, und es eine Sothisperiode gegeben hätte, stehen wir vor der Schwierigkeit der Identifikation von Menophres. In den dynastischen Listen von Manetho, wie sie von Eusebius und Africanus erhalten sind, gibt es verschiedene Könige mit ähnlich klingenden Namen, aber keinen mit Namen Menophres. König Mernere der 6. Dynastie, Mennofirre der Hyksos,[6] Amenophis der 18. Dynastie, Merenptah und Amenephtes der 19. Dynastie (aus den Listen des Africanus und Eusebius) oder wieder Amenophis und Mephres der 18. Dynastie des Manetho aus Josephus – alle könnten als mögliche Kandidaten für den Namen Menophres angesehen werden, obwohl nicht alle auch historische Persönlichkeiten waren – oder wenigstens nicht alle aus den Monumenten Ägyptens bekannt sind. Der wahrscheinlichste Kandidat schien Merenptah zu sein, Nachfolger Ramses II., und es war häufig er, der als der Menophres des Theon vorgeschlagen wurde. Doch aufgrund einer Überlegung, die eine *petitio principii* ist, wurde von der Berliner Schule der Ägyptologen bestimmt, daß es unmöglich sei, Merenptah im Jahr –1321 anzuordnen, dem Beginn der Sothisperiode, »da das früheste Datum der Thronbesteigung Ramses II. (Merenptahs Vater) etwa –1300 sei« (Meyer).[7] Deshalb wird der Vater Ramses' II., Sethos I., von Borchardt und seinen Schülern als der Menophres des Theon identifiziert.[8]

Diese Konstruktionsmethode ist ohne jedes Fundament. Die Chronologie Ägyptens muß aufgestellt werden, indem die Zeit von König Menophres mit der Sothisberechnung bestimmt wird. Wenn man tatsächlich weiß, daß »das frühestmögliche Datum für die Thronbesteigung Ramses II. ungefähr –1300 ist«, und daß deshalb sein Nachfolger keine Ära mit –1321 hat beginnen kön-

---

[6] »Beaucoup plus convenable serait Mennofirre de quelques scarabées ›hyksos‹.« Weill, *Bases, méthodes et résultats de la chronologie égyptienne*, S. 11.

[7] »Wonach diese Periode bei Theon benannt ist, wissen wir nicht. Der Name Menophris oder Menophreus könnte ägyptisch Merenre sein, mit eingeschobenem Artikel (p) vor dem Gottesnamen. Könige dieses Namens kennen wir nur in der 6. Dynastie, an die hier nicht gedacht werden kann; dagegen gibt es im 14. Jahrhundert und überhaupt im Neuen Reich keinen Herrscher dieses Namens. Wenn man also einen Königsnamen und nicht etwa einen Privatmann, z. B. einen Astronomen, darin suchen will, bleibt nichts übrig, als den Namen zu korrigieren – man hat sehr oft Me(r)neptah, den Sohn Ramses' II. darin gesucht. Aber es ist gänzlich unmöglich, diesen ins Jahr 1321 zu setzen, da Ramses II. frühestens erst gegen 1300 auf den Thron gekommen sein kann.« Meyer, *Ägyptische Chronologie,* S. 29–30.

[8] Borchardt, *Quellen*, II, 17.

nen, warum dann das umständliche Verfahren, die Verspätung des Sterns Sirius an einem Kalender zu berechnen, der jedes Jahr einen Vierteltag verliert, und um König Menophres zu identifizieren? Die Chronologie ist offenbar ohne Menophres und ohne die Sothisperiode fixiert.

Da die Thronbesteigung Ramses II. frühestens –1300 erfolgte, muß das Jahr –1321 entweder zu Sethos I. gehören, dessen anderer Name Menmaatre war, oder zu Ramses I.-Menpehtire, dem Großvater Ramses' II. Es ist klar, daß jede Wahl willkürlich ist.[9] Und doch wird Ramses I.-Menpehtire in der Regel als König Menophres ausgewählt, möglicherweise aus dem einzigen Grund, daß seine Einjahresregierung als Beginn der 19. Dynastie angesehen wird.[10] Doch ist es nicht überflüssig zu erwähnen, daß in Manethos Listen der 19. Dynastie, in den Versionen des Africanus wie des Eusebius kein Ramses I.-Menpehtire erscheint; die Dynastie beginnt mit Sethos. Wenn Theon eine Version Manethos und nicht die Monumente Ägyptens benutzt hat – was wahrscheinlich ist –, dann kann die Identifikation von Menophres mit dem nicht vorhandenen Ramses I.-Menpehtire nur auf Kosten einer weiteren großen Verzerrung erfolgen.

Ramses I. im Jahr –1321 einzuordnen, bevor dafür irgendeine Unterstützung in den Behauptungen Censorinus' und Theons gefunden wurde, war völlig ungerechtfertigt. Nachdem Ramses I. so mit Menophres identifiziert worden war, wurden die Regierungsjahre der Könige der 19. Dynastie beginnend mit –1321 kalkuliert. Andererseits wurden die Neumondfeste der 18. Dynastie kalkuliert, und danach wurden die Regierungsjahre der Könige dieser Dynastie durch arithmetische Addition gefunden. Nachdem die 18. und 19. Dynastie, die großen Dynastien des Neuen Reiches, ihren Platz in den zugehörigen Jahrhunderten zugewiesen bekommen hatten, wurde die Geschichte anderer Völker entsprechend ausgerichtet.

Die historische Struktur wurde unter diesen Annahmen errichtet:

(1) daß es eine Ära Menophres gegeben habe;
(2) daß diese Ära mit einer Sothisperiode zusammengefallen sei;
(3) daß diese Sothisperiode –1321 begonnen habe;
(4) daß Menophres ein König war, der zu Beginn dieser Epoche gelebt habe.

Zusätzlich zu diesen Annahmen und Vermutungen wurde erklärt,

---

[9] »Man könnte auch etwa an Menpehtire, den Vornamen Ramses' I., oder selbst an Menmaatre, den Vornamen Sethos' I., denken. Damit wird aber der Willkür das Thor geöffnet.« Meyer, *Ägyptische Chronologie,* S. 30.

[10] S. Hall, »Egyptian Chronology«, *Cambridge Ancient History* (1. A.), I, 170.

(5) daß Menophres Ramses I. sei, weil der Beginn der Regierungszeit Ramses' II. *a priori* (und ohne ausreichenden Grund) –1300 erfolgt sei.

Die Chronologie der Weltgeschichte, errichtet auf diesen Hypothesen, erscheint nicht so stabil und sicher wie gedacht; sie sieht eher aus wie eine Anhäufung vieler unzusammenhängender Dinge, jedes labil in sich selbst, gefährlich aufeinandergetürmt.

Astronomische Unsicherheiten astronomischer Chronologie

Eine Kette logischer Argumente ist nicht stärker als ihr schwächstes Glied. In der Kette der Argumente, an der die Chronologie Ägyptens hängt, fehlen einige Glieder völlig. Es gibt keine Notwendigkeit, mit weiteren Argumenten über die Trugschlüsse der auf die Ära Menophres und die Sothisperiode gestützten Chronologie fortzufahren. Wir könnten deshalb den Fall abschließen. Die Verpflichtung aufzuzeigen, warum die »astronomischen Grundlagen« der Historiographie willkürlich und ungenau sind, wurde bereits erfüllt, und die Aufdeckung weiterer Fehler darin ist nicht nötig.

Wir verbleiben bei diesem Thema nur deshalb ein wenig länger, um positiv zum Verständnis des ägyptischen Kalenders beizutragen. Indessen, im Verlauf der weiteren Diskussion wird noch mehr von der fundamentalen Grundlosigkeit der astronomisch-chronologischen Berechnung zum Vorschein kommen. Die astronomischen Begründungen der Sothisberechnung sind ebenfalls unsicher.

Zuerst gilt es einige verwirrende Einzelheiten zu bedenken. Wir glaubten Censorinus' Behauptung, betreffend das Datum des heliakischen Aufgangs der Sothis am 1. Thot +139 (»im Jahr des zweiten Konsulats des Kaisers Antonius Pius und Brutius Praesens«); eine gewisse Unterstützung für dieses Datum wurde im Kalenderdatum über den Sothisaufgang im Jahr des Kanopusdekrets gefunden.[1]

Wenn jedoch +139 ein Großes Jahr endete und ein anderes begann, muß dieses Ereignis zu Lebzeiten von Claudius Ptolemäus eingetroffen sein, genauer mitten in der produktiven Schaffensperiode (+127 bis +151) dieses größten Astronomen des Altertums. Claudius Ptolemäus lebte in Alexandrien. Nirgendwo in seinen Schriften wird das Ereignis jemals erwähnt, noch zeigte er eine Kenntnis von Sothisberechnungen, obwohl er astronomische Kalenderfragen seiner Zeit sowie vorangegangener Jahrhunderte sehr detailliert behandelte, indem er sogar babylonische Aufzeichnungen von Finsternissen 800

[1] Vergl. Säve-Söderbergh, a.a.O. S. 37.

Jahre vor seiner Zeit studierte. In Alexandrien lebend und sich mit dieser Materie beschäftigend, wie konnte ihm das Eintreffen des neuen Großen Jahres in Ägypten unbekannt bleiben oder wie konnte er darüber schweigen?

Es ist in diesem Zusammenhang auch nützlich, die rückläufige astronomische Kalkulation der heliakischen Siriusaufgänge im Himmel Ägyptens anzusehen. Zu Beginn dieses Jahrhunderts wurden solche Berechnungen von Percy Davis angestellt. Im Jahr +139 gab es in Ägypten nach seiner Untersuchung keinen heliakischen Aufgang des Sirius am 1. Thot, trotz Censorinus' Behauptung: An diesem Datum erschien Sirius ungefähr eine Stunde vor Sonnenaufgang und war demnach hoch im südlichen Himmel vor der Dämmerung. Auch für die drei weiteren Daten, an welchen die drei vorangegangenen Sothisperioden hätten beginnen müssen, fand Davis, daß Sirius etwa eine Stunde vor Sonnenaufgang erscheint. Wenn diese Berechnungen korrekt sind, repräsentieren diese vier Daten nicht den heliakischen Aufgang des Sirius am Himmel Ägyptens.

Das Sothisfest muß sich deshalb »auf ein anderes Himmelsphänomen als einen heliakischen Aufgang beziehen«. »Bezog es sich nur auf das Erscheinen [nicht heliakisch] des Sirius am nächtlichen Himmel? Wenn ja, wäre eine völlig neue Reihe von Kalkulationen notwendig, und es ist zweifelhaft, ob daraus genügend präzise Daten für die Grundlage eines chronologischen Systems abgeleitet werden könnten.«[2]

Die Chronologie Ägyptens wurde nicht revidiert. Zu dieser Zeit waren die Ägyptologen schon der Ansicht, daß eine Änderung nicht vorgenommen werden könnte: die Struktur des historischen Gebäudes war bereits völlig starr, oder, wie Breasted es nannte, »mathematisch sicher«.[3]

Die eigentliche Identifikation von Spdt (Sothis) mit Sirius wurde ebenfalls in Frage gestellt. Duncan Macnaughton versuchte in einem ausführlichen Werk nachzuweisen, daß Spdt der Stern Spica des südlichen Sternbildes Virgo und nicht Sirius war.[4] Um von der gelehrten Welt akzeptiert zu werden, sind jedoch angesichts der nachdrücklichen Behauptung Censorinus die Chancen für eine Neuidentifikation des Sterns Spdt gering. Deshalb ist die Frage leicht boshaft: Wäre es möglich, daß mit Spdt der Stern Kanopus gemeint ist? Sirius ist der

---

[2] G. Legge, in *Recueil de travaux relatifs à la philologie et l'archéologie égyptiennes et assyriennes*, XXXI, La Mission Française du Caire (Paris, 1909), 106–12. Die Schlußfolgerungen von Legge folgten Kalkulationen von Percy Davis. Es sollte aber beachtet werden, daß die Kalkulationen von Davis falsch sein könnten. Vielleicht benutzte er den 1. Thot des Alexandrinischen Kalenders (30. August 139), anstelle des 1. Thot des ägyptischen Kalenders (20. Juli 139).

[3] Breasted, *Geschichte Ägyptens*, S. 25.

[4] D. Macnaughton, *A Scheme of Egyptian Chronology* (London, 1932).

hellste unter den Fixsternen, Kanopus ist der zweithellste Stern und damit heller als alle anderen außer Sirius.[5] Kanopus steht südlich von Sirius, auf einer fast geraden Linie von diesem zum südlichen Himmelspol, und diesem näher; noch auf der Höhe von Palermo wird er niemals gesehen, obwohl dies vielleicht von der Höhe des Ätna während einiger Tage des Jahres möglich sein könnte. In Ägypten ist sein jährliches Erscheinen während einer begrenzten Zeit spektakulär. Die Tatsache, daß das Dekret zur Fixierung des Neujahres (1. Thot) auf den jährlichen heliakischen Aufgang der Spdt durch ein Priesterkonklave in der Stadt Kanopus erklärt wurde, scheint eine solche Identifikation zu unterstützen. Kanopus war der legendäre Pilot des Menelaus, Bruder des Agamemnon, Führer der Griechen vor Troja; nach der Legende starb Kanopus in Ägypten, und die Stadt seines Todes am westlichsten Nilarm des Deltas (heute ausgetrocknet) wurde nach ihm benannt und ebenso der Stern. Ist es nicht wahrscheinlicher, daß die Griechen die Stadt nach dem Stern benannten? Könnte es sein, daß die Griechen den Ort Kanopus benannten wegen des dort erklärten Dekrets, das den Stern Kanopus behandelte? Wie auch immer, Herodot nannte einen der Arme im Delta früher schon Kanopisch.

Ich erwähnte diesen Gedanken, was auch immer er wert ist. Ich werde indessen eine neue Interpretation des Kanopusdekrets vertreten: Wie wir bald herausfinden werden, spricht das Dekret nicht allein vom Stern Spdt, vermutlich Sirius, sondern ebenfalls vom Stern Isis – und sehr zu Unrecht unterstellte die gelehrte Welt, daß beide Namen denselben Stern bezeichneten.

Das Kanopusdekret wurde von einer kriecherischen Gruppe von Priestern zusammengestellt; es forderte ein neues Fest zum Ruhm des Königs Ptolemaios III. Euergetes und seiner Königin Berenice, »den mildtätigen Göttern«. Die fünf epagomenischen Tage am Ende des Jahres waren bereits Feiertage zur Verehrung der ptolemäischen Pharaonen; das Konklave verfügte, daß jedem vierten Jahr ein sechster epagomenischer Tag hinzugefügt werden sollte – in alle Ewigkeit zu Ehren von Ptolemaios Euergetes und seiner Königin. Die griechischen, demotischen und hieroglyphischen Texte des Dekrets unterscheiden sich erheblich voneinander. Es wurde angeführt, daß der griechische Text das Original sei, und wieder, das Original sei die demotische Schrift. Die Widersprüche in den einzelnen Versionen lassen auch erkennen, daß die Schreiber, die den Text aus dem Original, was immer es war, übersetzten, sich nicht allzu klar über den Inhalt waren, wenn dieser astronomische Dinge behandelte, und sie gestatteten sich gewiß viele Freiheiten.

---

[5] In Wirklichkeit ist Kanopus viel größer und heller als Sirius; aber Kanopus ist über 300 Lichtjahre, Sirius nur 8,8 Lichtjahre von uns entfernt.

Ein anderer Punkt, der hervorgehoben werden muß, ist folgende Tatsache: Obwohl der Text von einer Verbesserung des Kalenders durch Einführung eines zusätzlichen Tages alle vier Jahre spricht, ist nirgends in den drei Versionen ein Hinweis auf 1460 (oder 1461) Jahre oder auf eine Sothisperiode zu finden. In Wirklichkeit erwähnt das Dekret eine Zeit, als das Jahr aus nur 360 Tagen bestand, und eine Reform, als fünf Tage dem Jahr hinzugefügt wurden. Wie ich bereits ausführte, zerstört diese Tatsache an sich bereits jede Basis zur Berechnung des Anfangs einer Sothisperiode im zweiten Jahrtausend oder in früheren Jahrtausenden vor unserer Zeitrechnung, eine Kalkulation aufgrund von Censorinus, aber nicht des Kanopusdekrets, das dem lateinischen Autor um fast fünf Jahrhunderte vorausging. Aber sogar Censorinus, im Anschluß an die Diskussion der Sothisperiode, schrieb über eine Kalenderkalkulation auf der Basis von 2484 Jahren, die einen Kataklysmus vom nächsten trennten.

[1] M. Knapp, *Pentagramma Veneris* (Basel, 1934), S. 22. Zur Zeit der Veröffentlichung seines Buches war Knapp Mitarbeiter der Astronomischen Fakultät an der Universität Basel.

[2] Obwohl das durchschnittliche synodische Venusjahr 584 Tage zählt, kann das einzelne synodische Jahr um einige Tage schwanken, im Verhältnis der jeweiligen Positionen von Erde und Venus.

[3] Bis vor kurzem wurden sie mit 2919,6097 Tagen errechnet. Neuerdings wurden aufgrund von Radarmessungen 2919,57 Tage gefunden.

[4] Claudius Ptolemäus, *Almagest*, X, 4.

III Venus

Venus

Wenn im zweiten und dritten Jahrtausend die Länge des Jahres genau bekannt war, wäre die absichtliche Vernachlässigung eines Viertels eines Tages pro Jahr und der Verlust von 25 Tagen pro Jahrhundert eine ausdrückliche Mißachtung der Exaktheit gewesen, die von den ägyptischen Priestern erreicht worden war. Warum sollten die Ägypter einen derartigen Fehler durch Jahrhunderte und Jahrtausende verfolgt haben, wenn sie ihn erkannt hatten?

Der Gelehrte, der diese Frage stellte (M. Knapp)[1], nahm an, daß die Sothisperiode eher zu Venus als zu Sirius gehörte. Sirius ist der hellste Stern, Venus ein noch prächtigerer Planet.

Venus, wie Sirius, ist während eines Teils des Jahres unsichtbar. Doch die periodische Unsichtbarkeit des Venus ist nicht die Folge der jahreszeitlichen Neigung der nördlichen Halbkugel. Sie erfolgt, weil Venus, die die Sonne in einem zur Bahnebene der Erde nur geringfügig geneigten Winkel umläuft, für etwa zwei Monate und sechs Tage hinter der Sonne verschwindet.

Östlich der Sonne ist Venus der Abendstern; westlich der Sonne ist sie der Morgenstern. Venus umläuft die Sonne in 224,7 Tagen. Wenn man aber Venus von der Erde aus beobachtet, die auf einer längeren Umlaufbahn mit kleinerer Geschwindigkeit in der gleichen Richtung die Sonne umläuft, dann schneidet sie alle 584 Tage die Linie von der Erde zur Sonne.[2] Diese Zeit nennt man das synodische Jahr der Venus.

Acht Erdjahre entsprechen annähernd fünf synodischen Venusjahren, bei einer Differenz von ungefähr einem Tag in vier Jahren. Fünf synodische Umläufe der Venus sind 2919,6 Tage[3]; acht Jahre von 365 Tagen sind gleich 2920 Tage und acht Jahre von 365 1/4 Tagen sind gleich 2922 Tage.

In seinem *Almagest* zeigt Claudius Ptolemäus, daß diese Art Berechnungen zu seiner Zeit bekannt waren, ein Jahrhundert vor Censorinus und zwei Jahrhunderte vor Theon. Er schrieb, daß »acht ägyptische Jahre ohne ersichtlichen Fehler fünf Umläufen der Venus gleich sind«.[4] Die kleine Differenz zwischen fünf synodischen Venusjahren und acht Jahren von 365 Tagen wurde von den Ägyptern, laut Knapp, zur Vereinfachung vernachlässigt.

Im *Isagog* von Geminos wird ausdrücklich gesagt, daß das Fest der Isis in 1460 Jahren durch die Jahreszeiten wandert.[5]

Wir können diese These weiter ausarbeiten und beweisen, daß Venus in der Periode, die dem siebten Jahrhundert folgte, die entscheidende Rolle spielte. Geminos' Quelle war Eratosthenes, der im 3. Jahrhundert vor der Zeitwende lebte und von König Ptolemaios III. Euergetes in seiner Bibliothek in Alexandrien beschäftigt wurde. Im Kanopusdekret, unter demselben König herausgegeben, heißt es, daß das Fest der Isis und andere Feste durch die Jahreszeiten wandern; und damit der Kalender mit der natürlichen Ordnung übereinstimme, solle das Jahr dem Stern Sothis folgen. Die Differenz zwischen dem Kalender der Isis und jenem der Sothis wird eliminiert, wenn alle vier Jahre der Isis ein Tag hinzugefügt wird, so daß Kalender und Feste durch das Jahr der Fixsterne reguliert werden.

Die Konfusion der Interpreten dieses Dekrets und der Sothisperiode entstand, weil man annahm, der Stern Isis und der Stern Sothis seien ein und derselbe – beide Sirius. Aber der Stern Isis ist Venus – Plinius sagt, daß Isis der Planet Venus ist[6] – und das Kanopusdekret spricht so von zwei verschiedenen Sternen. Der Text des Dekrets[7] sagt, »so soll eine große Prozession zu seiner Zeit im Laufe des Jahres gefeiert werden... mit dem Tage des Aufgangs des Sopdet-Sternes [Sothis, heute Sirius, griechisch: Stern der Isis], der ›Eröffnung des Jahres‹ [Neujahr] genannt wird in den Schriften des Hauses des Lebens [Tempelschule]. ... Da nun aber das Ereignis stattfindet, daß das Erscheinen des Sopdet-Sternes sich in jedem vierten Jahre auf einen anderen Tag verschiebt, so soll deshalb doch der Tag der Feier dieses Festes nicht verändert werden. Sondern es soll in gleicher Weise an dem ersten Tag des 2. Sommermonats [griechisch: Neumond des Payni] gefeiert werden, an dem das Fest zuerst [im Jahre des Dekrets] in dem 9. Jahre gefeiert worden ist.« Der Kalender sollte dem Plan folgen, »auf den hin der Himmel an diesem Tage [heute] festgestellt ist, so daß nicht »andere Feste, die in dem gegenwärtigen Augenblick im Sommer stattfinden, in kommenden Zeiten aber im Winter stattfinden... gemäß dem Ereignis, das in der Zeit der Vorfahren stattgefunden hat [gemäß dem einst aufgestellten Plan für den Kalender].« Es wurde angeordnet, daß ein zusätzlicher erster Tag alle vier Jahre den ursprünglichen 360 Tagen und zu den fünf Tagen hinzugefügt werde, die zu einem früheren Zeitpunkt dem Jahr zugegeben wurden.

Die akzeptierte Interpretation des Dekrets nimmt an, daß sowohl der Stern Isis als auch der Stern Sothis den Sirius bezeichnen; die Frage wird nicht einmal erhoben, ob Sothis und Isis zwei Sterne sind. Budge allerdings realisierte bei der Übersetzung des griechischen Textes, daß zwei verschiedene Himmelskörper gemeint sein müßten, und nahm folglich an, daß die Sonne erwähnt würde.

Ein wenig Nachdenken zeigt uns auch, daß das Datum des heliakischen Aufgangs des Fixsterns Sirius langsam um den Kalender von 365 Tagen wandert, indem er in ihm alle vier Jahre um einen Tag *vorrückt,* aber nicht um die Jahreszeiten, da er immer am gleichen Tag des Sommers aufgeht. Der heliakische Aufgang der Venus indessen wandert um die Jahreszeiten – um das natürliche Jahr von Frühling, Sommer, Herbst und Winter – sowie um den Kalender von 365 1/4 Tagen, der durch fast zwei Tage alle acht Jahre oder einen Tag alle vier Jahre *zurückgehalten* wird. So lassen der Name des Sterns Isis, von Plinius als der Planet Venus erklärt, und die Angabe, daß sein heliakischer Aufgang *um die Jahreszeiten* wandere, keinen Raum für Zweifel, daß die griechische Version des Dekrets von Venus und ihrem Verhältnis zum Stern Sothis spricht.

Der demotische Text indessen spricht von Sothis und verweist dann auf den Stern, der »alle vier Jahre einen vollen Tag zurückbleibt«, spricht aber dann von der Tatsache, daß die Feste, die in Tameri [Ägypten] im Winter begangen werden, zu einer anderen Zeit in den Sommer rücken, weil das Erscheinen des Sopdet-Sternes sich in jedem vierten Jahre um einen Tag verschiebt...«[8]

Das Dekret sollte den Kalender von der Beobachtung des Venusaufgangs durch Einfügung eines Schaltjahres alle vier Jahre befreien. Das Neujahr (am 1. Thot) war mit Venus verbunden, aber die »Öffnung des Jahres« mit Sothis; dazu wurden zwei verschiedene Begriffe verwendet, *tpy rnpt* und *wp rnpt.*

Das Fest der Öffnung des Jahres wanderte um den Kalender, aber das Fest des Neujahrs wanderte um die Jahreszeiten. Die Absicht des Konklave war, das Neujahrsfest mit dem Fest der Öffnung des Jahres zusammenzulegen. Welchen Sinn hätte es gehabt, den heliakischen Aufgang des Sirius 1457mal in 1461 Jahren an Tagen zu feiern, die nicht Tage seines heliakischen Aufgangs waren und lediglich in vier aufeinanderfolgenden Jahren in dieser langen Zeitspanne am richtigen Tag? Würden wir einen Tag im August oder Dezember die Frühlings-Tagundnachtgleiche nennen?

Die Reform des Ptolemaios Euergetes und der Priester von Kanopus faßte keine Wurzeln. Der Grund dafür wird bei Germanicus erklärt.[9] Dieser Kommentator sagte, daß der König von Ägypten (in der Zeit der ptolemäischen

---

[5] Geminus, *Isagog*, Kap. 8.

[6] Plinius, *Naturgeschichte*, II, 37.

[7] Zitiert nach der Übertragung von Günther Roeder (Zürich 1968). Vergl. W. Spiegelberg, *Der demotische Text der Priesterdekrete von Kanopus und Memphis (Rosettana)* (Heidelberg, 1922), S. 70-76, 89.

[8] Zitiert nach der Übertragung von Günther Roeder (Zürich 1968). Vergl. Spiegelberg, a. a. O., S. 71.

[9] Übersetzung des Germanicus von Aratus' *Phaenomena*, Hrsg. Buhle, S. 71.

Pharaonen) jeweils im Tempel der Isis den Schwur ablegte, das Jahr mit einer Länge von 365 Tagen beizubehalten und nicht eingeschobene Tage oder Monate einzuführen, welche den Umlauf der Feste unterbrechen würden. Auch dies ist leichter zu verstehen, wenn das Versprechen des Königs beabsichtigte, den Kalender dem Fest des Planeten folgen zu lassen, dem der Tempel geweiht war. Warum sollte der Stern Sirius durch eine Reform beleidigt werden, die den Feiertag seines Aufgangs auf den tatsächlichen Aufgang verlegte?

Wie bereits zuvor gesagt, die von Ptolemaios Euergetes beabsichtigte Reform wurde von Julius Cäsar eingeführt, der zwei Jahrhunderte später einen Kalender mit einem Schalttag alle vier Jahre einrichtete.

Dieser Kalender wurde in Alexandria von Augustus durchgesetzt und veranlaßte wahrscheinlich mehr als zweihundert Jahre später Censorinus niederzuschreiben, daß ein Fehler von einem viertel Tag pro Jahr sich im Laufe von 1461 Jahren zu einem vollen Jahr kumuliere und ließ ihn hinzufügen, daß zu seiner Zeit in Ägypten eine Ära dieser Zeitspanne, bezogen auf Sirius, beobachtet würde. Die Ägypter außerhalb Alexandria blieben dabei, weiter den heliakischen Venusaufgang und das Neujahr an diesem Tag beizubehalten, ein Jahr von 365 Tagen zu haben und den Umlauf des Feiertages um die Jahreszeiten hinzunehmen. Claudius Ptolemäus schrieb die sehr erhellenden Worte, daß acht ägyptische Jahre »ohne ersichtlichen Fehler« fünf Umläufen der Venus gleichkommen. Indessen, da es zwischen diesen beiden Perioden eine Differenz von ungefähr 0,4 Tagen gibt, kann die Frage auftauchen, weshalb nach längerer Zeit die Differenz nicht auffallen würde, indem das Venusjahr und dasjenige von 365 Tagen durch einen Tag getrennt würden und nach weiteren 20 Jahren um noch einen Tag? Es könnte gut sein, daß die synodische Periode von Venus in früheren Zeiten um weniger als 0,1 Tage vom heutigen Wert abwich, wenn Venus immer noch die Elliptizität ihrer Umlaufbahn abflachte. Tatsache ist, daß dieselbe Gleichung der synodischen Periode der Venus, achtmal 365 Tage oder 2920 Tage, nicht auf die ägyptische Zeitrechnung beschränkt war.

Die synodische Periode der Venus und die Feste

Jahrhundertelang wurde der Tag des heliakischen Aufgangs der Venus oder Ischtar von den Babyloniern,[1] den Maya,[2] und den Inkas[3] in durch Ozeane getrennten Erdteilen beobachtet; Aufzeichnungen wurden gemacht und geführt, von denen einige erhalten sind. Es ist allgemein bekannt, daß die Maya ebenfalls einen Venuskalender befolgten, und es ist seltsam, daß die Ägyptologen der Tatsache keine Aufmerksamkeit schenkten, daß »die Maya die Venusjahre in Gruppen zu fünf berechneten, so daß 2920 Tage gleich 8 Jahre zu 365 Tagen wurden«.[4] Ebensowenig zogen die Erforscher des Mayakalenders irgendwelche Schlüsse aus dem ägyptischen Kalender.

Mehr als tausend Jahre vor der Entdeckung Amerikas kannten die Maya ebenfalls die exakte Länge des Sonnen- oder tropischen Jahres.[5] Und trotzdem verwarfen sie den Venuskalender nicht, sondern beobachteten ihn auch nach der Entdeckung Amerikas weiter. Diese Tatsache verläuft parallel zu jener, die wir im doppelten Kalendersystem der Ägypter zur Zeit der ptolemäischen Dynastie vorfanden.

Der Venuskalender zeigt eine enge Übereinstimmung mit dem Jahr von 365 Tagen in Abständen von 8 Jahren. Die Achtjahresperiode kann leicht in zwei Hälften geteilt werden, wobei jede Hälfte aus zwei und einer halben synodischen Periode der Venus besteht. Dementsprechend war das Venusjahr in Ägypten gleich vier Jahren zu 365 Tagen.

So kam es auch, daß Horapollo von einem ägyptischen Jahr sprach, das vier Jahre lang war.[6] Diese Angabe erschien den Kommentatoren von jeher recht seltsam, die darin keine natürliche Periodizität erkennen konnten. Aber hier ist die Erklärung.

Alte und moderne Autoren, die sich über Horapollos Angaben wunderten, vergaßen allzu leicht, daß in Griechenland das Große Jahr oder das Jahr der Olympiade ebenfalls gleich vier Jahren war. Das Fest von Olympia wurde seit dem achten Jahrhundert vor der Zeitwende beobachtet; zuerst kehrte es alle acht Jahre und später alle vier Jahre wieder.[7] In Delphi erhielten sich drei alte

---

[1] Siehe S. Langdon und J. K. Fotheringham, *The Venus Tablets of Ammizaduga* (London, 1928), für bibliographische Angaben zu diesen Tafeln.

[2] »Sie machten Aufzeichnungen über die Tage, da der Morgenstern [heliakisch] aufging und unterging mit derartiger Genauigkeit, daß sie nie einen Fehler machten«, schrieb Ramón y Zamora, der im 16. Jahrhundert die Religionen und Traditionen der Mayas studierte. Siehe E. Seler, *Gesammelte Abhandlungen zur amerikanischen Sprach- und Altertumskunde* (Berlin, 1902), I, 624.

[3] E. Nordenskiöld, *The Secret of the Peruvian Quipus* (Göteborg, 1925), Teil II, S. 35.

[4] J. E. Thompson, *A Correlation of the Mayan and European Calendars*, Veröffentlichungen des Field Museum of Natural History, Anthropological Series, Bd. XVII (Chicago, 1927); C. Ricci, *Las Pictografías de las Grutas Cordobesas y su interpretación astronómico-religiosa* (Buenos Aires, 1930), S. 22.

[5] Siehe die Anmerkungen von W. Gates zu seiner Übersetzung von *Yucatan before and after the Conquest* von Diego de Landa (Baltimore, 1937), S. 59, und Gates, *The Dresden Codex*, Maya Society Publications, No. 2 (1932).

[6] »Ein Jahr bei den Ägyptern besteht aus vier Jahren.« *Horapollo,* II, lxxxix. Siehe J. G. Wilkinson bei G. Rawlinson, *The History of Herodotus* (London, 1858–60), II, 285.

[7] »Eine Unterbrechung von acht Jahren war störend lang. Wir dürfen deshalb annehmen, daß der Brauch aufkam, nicht nur den Beginn, sondern auch die Mitte einer Periode zu feiern, so wie auch

Feste – die Stepteria, die Herois und die Charila – im Achtjahresturnus bis in spätere Zeiten. Die Daphnephoria, ein Fest von Theben in Griechenland, wurde ebenfalls alle acht Jahre gefeiert. Die Pythia, ein Fest, das sich alle acht Jahre wiederholte, wurde im 6. Jahrhundert zu einem Vierjahresfest. Die Panathenischen Prozessionen beim Parthenon in Athen wurden alle vier Jahre abgehalten.

Die Historiker, die sich mit diesem Problem von acht- und vierjährigen Festen beschäftigen, können dafür keine Erklärung finden und fragen: Warum sollte ein Fest einmal in acht Jahren oder vier Jahren wiederkehren, wenn nichts im landwirtschaftlichen Leben der Völker mit diesen Perioden verbunden ist?

Nach einem frühen Autor, Bernardino de Sahagun, feiern auch in Mexiko »die Eingeborenen alle acht Jahre ein Fest, das sie Atamalqualiztli nennen«.[8] Unter den amerikanischen Indianern haben sich Festivitäten in Verbindung mit dem heliakischen Aufgang der Venus bis in unsere Zeit erhalten, und ihre Beschreibung läßt erkennen, daß manche Riten der Maya zur Feier des heliakischen Erscheinens der Venus unverändert überlebt haben.[9]

Die ursprüngliche Acht-, später dann die Vierjahresperiode der Feste hatte den gleichen Ursprung in Mexiko, in Griechenland und in Ägypten. Sie hingen zusammen mit dem synodischen Jahr der Venus, »Königin des Himmels«[10] genannt.

Der ägyptische Kalender von 365 Tagen war an Venus gebunden, so daß alle acht Jahre der heliakische Aufgang dieses Planeten auf den 1. Thot fiel: es war das Neujahr. Die Verschiebung des heliakischen Aufgangs der Venus nach acht Jahren um ungefähr zwei Tage im Vergleich zu den Jahreszeiten kann mit gleichzeitigen Aufgängen oder Untergängen des Planeten und irgendeines Fixsterns des südlichen Himmels beobachtet werden. Um den heliakischen Auf- oder Untergang der Venus mit dem Auf- oder Untergang der Fixsterne zu vergleichen, wählte man den hellsten unter ihnen, Sirius. Es gibt symboli-

---

der Anfang und die Mitte eines Monats besonders heiliggehalten wurden ... Der Wechsel wurde in Olympia gewiß so früh wie 776 v. Chr. eingeführt.« E. N. Gardiner, *Olympia* (Oxford, 1925), S. 71. Siehe auch L. R. Farnell, *The Cults of the Greek States* (Oxford, 1896–1909), IV, 293, und J. G. Frazer, *The Dying God* (London, 1911), S. 78.

[8] Fray Bernardino de Sahagun, *A History of Ancient Mexico*, I, übers. F. R. Bandelier (Nashville, 1932), Anhang zu Buch II, »Account of the Festival Celebrated Every Eight Years«.

[9] R. Linton, *The Sacrifice to the Morning Star by the Skidi Pawnee*, aus unveröffentlichten Anmerkungen von G. A. Dorsey, Field Museum of Natural History Department of Anthropology (Chicago, 1922).

[10] Jeremia 44:18.

sche Hinweise in ägyptischen Zeichnungen über ihre Funktion als Gespann[11], und das Kanopusdekret weist ausdrücklich auf die relative Bewegung des Sterns Isis in bezug auf den Stern Sothis hin.

Die Verwechslung von Venus mit Sirius macht die astronomischen Berechnungen zur ägyptischen Chronologie überflüssig. Wenn das nicht genug ist – und es ist genug –, dann stehen die Kalenderreformen in der Mitte des zweiten Jahrtausends und im achten und siebten Jahrhundert des ersten Jahrtausends vor unserer Zeitrechnung als Hindernis vor jedem Versuch, eine Sothisberechnung oder auch ähnliche Berechnungsweisen als chronologische Pfadfinder heranzuziehen.

Sollte der Leser sich aber *Welten im Zusammenstoß* zuwenden, so wird er dort eine Überfülle von Beweisen für plötzliche und gewaltsame Änderungen in der natürlichen Ordnung vorfinden. Sonnenuhren des Alten Ägypten zeigen nicht die richtige Zeit der Breiten, auf denen sie gefunden wurden; Wasseruhren funktionieren ebenfalls nicht richtig, obwohl intakt erhalten; die babylonischen und ägyptischen Inschriften verweisen auf eine Zeit, als der längste Tag des Jahres dreimal länger als der kürzeste Tag war, ein Verhältnis, das sich in verschiedenen Perioden wiederholt änderte; der nördliche Himmelspol war einst im Großen Bären, doch seit dem achten Jahrhundert ist er im Kleinen Bären – der Wechsel war plötzlich; die Frühlings- und Herbst-Tagundnachtgleichen wurden einmal um 30,4 Tage und ein anderes Mal um 9 Tage verschoben; die Orientierung der Tempel in Griechenland, in Palästina (Sichem), in Ägypten und im Sudan wurde geändert; die Länge des Monats änderte sich verschiedentlich wie auch die Anzahl der Tage im Jahr (der Palermostein verweist auf ein Jahr von 320 Tagen während des Alten Reiches)[12] wie auch die Länge des Tages; die Kalender wurden wieder und wieder berichtigt, und der Jahresbeginn wurde in den meisten alten Zivilisationen verschoben, immer im Anschluß an große weltweite Umwälzungen.

Angesichts all dieser Tatsachen und der sich häufenden Nachweise für plötzliche natürliche Wechsel, wie in *Erde im Aufruhr* aufgezeigt, welche Festigkeit bleibt der Struktur des Gebäudes astronomischer Chronologie erhalten, die annimmt, daß sich keines der natürlichen Elemente seit frühester Zeit verändert hat? Doch absichtlich unternahm ich die Prüfung der Sothisperiodenchronologie ohne Rückgriff auf die Argumente meiner anderen Bücher.

---

[11] W. Max Müller, *Egyptian Mythology* (Boston, 1918), S. 56: »Sothis-Sirius wurde schon früh mit Hathor oder Isis identifiziert... Eine bemerkenswerte Darstellung zeigt sie auch zusammen mit (oder besser im Gegensatz zu) Horus als den Morgenstern, also in einer seltsamen Verbindung... die wir aus den Texten noch nicht zu erklären vermögen.«

[12] L. Borchardt, *Quellen*, II, 33, Anm.

»Drei Pfeiler« der Weltgeschichte

Die »astronomische Chronologie« ist ein Gerüst des wissenschaftlichen Gefüges der ägyptischen Geschichte und folglich der Geschichte der Alten Welt. Innerhalb dieses Rahmens wurden die Dynastien Manethos entlang der Jahrhunderte angeordnet; die historischen Pharaonen wurden in das Schema Manethos gemutmaßt. Ramses I. der 19. Dynastie, den Manetho nicht erwähnt, wurde als der Menophres des Theon identifiziert; die Ära von Theons Menophres wurde als die Sothisperiode des Censorinus ausgelegt; das Datum, +139, wurde als das Ende dieser Periode angesehen, und −1321 wurde als das Jahr Ramses' I. festgelegt; die Zeit der Könige der 18. und 19. Dynastie wurde mit vagen Kalkulationen von Mondfesten berechnet.

Die Spezialisten der astronomischen Chronologie machten ihre Kalkulationen und gaben ihre Expertenresultate bekannt. Die Spezialisten für Keramik nahmen die Resultate der Spezialisten für Sothisberechnung als feste Basis, um darauf aufzubauen. Spezialisten für Kunstgeschichte, Religionsgeschichte, Philologie und allgemeine Geschichte folgten. Schwierigkeiten wurden hinweggeschwemmt, die Erkenntnisse der Spezialisten bestätigten sich untereinander, und so sind sie im Besitz wissenschaftlicher Beweise, daß ihre Systeme mit Präzision konstruiert und rundum gut befestigt sind. Die Keilschriftleser leihen sich Daten von den Hieroglyphenlesern; die Bibelexegeten von den Archäologen; die Historiker von allen. So entstand ein ausgefeiltes, verschanztes System, das sehr wenig Ähnlichkeit mit der realen Vergangenheit hat.

Das Sothis-Schema der Alten Chronologie ist in einem Trugschluß verwurzelt; Menophres ist unbekannt, wenn er überhaupt jemand ist; Manethos Dynastienliste ist ein wirrer Irrgarten. Dennoch ist die Chronologie Ägyptens auf diesen drei »Pfeilern« errichtet, und die Geschichte der Welt auf dieser Chronologie.

KLIPPEN DER RADIOKARBONMETHODE

Als 1952 W. F. Libby seine neue Radiokarbonmethode zur Altersberechnung von organischen Stoffen vorstellte – d. h. zur Kalkulation der Zeit, die seit dem Eintreten des Todes einer Pflanze oder eines Tieres verflossen ist –, war er sich der Grenzen der Methode sowie der Bedingungen, unter denen ihre theoretischen Werte stichhaltig sein würden, sehr wohl bewußt:

A. Von den drei Speichern, in denen sich das radioaktive Kohlenstoffisotop ^{14}C auf der Erde ansammelt – der Atmosphäre, Biosphäre und Hydrosphäre – ist letzterer der größte: die Ozeane mit ihren Meeren. Die Genauigkeit der Methode ist weitgehend von der Voraussetzung abhängig, daß sich während der letzten vierzig- oder fünfzigtausend Jahre die Wassermenge in der Hydrosphäre (und das dorthin gelangte ^{14}C) nicht maßgeblich verändert hat.

B. Die Methode ist außerdem davon abhängig, daß während der gleichen Periode die von den Sternen und der Sonne zuströmende Höhenstrahlung keiner wesentlichen Veränderung unterworfen war.

Um die Tauglichkeit der Methode zu überprüfen, bevor sie auf alle möglichen historischen und paläontologischen Stoffe angewendet wurde, wählte Libby Material aus der ägyptischen Archäologie: Er war der Meinung, daß kein anderes mehr als 2000 Jahre altes Material so gut gesicherte absolute chronologische Daten aufwies. Als Objekte aus dem Alten und Mittleren Reich Ägyptens C14-Daten lieferten, die mit den historisch ermittelten Daten einigermaßen vergleichbar erschienen, veröffentlichte Libby seine Methode.

Die Methode schien zunächst zu funktionieren, wenn für den Anfang hohe Fehlerquoten in Rechnung gestellt wurden und alles andere, das mit den Erwartungen nicht übereinstimmte, als »verseucht« eingestuft wurde: Die Methode wurde als vollkommen verläßlich gerühmt – so wie die Atomuhr verläßlich sei – und niemand bezweifelte dies.

Aber mit der Verfeinerung der Methode stellten sich ziemlich regelmäßig auftretende Abweichungen ein. So erschien das Alter von Holz, das im 20. Jahrhundert gewachsen war, höher zu liegen als das von solchem aus dem 19. Jahrhundert. Suess erklärte dieses Phänomen damit, daß der gesteigerte industrielle Verbrauch fossilen Kohlenstoffes in Kohle und Öl das Isotopenverhältnis $^{14}C : ^{12}C$ in der Atmosphäre, und damit auch in der Biosphäre, gestört habe. In kommenden Jahrhunderten würde deshalb der Körper eines im 20. Jahrhundert verstorbenen Menschen oder Tieres paradoxerweise ein höheres Alter seit dem Eintritt des Todes anzeigen als der Körper eines Menschen oder Tieres aus dem 19. Jahrhundert; und wenn der industrielle Verbrauch von fossilem – also totem – Kohlenstoff auch zukünftig noch zunimmt, wie erwartet wird, dann setzt sich das Paradox in diesen kommenden Jahrhunderten weiter fort.

Im Verlauf der Jahre und weiterer Versuche (Laboratorien gab es bald dutzendweise) begann eine beinahe gleichmäßig auftretende Abweichung des Alters von historisch ermittelten Daten die Aufmerksamkeit der Forscher zu erregen. Die C 14-Daten divergieren von den historischen um mehrere Jahrhunderte (oft um 500 bis 700 Jahre); und das, interessanterweise, auffälliger bei ägyptischen Proben als bei den Proben aus den meisten anderen alten Kulturen. Dies veranlaßte Libby 1963 zu schreiben: »Die Daten [in der Tabelle] sind in zwei Gruppen aufgeteilt: in eine ägyptische und in eine nichtägyptische. Diese Unterscheidung war notwendig, weil die ganze ägyptische Chronologie ineinander verzahnt und damit die Möglichkeit systematischer Fehler nicht auszuschließen ist...«. Und weiter: »Mehr als 4000 Jahre zurückliegende ägyptische historische Daten könnten etwas allzu alt sein, vielleicht 5 Jahrhunderte zu alt bei 5000 Jahren...«[1]

Die gemeinsamen Bemühungen mehrerer Forscher führten sie zu der Ansicht, daß eine der von Libby vorausgesetzten Bedingungen für das fehlerlose Funktionieren der Methode historisch nicht nachzuweisen sei: Es wird daher behauptet, die Höhenstrahlung sei nicht immer gleichmäßig gewesen. Weil sie aber aus vielen Quellen stammt – von denen die Sonne nur eine ist – konnte allerdings die Sonnenfleckenaktivität nur in sehr geringem Maß für die Unterschiede in der ^{14}C-Bildung verantwortlich gemacht werden. Es wurde vorgeschlagen, daß die Magnetosphäre der Erde – die 1958 entdeckt wurde – manchmal abgeschwächt wurde, so daß mehr Höhenstrahlenneutronen sie durchdringen und mit Stickstoffkernen der äußeren Atmosphäre reagieren konnten. Außerdem wurde behauptet, das Magnetfeld der Erde könnte in den letzten 40 000 Jahren seine Polarität gewechselt haben, ein Phänomen, das anerkannterweise in geologischen Epochen aufgetreten war. Wenn solche Umpolungen nicht blitzschnell vor sich gingen, sondern tausende von Jahren in Anspruch nähmen, so wäre die Atmosphäre in dieser Zeit der Höhenstrahlung in wesentlich stärkerem Maß ausgesetzt gewesen. Indessen enthielt die wissenschaftliche Literatur der letzten Jahrzehnte keinen einzigen Hinweis auf einen, an Objekten von Menschenhand – wie Keramik –, beobachteten Polaritätswechsel, obgleich ein Aufsatz von Manley aus dem Jahr 1949[2] über die um die

Jahrhundertwende von G. Folghereiter an attischer und etruskischer Keramik durchgeführten Untersuchungen berichtete: Er fand, daß die Polarität im 8. Jahrhundert vor unserer Zeitrechnung umgekehrt worden war.

Um das Korrekturmaß festzulegen, das die Zuverlässigkeit der C14-Methode gewährleisten sollte, wurde mit Hilfe der Dendrochronologie ein Kontrollverfahren für C14-Daten anhand der Ausbildung von Baumringen des langlebigsten Baumes, der Bristlecone Pine (Sequoia) in Kalifornien, eingeführt. Die C14-Forscher fanden an dieser Methode Gefallen. Aber es ist nichts Ungewöhnliches, daß in einem einzigen Jahr drei oder vier Ringe ausgeformt werden, besonders wenn der Baum an einem Hang wächst, wo der Boden mehrere Male im Jahr wegen des rapiden Wasserabflusses naß und dann wieder trocken wird.[3] Und ganz gewiß kann die Errichtung von Baum-»Leitern«, d.h. die Übertragung der Ringzählung von einem Baum zur Fortsetzung an einem anderen Baum, zu falschen Schlußfolgerungen führen; ein und dasselbe Jahr kann in Südkalifornien trocken und im nördlichen Teil des Staates naß sein.

Untersuchen wir nun im Lichte der Erforschung kosmischer Katastrophen die Korrektiven, die aus unserer Sicht in die C14-Methode einzufügen sind. Bewerten müssen wir auch die grundsätzliche Abhängigkeit von der orthodoxen Chronologie Ägyptens, die, wie wir sehen werden, beendet werden muß.

Soweit meine Forschung die C14-Datierungsmethode berührt, möchte ich die Erkenntnisse über die Naturereignisse *(Welten im Zusammenstoß, Erde im Aufruhr)* von den Erkenntnissen über die wahre Chronologie Ägyptens und der Alten Welt im allgemeinen (Reihe »Zeitalter im Chaos«) trennen.

Libbys Entdeckungen, die 1952 veröffentlicht wurden, unterstützten unmittelbar, und bestätigten sogar, drei voneinander unabhängige Schlußfolgerungen meiner Untersuchungen über Naturereignisse der Vergangenheit. In *Welten im Zusammenstoß* machte ich geltend, daß die Zeit seit der letzten Vereisung drastisch zu reduzieren sei: die 1950 als gültig angenommene Zahl – als *Welten im Zusammenstoß* veröffentlicht wurde – betrug immer noch 35000 Jahre, wie sie von Lyell 100 Jahre früher vorgeschlagen worden war. Libby fand (und ich zitiere Frederick Johnson, der am Buch *Radiocarbon Dating* beteiligt war), daß »das Vordringen des Eises vor ungefähr 11000 Jahren erfolgte... früher war dieses Maximum des Vordringens vor ungefähr 25000 Jahren

[1] *Science, 140,* 278.

[2] *Science News,* Penguin Publications.

[3] Glueck *et al., Botanical Review, 7,* 649–713; und *21,* 245–365.

angenommen worden« – eigentlich sind es 35 000 Jahre, wenn man die Literatur jener Zeit nachsieht. Einige Jahre später fanden Rubin und Suess vom Geological Survey der USA, daß – wie ich ebenfalls geltend gemacht hatte – ein neuerliches Vordringen des Eises vor nur 3 500 Jahren noch stattgefunden hatte.

Die zweite Bestätigung betraf das Alter des Erdöls. 1950 war im *American Journal of Science* eine Rezension des Yale-Geologen und Redaktionsmitgliedes Longwell erschienen, die meine gesamte Theorie aufgrund der Überlegung ablehnte, daß Erdöl nie in jungen Gesteinsformationen gefunden würde, da es jahrmillionenalt sei. Eine ähnliche Kritik wurde im Artikel des Astronomen Edmondson geäußert, der den Indiana University-Geologen J. B. Patton zitierte. Eine der frühen C 14-Datierungen von Erdöl und erdölhaltigen Formationen auf dem Land und in der See im Bereich des Golfs von Mexiko stammte von P. V. Smith von den Esso-Forschungslaboratorien. Die »überraschende« Tatsache war, daß das Öl dort in jungen Sedimenten gefunden und *»innerhalb* der letzten 9 200 Jahre abgelagert wurde« (kursiv von mir).

Eigentlich hatte ich Libby gefragt, ob er dafür sorgen könnte, daß Erdöl untersucht würde: er lenkte dann meine Aufmerksamkeit auf die Arbeit von Smith.

Die dritte Bestätigung betraf ebenfalls eine der wichtigen Schlußfolgerungen in *Welten im Zusammenstoß.* Zum oben erwähnten Artikel von Longwell trug auch ein Mexikologe bei: Professor George Kubler aus Yale betonte, ich hätte gewisse Traditionen aus mittelamerikanischen Überlieferungen auf Ereignisse vor unserer Zeitrechnung bezogen. Kubler bestand darauf, daß diese Überlieferungen nicht aus der Zeit vom 8. bis 4. vorchristlichen Jahrhundert stammen konnten, sondern eher in der Zeit vom 4. bis 8. nachchristlichen Jahrhundert entstanden seien. Aber im Dezember 1956 ließ die National Geographic Society in Verbindung mit der Smithsonian Institution verlauten, die Ausgrabungen in La Venta hätten durch C 14-Datierung nachgewiesen, daß die klassische Periode der mittelamerikanischen Zivilisationen (Olmeken, Tolteken, Mayas usw.) um volle 1 000 Jahre zurückdatiert und der Zeit vom 4. bis 8. Jahrhundert vor unserer Zeitrechnung zugeschrieben werden müßte.

Mit diesen drei Bestätigungen (Ende der Eiszeit, Zeit der Erdölablagerung, Zeit der klassischen Periode der mittelamerikanischen Zivilisationen) fand *Welten im Zusammenstoß* sehr substantielle Bekräftigung.

Aber ich könnte und sollte mich mit dieser Unterstützung nicht zufriedengeben, ohne meinerseits darzulegen, wo die Schwierigkeiten und Klippen der Methode verborgen sind.

Die in *Welten im Zusammenstoß* rekonstruierten kataklystischen Ereignisse und auch jene, die sich vor dem Zusammenbruch des Mittleren Reiches zugetragen hatten, mußten eine Reihe verschiedener Auswirkungen auf die C14-Hintergründe haben, wobei einige dieser Auswirkungen organisches Leben älter, anderes wieder jünger erscheinen lassen.

Ausbrüche kosmischer Strahlung und elektrischer Entladungen in interplanetarem Maßstab würden zu einer Anreicherung von ^{14}C in Organismen führen, die die Katastrophe überlebten, und damit würden sie ein bedeutend jüngeres, näher an unserer Zeit liegendes C14-Alter aufweisen. Wenn aber die Durchdringung der Erdatmosphäre mit »totem« (nicht radioaktivem) ^{12}C-Kohlenstoff aus Vulkanausbrüchen, Meteoritenstaub oder aus der Verbrennung von Öl, Kohle oder jahrhundertealten Wäldern überwiegen würde, dann würde das veränderte Isotopenverhältnis alle in den folgenden Jahrzehnten abgestorbenen Organismen viel älter erscheinen lassen. Somit muß in jedem einzelnen Fall die Gegenüberstellung dieser Faktoren über das Ergebnis entscheiden. Mein eigener Eindruck ist, daß im Hinblick auf die Katastrophen des 8. und des beginnenden 7. Jahrhunderts das zweite Phänomen bei weitem stärker zu berücksichtigen ist. Bei den Ereignissen in der Mitte des 15. Jahrhunderts vor unserer Zeitrechnung waren beide Phänomene sehr ausgeprägt, aber das brennende Petroleum trug zum Auswurf aller zugleich tätigen Vulkane bei, und muß zusammen mit der Asche des beinahe kollidierenden Protoplaneten den außerordentlich verstärkten Zustrom von Höhenstrahlung (die auch aus interplanetarischen Entladungen entstand) überwogen haben. Allerdings muß während der Katastrophe der Sintflut, die ich der Explosion des Saturn als Nova zuschreibe, die Höhenstrahlung so ausgeprägt gewesen sein, daß dadurch unter allen Arten des Lebens massive Mutationen verursacht wurden; und dementsprechend muß diese Strahlung auch die C14-Uhr verändert haben, so daß mit Sicherheit das nachfolgende Leben sehr viel jünger als historisch richtig erscheint, wenn es der C14-Datierung unterworfen wird. Ich bin nicht in der Lage, das Jahrhundert oder auch nur das Jahrtausend zu nennen, in dem die Sintflut hereinbrach; aber sie muß vor 5000 bis 10000 Jahren stattgefunden haben, wahrscheinlich näher an der zweiten Zahl.

Die Sintflut vergrößerte auch die Wassermenge oder Hydrosphäre der Erde, und wenn wir einigen Anhaltspunkten glauben dürfen, so entstand zum Teil bei der Sintflut der Atlantik (das »Meer des Kronos« der Alten). Es ist durchaus möglich, daß der Wasservorrat der Erde in diesem einen Kataklysmus mehr als verdoppelt wurde.

So sind die beiden von Libby vorausgesetzten Bedingungen (konstant bleibende Höhenstrahlung und konstant bleibende Wassermenge in der Hydrosphäre) verletzt worden, aber beide Störungen sind wegen der Befolgung uniformistischer Dogmen unberücksichtigt geblieben. Zurück bleibt eine Methode, bei der die von ihrem Erfinder zum Ausdruck gebrachten Warnungen von den Forschern nicht beachtet werden.

Die nachhaltige Bemühung der C 14-Forscher, in der ägyptischen Chronologie Unterstützung zu finden – und ihre Abhängigkeit von dieser Chronologie – ist ein fundamentaler Fehler. Wie ich in »Zeitalter im Chaos« aufzuzeigen versuche, ist die ägyptische Chronologie grundsätzlich falsch. In einem Brief vom 7. Oktober 1953 lenkte ich Libbys Aufmerksamkeit auf diese Tatsache und sandte ihm den ersten Band von »Zeitalter im Chaos«; seine Antwort war, daß er in Alter Geschichte über gar keine Kenntnisse verfüge. So verließ er sich weiterhin auf das, was unverläßlich war. Er kann dafür nicht zur Verantwortung gezogen werden, denn in den Kreisen der Historiker ist die konventionelle Chronologie sowohl im absoluten als auch im vergleichenden Sinn von Datierungen immer noch maßgebend – letzteres bedeutet, daß die mykenische oder minoische Kultur keine eigenständige absolute Chronologie haben, sondern im Zusammenhang mit der ägyptischen Vergangenheit datiert werden; aber daraus folgt, daß – wenn die ägyptischen Datierungen falsch sind – auch die minoischen und mykenischen Daten nicht stimmen.

Hier folgen einige Zahlen, die das Ausmaß der Fehler in der ägyptischen Chronologie sichtbar machen: Das Ende des Mittleren Reiches, in der akzeptierten Chronologie auf –1780 festgelegt, fällt effektiv auf ca. –1450 – ein Unterschied von über 200 Jahren; die darauf folgende Hyksosperiode dauerte nicht 100 Jahre, sondern über 400 Jahre in direkter Übereinstimmung mit den alten ägyptischen (Manetho) und hebräischen (»Zeitalter im Chaos«, Band 1 *Vom Exodus zu König Echnaton,* Kapitel 2) Quellen; der Beginn der 18. Dynastie (des Neuen Reiches) fällt nicht auf –1580, sondern auf ca. –1020 – über 500 Jahre Unterschied; Thutmosis III. gehört in den zweiten Teil des 10. Jahrhunderts, nicht in den ersten Teil des 15.; Echnaton gehört nicht in die erste Hälfte des 14., sondern in die Mitte des 9. Jahrhunderts. Im einzelnen zeigte ich in Band 1 von »Zeitalter im Chaos«, daß während der gesamten von der 18. Dynastie eingenommenen Periode ein Fehler von ca. 540 Jahren auftritt.

Sogar noch gewichtiger ist, daß die Dynastie von Sethos dem Großen und Ramses II. – die 19. Dynastie genannt – nicht auf die 18. Dynastie folgte; die Libyer (22. und 23. Dynastie) und die Äthiopen (24. Dynastie) liegen dazwischen. Die libysche Dynastie der Schoschenks und Osorkons regierte nur 100 statt 200 Jahre; und nur die äthiopische Dynastie behält ihren konventionellen Platz in der ägyptischen Geschichte. Im Verlauf der 19. Dynastie erreicht der Fehler in der akzeptierten ägyptischen Chronologie die hohe Zahl von über 700 Jahren; und in Verkettung damit ist auch das sogenannte Hethiterreich gleichermaßen um über 700 Jahre falsch angesetzt – in dieser Beziehung liegt die C 14-Datierung der »Hethiter«-Festung Alischar III. um 800 Jahre später, als es die konventionelle Chronologie vorsieht, nahezu richtig.[4] Schließlich ist die 20. Dynastie – diejenige von Ramses III. und den Seevölkern – um volle 800 Jahre näher an unsere Zeit heranzurücken, nur wenige Jahrzehnte vor die Zeit Alexanders von Makedonien. Die 21. Dynastie begann unter den Perserkönigen, bestand gleichzeitig – als ihre Herrscher in den libyschen Oasen regierten – mit der 20. Dynastie und reichte bis zum zweiten Ptolemäer.

Wenn nun die historische Grundlage für C 14-Studien derart versagt, dann müssen manche Schlußfolgerung und viele unveröffentlicht gebliebenen Daten neu beurteilt werden. Durch Korrespondenz, die beim Metropolitan Museum of Art ihren Ursprung hatte, kam ich zum Schluß, daß Libby, als er zum ersten Mal nach Proben fragte, nicht nur solche aus dem Mittleren und aus dem Alten Reich erhielt, sondern auch aus dem Neuen Reich – aber von diesen frühen Versuchen an Proben des Neuen Reiches wurde niemals etwas veröffentlicht. Eine ähnliche Situation ergab sich im Zusammenhang mit Proben von kurzlebigen organischen Stoffen aus dem Grab Tutanchamuns, die vor nicht allzu langer Zeit getestet wurden.

Nach vielen Bemühungen (1952 bis 1963), das Neue Reich systematisch erschließen zu lassen, gelang es mir, vom Laboratoriumsdirektor des Kairo-Museums drei kleine Stücke Holz aus Tutanchamuns Grab zu erhalten, die von Frau Ilse Fuhr direkt an Dr. Elizabeth Ralph am University of Philadelphia Laboratory geschickt wurden. Zwei der Stücke stammten vom relativ kurzlebigen Dornengewächs *Spina Christi,* das andere von der langlebigen Libanonzeder. Die drei kleinen Stücke wurden gemeinsam getestet, da für einen Versuch ca. 30 Gramm benötigt werden. Das Ergebnis war -1120 ± 52 (oder, nach Libbys Halbwertszeit für ^{14}C, -1030 ± 50). Nach der akzeptierten Chronologie starb aber Tutanchamun im Jahr –1350; nach meiner Rekonstruktion wurde er –830 begraben. Laut Dr. Iskander Hanna vom Kairo Museum ist das Holz, bevor es für Grabausstattungen verwendet wurde, 30 bis 50 Jahre lang getrocknet worden. Die Libanonzeder würde nicht als Schößling gefällt worden sein – der Baum kann ein Alter von über tausend Jahren erreichen. Das Muster konnte vom inneren Teil eines Stammes kommen. Dr. E. Ralph bestätigte mir am 5. März 1964, daß Baumringe bei der C 14-Datierung das Datum ihrer Ausbildung zeigen, nicht das Jahr, in dem der Baum gefällt wurde. Ich schrieb ihr am 2. März 1964 über meine Ansicht, daß, wenn kurzlebiges Material aus dem Grab Tutanchamuns (wie Samen, Papyrus, Leinen oder Baumwolle) den Tests unterworfen würde, das Ergebnis sehr wahrscheinlich »ca. –840« betragen dürfte.

---

[4] *Radiocarbon Dating,* 1952.

Im Frühjahr 1971, also sieben Jahre später, prüfte das British Museum Palmenkerne und Mattenhalme aus dem Grab von Tutanchamun. Die Ergebnisse wiesen nach Dr. Edwards, dem Kustos der ägyptischen Abteilung am British Museum, auf –899, resp. –846. Diese Resultate wurden *nie* veröffentlicht.[5]

Diese einschlägigen Beispiele veranlassen mich zum Aufruf, *alle* Versuche, ohne Rücksicht darauf, um wieviel ihre Resultate von akzeptierten chronologischen Daten abweichen, zu veröffentlichen. Auch ist es meine Ansicht, daß die Wißbegierde der Angestellten des British Museum Laboratory dazu hätte führen müssen, weiteres Material aus dem Grab Tutanchamuns anzufordern, statt die Versuche einzustellen – in der Annahme, das geprüfte Material sei verseucht. Das Grab von Tutanchamun wurde, seit der Zeit kurz nach seiner Bestattung, nicht mehr geöffnet. Es ist trocken – weder durch die Decke noch durch die Mauern ist Wasser eingesickert.

Ein anderer Weg, den scharfen Widerspruch zwischen akzeptierter Chronologie und Testresultaten zu entschärfen, wird von Eddi Schorr beschrieben.[6] Zwar ist in diesem Beispiel nichts mit Absicht verschwiegen worden, aber es wurden zwei verschiedene Betrachtungsweisen angewendet.

In ein- und demselben Jahr prüfte das Pennsylvania Laboratory Holz aus einem Königsgrab in Gordion, der Hauptstadt des nur kurze Zeit existierenden phrygischen Königreiches in Kleinasien sowie aus dem Palast des Nestor in Pylos, im Südwesten Griechenlands. Das Ergebnis von Gordion war –1100; dasjenige aus Pylos –1200. Nach der akzeptierten Chronologie indessen hätte die Differenz nahezu 500 Jahre betragen müssen – der Zeitraum von –1200 für Pylos am Ende des mykenischen Zeitalters lag zwar ganz im Rahmen, aber für Gordion hätte das Ergebnis in die Nähe von –700 weisen müssen. Dr. Ralph präsentierte die Lösung für Gordion. Die Balken aus dem Grab waren vierkantig zugeschnitten, und die verbliebenen inneren Ringe konnten – als der Baum gefällt wurde – gut und gerne 400 bis 500 Jahre alt gewesen sein. Aber die Beschreibung des getesteten Holzes aus Pylos verrät, daß es ebenfalls aus Vierkantbalken stammt: Doch hier wurden die Korrektive nicht angewendet, weil –1200 das historisch akzeptierte Jahr war. Wie ich indessen im einzelnen in meinem Werk *Das Dunkle Zeitalter Griechenlands* – einem Band der Reihe »Zeitalter im Chaos« – nachzuweisen versuchen werde, gab es zwischen dem

---

[5] In der Ausgabe vom Mai 1972 von *Pensée* nahm der Artikel »A Record of Success« schon Bezug auf diese Daten, die Proben Nr. BM-658 und BM-659. Daraus entstand ein Briefwechsel, der damit endete, daß das British Museum plötzlich generell bestritt, Material aus Tutanchamuns Grab überhaupt untersucht zu haben (der Briefwechsel ist abgedruckt in *Pensée, IV: 1,* 19).

[6] *Pensée III: 2,* 26: »Carbon Dates and Velikovsky's Revision of Ancient History: Samples from Pylos and Gordion.«

mykenischen Zeitalter und der historischen (ionischen) Zeit in Griechenland nie fünf Jahrhunderte einer Dunklen Epoche. Die Pylos-Balken stammen von –800, die Gordion-Balken aus dem Jahr –700.

Es erhebt sich nun die Frage, wie die C14-Methode für die Wahl zwischen konventioneller Chronologie und revidierter eingesetzt werden kann. Manch ein Leser der veröffentlichten Bände von »Zeitalter im Chaos« – und einige, die Einsicht in das Manuskript von Folgebänden erhielten – wird einräumen, daß die Rekonstruktion aus einer solchen Vielfalt von Synchronismen und verketteten Episoden aufgebaut ist, daß die Kontrolle über die C14-Datierungen, wie sie noch von der konventionellen Geschichtsschreibung ausgeübt wird, jetzt auf die Rekonstruktion übertragen werden sollte. Aber für weniger überzeugte Leser läßt sich die Methode auch auf zwei andere Arten einsetzen. Für die Periode vor –500 können nur vergleichende Versuche gewinnbringend zur Lösung chronologischer Fragen beitragen: König Saul war ein Zeitgenosse der ägyptischen Könige Kamose und Ahmose – er lebte nicht 540 Jahre nach ihnen; in ähnlicher Weise war König Salomon ein Zeitgenosse der Königin Hatschepsut und Thutmosis III. lebte zur Zeit von Rehabeam in Juda und von Jerobeam der Zehn Stämme; und Amenophis II. war Zeitgenosse von König Asa; Amenophis III. von Omri und Ahab; Echnaton ebenfalls von Ahab aus Samaria und von Josaphat in Jerusalem sowie von Salmanassar III. aus Assyrien. Wenn wir daher Material aus zwei Gebieten vergleichen können, das in meiner Rekonstruktion zeitgenössisch ist, in der konventionell geschriebenen Geschichte aber 540 Jahre auseinander liegt, so können wir die C14-Antwort darauf erhalten, welche Zeittafel die richtige und welche die falsche ist. Der Elfenbeinhort von Salmanassar III. bei Nimrud und das Elfenbein aus Tutanchamuns Grab müssen sehr nahe beieinanderliegende Daten ergeben.

Für die Periode, die um 200 Jahre vom letzten kosmischen Ereignis, das unseren Planeten berührte (–687), getrennt ist (also für die Zeit nach –500), können wir die Versuche ohne Rückgriff auf zeitgenössische Vergleiche anstellen. So sind die 20. und die 21. Dynastie – welche in der konventionellen Geschichte die Zeit vom 12. bis zur Mitte des 10. Jahrhunderts belegen, in meiner Rekonstruktion aber von –400 bis –340 (20.), resp. von ca. –450 bis –280 (21.) dauern – perfekte Möglichkeiten für C14-Versuche.

Wir erkennen jetzt, daß nicht allein die Warnungen, die Libby seiner Methode hinzugefügt hatte, in den Wind geschlagen wurden, sondern daß auch leichtgläubiges Vertrauen in die akzeptierte Version der Alten Geschichte zu vielem Gestolper im Dunkeln, zu mehr und mehr wertlosen Versuchen und in einen Irrgarten von Ergebnissen und von Fehlschlüssen geführt hat. Dies kennzeichnet die ersten Jahrzehnte der Anwendung von Libbys äußerst kluger Methode.

Abbildungsverzeichnis

REGISTER

ÜBER DEN AUTOR

Immanuel Velikovsky, Jahrgang 1895, studierte Medizin, Alte Geschichte und Altphilologie. Er begründete die wissenschaftliche Monographienreihe »Scripta Universitatis«. Später studierte er bei Wilhelm Steckel, dem ersten Schüler Freuds, Psychoanalyse. Velikovsky lebt in Princeton. New Jersey.

Bücher von Immanuel Velikovsky:	*Worlds in Collision* *Earth in Upheaval* *Oedipus and Akhnaton*
»Ages in Chaos« mit den Bänden:	*From Exodus to King Akhnaton* *Peoples of the Sea* *Ramses II and his Time*

Alle Titel werden für den deutschsprachigen Raum, falls sie nicht bereits vorliegen, im Umschau Verlag, Frankfurt, erscheinen.

Velikovsky heute

Immanuel Velikovskys Werk erstreckt sich über viele wissenschaftliche Disziplinen und stellt in jedem Fachbereich oft fundamentale Meinungen in Frage. Der Widerstand ist deshalb groß und führte im englischen Sprachraum zu interdisziplinären Gruppierungen, die sich der Diskussion der Velikovskyschen Analysen widmen. Dafür stehen zwei Vierteljahreszeitschriften zur Verfügung, die *S.I.S. Review* in Großbritannien, und *Kronos* in den USA; außerdem gibt es natürlich reichhaltige weitere Literatur, die teilweise auch in deutscher Übersetzung vorliegt.

Für den deutschen Sprachraum unterhält das *P.A.F.* ein Kontaktzentrum, an das Sie sich mit allen Fragen und Beiträgen wenden können:

Podium Akademische Freiheit

CH – 4002 Basel

CIP-Kurztitelaufnahme der Deutschen Bibliothek

Velikovsky, Immanuel:
Die Seevölker / Immanuel Velikovsky. Aus d. Amerikan. von Wolfram Wagmuth u. Christoph Marx. – Frankfurt am Main: Umschau-Verlag, 1978.

(Zeitalter im Chaos / Immanuel Velikovsky)
Einheitssacht.: Peoples of the sea ‹dt.›
ISBN 3–524–69006–8